中外文明传承与交流研究书系

历史地平线

刘城 著

图书在版编目（CIP）数据

历史地平线 / 刘城著. —北京：商务印书馆，2023
（中外文明传承与交流研究书系）
ISBN 978-7-100-22892-3

Ⅰ.①历… Ⅱ.①刘… Ⅲ.①宗教史－世界－文集
Ⅳ.①B929.1-53

中国国家版本馆CIP数据核字（2023）第160113号

权利保留，侵权必究。

（中外文明传承与交流研究书系）
历史地平线
刘城 著

商务印书馆出版
（北京王府井大街36号　邮政编码 100710）
商务印书馆发行
三河市尚艺印装有限公司印刷
ISBN 978-7-100-22892-3

2023年12月第1版　　开本 710×1000　1/16
2023年12月第1次印刷　印张 20 1/4

定价：118.00元

首都师范大学历史学院
中外文明传承与交流研究书系

编委会成员（按姓氏拼音为序）

郝春文　梁景和　梁占军　刘　城　刘乐贤　刘　屹
史桂芳　郗志群　晏绍祥　姚百慧　袁广阔　张金龙
张　萍

总　序

这套中外文明传承与交流研究书系，是首都师范大学历史学院于2021年获批北京人文科学研究中心后，开始策划出版的一套图书，旨在集中反映本院教师在"中外文明传承与交流"这一主题下所做出的科研创新成果。书系拟分甲种和乙种两个系列。甲种确定为专著系列，乙种则为论文集系列。

首都师范大学历史学院力争入选北京人文科学研究中心，目的在于发挥自身在发掘和传播中华优秀传统文化，以及培养具有全球视野的各类高级复合型人才方面的经验和优势，强化为北京"四个中心"建设的服务意识，力争服务并解决国家重大战略需求，为构建中国特色人文社会科学话语体系贡献力量。是首都师大历史学科在新时代、新形势下，加强自身学科建设，加强社会服务意识，加强科研攻关能力，加强复合型人才培养的重要举措。我们有基础、有实力，也有信心，在"中外文明传承与交流"研究方面，做出足以代表北京人文社科最高水平的科研成果，以及提供足以解决北京市乃至国家现实需求的社会服务。

首都师范大学历史学院的前身是1954年成立的北京师范学院历史系。自创系伊始，我们建系的第一代教师就十分注重中国史和世界史协同发展。几位老先生当中，成庆华、宁可先生治中国古代史，谢承仁先生治中国近代史；戚国淦、齐世荣先生分别治世界中世纪史和现代国际关系史。他们为历史学科的发展奠定了基础，留下了"敬畏学术，追求卓越"的宝贵精神财富。2003年，历史系开始设立考古学学科，并于2004年开始招收文物专业的本科生。历史系改为历史学院后，2011年，一举获得教育部历史学门类下三个一级学科博士点，成为学院学科建设上一座新的里程碑。从此，首都师大历史学院也成为全国范围内为数不多的、按完整的历史学门类建设、三个学科协同发展的历史院系。

近二十年来，历史学院三个一级学科都有了较快的发展，并形成了自己的特色，有了明确的发展目标。其中世界史在连续几次学科评估中保持全国第三，至今仍是全校各学科在学科评估中排名最靠前的学科。除了我们的老前辈打下的坚实基础外，也是因为世界史学科的后继者们，具有勇于挑战自我、开辟新路的"敢为人先"的精神。世界史一方面保持了传统的优势学科方向，如世界上古中世纪史、国际关系史。另一方面则在国内率先引进全球史的学科理论，并对国别区域研究赋予新时代的新内涵。中国史是全国历史院系普遍都很强的学科。首都师大的中国史研究，从一开始就不追求"大而全"，而是把有限的力量集中在自己优势的方向上去。如出土文献的整理研究，包含简帛学和敦煌学等"冷门绝学"，秦汉、魏晋南北朝、隋唐、宋等断代史研究，近代社会文化史研究，并在历史地理学、宗教史研究等方面有新的拓展。考古学重点发展的是新石器时代至三代考古，特别是在中华文明起源研究、手工业考古等方面具有优势。此外还着重发展文物博物馆、文化遗产、科技考古等专业方向。

社会在发展，时代在进步，历史学的发展也应该在保持原有优势的前提下不断开创新的增长点。强调服务社会，强调学科交叉，等等，这些都要求我们在三个一级学科协同发展方面要有新的举措。

有鉴于此，首都师大历史门类，将建设"中外文明传承与交流"人文科研中心作为一个重要的契机，力争在过去三个学科互相支持、共同发展的基础上，进一步深化三个学科在具体科研课题方面的交流与合作。历史学院有三个一级学科博士点的有利条件，完全可以在中外文明起源与传承研究、中外文明交流互鉴研究等方面，实现合作攻关。虽然目前书系第一批的著作和论文集还有"各自为战"的意味，但我们的最终目标是能够推出代表中国历史学科最高水平的、能够充分体现历史学三个一级学科之间互通互补的科研成果，以及探索历史学三个一级学科之间，乃至与历史学之外其他学科之间交叉合作的研究模式。只有这样，才能达到"中外文明传承与交流"北京人文科学研究中心建设的目标。

编委会

2022年6月

前　言

本书收录的文章，大部分内容涉及英国史——尤其是英国教会史，少部分内容涉及更大范围的欧洲历史，在此对于相关的历史地理概念做出解释和定义。

首先是"英国"的概念。现代英国的全称为"大不列颠及北爱尔兰联合王国"，这一政治地理格局的形成经历过一个漫长的历史演变过程。在盎格鲁-撒克逊时代"七王国"并立的局面形成以后，威塞克斯国王爱格伯特在公元829年接受其他王国的臣服，英格兰开始走向统一。1283年，英格兰国王爱德华一世征服威尔士，将威尔士置于英格兰君主的统治之下。亨利八世在1535年设立威尔士边区以后，威尔士成为英格兰国王治下的重要组成部分。1603年，随着苏格兰国王詹姆士六世继承英格兰王位，英格兰王国与苏格兰王国共戴一名君主。大约一个世纪以后的1707年，英格兰与苏格兰签订联合条约，两个王国正式合并。到此时为止，英格兰、威尔士、苏格兰成为统一的国家，可以称之为"不列颠"。在经历了几个世纪的征服活动之后，爱尔兰在1801年正式并入不列颠。但是在一百多年之后的1920年与1921年，借助于《爱尔兰政府法令》（Government of Ireland Act）与《盎格鲁-爱尔兰协定》（Anglo-Irish Treaty）的缔结，爱尔兰南部的26个郡脱离不列颠的统治，成为"爱尔兰自由国家"（Irish Free State），1949年改称"爱尔兰共和国"（Republic of Ireland）。1921年以后，爱尔兰北部的6个郡留在不列颠的统治之下，所谓的"大不列颠及北爱尔兰联合王国"即来源于此。从以上所述政治地理的演变过程不难看出，在中世纪与都铎王朝宗教改革时代，构成现代英国的各个地区基本上处于各自分立状态，只有威尔士被纳入英格兰的统治范围。由于本书所述史实限定在中世纪与都铎王朝宗教改革的时间范围之内，因此书中凡是提及"英国"，并不意味着"大不列颠及北爱尔兰"，而仅指"英格兰"，间或涉及威尔士。

其次是"英国教会"的概念。在亨利八世宗教改革发生之前，英格兰并不存在一个可以对各地教会组织实行统一管理的机构，因而严格地说，"英格兰教会"的概念并不存在。在时人的观念中，所谓的"英格兰教会"实际上是"在英格兰的教会"（Church in England），具体所指是隶属于罗马教廷的坎特伯雷大主教区与约克大主教区，这是在一个王国之内并行存在的两个互不相属的教区管理单位。由此可见，中世纪的"英格兰教会"只是一个地理概念而不是政治概念，它的存在方式是坎特伯雷大主教区与约克大主教区。

但是，坎特伯雷与约克两个大主教区的地理范围并不限于英格兰。坎特伯雷大主教区属下有4个位于威尔士的主教区（班戈、兰达夫、圣阿萨夫、圣大卫），尽管威尔士地区在中世纪几经反叛，试图争取独立地位，但是都没有获得成功，威尔士的4个主教区始终处于坎特伯雷大主教的管辖之下。从14世纪末英法百年战争期间至16世纪（1420—1440年期间除外），坎特伯雷大主教对位于法兰西的加来城行使宗教权力。苏格兰的惠特霍恩地区也曾一度隶属于约克大主教区，只是在1472年圣安德鲁大主教区建立之后才正式划入苏格兰。以上这些地区虽然暂时或永久性地隶属于坎特伯雷大主教区与约克大主教区，但是由于它们超出了"英格兰"的地理界线，基本上不在本书的叙述范围之内。

亨利八世宗教改革确立了"王权至尊"的政治结构，国王成为国家主权的象征，成为僧俗两界唯一的权威与臣服对象。中世纪的二元政治体制最终转变成王权的一元政治体制，坎特伯雷大主教区与约克大主教区不再是以罗马教宗为中心的拉丁基督教会的分支机构，改而成为国王政府的组成部分。在"王权至尊"的政治结构确立以后，中世纪的习惯性用语"在英格兰的教会"（Church in England）转换成了"英格兰的教会"（Church of England 或 *Anglicana Ecclesia*）。

最后是"西欧"的概念。在不同的历史时期，"西欧"指向不同的地域范围，包含不同的文化内容。古典时代的"西欧"，大体上等同于西罗马帝国统治的地区（北部非洲除外）。日耳曼民族大迁徙形成的冲击波，摧毁了西罗马帝国，但是基督教会得以幸存下来。拉丁基督教会延续了古典文明的传统，并且将古典文明融入日耳曼人社会。在西部欧洲陷入政治分裂与封建割据的时期，基督教会不仅成为使全体社会成员生活在其中的国际中心，而且开发了许多新的教区，教会组织在地域上扩展到古代罗马帝国的版图之外。10世纪与11世纪初是拉丁基督教扩展的黄金时期：维京人活动与定居的北欧与西欧地区、中欧平原的波希米亚与波兰，也被纳入拉丁基督教世界。作为一个地理与文化概念，中世纪的"西欧"大体上等同于拉丁基督教世界的地域范围。

前　言

我的历史学志业，开始于北京师范学院（首都师范大学）1977级大学本科的学习。在业师戚国淦教授的指导下，先后完成了以14世纪"宗教改革第一人"约翰·威克里夫为主题的学士论文、以英国16世纪宗教改革为中心论题的硕士与博士论文。在博士研究生学业完成之后，我有幸获得中国国家教育委员会、香港包玉刚爵士基金会、英国文化委员会联合提供的"中英友好奖学金"（Sino-British Friendship Scholarship Scheme）资助，前往英国伯明翰大学从事学术研究。在罗伯特·斯旺森博士（Dr. Robert Norman Swanson）指导下，撰写了《英国中世纪教会研究》一书（1998年获北京市第五届哲学社会科学优秀成果一等奖）。我还获得首都师范大学以及英国、美国学术机构的各方资助，游走于爱丁堡大学高级人文研究所（Institute for Advanced Studies in the Humanities）、得克萨斯A&M大学、哈佛大学、圣母大学中世纪研究所（Medieval Institute）、美国圣巴巴拉大学神学院、维也纳大学等地，在此期间写出了《中世纪西欧基督教文化环境中"人"的生存状态研究》一书（2011年入选"国家哲学社会科学成果文库"），以及本书收录的大多数论文。从英国宗教改革出发，经由英国中世纪教会，延伸到中世纪西欧的基督教文化，我的历史学修炼最终演绎出一幅以英国教会史为中心的学术路线图。

英国教会史是一个广泛的研究领域。在中世纪，英国教会形成了自成体系的教区管理制度、司法审判制度、税收制度，教士作为一种职业吸引了大量的男性参与其中。教会组织作为天主教信仰的载体负有确定宗教教义、主持礼拜仪式、管理日常宗教活动，亦即传播与维系宗教信仰的使命。中世纪的英国教会作为拉丁基督教会的分支机构与罗马教廷保持着千丝万缕的联系，作为英国本土居民的组成部分处于王权的统治之下。这是仅就狭义的"教会"概念而言。狭义的"教会"指的是具有教职身份的教职界，以及由教职界主持和管理的教会组织。广义的"教会"还应包括世俗身份的基督教徒，以及基督教徒奉行的宗教信仰、宗教文化、宗教习俗等诸多方面。

英国中世纪教会的各项制度大体形成于7—12世纪，这是英国教会发展的第一个时期。在这一时期，教区的布局、教会的组织系统基本形成，各级教职依照一定的权力体系实现对于教区的管理。16世纪30年代，亨利八世婚姻案引发了一场持续达40年之久的政治革命与宗教改革，从而构成英国教会发展的第二个时期。这场政治革命与宗教改革不仅改变了英国教会与罗马教廷的隶属关系，国王成为英国国教会的最高首脑，而且对教会的司法审判制度、税收制度、教士职业、宗教信仰与礼拜仪式等都多有触及。然而宗教改革并未改变教会的教区管理体系，在宗教改革期间及以后，虽然清教徒要求废除主教制度，但是清教徒的要求并未被国教会采纳，自12世纪起形成的教会组织系统一直保留到19世纪。在维多利亚时代，伴随着广泛的社会改革方案的实施，英国教会经历了第三个发展时期，形成教会组织沿续至今的格局。

一旦学术修炼演化成为一种生活方式，每日的生命就演化成为文字。未来的生命越来越短，从生命中流淌出来的文字越来越长。与每日的文字一同收获的，还有充盈的头脑与强大的内心世界，恰如使徒保罗在《哥林多后书》（4:16）中所言："我们从未失去内心。即使我们外表的存在正在衰退，内里的存在却每日都在更新。"

刘城

初稿为1996年《英国中世纪教会研究》前言

修订于2021—2022年

目 录

伊丽莎白一世时代天主教徒的身份认同困境 /1

修正史学塑造的玛丽一世神话 /28

马丁·路德"唯信称义"思想：灵魂救赎的单一路径 /47

爱德华六世与伊丽莎白一世时代的神学教义革命 /64

亨利八世时代宗教信仰变革的曲折道路 /81

职业功能的转变：从演绎宗教礼拜仪式的司祭到宣讲上帝之言的牧师 /96

英国教会：从"教皇权至尊"走向"王权至尊" /115

圣职推荐权与教士的职业生涯 /135

20世纪英国宗教改革史学 /148

英国教会：从双重纳税义务走向单一纳税义务 /164

中世纪天主教信仰的仪式化 /181

英国中世纪教会法庭与国王法庭的权力关系 /197

"谏言书之争"与神权政治 /212

圣经研读会
——伊丽莎白一世时代英格兰国教会的一场冲突 /228

修正史学对英格兰宗教改革历史的"修正" /239

伊丽莎白一世1559年的宗教措施
——兼评历史学家尼尔的论述 /249

学习《资本论》第一卷关于宗教的论述 /261

《乌托邦》：一个哲学的国度 /268

圣奥尔本斯修道院绽放的"历史之花朵" /274

职业分工与中世纪西欧社会的发展 /278

古代罗马文明与中世纪西欧的纪年 /283

"中世纪学"的新发展 /288

Building a Preaching Ministry in the English Church during the Reformation /297

伊丽莎白一世时代天主教徒的身份认同困境

近代早期英格兰天主教徒的命运，与16世纪宗教改革紧密地关联在一起。议会在1559年制订的宗教改革法令，确立了英格兰教会永久性的制度基础：在组织的层面终结了罗马教宗对英格兰教会行使的权力，女王作为英格兰教会的"最高执政者"行使"至尊的王权"；在思想理念的层面改变了中世纪天主教的信仰体系，具有新教色彩的礼拜仪式成为英格兰教会内在信仰的外在表达。西班牙国王派驻英格兰的使节阿尔瓦多主教在写于1562年8月7日的书信中，对天主教徒的生存状态做出了判断："这里的法律禁止成为天主教徒……"[1] 在1559年之后的基督新教环境中，天主教信仰在英格兰失去了公开表达的空间，天主教徒退居到社会边缘地带，成为一种潜入私密空间的非法存在。

"宗教社会"以统一的宗教信仰作为核心价值，在"正统信仰"之外不能容忍"异端信仰"的存在与表达。英格兰教会作为宗教改革的胜利者，在改变教会的权力结构、改变宗教信条与礼拜仪式的同时，却继续奉行基督教世界传承一千多年的"宗教社会"传统，没有改变对待"异端信仰"的态度与应对办法。中世纪天主教会惩治异端的理念和办法，在宗教改革以后的英格兰用于惩治天主教徒，"以其人之道还治其人之身"引发的直接后果是开启了天主教徒在英格兰将近三百年的身份认同困境。本文试图在"宗教社会"的语境之下论述天主教徒如何在英格兰陷入宗教身份认同与政治身份认同的双重困境之中，以及如何在困境之中求得生存。

---

[1] Ginevra Crosignani et al., eds., *Recusancy and Conformity in Early Modern England: Manuscript and Printed Sources in Translation*, Toronto: Pontifical Institute of Mediaeval Studies, 2010, p.7.

一、三种状态的天主教徒

1559年议会制订的两项法令——《王权至尊法令》(AN ACTE of Supremacy)与《信仰统一法令》(AN ACTE of Uniformity)，是构建英格兰教会权力体系与信仰体系的法律文件。上述两个文件以议会法令的权威延续并且强化了"宗教社会"的传统：履行"王权至尊"宣誓，是衡量英格兰臣民是否忠诚于女王统治的尺度；出席在教堂举行的公共礼拜仪式，是辨别英格兰臣民是否服从英格兰教会的标志。在1559年议会法令的实施过程中，履行"王权至尊"宣誓的人员仅限于担任政府公职者，出席英格兰教会的礼拜仪式是人人必须遵行的法律规范。《信仰统一法令》规定有相应的强制性条款：基督徒必须出席礼拜日与宗教节日在教堂举行的礼拜仪式，违者处以宗教惩治以及12便士①罚款，用于堂区济贫（条款III）。②

埃塞克斯郡迈尔顿堂区住持（vicar）③乔治·吉福德在1582年依据《信仰统一法令》撰写的宣传书册《一位教宗分子与一位福音教授的对话》中，指出了当时的两种天主教徒：坚持天主教信仰，拒绝出席英格兰教会的礼拜仪式；保持天主教信仰，出席英格兰教会的礼拜仪式。④在伊丽莎白时代的语境中，第一种状态的天主教徒称为"拒绝国教的教宗分子"（Popish Recusant），第二种状态的天主教徒称为"国教堂中的教宗分子"（Church Papist）。⑤

然而乔治·吉福德的分类并不全面，实际上还存在第三种状态的天主教徒，时人称为"逃亡的天主教徒"（Exiled Catholic）。早在1562年，西班牙使节阿尔

---

① 根据当时的劳动力价值，12便士大体相当于体力劳动者日工资的2倍。
② 1 Elizabeth I, c. 2. *The Statutes of the Realm*, Volume IV, Part I, pp. 356-357.
③ 担任堂区住持的教士具备"牧师"（司祭）神品，有资格主持礼拜仪式。堂区住持分为两类——rector与vicar，两者身份的构成直接关联对于堂区教产的占有方式。rector是堂区教产持有人，以圣职躬耕田与什一税等堂区教产收益作为圣俸。vicar是堂区教产持有人的雇佣者，获取固定的或一定比例的教产收益作为薪俸。
④ George Gifford, *A Contention between a Papist and a Professor of the Gospel*, London: Thomas Dawson, 1582, p. 1.
⑤ recusancy一词源自拉丁语*recusare*，意为"拒绝服从"或"回避"。papist用于指称忠于教宗与罗马天主教会之人，Popish Recusant与Church Papist是宗教改革期间流行于英格兰的贬义词汇。宗教改革前的英格兰并不存在统一的最高教会权威，坎特伯雷省与约克省是隶属于以罗马宗教为首的"基督教会"的两个分支机构，习惯上统称为"在英格兰的教会"（Church in England）。16世纪宗教改革确立了王权在教会内的"至尊"地位，统一的"英格兰教会"（Church of England）得以形成，在中文的语境中也称为"英格兰国教"。

瓦多主教就观察到英格兰天主教徒"在迫害中拯救自身"的三条道路:"抵制法律的发布与执行,或者逃亡海外,或者尽力而为"①。伊丽莎白时代的一位国教会布道师更是明确地将英格兰天主教徒分为三类:"公开的天主教徒,在我们中间居住却不参加我们的圣餐礼,认为我们远离正统教会;逃亡的天主教徒,他们逃往海外,……潜回以后秘密策动臣民背叛女王;乖巧的天主教徒,以忠君守法作为掩护,……却在内心奉行与其他天主教徒同样的信仰,由于惧怕危险或耻辱而止步于守法。"②三种状态的天主教徒,表明宗教改革之后的社会存在着公开抗拒或隐匿抵制英格兰教会的现象。

1."国教堂中的教宗分子"

16世纪80年代,乔治·吉福德试图在迈尔顿堂区建立某种类似于加尔文教会的制度,遭到了来自"国教堂中的教宗分子"抵制。有感于此,吉福德借助《一位教宗分子与一位福音教授的对话》阐述了"国教堂中的教宗分子"的信仰和立场:"保持天主教信仰",与此同时也"遵从法律,并不拒绝出席国教堂举行的礼拜仪式"。③从激进的新教立场出发,乔治·吉福德并不掩饰对于"国教堂中的教宗分子"的排斥,将他们与"宗教异端""上帝与女王陛下的敌人"视为同类。④乔治·吉福德撰写的宣传书册在当时获得广泛的阅读与传播,此前以口语方式流传于民间的"国教堂中的教宗分子"称谓,由此获得文字表达并且载入了历史书册。

"国教堂中的教宗分子"是生存在英格兰教会体制之内的天主教徒,既有神职身份的教士也有世俗身份的平信徒。他们对英格兰教会保持谨慎的服从态度,在出席公共礼拜仪式的假象之下,以隐身的方式坚守天主教信仰。杜埃神学院传教士尼古拉斯·桑德尔⑤在《英格兰分裂主义教会之兴起与发展》一书中,对

---

① Ginevra Crosignani et al., eds., *Recusancy and Conformity in Early Modern England: Manuscript and Printed Sources in Translation*, Toronto: Pontifical Institute of Mediaeval Studies, 2010, p.7.

② J.V.P. Thompson, *Supreme Governor: A Study of Elizabethan Ecclesiastical Policy and Circumstance*, London: Society for Promoting Christian Knowledge, 1940, p.93.

③ George Gifford, *A Contention between a Papist and a Professor of the Gospel*, London: Thomas Dawson, 1582, p.1.

④ George Gifford, *A Contention between a Papist and a Professor of the Gospel*, London: Thomas Dawson, 1582, p.2.

⑤ 尼古拉斯·桑德尔(Nicholas Sender, c.1530—1581)曾经是牛津大学的学者,在逃亡罗马期间接受天主教圣职授职礼成为神职人士,之后成为杜埃神学院传教士。桑德尔撰写的《英格兰分裂主义教会之兴起与发展》(*Rise and Growth of the Anglican Schism*)在他去世之后交付印刷,1585年首次在科隆发行。对

此类天主教徒做出过描述："他们在自己家中参加有时是由那些在教堂公开举行虚假圣餐礼的教士秘密主持的弥撒，有时是由另外一些未受异端亵渎的教士主持的弥撒。在那些灾难的时日里经常出现的情形是，在上帝的祭台前领受圣体的人在同一天里又在邪恶的圣餐桌前领受圣餐，亦即出席弥撒礼的人也出席加尔文教会的圣餐礼"①。某些在英格兰教会任职的教士保持双重身份，为天主教信仰的存续提供支持：一方面在国教堂公开主持新教圣餐礼，另一方面在私人宅邸秘密主持天主教弥撒。教会法庭在1582年收到一项举报：迈尔斯·亚里爵士在萨福克郡斯科里附近的斯特森堂区担任牧师，却经常在牧师宅邸举办天主教弥撒礼，并且保存有齐备的弥撒礼用品。②尼古拉斯·桑德尔描述了以另一种形态保持双重信仰的国教会神职：把经过天主教弥撒礼祝圣的面饼秘密带入教堂并且安放在祭台上，在圣餐礼时分发给天主教徒，把依照"异端仪式准备的面饼"分发给"对信仰不太计较"的人。③

"国教堂中的教宗分子"把外在的礼拜仪式与内在的宗教信仰切割分离：在公开场合出席国教堂举行的公共礼拜仪式以表达对于英格兰教会与议会法令的服从，私下里秘密举行天主教弥撒礼以保持对于传统信仰的忠诚；公开行为是新教徒，私密信仰是天主教徒。他们在服从国教的伪装之下，隐藏并且保护内心深处的天主教信仰。尼古拉斯·桑德尔对此种现象有过评论："内在心灵深处几乎是完整的天主教徒，只是外在行为上服从法律并且顺从女王的意志"④。"国教堂中的教宗分子"处于个体宗教身份裂变的状态，以双重宗教生活的方式实现自我保护，为的是规避议会法令的惩治。诚如历史学家亚历山德拉·沃舍姆所言："法律规定的惩治用于发现并且规训那些拒绝英格兰教会的天主教徒，而不是国教堂中的教宗分子。"⑤此类天主教徒以服从议会法令的方式得以长期存在，并且成为在英格兰传承天主教信仰的主要力量。历史学家克里斯托弗·黑格也曾评论："国教堂中的教宗分子"是后宗教改革时代天主教徒长期存在的一种方式，是对于宗教迫害的一种回应。⑥

---

① Nicholas Sander, *Rise and Growth of the Anglican Schism*, London: Burns and Oates, 1877, p. 267.
② John Hungerford Pollen, ed., *Unpublished Documents Relating to the English Martyrs*, Volume I (1584-1603), London: J. Whitehead, 1908, p. 72.
③ Nicholas Sander, *Rise and Growth of the Anglican Schism*, London: Burns and Oates, 1877, p. 267.
④ Nicholas Sander, *Rise and Growth of the Anglican Schism*, London: Burns and Oates, 1877, p. 265.
⑤ Alexandra Walsham, *Church Papists: Catholicism, Conformity and Confessional Polemic in Early Modern England*, Woodbridge: Boydell Press, 1993, pp. 11, 29-30.
⑥ Christopher Haigh, "The Continuity of Catholicism in the English Reformation", in Christopher Haigh, ed., *The English Reformation Revised*, Cambridge: Cambridge University Press, 1988, p. 207.

长久以来，研究者关注于"海外传教士中的殉教者以及拒绝国教的天主教乡绅的英雄行为"，国教堂中的教宗分子只是替补陪衬。① 直至20世纪90年代，亚历山德拉·沃舍姆撰写《国教堂中的教宗分子：近代早期英格兰的天主教、国教与教派论争》一书，率先对这个论题展开系统研究。沃舍姆在书中陈述："16世纪晚期与17世纪早期英格兰天主教的历史，被拒绝国教的教宗分子抢先占据并且居于支配地位，有必要纠正这种"扭曲的"历史书写。沃舍姆提出：一旦将"国教堂中的教宗分子"确定为一种重要的存在，"16世纪晚期与17世纪早期的天主教徒就不仅仅包括那些自成一体并且坚定不移地拒绝服从国教的人，也包括那些分居各处、无固定形状的宗教异见人群"。② 沃舍姆的研究由于具有开创意义而在学术界获得高度评价：亚历山德拉·沃舍姆撰写的这部"里程碑"著作，将"国教堂中的教宗分子"……从伊丽莎白时代天主教的边缘地带拯救出来，使之不再充当次要角色。③

2. "拒绝国教的教宗分子"

宗教改革之后的第一代天主教徒并非完全拒绝英格兰教会，耶稣会传教士罗伯特·帕森斯④在1580年11月17日的书信中描述过此种情况：在伊丽莎白统治的初年，"（英格兰教会）分裂主义的危险尚未得到充分的认知；在连续10年时间里，天主教徒习惯于出席当地教堂的礼拜仪式"⑤。尼古拉斯·桑德尔也对此做出回顾："出于强迫或者欺骗的原因，绝大多数天主教徒在不同程度上向敌人屈服，并未拒绝公开进入分裂主义的教堂、聆听布道并且集体领受圣餐"⑥。这种局面持续到1570年，教宗庇护五世在《居高临下》（Regnans in Excelsis）教令中将英格兰教会定义为"分裂主义"，号召天主教徒远离英格兰教会。⑦ 为了与

---

① Alexandra Walsham, *Church Papists: Catholicism, Conformity and Confessional Polemic in Early Modern England*, Woodbridge: Boydell Press, 1993, p.5.
② Alexandra Walsham, *Church Papists: Catholicism, Conformity and Confessional Polemic in Early Modern England*, Woodbridge: Boydell Press, 1993, pp.xi-xii.
③ Ginevra Crosignani et al., eds., *Recusancy and Conformity in Early Modern England: Manuscript and Printed Sources in Translation*, Toronto: Pontifical Institute of Mediaeval Studies, 2010, pp.xvi-xvii.
④ 罗伯特·帕森斯（Robert Parsons，1546—1610），著有《天主教徒拒绝出席异端教会之理由陈述》（*Reasons Why Catholics Refuse to Go to Heretical Churches*），1581年在英格兰秘密印制。
⑤ Philip Hughes, *The Reformation in England*, Volume III, London: Hollis and Carter, 1954, p.248 n.1.
⑥ Nicholas Sander, *Rise and Growth of the Anglican Schism*, London: Burns and Oates, 1877, pp.266-267.
⑦ Ian W. Archer and F. Douglas Price, eds., *English Historical Documents Online, 1558-1603*, London: Routledge, 2011, Document 72.

"分裂主义教会"划清界限，某些天主教徒不再进入国教堂，由此而分离出"拒绝国教的教宗分子"。

关于"拒绝国教的教宗分子"的形成，史学研究中存在另一种解释。"拒绝国教者"一词最初泛指一切持天主教立场的人，是伊丽莎白时代天主教徒的标志称谓。庇护五世1570年教令发布之后，尤其是议会在1571年制订《禁止将罗马主教区发布的教令引入并付诸实施之法令》之后，一部分"拒绝国教者"为了表达对于英格兰女王的忠诚，开始出席国教堂举行的礼拜仪式，但是依然秉持天主教信仰。时人罗伯特·诺顿爵士①回顾了因庇护五世教令引发的这一变化：伊丽莎白时代的教会初建时，英格兰天主教徒以"拒绝国教者"之称谓闻名于世，以后才改变成为"国教堂中的教宗分子"；教宗作为天主教会之母亲，貌似将儿女们尽数拥抱在怀中，然而"女王却处于更为有利的位置"②。

当乔治·吉福德撰写的《一位教宗分子与一位福音教授的对话》在1582年印制发行的时候，英格兰社会对于"拒绝国教的教宗分子"这个称谓尚不熟悉，宣传书册中亦未出现这个词汇。议会在1593年制订《对拒绝国教的教宗分子加以管制之法令》(AN ACTE against Popish Recusants)，第一次将"拒绝国教的教宗分子"写入了法律文本。此项法令对"拒绝国教的教宗分子"做出了界定：(1)忠诚于罗马教会，"是女王陛下统治国度之内出现的反叛臣民，秘密输送情报"；(2)"拒绝出席在教堂、礼拜堂等场合举行的公共礼拜仪式"，以罗马教会的礼拜仪式"对抗王国法律与议会法令的规定"。③此项法令还将"拒绝国教的教宗分子"与"国教堂中的教宗分子"做出了区分，各项惩治措施仅仅指向拒绝出席国教会礼拜仪式的天主教徒，并未将"国教堂中的教宗分子"包括在内。

"拒绝国教的教宗分子"在非法状态之中秘密地坚守信仰，杜埃神学院创立者威廉·艾伦④在1583年3月14日的一封书信中转述了一段关于此种生存状态的描述："尽管敌人的愤怒异乎寻常，我们还是取得了进展，……每天都有演绎

---

① 罗伯特·诺顿爵士（Sir Robert Naunton，1563—1635），詹姆士一世时代的法学人士、下院议员，1614年受封为骑士，1618—1623年担任国务大臣。诺顿著有《王权御位散记》（*Fragmenta Regalia*）一书，在1641年与1642年两次印行。书稿在1653年再次印行时，冠名为《已故女王伊丽莎白言行录：她的时代与她的宠臣》（*Observations on the Late Queen Elizabeth, Her Times and Favourites*）。
② Sir Robert Naunton, *Fragmenta Regalia*, London: Anno Dom, 1641, p.18.
③ 35 Elizabeth c. 2. *The Statutes of the Realm*, Volume IV, Part II, p.843.
④ 威廉·艾伦（William Allen，1532—1594）的著作收录在托马斯·法兰西斯·诺克斯编纂的《枢机主教威廉·艾伦书信与回忆录》（Thomas Francis Knox, ed., *The Letters and Memorials of William Cardinal Allen*, London: David Nutt, 1882）之中，是研究伊丽莎白时代天主教历史的主要文献。

弥撒的机会……；经常有密探受到派遣，进入被怀疑保持天主教信仰的教徒家中。"① 伍斯特主教区在 1564 年提交的一个书面报告显示：因为不赞成新教信仰而放弃神职的原有堂区教士，对于重建后的英格兰新教采取敌对立场；他们生活在私密的角落，隐身在贵族乡绅的宅邸之中（主持礼拜仪式），受到周围民众的拥戴，用亵渎神灵的语言煽动蛊惑头脑简单的民众……②

在 1559 年宗教措施的实施过程中，并未要求没有政府职务在身的贵族与乡绅履行"王权至尊"宣誓，因而秉持天主教信仰的贵族与乡绅没有受到清洗，他们在自己的家族宅邸中秘密举办天主教礼拜仪式、为传教士提供庇护。史学家劳伦斯·斯通对英格兰贵族秉持不同宗教信仰的人数做出过统计：1580 年时英格兰有 66 名贵族，其中 20 人是拒绝国教的教宗分子，10 人持有坚定的清教立场，12 人是英格兰教会的支持者，余下 24 人对于宗教纷争持模棱两可的立场，仅仅希望支持获胜者。③ 依照劳伦斯·斯通的统计数字，英格兰贵族之中将近三分之一的人数持有天主教信仰。"拒绝国教的教宗分子"虽然是宗教少数派，但是存在的数量相对稳定。

3. 逃亡的天主教徒

1559 年，女王政府在牛津与剑桥两所大学实施承认"王权至尊"宣誓。虽然巡查专员并未要求没有担任政府职务的学者履行宣誓，仍然促使一批学者主动辞职或者被动免职。他们之中一些人选择离开英格兰，其中包括大约 15 名曾经担任院长的精英学者。时人用文学语言描述这种局面："牛津与剑桥两所大学的精英，被一场风暴冲散在异国的土地上"④。伊丽莎白女王在位的第一个十年，牛津大学超过 100 名学者选择离职，其中多数人留居在尼德兰。⑤ 1568—1575 年，形成了天主教学者逃亡海外的第二波高潮。如果说第一波逃亡者是玛丽一世时代培育的学者，第二波逃亡者则是 1559 年英格兰教会重建之后成长起来的新生代学者，伊丽莎白一世时代的新教环境并未使这些学者产生宗教身份的认同。

威廉·艾伦曾经是牛津大学的学者、圣玛丽学院教务长，1568 年在逃亡之

---

① Catholic Record Society, ed., *Miscellanea*, London: Arden Press, 1907, Volume 4, p. 77.
② Ian W. Archer and F. Douglas Price, eds., *English Historical Documents Online, 1558-1603*, London: Routledge, 2011, Document 50.
③ Lawrence Stone, *The Crisis of the Aristocracy 1558-1641*, Oxford: Oxford University Press, 1967, p. 345.
④ Alison Plowden, *Danger to Elizabeth: The Catholics under Elizabeth I*, London: Book Club Associates, 1974, p. 48.
⑤ John Bossy, *The English Catholic Community, 1570-1850*, Oxford: Oxford University Press, 1976, p. 12 n. 1.

地尼德兰创建了杜埃神学院。①艾伦的办学初衷是为逃亡海外的英格兰人提供居住和研习学术的空间，为天主教信仰培育年轻一代学者。出于在英格兰维系、传播天主教信仰的需要，杜埃神学院在1570年代中期演变成"为传教士提供训练"的场所。1580年后，杜埃神学院增设文法学校，为来自英格兰的天主教子弟提供初等教育。

1576年，来自威尔士的修道士欧文·刘易斯在罗马创建英格兰神学院，最初的学生来自杜埃神学院。1579年，罗马神学院被教宗格里高利十三世控制，处于耶稣会②传教士罗伯特·帕森斯的管理之下，罗马神学院创建于1579年的说法由此而来。历史学家约翰·博西对这一事件有过评论：伊丽莎白时代复兴天主教的活动由流亡海外的保守学者启动，但是发生在罗马的事件挫败了保守学者，尽管保守学者的影响力并未完全消失。③

耶稣会控制下的罗马神学院与杜埃神学院之间有沟通、有协调，采取联合行动向英格兰派遣传教士。1579年3月30日，罗伯特·帕森斯写信给威廉·艾伦，建议耶稣会以及两所神学院派遣的传教士协同前往英格兰："耶稣会神父与神学院传教士联合在一起非常重要，后果也将非常伟大"。④1580年夏天，罗伯特·帕森斯与埃德蒙·坎皮恩率领海外传教士进入英格兰。至1585年，来自海外的天主教传教士达到300人。历史学家菲利·休斯展示的另一组统计数字是：到1603年止，仅杜埃神学院就向英格兰派遣了438名传教士。⑤

潜入英格兰的传教士承担着为"拒绝国教的教宗分子"举办弥撒礼、提供信仰指引的责任，与此同时也致力于将"国教堂中的教宗分子"转变成为"拒绝国教的教宗分子"。威廉·艾伦在英格兰秘密传教期间，鼓励天主教徒抵制女王政府的信仰统一政策、规避国教堂举办的礼拜仪式。他在书信中讲述了在兰开斯特郡传播天主教信仰的成绩："我们出生的这个郡是天主教徒的天下，虽然普通大众出于对不公正法律的畏惧，有时也出席异端教会的礼拜仪式。……我

---

① 托马斯·法兰西斯·诺克斯编纂的《杜埃神学院日记第一卷与第二卷》（Thomas Francis Knox, ed., *First and Second Diaries of the English College, Douay, and an Appendix of Unpublished Documents*, London: David Nutt, 1878），记载了杜埃神学院的创建过程。
② 耶稣会初创于1534年，1540年经教宗批准成为直属罗马教廷的修道团体。1563年召开的特兰托宗教会议以天主教改革与反宗教改革为宗旨，罗马天主教会的力量得到集约和强化。耶稣会由此而发展成为国际化的天主教修会组织，从1580年开始向英格兰派遣天主教传教士。
③ John Bossy, *The English Catholic Community, 1570-1850*, Oxford: Oxford University Press, 1976, p.16.
④ Thomas Francis Knox, ed., *The Letters and Memorials of William Cardinal Allen*, London: David Nutt, 1882, p.75.
⑤ Philip Hughes, *The Reformation in England*, Volume III, London: Hollis and Carter, 1954, p.293.

们似乎赢得大量浸染着正当情感之人的心,虽然由于恐惧以及缺少恒久稳定的礼拜仪式场所,妨碍了人们表达信仰。尽管如此,公开表达信仰的人数在与日俱增。"① 伊丽莎白女王于1591年发布的一项文告,披露了政府掌握的海外传教士活动情况:"这些反叛者擅长伪装,有的伪装成士兵、水手、商人、逃犯,有的伪装成游历世界的乡绅,为的是避免被当作修道士、耶稣会士、神学院学生而抓获。……有些人进入贵族或乡绅之家提供宗教服务,对其主人和家庭施加影响,使之(与罗马教会)和解。因此之故,所有接待他们的人都是可疑分子"②。

在维系或者发展英格兰天主教信仰的过程中,有两种力量做出了努力——玛丽女王时代存留的"会众式天主教群体",海外传教士植入的"领主式天主教群体"③。两种力量中哪一个发挥了更为重要的作用? 史学研究中存在不同的评价。

传统史学将1568年杜埃神学院的创立,视为宗教改革后英格兰天主教群体形成的起点。菲利·休斯认为海外传教士在英格兰的使命获得了成功:"在新近到来的神学院传教士影响之下,天主教事业开始复苏,天主教徒鼓起勇气成为真正的天主教徒,不再违心地出席新建教会的礼拜仪式"④。狄肯斯依据主教区巡查记录,对约克郡"拒绝国教的教宗分子"展开数量分析,高度评价海外传教士在英格兰发挥的影响力:约克郡在1567—1568年尚不存在"拒绝国教的教宗分子",依稀可见的只是中世纪天主教习俗的遗存以及对国教会礼拜仪式的消极抵制;迟至1575年的主教巡查记录中,也几乎不存在关于"拒绝国教的教宗分子"的记载;天主教徒公开拒绝国教的现象出现于1577年,这一年的主教区巡查将200多名"拒绝国教的教宗分子"记录在案;天主教徒人数急剧增长的年份是1578—1582年,教会法庭在此期间审理的"拒绝国教的教宗分子"案例从21例(1578年)增加到329例(1582年);天主教徒人数在1582年以后的增长趋于稳定,教会法庭审理的拒绝国教案在1586年是417例,在1590年是587例。狄肯斯据此得出结论:英格兰天主教在伊丽莎白统治最后30年的再生,出

---

① Catholic Record Society, ed., *Miscellanea*, London: Arden Press, 1907, Volume 4, pp.77-79.
② M. A. E. Green, ed., *Calendar of State Papers, Domestic Series, of the Reign of Elizabeth, 1591-1594*, London: Longman, 1867, p.114.
③ 所谓"会众式天主教群体"(congregational structured form of Catholicism),指中世纪传统中以堂区为组织形式的教徒群体。所谓"领主式天主教群体"(seigneurially structured form of Catholicism),出自历史学家克里斯托弗·黑格的定义:来自海外的传教士在乡绅与贵族的宅邸之中秘密举办礼拜仪式,为他们的家庭成员以及在封建领主制度下附属这一家庭的仆役、佃户奉行天主教信仰提供支持,从而形成"领主式天主教群体"。(Christopher Haigh, "The Church of England: The Catholics and the People", in Christopher Haigh, ed., *The Reign of Elizabeth I*, London: Macmillan, 1984, pp.202-203.)
④ Philip Hughes, *The Reformation in England*, Volume III, London: Hollis and Carter, 1954, pp.303-304.

自神学院与耶稣会的冒险行动。①

1545—1563年，罗马教宗召集特兰托宗教会议（Council of Trent），目的是应对马丁·路德宗教改革，制订天主教改革与振兴计划（包括重申天主教信条、纠正教职界弊端、强化教宗权力等）。历史学家约翰·博西从特兰托宗教会议的讨论结果出发，以"中世纪天主教"与"反宗教改革天主教"作为英格兰天主教发展的历史分期，将海外传教士塑造成为新型天主教信仰的传播者。约翰·博西持有此种观点：源自中世纪的天主教群体在宗教改革以后逐渐消失了，1570年以后在英格兰形成的天主教群体完全出自神学院与耶稣会传教士的努力；特兰托宗教会议塑造的新型天主教群体，与业已消失的中世纪天主教群体没有任何关联。②约翰·博西将伊丽莎白时代天主教徒解释成一种断裂式存在，否认海外传教士到来前后天主教历史发展的连续性。

20世纪中叶兴起的修正史学提出了与传统叙事迥然不同的结论，认为英格兰天主教的存续主要出自本土的力量。克里斯托弗·黑格列举一组统计数字，用以说明来自海外的传教士与英格兰本土的天主教徒在地域分布方面存在失衡现象：1580年时，大约二分之一数量的海外传教士活动在埃塞克斯、伦敦等泰晤士河流域，而在同一地区居住的天主教徒仅占英格兰天主教人口的五分之一；在英格兰北方，天主教徒占据英格兰天主教人口总数的五分之二，仅仅吸引了大约五分之一数量的海外传教士，大量的天主教人口被海外传教士忽略了。③黑格进而提出：海外传教士在英格兰东部与南部为贵族与乡绅阶层服务，创建了一种"领主式天主教群体"，因而发挥的作用十分有限；英格兰新教社会在伊丽莎白一世时代确立之后，天主教存续与发展的推动力是玛丽时代留存的坚持天主教立场的神职；这样的神职在约克郡大约有150多人，在兰加斯特郡大约有75人；作为脱离了英格兰教会的秘密存在，他们为天主教徒主持礼拜仪式。④

---

① A. G. Dickens, *Reformation Studies*, London: Hambledon Press, 1982, pp.159-183. A. G. Dickens, *The English Reformation*, New York: Schocken Books, 1964, pp.311-312.

② John Bossy, *The English Catholic Community, 1570-1850*, Oxford: Oxford University Press, 1976, p.19.

③ Christopher Haigh, "The Church of England: The Catholics and the People", in Christopher Haigh, ed., *The Reign of Elizabeth I*, London: Macmillan, 1984, p.202. Christopher Haigh, "The Continuity of Catholicism in the English Reformation", in Christopher Haigh, ed., *The English Reformation Revised*, Cambridge: Cambridge University Press, 1988, pp.197-198.

④ Christopher Haigh, "The Continuity of Catholicism in the English Reformation", in Christopher Haigh, ed., *The English Reformation Revised*, Cambridge: Cambridge University Press, 1988, p.188. Christopher Haigh, "The Church of England: The Catholics and the People", in Christopher Haigh, ed., *The Reign of Elizabeth I*, London: Macmillan, 1984, p.200.

修正史学强调英格兰天主教力量发展的连续性，排斥对历史发展加以戏剧化情境演绎。克里斯托弗·黑格提出，所谓"中世纪天主教"与"反宗教改革天主教"的分期割断了历史发展的内在联系，这样的历史分期并不成立。黑格的论证从以下几个方面展开：

（1）海外传教士与英格兰本土天主教徒之间存在密切的关联，不仅传教士出自英格兰天主教家庭，而且传教士的牧灵对象也是英格兰天主教徒。"无论是传教士的人员构成还是传教的目标，伊丽莎白时代海外传教士的活动并未与以往的天主教传统断裂"①。

（2）在海外传教士抵达英格兰并且发挥影响力之前，在国教会之外已经形成了由"拒绝国教的教宗分子"组成的天主教群体。1564年时，在赫里福德、利奇菲尔德、彼得伯勒、伍斯特，都有拒绝国教的神职在天主教群体中间活动。英格兰天主教徒的地理区域分布保持相对稳定的状态，并未因海外传教士的到来而有所改变，"海外传教士无力将泰晤士河流域变成兰加斯特西部那样的天主教地区"。1570年代"拒绝国教的教宗分子"人数大幅攀升，并非海外传教士活动的结果，而是因为各地主教加紧巡查、将大量天主教徒记录在册。②

（3）海外传教士致力于在贵族与乡绅宅邸充当"家庭忏悔神父"的角色，并非在教区充当"信众的牧灵者"。由此而形成的"领主式天主教群体"是一种孤立的存在，虽然在局部地区对天主教力量起到维持作用，但是难以将这种模式向广大地区推广。海外传教士以天主教徒的"拯救者"自封，试图重新塑造英格兰的天主教力量，无视英格兰社会原有的天主教传统。所谓经由特兰托宗教会议改良的"反宗教改革天主教"，在英格兰的传播结果仅仅是维系了一些散落在各地的"领主式天主教群体"，将天主教演绎成为局限于少数贵族乡绅家庭的宗教信仰。虽然传教士在英格兰的活动是"英雄行为"，但是错误的行动策略最终导致了"传教活动的失败"。③

（4）所谓"英格兰天主教断裂发展"之说，源自耶稣会书写的都铎时期天主教的历史，尤其是罗伯特·帕森斯关于"拒绝国教的教宗分子"初起发端的

---

① Christopher Haigh, "The Continuity of Catholicism in the English Reformation", in Christopher Haigh, ed., *The English Reformation Revised*, Cambridge: Cambridge University Press, 1988, pp.192-193, 195-196.

② Christopher Haigh, "The Continuity of Catholicism in the English Reformation", in Christopher Haigh, ed., *The English Reformation Revised*, Cambridge: Cambridge University Press, 1988, pp.187-188, 190-192, 208, 197.

③ Christopher Haigh, "The Church of England: The Catholics and the People", in Christopher Haigh, ed., *The Reign of Elizabeth I*, London: Macmillan, 1984, pp.203, 202.

描述。这样的书写是为了达到宣传的效果,夸大了海外天主教力量在英格兰发挥的作用。①

综上所述,克里斯托弗·黑格的结论可以简要地概述为两点:(1)关于"中世纪天主教"与"反宗教改革天主教"的历史分期仅仅具有"历史编年的意义",是时间标志而不具备实质内容。所谓的"特兰托反宗教改革"并不存在于英格兰,天主教在英格兰的存在与发展并未出现断裂。(2)同时期存在于英格兰的天主教徒可以区分为两类——玛丽时代留存的天主教群体,海外传教士维系的"领主式天主教群体"。②黑格并不否认海外传教士在英格兰发挥的作用,只是将前者视为英格兰天主教群体的普遍存在,将后者视为局部地区的孤立存在。

二、天主教徒的身份认同困境:"忠于上帝"与"忠于女王"难以两全

狄奥多西一世在392年将基督教确定为罗马帝国唯一合法信仰,禁止臣民奉行多神崇拜。《狄奥多西法典》(Codex Theodosianus)规定有相应的惩治措施:基督徒改变信仰成为异教徒,就失去了立下遗嘱(以分配财产)的权利,已经立下的遗嘱也失去效力;远离信仰的人,心智受到蒙蔽,失去已有的身份与地位。③这样的规定意味着,拒绝基督教信仰的人被置于社会边缘地带,不享有社会的基本权利。当罗马皇帝以法律的强制手段将基督教确立为国教以后,宗教信仰就不再是个人的自由选择,而是强制性的社会群体行为。作为个体的基督徒需要做的,仅仅是理解并且践行社会群体共同奉行的神学教义与礼拜仪式。统一的宗教信仰不仅规范社会群体的思想与行为,而且成为身份认同的凝聚力量,由此形成以统一的信仰作为核心价值的"宗教社会"。

发生在16世纪的宗教改革强化了信仰统一的治国传统,"宗教社会"的特点在欧洲基督新教的世界中愈显突出。在经历过激烈的宗教纷争以后,德意志的罗马教宗派与新教福音派最终以"教随国定"的政治原则划分了各自的生

---

① Christopher Haigh, "The Continuity of Catholicism in the English Reformation", in Christopher Haigh, ed., *The English Reformation Revised*, Cambridge: Cambridge University Press, 1988, pp.177-178.

② Christopher Haigh, "The Continuity of Catholicism in the English Reformation", in Christopher Haigh, ed., *The English Reformation Revised*, Cambridge: Cambridge University Press, 1988, pp.203, 204, 207-208.

③ Karl F. Morrison, ed., *Readings in Western Civilization: The Church in the Roman Empire*, Chicago: University of Chicago Press, 1986, p.120.

存空间。英国宗教改革也采取政治化解决方案,借助于议会法令的方式为教会权力体系与宗教信仰体系做出定义,不仅将世俗权力与教会权力都绑定在"王权至尊"的体制之下,而且将奉行何种宗教信仰设定为衡量政治立场的重要尺度。当政治权力成为宗教信仰的决定力量之后,服从英格兰教会不仅是信仰问题,更是政治行为。女王政府凭借政治与法律手段推行宗教改革措施,出席英格兰教会的礼拜仪式成为臣服与支持女王统治的行动表达。时人埃德蒙·托马斯·希尔对英格兰教会的政治化属性有清醒的认识,把伊丽莎白时代建构的新教信仰称为"议会的宗教"[1]。

在宗教信仰政治化的社会环境中,英格兰天主教徒既希望延续效忠君主的传统,又担心背负服从异端统治的罪名。1562年,一部分天主教徒经由葡萄牙使节费尔南多·马丁内斯·马卡里纳斯向特兰托宗教会议提出询问:"秉持虔诚与学识之人"是否可以出席英格兰教会的礼拜仪式并且聆听布道?出席英格兰教会礼拜仪式"是否对于灵魂救赎构成危害或者构成对于神的严重背叛"?在英格兰教会圣餐礼上领受圣体是否符合教会法的规定?[2]这样的询问不仅是为了获取权威解答,更是寻求罗马教廷对于忠于信仰与忠于王权"两全之策"的支持。

面对这样的询问,出席特兰托宗教会议的一部分神学家明确答复说:走进英格兰教堂是"不敬神""分裂教会"的行为,是"永久的宗教异端"。神学家告诫英格兰人:"不可以出席如此异端的礼拜仪式与讲经布道活动,与其出席此种最为邪恶、最为败坏的仪式以表达对于他们的赞同,毋宁承受任何最为激烈的残酷"[3]。诸如此类的言论仅仅表达了神学家个人的理念,特兰托宗教会议并未发布正式文件将此种理念加以确认,因而神学家的答复并不具备教会法的权威性。

1566年,教宗庇护五世在罗马教廷发表演讲,号召天主教徒保持对于英格兰教会的拒绝态度。为了使教宗指令能够在英格兰天主教徒中间传播,庇护五世责成在鲁汶逃亡的两位英格兰神学博士——尼古拉斯·桑德尔与哈丁做出努力。天主教传教士劳伦斯·弗克斯[4]曾经表白:神学博士尼古拉斯·桑德尔把传

---

[1] Edmund Thomas Hill, *A Quartron of Reasons of Catholike Religion*, Antwerp, 1600, p. 14.
[2] Ginevra Crosignani et al, eds., *Recusancy and Conformity in Early Modern England: Manuscript and Printed Sources in Translation*, Toronto: Pontifical Institute of Mediaeval Studies, 2010, pp. 3-4.
[3] Ginevra Crosignani et al, eds., *Recusancy and Conformity in Early Modern England: Manuscript and Printed Sources in Translation*, Toronto: Pontifical Institute of Mediaeval Studies, 2010, pp. 18-19.
[4] 劳伦斯·弗克斯(Laurence Vaux, 1519—1585)由于拒绝履行"王权至尊"宣誓而被剥夺职务,1561年逃亡到欧洲大陆的鲁汶,为来自英格兰的天主教徒开办儿童启蒙学校,为此而编纂了《教义问答手册》(Catechism)作为教材。为了传播庇护五世的讲话,弗克斯秘密潜回英格兰,在兰加斯特展开宣传。

播教宗指令的使命交予他承担。①

1566年11月2日，劳伦斯·弗克斯在一封公开信中转述了教宗讲话的内容：庇护五世将英格兰教会的礼拜仪式定义为"分裂主义"与"宗教异端"，出席这样的礼拜仪式犯下了不可赦免的永劫之罪。劳伦斯·弗克斯评论说：教宗以强硬的立场反对基督徒服从英格兰教会，将出席英格兰教会礼拜仪式的行为判定为"分裂主义教会的支持者"，在信仰圣事方面犯下了"异端之罪"，"并非行走在灵魂救赎的状态之中"。根据劳伦斯·弗克斯的转述，教宗警告出席英格兰教会礼拜仪式的基督徒：任何与分裂主义教会存有关联之人，教宗不可能赦免他的罪恶；一旦出席了与罗马教会一体化相背离的礼拜仪式，就堕落成为分裂主义者，意味着与基督的教会相分离；"上帝将因此而愤怒，在此种状态之下离开尘世的灵魂将失去天国的永生"。为了表明转述的内容具有高度的真实性与权威性，劳伦斯·弗克斯在公开信中申明：当教宗表明上述立场的时候，他在现场聆听了教宗演讲。②

1570年2月25日，教宗庇护五世发布《居高临下》教令，重申此前讲话中的立场，并且以教会法的权威宣布了对于英格兰教会与伊丽莎白女王的谴责：（1）伊丽莎白"僭取了英格兰王位"，"剥夺伊丽莎白僭取的女王头衔、宗主权位、尊享特权"。③英格兰贵族和民众应当"解除对于伊丽莎白的忠诚，拒绝履行臣民义务，拒绝服从伊丽莎白的统治"。（2）伊丽莎白改变天主教信仰的所作所为，"将这个天主教国度置于悲惨的崩溃境地"，并且非法获取了"英格兰教会最高首脑"④的权位。"就是这个女人，占据了王位，极其荒谬地篡夺了在整个英格兰的教会首脑地位，连同附属的首席职权与司法管辖权"。（3）英格兰教会

---

① Laurence Vaux, *A Catechisme or Christian Doctrine*, Manchester: Chetham Society, 1885, Volume 4, pp.xxxii-xxxix.

② Laurence Vaux, *A Catechisme or Christian Doctrine*, Manchester: Chetham Society, 1885, Volume 4, pp.xxxii-xxxix.

③ 第四次拉特兰宗教会议决议第47款规定：教会在宣布"绝罚"之前，需要给予当事人"足够的警告"，并且"在必要的场合给予当事人针对警告提出申辩的机会"（Norman P. Tanner, ed., *Decrees of the Ecumenical Councils*, Volume One, London: Sheed and Ward, 1990, p.255）。庇护五世教令却在宣布"绝罚"的同时即宣布剥夺伊丽莎白的王位，既没有针对"绝罚"提出预警，亦未能针对"绝罚"给予当事人申辩的机会。《居高临下》教令宣布的两项裁决并不符合教会法规定的程序，因而"绝罚"不能成立，以此为因剥夺王位更加不能成立。教宗是否拥有废黜君主的权力，在历史上也存有争议。教会法并未授予教宗废黜君主权位的权力，宗教神学的论辩始终未能对这个问题达成一致。庇护五世关于伊丽莎白"僭取英格兰王位"的判断亦有出尔反尔之嫌，因为教宗此前曾经两次邀请伊丽莎白一世出席特兰托宗教会议，表明伊丽莎白作为英格兰女王的身份已经得到了罗马教廷的承认。

④ 1559年《王权至尊法令》授予女王的头衔是英格兰教会的最高执政者（Supreme Governor）而非最高首脑（Supreme Head），《居高临下》教令此处用词有误。

的信仰与礼拜仪式实属"分裂主义"与"宗教异端",英格兰民众应当放弃与伊丽莎白政府"根除传统宗教信仰的战略"的合作,追随教宗的天主教徒应当远离英格兰教会的礼拜仪式。(4)"以使徒的权位宣布,伊丽莎白是宗教异端以及异端的保护者",以"绝罚"[①]加以惩治,使之与基督的身体切割分离。(5)欧洲的天主教君主立即采取行动,讨伐伊丽莎白。[②]

显而易见,《居高临下》教令的内容与英格兰法律的相关规定形成尖锐对立。1559年《信仰统一法令》要求全体臣民出席英格兰教会的礼拜仪式,拒绝服从者面临法律的惩治;教令将英格兰教会的信仰与礼拜仪式定义为"分裂主义"与"宗教异端",号召天主教徒加以抵制。1559年《王权至尊法令》将伊丽莎白女王定义为英格兰教会的"最高执政者",掌管世俗事务与宗教事务的双重审判权;教令将伊丽莎白判定为"宗教异端以及异端的保护者",以"绝罚"的极端措施加以惩治。

"宗教社会"具有两个突出的理念:其一是采用单向度的定位坐标,奉行信仰统一的原则;其二是将宗教信仰问题政治化,将宗教身份认同等同于政治身份认同。《居高临下》教令沿袭了自罗马帝国时代以来的"宗教社会"理念,将坚守天主教信仰与解除对于君主的忠诚捆绑在一起。由于庇护五世教令的发布,作为个体的英格兰人不可能既是虔诚的天主教徒又是女王陛下忠诚的臣民。英格兰天主教徒由此而被置于一种两难境地:或者坚持天主教信仰,或者服从女王的统治,无法实现既"忠于上帝"又"忠于女王"的两全。

三、女王政府的宗教政策:政治身份与宗教身份的双重认同

女王政府在1559年借助议会法令确立了新教信仰的法律权威,但是在相当长的时期内并未真正实施涉及新教信仰的议会法令。国王法庭并不追究英格

[①] 第四次拉特兰宗教会议决议第47款规定了涉及宣判与实施"绝罚"的司法程序,通常分解为三个步骤:(1)向"绝罚"当事人提出预警并且陈述此种预警的理由。(2)给予当事人在教会法庭"申辩"的机会。如果"申辩"成功或者当事人表示悔改,法庭的司法程序宣告结束。如果当事人认为绝罚预警有失公正,可以向更高一级教会法庭提出申诉。(3)对于"申辩"未获成功或拒绝表示悔改的当事人,司法审理进入"绝罚"步骤(Norman P. Tanner, ed., *Decrees of the Ecumenical Councils*, Volume One, London: Sheed & Ward, 1990, pp.255-257)。

[②] Ian W. Archer and F. Douglas Price, eds., *English Historical Documents Online*, 1558-1603, London: Routledge, 2011, Document 72.

兰臣民奉行何种宗教信仰，亦未强制要求民众出席国教堂举行的公共礼拜仪式。一旦在貌似毫无调和余地的天主教信仰与议会法令认同之间保留了兼容性，就避免了将臣民置于必须做出选择的两难境地。首席国务大臣帕立勋爵在写于1583年的《英格兰法律之实施》一文中，对此做出了解读："虽然已知王国内诸多臣民的宗教信仰与英格兰教会殊异，在公开场合也并不讳言他们的宗教信仰，然而他们也确实公开言称效忠并且服从女王陛下，随时准备为捍卫女王陛下而打击、抵抗外国力量，尽管外国力量可能来自教宗并且由教宗本人指使"。帕立勋爵列举玛丽时代留存的几位主教均未因执守天主教信仰而受到法律制裁，用以说明政府并未将奉行天主教信仰罗织成为叛逆罪。①

但是女王政府的宗教政策存有一个底线——在基督新教治国的方略之下，天主教教徒不能参与王国政治。1559年《王权至尊法令》要求担任政府公职者履行王权至尊宣誓（条款IX）②，即是为了将天主教徒排斥在王国政治之外。但是《居高临下》教令挑战了女王政府宗教政策的底线，将伊丽莎白作为英格兰女王的合法地位暴露在天主教力量的攻击之下。当英格兰的天主教问题呈现国际化与政治化发展态势的时刻，宗教异见者就不可避免地被视为王国的敌人。为了维护女王统治的秩序与安全，议会在1571年制订了三项制裁天主教力量的法令。

第一项是《叛逆法令》（AN ACTE whereby certain offences be made treason）。此项法令旨在对伊丽莎白女王的人身、地位、头衔、权力加以保护，为此而将以下一些行为、言论、意向定义为"叛逆"：（1）针对女王人身的伤害，或者表现出针对女王人身伤害的意向。以废黜女王的王位作为威胁，动用武力或者动用语言鼓动外国力量入侵英格兰王国。否定女王的头衔，指认女王为"宗教异端"或者"僭取王位者"（条款I）。（2）企图篡夺女王的头衔，否认女王的权位（条款II）。（3）违背伊丽莎白女王的意愿，觊觎英格兰王位继承人的地位（条款III）。③诸如此类的条款将"叛逆"定义为对英格兰女王权位以及英格兰法律造成的伤害，将法律制裁的目标指向依据《居高临下》教令企图向伊丽莎白女王发起的讨伐，由此而设定了政治身份认同的标准——忠诚于伊丽莎白女王的统治，禁止向境外敌对力量提供道义或人力方面的支持与帮助。

第二项是《禁止将罗马主教区发布的教令引入并付诸实施之法令》（AN ACTE

---

① Robert M. Kingdon, ed., *The Execution of Justice in England By William Cecil; and A True, Sincere, and Modest defense of English Catholics by William Allen*, New York: Cornell University Press, 1965, pp. 9-10.

② 1 Elizabeth, c. 1. *The Statutes of the Realm*, Volume IV, Part I, p. 352.

③ 13 Elizabeth, c. 1. *The Statutes of the Realm*, Volume IV, Part I, pp. 526-528.

against the bringing in and putting in execution of bulls and other instruments from the see of Rome）。法令规定："凡是将罗马教区发布的教令引入并发布于英格兰，或者言称解除女王臣民对于君主的忠诚"，以"严重叛逆"加以惩治，褫夺土地财产并处以死刑（条款 I）；对相关行为知情不举报者，以"隐匿叛逆"加以惩治（条款 III）。① 此项法令的规定构成对现有《叛逆法令》的补充，把支持并且执行庇护五世教令也纳入了"叛逆"的治罪范围，主要目标是避免女王的人身与权位受到《居高临下》教令的损害。帕立勋爵曾经对此项法令设定的目标做出过阐述，他将法令涉及的"叛逆"细化为三个级别：输入并接受"女王陛下并非英格兰合法女王"，为最高等级的叛逆；号召女王的臣民放弃誓言与忠诚，为次高等级的叛逆；发誓不再服从女王与女王的法律，为第三等级的叛逆。② 此项法令的发布与实施将不可避免地引发多方面的后果：（1）以议会法令的方式将庇护五世教令的内容非法化，使罗马天主教与英格兰教会之间的分歧愈发不可调和，彻底断绝了两者之间的和解之路。（2）或者成为虔诚的天主教徒，或者成为女王陛下恭顺的臣民，二者不可兼得，英格兰天主教徒必须在宗教身份认同与政治身份认同二者之间做出选择。

第三项是《惩治海外逃亡者法令》（AN ACTE agaynst Fugytyves over the Sea）。法令指称的"海外逃亡者"是从英格兰出走的天主教徒，尤其是加入海外神学院并且期待着返回英格兰的天主教徒。法令规定了惩治海外逃亡者的措施：未得到女王钦准，擅自离开英格兰6个月未归者，褫夺土地财产（条款 I）。③ 由于《居高临下》教令采用了相当多的暴力言词谴责伊丽莎白女王，帕立勋爵认为海外传教士承担着以武力推翻女王统治的军事使命，因而他们的行为属于"叛逆"。帕立勋爵强调：对海外传教士加以惩治并非是以信仰治罪，而是因为他们执行罗马主教的指令、反叛女王的权位。④

自从罗马帝国将基督教确定为国教以后，信奉公权力规定的宗教就被提升到了忠君爱国的政治高度。此项法令沿袭了这样的思路，将逃亡海外的天主教徒定义为"反叛女王"，以"褫夺土地财产"制裁之。英格兰教会在 1570 年发

---

① 13 Elizabeth, c.2. *The Statutes of the Realm*, Volume IV, Part I, pp.528-531.
② Robert M. Kingdon, ed., *The Execution of Justice in England by William Cecil; and A True, Sincere, and Modest Defense of English Catholics by William Allen*, New York: Cornell University Press, 1965, p.13.
③ 13 Elizabeth, c.3. *The Statutes of the Realm*, Volume IV, Part I, pp.531-534.
④ Robert M. Kingdon, ed., *The Execution of Justice in England by William Cecil; and A True, Sincere, and Modest Defense of English Catholics by William Allen*, New York: Cornell University Press, 1965, pp.7-8, 12-13.

布的一篇布道词从另一个角度阐述了相同的主题："国王、女王，以及其他君主，经由上帝授予权力，因而理应得到臣民的遵从与拥戴；如果臣民不遵从甚至反叛君主，就是不遵从上帝，进而导致臣民自身的毁灭……"①

上述三项法令主要是针对1570年前后国际天主教力量制造的威胁，要求英格兰臣民对于女王的统治表现出政治认同：凡是否认伊丽莎白为英格兰女王或者指认伊丽莎白是"异端""分裂教会之人"者，依照叛逆罪处死并且没收财产；凡是将《居高临下》教令传入或公布于英格兰者，依照叛逆罪处死并且没收财产；凡是逃亡海外逾期6个月未归者，没收土地财产。

进入1580年代以后，来自国际天主教力量的威胁得到缓解，女王政府宗教政策的关注点转向留居英格兰的天主教徒。议会法令加重了对天主教徒的惩治措施，试图以此强化对于英格兰教会的身份认同。在新订议会法令的语境之下，"拒绝国教的教宗分子"之所以受到惩治，并非由于"宗教异端"的罪名，而是被视为"王权至尊"的敌人而冠以"叛逆"的罪名，宗教身份认同演化成了政治身份认同。

议会在1581年制订《女王臣民效忠法令》（AN ACTE to reteine the Queenes Majesty's Subjectes in their due Obedience），强化了对于"拒绝国教的教宗分子"的惩治：（1）凡是煽动女王臣民不服从女王统治，或者煽动女王臣民改信罗马天主教者，以"严重叛逆"处死并且褫夺财产（条款Ⅰ）。（2）禁止演绎天主教弥撒礼与出席天主教弥撒礼，违者严加惩治。凡是演绎弥撒礼者，一经确认即判处一年监禁与200马克②罚款；凡是出席弥撒礼者，一经确认即判处一年监禁与100马克罚款（条款Ⅲ）。（3）年龄16岁以上拒绝出席国教会礼拜仪式者，一经确认即判处每月罚款20英镑（条款Ⅳ）。③

此项法令的严厉之处在于：（1）采用了一种新的关于"叛逆"的法理逻辑——奉行天主教信仰意味着放弃了对于女王的忠诚、放弃了对于英格兰教会

---

① Ian W. Archer and F. Douglas Price, eds., *English Historical Documents Online, 1558-1603*, London: Routledge, 2011, Document 82.
② 依照1.5马克折合1英镑的比率计算，200马克大约等值133英镑，100马克大约等值67英镑。
③ 23 Elizabeth, c.1. *The Statutes of the Realm*, Volume IV, Part I, p.657. 此项法令存有一项疏漏，没有述及对无力交纳罚款者的惩治办法。1586—1587年的一项议会法令（29 Elizabeth, c. 6）对此做出补充规定：无力交纳罚款者，剥夺土地财产的三分之二，划归女王所有。1587年法令还涉及天主教徒的案件划归王座法庭与国王巡回法庭审理，从而将此类事务直接置于女王的控制之下。1587年法令还对拒绝国教的行为实行举报制度，所获罚金的三分之一归举报人，三分之一划归财务署，三分之一用于教区济贫。

的忠诚,因而奉行罗马天主教意味着"叛逆"。(2)扩大了"叛逆"的定罪范围与惩治力度。1571年《禁止将罗马主教区教令引入并付诸实施之法令》仅将"叛逆"的惩治范围限定在"以文字或其他手段将教令引入并且加以实施",1581年的法令将"叛逆"罪名扩大至"促使英格兰人不再对女王、对英格兰教会效忠,无论采取何种手段与途径"。(3)增加了向"拒绝国教的教宗分子"征收的罚款数额,与1559年《统一法令》规定的12便士罚金相比,1581年法令规定的20英镑罚款具有极大的摧毁力量。法令新增的两项罚款更是数量巨大——演绎弥撒礼处以200马克罚款、出席弥撒礼处以100马克罚款。标记为1584年9月4日的一项天主教入侵英格兰的行动计划提到了法令实施的后果:"英格兰女王颁布了新法律并且开始实施那些法律,仅以涉及褫夺天主教徒财产的条款而言,她将在短时间内使天主教徒陷入极度贫困。"① 诸如此类的法律规定,使天主教徒处于随时被关押以及被征收巨额罚款的危险之中,为坚持天主教信仰的家庭带来巨大的财政经济压力和精神恐惧。

各项针对天主教徒的惩治措施足够严苛,然而相关的法律规定并未得到严格执行。究其原因主要有以下几点:(1)此时的英格兰并未构建起发达的地方官僚体系,中央政府机构难以深入各个教区获取关于"拒绝国教的教宗分子"的信息,在法律的执行环节遇到了技术障碍。(2)法律的执行机构并不情愿对"拒绝国教的教宗分子"加以惩治,法令关于天主教信仰等同于"叛逆"的定义未能深入人心。最终呈现的结果是:各项法律只是用于惩治企图颠覆女王统治的天主教徒,并未用于迫害那些坚持天主教信仰、服从并且效忠女王的天主教徒。(3)法令规定的罚款数量过于巨大和沉重,超出了一般人的财务承受能力。虽然财务署设立专门机构管理向天主教徒收取的罚款,然而法令的执行并不具备普遍的可操作性。据史学家莫里统计,1581年法令实施以后,只有不足200人次交纳过罚款,其中交纳了足额罚款的人次不超过17个。②

法律的执行情况表明,罚款征收人员在宗教身份认同与政治身份认同之间做出了区分;对于表现出政治身份认同的天主教徒,并未普遍加以惩治。由于在执行的环节保留了弹性,最终呈现的局面是:既维持了法律秩序并且使女王的统治保持稳定状态,又为天主教徒留下了生存的空间。

---

① Thomas Francis Knox, ed., *The Letters and Memorials of William Cardinal Allen*, London: David Nutt, 1882. p.431.
② Adrian Morey, *The Catholic Subjects of Elizabeth I*, London: George Allen and Unwin, 1978, pp.182, 67, 71, 213.

四、天主教徒的生存之道：隐匿在抵制与妥协的边缘地带

当犹太人法庭对耶稣门徒实行审判的时候，彼得与众门徒回答法庭的质询："我们必须服从神，不服从任何人世权力"①。《使徒行传》的这段言论在中世纪的基督教世界形塑成一种理念：神订律法高于人订律法，人订律法必须与神订律法保持一致。当这一理念在社会实践中大行其道的时候，英格兰天主教徒面临的困境是：一旦人订律法被认为与神订律法发生冲突，应当以何种方式服从神订律法？在服从神订律法的同时如何避免对伊丽莎白女王的统治构成"叛逆"？如何在奉行天主教信仰的同时，服从女王的统治？在本质上，这是一个信仰认同与政治认同是否可以兼得的问题。

一旦涉及政治服从问题，留给英格兰天主教徒的选择空间便十分有限。沿袭自中世纪的一个根深蒂固的观念是：反叛君主并非正当行为，政府制订的法律必须服从。这样的理念源自基督教笼罩在君主头上的"神命王权"光环："人人应当服从执掌权柄之人，因为没有权柄不是出自神，凡是运行的权柄都是出自神之创立。因此抗拒执掌权柄之人即是抗拒神之委任，抗拒权柄必将招致惩治"②。在"神命王权"的理念之下，即使君主误用了权力而实行残暴统治，臣民也必须服从君主。虽然残暴的统治理应受到严厉的谴责和制裁，但是此种谴责与制裁的权力属于神，神的子民并不享有抵制残暴统治的权利。

《居高临下》教令试图胁迫英格兰天主教徒在"上帝"与"女王"之间做出抉择，来自教宗的声音加剧了天主教徒的身份认同困境。庇护五世号召英格兰民众"解除对于伊丽莎白的忠诚，拒绝履行臣民的义务、拒绝服从伊丽莎白的统治"，这样的号召带有策动英格兰人叛逆谋反的用意，不仅将宗教信仰问题政治化了，而且背离了"神命王权"的基本原则。威廉·艾伦在《忠实、真诚、温和地为英格兰天主教徒辩护》③一文中，对于教宗的言论持批评立场："我们忍受女王实施的惩治是出自我们的宗教信仰"，天主教徒被"迫害致死仅仅是由于

---

① Acts of the Apostles, 5:29. Bruce M. Metzger and Roland E. Murphy, eds., *The New Oxford Annotated Bible*, New York: Oxford University Press, 1991, p. 168 NT.
② Letter of Paul to the Romans, 13:1-2. Bruce M. Metzger and Roland E. Murphy, eds., *The New Oxford Annotated Bible*, New York: Oxford University Press, 1991, p. 224 NT.
③ 威廉·艾伦撰写的《忠实、真诚、温和地为英格兰天主教徒辩护》（*A True, Sincere and Modest Defense of English Catholics*）在第一次印行时没有标明作者、印刷商、印行地点与日期。艾伦在与帕森斯之间的往来信件中透露：文章在1584年8月第一次印行，出自帕森斯在鲁昂设立的印刷所。另一种推测认为，文章的印刷地点是艾伦与杜埃神学院的临时停留地点兰斯。

内心的信仰"。威廉·艾伦表达了天主教徒对于女王的忠诚:"我们并未用言词或者行动做出任何敌视君主与法律的意向,而是在一切行动方面表达对于女王的尊敬与忠诚"。威廉·艾伦的文章明确地传达出"政治认同优先于宗教信仰认同"的信息:"贵族与乡绅们……无论在王国之内还是在海外,都服从并且忠诚于她,一如臣民服从并且忠诚于君主。(天主教徒)不曾因为庇护五世教令发出的号召而在英格兰各地动用武力,自从教令发布之后从未有过这样的举动,而是在各种场合一如既往地(为女王)效力"。威廉·艾伦的文章还透露:庇护五世教令发布之后,英格兰天主教徒认为"这件事情过于冒犯无礼,因而对教令采取回避态度"。①

在"宗教社会"的环境中,信仰纷争不可避免地与政治纷争交织在一起。1566年爆发的尼德兰战争,不仅是尼德兰人反抗西班牙统治的独立战争,也有宗教因素参与其中——接受了路德派新教与加尔文派新教的尼德兰人反抗西班牙国王的天主教统治。尼德兰战争期间,西班牙总督策划以武力进犯英格兰,旨在推翻伊丽莎白女王的统治。战争的威胁将英格兰天主教徒置于一种两难境地:从宗教立场出发,理应站在奉行天主教传统的西班牙一边;作为女王陛下的臣民,有义务维护英格兰共同体的利益。当宗教信仰与政治立场发生矛盾的时候,英格兰天主教徒选择政治身份认同。一位在英格兰传教的耶稣会士于1587年10月23日写信给罗伯特·帕森斯,表达了天主教徒面对尼德兰战争的态度——英格兰共同体的利益大于天主教信仰,英格兰天主教徒应当效忠女王、反抗西班牙人:"(我们)得出的一致结论是——低地国家的战争仰赖女王陛下与枢密院出于王国利益以及与周边邻国的关系加以商讨足矣,(女王陛下的)良善臣民不应过多地对此事加以讨论;应当把西班牙人视为英格兰的敌人与之战斗,而不是把西班牙人视为天主教徒……"②

在坚持天主教信仰的同时保持对于君主的忠诚,并非一件轻而易举之事,在两者之间周旋的英格兰天主教徒经常面临内心情感的折磨,需要克服强烈的心理障碍。威廉·吉福德博士在1586年3月18日写给女王大臣法兰西斯·渥尔星汗爵士的信件,谈到天主教徒进退失据的两难境地:"我一次又一次试图帮助并且宽慰我的朋友们,劝解他们返回家乡并且加入女王陛下的阵营,将他

---

① Robert S. Miola, ed., *Early Modern Catholicism: An Anthology of Primary Sources*, Oxford: Oxford University Press, 2007, pp. 76-77.

② Thomas Francis Knox, ed., *The Letters and Memorials of William Cardinal Allen*, London: David Nutt, 1882, p. 300.

们的财物、土地、生命用于保卫不可侵犯的女王以及（英格兰）共同体的利益，反击一切来自外部的野心，将拥护女王陛下的赤子之心展示给上帝。然而实际的结果是，除了感受到许多受到伤害的心灵，我的努力一事无成。天主教徒声泪俱下地表示，倘若（天主教）信仰可以得到女王陛下的保护，他们情愿将自己的一切——荣誉、土地、生命交付给女王陛下，不惜流血牺牲，抗击一切试图侵犯女王陛下、摧毁（英格兰）王国的邪恶力量。他们感叹，耳闻目睹如此之多的强力迫害，难以相信（天主教）信仰可以得到保护……"①

历史学家霍尔姆斯撰写的《抵制与妥协：伊丽莎白时代天主教徒的政治思想》一书，以伊丽莎白时代天主教徒的著作文字为依据，论述天主教徒在这一时期面临的两难境地：是否可以在忠于女王的同时，抵制女王推行的新教信仰？在服从神的前提之下，力图避免宗教迫害是否属于正当？霍尔姆斯将天主教徒对于这些命题的回应，概括为"抵制的愿望与妥协的必要"之间的相互作用，认为这种相互作用自始至终都在伊丽莎白统治时期有所表现。②

在政治上臣服于伊丽莎白女王统治的前提之下，天主教徒群体之中的立场分歧在于是否出席国教堂的礼拜仪式。1581 年议会颁布《女王臣民效忠法令》之后，一部分持天主教立场的神职人士将政治认同置于信仰认同之上，认为在特定的情境中出席新教礼拜仪式是合法行为："大量显而易见的理由与神学教父的权威论述都表明，出席异端教堂的礼拜仪式以规避宗教迫害，并不构成罪恶。尤其是在预先申明立场的情境之下，进入异端教堂是为了服从君主的统治"③。此处采用"异端教堂"用语，表达了天主教徒的立场——在信仰上并不认同英格兰教会，进入国教堂只是为了申明在政治上认同伊丽莎白女王的统治。在此种心态引领之下，相当数量的"拒绝国教者"至少在表面上归顺英格兰教会、成为"国教堂中的教宗分子"。由于固守天主教信仰而失去神职的奥尔本·兰代尔在 1580 年撰写文章，劝导天主教徒服从国教：仅仅出席教堂的礼拜仪式并不构成永劫之罪，因为神法并未发出这样的禁令。④ 将宗教信仰与政治立场分离，在坚持天主教信仰的同时，保持对于女王与女王政府的认同和忠诚，出席议会

---

① Thomas Francis Knox, ed., *The Letters and Memorials of William Cardinal Allen*, London: David Nutt, 1882, p. 262.
② Peter Holmes, *Resistance and Compromise: The Political Thought of the Elizabethan Catholics,* Cambridge: Cambridge University Press, 1982, p. 6.
③ Catholic Record Society, ed., *Miscellanea*, London: Arden Press, 1907, Volume 4, p. 5.
④ Peter Holmes, *Resistance and Compromise: The Political Thought of the Elizabethan Catholics*, Cambridge: Cambridge University Press, 1982, p. 90.

法令规定的礼拜仪式,这是"国教堂中的教宗分子"的基本心态。

不可否认,《居高临下》教令也为天主教徒拒绝英格兰教会提供了神学依据。既然伊丽莎白女王重建的教会是"宗教异端",既然英格兰教会的礼拜仪式是"分裂主义的礼拜仪式",一部分天主教著述家号召天主教徒坚守信仰、拒绝向英格兰教会妥协。尼古拉斯·桑德尔撰写的《英格兰分裂主义教会之兴起与发展》大量引用《居高临下》教令的话语,以"分裂主义""宗教异端"评论英格兰教会及其礼拜仪式,批评伊丽莎白女王将"异端的枷锁置于天主教徒的信仰之上"。① 罗伯特·帕森斯在《天主教徒拒绝出席异端教会之理由陈述》中阐述了拒绝服从英格兰教会的理由:并非出自反叛或者蔑视,而是出自天主教信仰。帕森斯批评"国教堂中的教宗分子"是"伪善者":外在行动上是新教徒,内在信仰上是天主教徒,由此而导致内外不一致。②

威廉·艾伦在1592年12月12日从罗马发出一封致英格兰天主教徒的公开信,号召抵制英格兰教会的礼拜仪式:"你们不可以在讲道时为这样的立场辩护,亦即认为与新教徒一起领受圣餐是合法行为,……因为这些礼拜仪式与教会传统以及神学博士的所言所行背道而驰。教会从来不与阿里乌斯教徒、多那特教徒或者诸如此类之人共领圣餐,也不允许大公教会成员与他们一同祈祷"。威廉·艾伦警示英格兰天主教徒:"教宗明确地告知我,参与新教徒的祈祷仪式,或者进入新教徒的教堂,或者参与诸如此类的事功,既不合法也罪不可赦。"③ 威廉·艾伦书信的言外之意是:一旦出席了英格兰教会的礼拜仪式,天主教徒就背弃了自己的信仰,失去了上帝承诺的恩典。

生活在伊丽莎白一世时代新教环境中的天主教徒由于坚持传统信仰而成为社会的"他者",隐匿在社会的边缘与非法状态之中,由此而引发了广泛的身份认同困境。历史学家约翰·博西从社会环境与宗教信仰的角度,阐述了英格兰天主教群体从社会主流向社会边缘分离的过程,解读了天主教徒从宗教改革前的社会主体成员演变成为宗教改革后少数派群体的成因。约翰·博西认为,在这样一个动态的演变过程中,天主教徒并未自觉地意识到,他们逐渐陷入了一个"死亡的教会"。④

---

① Nicholas Sander, *Rise and Growth of the Anglican Schism*, London: Burns and Oates, 1877, pp. 265-269.
② Catholic Record Society, ed., *Miscellanea*, London: Arden Press, 1907, Volume 4, p. 3.
③ Thomas Francis Knox, ed., *The Letters and Memorials of William Cardinal Allen*, London: David Nutt, 1882, p. 345.
④ John Bossy, *The English Catholic Community 1570-1850*, Oxford: Oxford University Press, 1976, pp. 108-109.

所谓"死亡的教会",意味着天主教信仰在失去公开表达的空间以后,也失去了政治影响力与社会影响力。天主教借助于历史传统的积淀在英格兰维持着生命力,在相当长的时期内成为一种人类文化遗产的存在。采用拉丁语演绎的弥撒礼,祭台上经过祝圣的面饼和酒,被天主教徒视为传统生活的重要内容。牛津主教区一位受到指控的天主教徒曾经陈述文化习俗对于宗教信仰的影响:"我在极为尊崇弥撒礼的时代出生,也在这同一种信仰之中长大成人。……我始终坚守生在其中、长在其中的宗教信仰,承蒙上帝的恩典,我也仍将活在其中、死在其中。"① 宗教信仰的重要性不仅在于教义的表达,而且在于伴随信仰而共生的日常生活方式。历史人类学家凯兹·托马斯对此做出过阐述:天主教为诸如出生、结婚、死亡等尘世生活的重大事件提供相应的礼拜仪式;宗教信仰强调人生重大事件的社会意义并且演绎出相应的仪式,从而使这些场合彰显出庄重和神圣。凯兹·托马斯还指出:"带有某种迷信色彩的天主教信仰可以满足人们精神上的需求,在天主教徒的观念中,宗教信仰的重要性还在于它能够提供超自然的救助。"② 在理性科学并非十分发达的16世纪,超自然的力量依然具有强大的生命力。

当非法存在的天主教信仰失去了公开表达的机会并且潜入私密空间以后,通常是具备物力条件供养天主教司祭的贵族乡绅之家,以及与天主教司祭取得联系的人群,有条件维持天主教信仰。在"拒绝国教的教宗分子"的人口总量中,缺少足够物力条件的社会下层人群在数量上明显少于贵族乡绅的人数。约克郡的统计数字显示:当时天主教徒大约占人口总量的2%,其中乡绅的人数比例相当高——1580—1582年间,大约20%的乡绅遭到拒绝国教或不出席国教堂圣餐礼的指控;1603—1604年间,这一数字上升至33%。③

历史学家埃尔顿判断:英格兰人口总数在16世纪"只有区区300万"④。依据埃尔顿的估算:1570年前后,那些仰仗于罗马而不是仰仗于坎特伯雷的英格兰天主教徒缩减成一个硬核,人数不超过15万;在伊丽莎白统治的余年,基本上维持这个人数。⑤ 埃尔顿统计出了受到法律惩治的天主教徒人数:在伊丽莎白

---

① Christopher Haigh, "The Continuity of Catholicism in the English Reformation", in Christopher Haigh, ed., *The English Reformation Revised*, Cambridge: Cambridge University Press, 1988, p.176.
② Keith Thomas, *Religion and the Decline of Magic,* Middlesex: Penguin Books, 1973, pp.88-89.
③ Adrian Morey, *The Catholic Subjects of Elizabeth I*, London: George Allen and Unwin, 1978, pp.212-213.
④ G. R. Elton, *England under the Tudors*, London: Methuen, 1978, p.9.
⑤ G. R. Elton, *England under the Tudors*, London: Methuen, 1978, p.287.

统治时期，大约 250 人因为坚持天主教信仰而死亡（或者是以"叛逆"的罪名处死），其中 50 余人死于狱中。① 历史学家汤姆森提供了另一组统计数字：至伊丽莎白统治的最后一年，实际受到指控的"拒绝国教的教宗分子"总计 1 万人左右，更多的天主教徒逃避了法律的指控；当时英格兰各地有 10 万天主教徒，这一数字不包括参加规定的礼拜仪式但是保留天主教信仰的人（亦即"国教堂中的教宗分子"）。② 依照 10 万或 15 万的数字计算，秉持天主教信仰的人数在英格兰人口总数中所占比例相当低，在 3%～5% 之间。

五、结语

英格兰天主教徒在宗教改革后面临的身份认同困境，源于"宗教社会"以统一的信仰作为核心价值的传统。所谓"宗教社会"，是以宗教信仰为工具实现群体控制与群体规训的社会。"宗教社会"不一定实行政教合一的神权统治，但是强制要求群体成员接受并且奉行统一的宗教信仰。统一的宗教信仰作为一种凝聚力量，不仅可以规范社会成员的精神状态与价值观念，进而形成统一的行为准则与生活方式，而且有助于不同身份地位的社会成员形成对于共同体的认同感与归属感。统一的宗教信仰具有垄断性与排他性，不仅秉持"教会之外无拯救"的理念，而且以"宗教异端"的名义对"正统"之外的其他教派加以甄别和剪除。在"宗教社会"的体制之下，个体成员不享有选择信仰的自由空间与自由权利，唯有接受、奉行、维护强制规定的宗教信仰。

罗马帝国开创的信仰统一治国方策，在中世纪西欧的基督教世界得到延续和发展。教会与世俗之间形成了二元权力体系以及相应的社会治理分工——"上帝的事业归上帝"，"凯撒的事业归凯撒"。教会组织负有传播与维系信仰认同与信仰统一的使命，借助教会法庭的司法审判权力甄别并且剪除宗教异端；世俗权力负有维系政治认同的责任，国王法庭借助对于"王权侵害罪"与"叛逆罪"实施的惩治以确保臣民对于王权的忠诚。二元体系之间既存在权力的冲突也形成了相互扶持的共赢关系：基督教信仰将国王的权位神圣化，为王权统治的合

---

① G. R. Elton, *England under the Tudors*, London: Methuen, 1978, p.308.
② J. V. P. Thompson, *Supreme Governor: A Study of Elizabethan Ecclesiastical Policy and Circumstance*, London: Society for Promoting Christian Knowledge, 1940, p.119.

法性与正当性提供理论支持；以国王为主体的世俗权力承担起"信仰护卫者"的责任，为宗教信仰体系与教会权力体系的运行提供政治、军事、经济支持。在二元权力体系之下，形成了教会与国王政府合力推行信仰统一的局面，世俗权力凭借着手中掌握的暴力机器成为教会意志的执行人。

发生在16世纪的英国宗教改革，强化了举国一致的信仰体系以及作为"宗教社会"的存在。伊丽莎白一世在1559年发布的《女王政令》（Royal Injunctions）中，反复强调"信仰的统一""在王国之内奉行同一种宗教信仰"，[①] 表达了以统一的宗教信仰作为核心价值的治国理念。与中世纪二元权力体系之下的社会治理分工不同，宗教改革以议会法令的权威对新教信仰与礼拜仪式做出定义，世俗统治者在英格兰教会内行使"至尊的王权"，从而使宗教信仰的统一愈加清晰地呈现出政治化发展的趋势。服从"王权至尊"、出席国教会礼拜仪式，成为政治身份认同与宗教身份认同的双重表达。在中世纪为王权提供保护的"王权侵害罪法"与"叛逆法"，经过改造之后成为惩治宗教异见者的法律武器。拒绝奉行议会法令规定的宗教信仰，等同于放弃对国王的忠诚并且追随国王的敌人。

在"王权至尊"的权力结构中，国王成为"主权国家"的象征，议会的立法权从世俗事务延伸到宗教事务，形成了"国王在议会中"为教会立法的方式。普通法与教会法、国王法庭与教会法庭，两种司法体系都统领在"至尊的王权"手中，"上帝的事业"与"凯撒的事业"之间的界限模糊了。伊丽莎白女王对于"至尊王权"执掌的双重权力有明确的认知，她在1569年发布的一篇讲话中，将君主的职能描述为"确保神订律法与人订律法得到充分的服从，触犯法律者受到应有的惩罚"[②]。当"至尊的王权"将普通法与教会法两种权威集于一身之后，政治身份认同与宗教身份认同就被捆绑在一起，并且获得了强大的执行手段。

然而，"宗教社会"的制度体系并不能适应宗教改革后的新形势。16世纪宗教改革打破了中世纪天主教的统治地位，宗教信仰在英格兰呈现多元化发展的局面。英格兰教会作为宗教改革的胜利者，仿照中世纪天主教的传统构建了基督新教的教派政体，并不允许宗教异见者获得生存的空间。不仅天主教徒成

[①] Ian W. Archer and F. Douglas Price, eds., *English Historical Documents Online, 1558-1603*, London: Routledge, 2011, Document 11.

[②] George P. Rice, ed., *The Public Speaking of Queen Elizabeth: Selections from Her Official Addresses*, New York: Columbia University Press, 1951, p.130.

为新教社会的异类，被迫以非法的方式秘密存在于社会的边缘地带；新教阵营中也分离并且发展出多个派系，彼此之间难以兼容。无论是将多数人的信仰强加于少数人，还是将少数人的信仰强加给多数人，都有可能招致社会的不满和反抗。如何应对这样的复杂局面，是当时社会面临的崭新议题。

修正史学塑造的玛丽一世神话

玛丽·都铎是英格兰历史上第一任女王，①君临英格兰只有短暂的5年（1553—1558年）。②史学研究中关于玛丽一世的评价始终未能完全摆脱宗教立场的偏见，各种结论在很大程度上折射出新教与天主教之间旷日持久的纷争。研究者以玛丽一世的统治作为载体，抒发各自的宗教立场与宗教情感，不仅选取论题的侧重点各有不同，而且评论的角度也表现出很大殊异。

在新教话语权居统治地位的年代，关于玛丽一世的评论深受约翰·福克斯的影响。约翰·福克斯是玛丽时代的新教逃亡者，在欧洲大陆留居期间开始撰写殉教者传记。1563年，殉教者传记冠以《行迹与丰碑》（*Actes and Monuments*）的书名在伦敦第一次印行英文版。③作者将关注的目光指向玛丽时代以火刑实施的宗教迫害，描述了"玛丽女王时代的血腥时日"④。《行迹与丰碑》一书承载着新教

---

① 在都铎王朝之前，英格兰历史上不曾存在女王统治的先例。12世纪初，诺曼王朝威廉一世的女儿与亨利一世的女儿争夺王位，最终的结果不是女王当政，而是双方的儿子斯蒂芬与亨利先后继承王位，是为诺曼王朝末代国王斯蒂芬一世与安茹王朝第一代国王亨利二世。

② 爱德华六世于1553年7月6日去世，英格兰宫廷随即发生了王位继承纷争。枢密院先是在7月10日宣告珍·格雷为女王（Charles Wriothesley, *A Chronicle of England during the Reigns of the Tudors, 1485-1559*, Volume II, Westminster: Camden Society, 1875, p.86），又在7月19日宣告玛丽·都铎为女王（John Gough Nichols, *The Chronicle of Queen Jane and of Two Years of Queen Mary*, London: J.B. Nichols & Son, 1838, p.11）。尽管珍·格雷曾经作为"九日女王"而存在，但是没有得到玛丽时代议会的承认。1553年10月5日召开的玛丽时代第一届议会颁布法令，规定1553年7月6日为玛丽一世统治的开始，并且谴责"叛逆者、谋反者、篡夺王位者"珍·格雷"搅扰了女王陛下对于王位的合法继承"（1 Mary, St. 2, c.4, *The Statutes of the Realm*, volume IV, Part I, p.204）。玛丽一世统治的开始时间，以议会法令的相关规定为准。1558年11月17日凌晨6点，"玛丽女王在圣詹姆士宫去世"（Charles Wriothesley, *A Chronicle of England during the Reigns of the Tudors, 1485-1559*, Volume II, p.141），是为玛丽一世统治之结束。

③ 《行迹与丰碑》一书通俗的名称是《殉教者行传》（*Book of Martyrs*）。

④ Stephen Reed Cattley, ed., *The Acts and Monuments of John Foxe: A New and Complete Edition*, London: R. B. Seeley & W. Burnside, 1839, Vol. 8, p.503.

史学的价值观念，在新教作为英格兰国教的社会环境中，《行迹与丰碑》具有巨大而持久的历史影响力，"血腥者玛丽"的形象即出自约翰·福克斯的塑造。

20世纪中叶兴起的修正史学[①]注重研究英国宗教改革历史，最初的关注点是宗教改革的起因，此后又将关注点转向玛丽时代教会史，试图将玛丽一世塑造成为教会改革家的正面形象。与传统史学强调天主教与新教之间的剧烈冲突不同，修正史学注重研究由玛丽一世策动、枢机主教雷金纳德·波尔实施的一系列天主教重建计划，重要的措施包括：恢复天主教信仰与天主教权力体系，重建修道院，振兴教会的经济与财政力量。对比都铎时期三个朝代的宗教变迁，修正史学对玛丽一世的宗教政策做出了正面评价：爱德华六世时代经历了宗教信仰的巨大变化，伊丽莎白一世即位初期经历了宗教政策的自相矛盾与变幻莫测，相比之下，玛丽时代的教会并非完全没有效率。[②]修正史学将玛丽女王重建天主教的计划未能产生持久效力的原因归于统治时间的短暂，认为玛丽一世犯下的唯一严重并且毁灭性的错误是在1558年11月17日去世，[③]可谓"壮志未酬身先死"。这样的结论无异于对重建计划的发展前景做出了乐观预测：假以时日，玛丽女王的计划必然取得成功并且深深地植根于社会。

修正史学汲汲于对玛丽时代的天主教改革展开研究，用力将玛丽一世塑造成为教会改革家的形象，却忽略了一个带有根本性质的重要问题：英格兰主权国家借宗教改革之势而确立，宗教纷争因宗教改革之因而愈益激化，在这样的时代大环境之中，君主应当承担起何种责任？本文试图揭示，在玛丽女王重建天主教行动的深处，究竟隐匿着何种思想观念内容与政治内容，并借此对修正史学的研究加以评论。

一、君主的美德：维护共同体的利益

公元7世纪前后，塞维利亚大主教伊西多在阐述"国王"的定义时，引用

[①] 关于修正史学的兴起和发展，参见刘城：《修正史学对英格兰宗教改革历史的"修正"》，《世界史研究动态》1991年第9期。

[②] Eamon Duffy & David Loades, ed., *The Church of Mary Tudor*, Hants: Ashgate, 2006, p.xiii.

[③] C. Haigh, *English Reformations: Religion, Politics, and Society under the Tudors*, Oxford: Clarendon Press, 1993, p.236; R.H. Pogson, "Revival and Reform in Mary Tudor's Church: A Question of Money," in Christopher Haigh, ed., *The English Reformation Revised*, Cambridge: Cambridge University Press, 1988, p.139.

了一句古老的谚语:"行事正当者才是国王;行事不正当就不是真正的国王。"① 在伊西多看来,"国王"名号之获得,不仅在于实施了统治,而且在于统治的正确与良好。

国王统治的正当性,是一个古老的话题。古典学者亚里士多德从人的自然属性出发,将国王统治的正当性置于城邦共同体中加以考量:人是社会性动物,有多方面的生存需求,只有生活在群体之中才可以使多方面的需求得到满足;群体必须达到城邦的规模,诸如家庭或村庄之类规模过于狭小的群体不能在长时段满足其成员的全部需求。既然城邦形成的内在动力在于满足人的生存需求,人类聚集而居是为了享受在单独生活时不可能得到的美满生活,城邦的统治者与管理者就必须最大限度地谋求共同体的利益。与被统治者和谐相处并且融为一体,是城邦统治者理应履行的责任与奉行的美德。② 如果城邦统治者反其道而行之,以谋求"一己私利"为统治目标,统治者就蜕变成了"暴君"。③ 这样的论述为国王的统治确定了道德目标与功能目标,并且在国王与暴君之间划出了一条明确的界限。

亚里士多德的政治理论与中世纪基督教的伦理道德传统相契合,加之当时的思想家需要为日益壮大的王权定义并且为公共权力的建构提供理论支持,因而亚里士多德的理论逐渐被中世纪西欧的学术界所接受。索尔兹伯里的约翰在12世纪撰写的《论政制原理》(*Policraticus*)一书,是中世纪英格兰出现的第一部政治学著作。研究者评论说:12世纪学术复兴的一个重要内容是政治理论的复兴,"索尔兹伯里的约翰对于这一时期政治理论的复兴做出了无与伦比的贡献"④。《论政制原理》讨论了国王拥有的权力以及国王承担的责任:法律之所以"赋予国王显赫的地位,使之位列臣民之先",是因为国王执掌着公共权力,"当人们都在打理个人事务的时候,国王必须承担起关照整个共同体的责任"。如何确保国王以维护共同体的利益为己任?索尔兹伯里的约翰的回答是:国王必须将上帝赐予的美德视为约束的力量:"……国王执掌着公共权力,是神权在尘世的化身",因而国王必须充分展示上帝赐予的众多美德,"在神的启示之下,每

---

① A.J. Carlyle, *Political Theory from the Tenth Century to the Thirteenth*, New York: G.P. Putnam's Sons, 1916, p.73; A.J. Carlyle, *A History of Medieval Political Theory in the West*, Volume I, Edinburgh: William Blackwood & Sons, 1903, p.221.
② Aristotle, *Politics*, trans. by Benjamin Jowett, Kitchener: Batoche Books, 1999, pp.4-6, 80, 72.
③ Aristotle, *Politics*, trans. by Benjamin Jowett, Kitchener: Batoche Books, 1999, p.61.
④ Cary J. Nederman and Kate Langdon Forhan, eds., *Medieval Political Theory: A Reader*, London: Routledge, 1993, p.26.

一个臣民都惧怕国王，而国王必须惧怕自己"。①

基督教学者在接受亚里士多德思想的同时，也将古典学说融入了基督教的思想轨迹。13世纪经院哲学家托马斯·阿奎那将国王视为具有某种教职色彩的统治者："国王应当像牧羊人那样，追求多数人的共同利益而非一己私利"。国王的统治不仅是为了维护共同体的利益，也是为了彰显上帝的公义。托马斯·阿奎那借助于理性原则讨论国王的责任，将国王统治的合理性纳入上帝规定的自然秩序之中：理性之光赋予人类一种与自然秩序保持和谐的力量，进而有能力以某种方式接受神意的安排；动物的行为出自本能，而国王应当凭借理性实行统治；倘若国王不能凭借理性的力量实施统治，就与禽兽没有区别。②

中世纪晚期的英格兰政论家深度思考如何在共同体中建设完善的公共权力体系，为此而引入了"法律"的概念。约翰·福蒂斯丘在写于15世纪的《英格兰法律赞》中，将法律比作自然身体中的"神经与肌肉"，以此彰显法律对于社会生活的维护作用。福蒂斯丘论证说：神经与肌肉的作用在于"将自然身体有机地联结成为完好的整体"，法律则是"将政治身体……凝聚成为一个整体的纽带"，唯此方能确保政治身体的各个部分有效地发挥应有的功能。福蒂斯丘极力推崇英格兰的法律，认为英格兰的法律"为生命与财产提供保护，使社会成员免于受到污辱与残暴，从而使社会成员获得安全与幸福的生活"。③

中世纪思想家将国王的位格分解为"自然身体"与"政治身体"两部分，分别代表国王的自然属性与政治属性。英格兰法学家埃德蒙·普洛登在1550年向国王法庭提交的法律报告中，解读了两者之间的关系：国王的自然身体属于国王本人，政治身体属于共同体，属于"一切服从国王权位之人"；政治身体的重要性高于自然身体，因而"不可以将政治身体纳入自然身体之中"。④这样的理念将王朝社稷视为公共权力的范畴，国王权位成为王国主权的象征，而王朝社稷不再是家族的私产，国王必须以维护共同体的利益为己任。

中世纪的学者在吸纳古典思想成果的基础之上，发展起相当丰富的政治理论，对于君主在共同体中承担的责任，以及君主在执掌公共权力时应当遵守的

---

① John of Salisbury, *Policraticus: of the Frivolities of Courtiers and the Footsteps of Philosophers*, ed. and trans. by Cary J. Nederman, Cambridge: Cambridge University Press, 1990, p. 28.
② St. Thomas Aquinas, *On Kingship: to the King of Cyprus*, trans. by Gerald B. Phelan, Connecticut: Hyperion, 1979, pp. 12, 9, 54, 18.
③ Sir John Fortescue, *Commendation of the Laws of England*, trans. by Francis Grigor, London: Sweet and Maxwell, 1917, pp. 22, 45.
④ C.H. Williams, ed., *English Historical Documents 1485-1558*, London: Routledge, 1996, pp. 578-579.

法则,都有相当清晰的论述。诸如此类的政治理论在当时常常用于对王位继承人实施启蒙教育,使之在成为国王之后以此实行自我规范。这些理论也可以作为评判君王统治正当性的价值尺度,将玛丽一世作为英格兰女王的所作所为置于古典学者与中世纪思想家关于君主责任的价值观念中加以考察和评价,有助于得出更加公允的结论。

二、玛丽一世的作为:在法兰西战争中追随西班牙作战

1494年8月,法兰西国王查理八世率兵远征那不勒斯,与哈布斯堡家族争夺意大利半岛的控制权,由此开启了旷日持久的意大利战争。1557—1559年进行的法兰西战争,是意大利战争的收官之战。

早在枢密院宣告玛丽·都铎成为英格兰女王之际,神圣罗马帝国皇帝查理五世就开始策划菲利与玛丽缔结婚姻。菲利身为查理五世之子,在帝国内拥有王位继承权,此时作为查理五世的代理人统治着西班牙。① 英吉利海峡位居西班牙通往尼德兰的交通要道,保持这条水路的畅通需要英格兰的协助。作为精明的政治家,促成西班牙与英格兰联姻是查理五世的一项地缘战略布局。当时的威尼斯驻伦敦使节清醒地观察到这一点,将玛丽视为"一位有着巨大价值的女王"。②

玛丽的生母凯瑟琳出身西班牙王族,是阿拉贡国王费迪南与卡斯提尔女王伊莎贝拉的女儿。③ 玛丽虽然只有二分之一西班牙血统,却表现出了更多的西班牙情怀,其原因或许与凯瑟琳王后被国王亨利八世休弃,以及玛丽即位前作为英格兰人的艰难经历有关。威尼斯驻伦敦使节曾经指出:玛丽蔑视自己作为英格兰人的身份,炫耀自己出身于西班牙王族。④ 与生俱来的西班牙情结,促使玛丽属意出生于西班牙的菲利。在1553年11月,玛丽女王已经表现出与西班牙菲利缔结婚姻的意向。查理五世派驻伦敦的使节报告说,玛丽女王"决意听

---

① 1556年1月16日查理五世退位,菲利继承西班牙王位,成为当时西班牙以及西班牙属地——美洲、那不勒斯、尼德兰的统治者。
② James Harvey Robinson, ed., *Readings in European History*, Volume I, Boston: Ginn & Company, 1904, p.149.
③ 由于费迪南与伊莎贝拉联姻,阿拉贡与卡斯提尔两个王国最终合并成为西班牙王国。
④ A.F. Pollard, *The History of England from the Accession of Edward VI to the Death of Elizabeth, 1547-1603*, London: Longmans, 1910, p.104.

从您的建议,接受您推荐的人选,因为在上帝之下,她唯有服从奉为父亲的陛下"①。此段言论也透露出:玛丽准备与菲利缔结婚姻,怀有将查理五世以及西班牙菲利视为保护人的幻想。

中世纪的西欧是父权、夫权统治的社会,传统的习俗与法律将女性视为男性的附属,丈夫无异于妻子的主人。英格兰法律并不禁止女系或女系的后代继承王位,然而对于女性统治者的偏见根深蒂固。不仅女性的统治能力受到怀疑,而且认为女王的婚姻有可能引发一系列不稳定因素,甚至危及王国的安全。对于玛丽女王与西班牙菲利缔结婚姻的前景,英格兰朝野上下表现出极大的担忧与高度的警惕,唯恐菲利将英格兰纳入哈布斯堡家族的势力范围。

几乎就在女王婚姻的缔结过程之中,英格兰多个地区爆发了起义。由于政府在1554年1月截获了起义消息,最终得以举事的只有先期采取行动的托马斯·怀亚特爵士。怀亚特带领3000追随者在肯特的梅德斯通举事,在向伦敦进发的路途中追随者增加到4000人。起义军深入到伦敦城的旗舰街,沿途呼喊的口号表达了起义者的诉求:"上帝拯救玛丽女王","接受我们的请求,不要接纳西班牙丈夫"。②然而,各种公开的反叛与秘密的策划行动仅仅是以非正当的手段表达民意,并未对女王拟议中的婚姻造成实质影响,反而起到了相反的作用。怀亚特起义被镇压之后,查理五世试图将公主伊丽莎白与起义行动牵连在一起,目的是断绝潜在的英格兰王位继承人。只是为了避免引发更大范围的反叛行动,玛丽一世才放弃了处死伊丽莎白的企图,只是将她关押在伦敦塔。

相比之下,作为女王政府重要组成部分的议会与枢密院有机会采取正当的挽救行动,减少女王婚姻对英格兰共同体利益造成的伤害。1554年1月,查理五世向英格兰派遣使节团,推动并且促成了玛丽女王与西班牙菲利缔结《婚姻协定》。③议会在4月制订《女王陛下至为尊贵婚姻之法令》(AN ACTE touching the articles of the Queen's Highness most noble marriage),对《婚姻协定》的条款做出了法律解读:(1)玛丽享有英格兰女王的头衔、尊位、权力,菲利作为女王夫婿享有英格兰"国王"的头衔;如果玛丽女王去世而无子嗣,菲利不再享

---

① Philip Hughes, *The Reformation in England*, Volume II, London: Hollis & Carter, 1954, p.203.
② Charles Wriothesley, *A Chronicle of England during the Reigns of the Tudors, 1485-1559*, Volume II, p.111. 时人瑞奥思利编纂的编年史对怀亚特起义做出了清晰、详细的记载。这部编年史由任职于"皇家纹章学院"的瑞奥思利(1508—1562)编纂,叙事范围始于亨利七世创建都铎王朝,结束于伊丽莎白一世即位之后的1559年。
③ Charles Wriothesley, *A Chronicle of England during the Reigns of the Tudors, 1485-1559*, Volume II, pp.105-106.

有英格兰"国王"头衔,在英格兰不享有任何权利(条款Ⅰ)。① 由于此项条款的规定,玛丽与菲利之间只是建立了基于婚姻的共同统治,并未形成王朝的联合。一旦双方之间的婚姻不复存在并且没有留下子嗣,公主伊丽莎白作为顺位继承人拥有继承英格兰王位的权利。(2)婚姻产生的子嗣作为玛丽女王在英格兰的继承人,也作为菲利在勃艮第与尼德兰的继承人(条款Ⅰ)。② 此项条款意味着,由婚姻产生的子嗣有可能实现两个王朝的联合——玛丽统治的英格兰与菲利统治的勃艮第、尼德兰,都将纳入这位子嗣的名下。然而此项条款也为英格兰带来潜在的危险——由于勃艮第与尼德兰的未来统治者也是英格兰的统治者,如果英格兰的发展偏弱,有可能成为勃艮第与尼德兰的附庸。(3)王权以玛丽与菲利的名义共同行使,女王丈夫无权单独在英格兰颁布新法律(条款Ⅰ);唯有英格兰人有资格在英格兰的政府与教会机构担任职务,菲利无权安排任何"陌生人"参与政府与教会的管理(条款Ⅰ);菲利不得强迫女王离开英格兰,不得将英格兰的珠宝与财物运出英格兰(条款Ⅰ)。③

此项法令对于英格兰的重要性,在于为玛丽女王与西班牙菲利在未来的联合统治制订了规则。经过各种限定之后,菲利作为女王丈夫享有"国王"的头衔而不能独立执掌"国王"的权力,真正的权力掌握在玛丽女王手中。一旦人已中年的玛丽女王去世,即使徒有其名的"国王"头衔,菲利也不再享有。如此严格的界定,不仅确保玛丽一世执掌的王权不致受到菲利的侵害,而且确保英格兰共同体的利益不致受到外来势力的侵犯。

然而,玛丽女王却希望授予菲利更多特权,在此次议会期间还试图将菲利置于《叛逆法》的保护之下。由于议会下院的抵制,女王的意图直至1555年第三届议会才得以实现。1555年制订的《叛逆法》(AN ACTE whereby certain offences be made treasons)④规定:敌视玛丽与菲利婚姻的言行以"王权侵害"惩处,对世俗人士处以没收财产与土地收益并且终身监禁,对教职人士处以剥夺圣俸;二犯者以"严重叛逆"惩治(第Ⅰ款);伤害菲利的人身安全以"严重叛逆"惩治(第Ⅱ款)。除了对菲利的人身安全、菲利与玛丽的婚姻施以严格的法律保护,此项法令还允许菲利在必要的情况下成为护国公,为玛丽与菲利年幼

---

① 1 Mary, St. 3. c. 2, *The Statutes of the Realm*, Volume IV, Part I, pp. 222, 224.
② 1 Mary, St. 3. c. 2, *The Statutes of the Realm*, Volume IV, Part I, p. 223.
③ 1 Mary, St. 3. c. 2, *The Statutes of the Realm*, Volume IV, Part I, p. 224.
④ 1553年玛丽即王位之初对爱德华时代的《叛逆法》做出过修订(1 Mary, St. 1. c. 1),因而此项法令亦称为《玛丽时代第二部叛逆法》(Second Treason Act of Mary)。

的子嗣摄政（第Ⅳ款）。① 这项规定使菲利享有在玛丽女王去世之后独立统治英格兰的特权，这是《女王陛下至为尊贵婚姻之法令》极力避免的一种局面，却由于玛丽的努力而写入了英格兰法律。

1554年议会对于意大利战争给予特别关注，并且展望了和平的前景和期待。《女王陛下至为尊贵婚姻之法令》（第Ⅰ款）规定：不能因为玛丽女王与菲利之间缔结了婚姻而使英格兰"直接或间接卷入"查理五世与法兰西之间的战争；"从英格兰王国的利益出发，菲利应当信守法兰西王国与英格兰王国之间的和平，不得以任何原因加以破坏"。② 英格兰并无实际利益涉及法兰西战争，没有必要为了哈布斯堡家族的利益而赴汤蹈火。议会法令从英格兰共同体的利益出发，对于任何将英格兰拖入战争的企图都保持着高度警惕。

依照中世纪封建主义对于战争的理解，追随封君浴血奋战是封臣理应履行的义务。16世纪已经不是封建主义的全盛时期，然而玛丽的思维依然停留在封建主义的观念之中，思考问题的出发点不是英格兰共同体的利益而是封臣对于封君的忠诚。历史文献记载，当枢密大臣们秉持坚定的反战立场时，玛丽女王逐一召见并且威胁他们："如果不能服从她与夫君的意志，或者被处死，或者被剥夺土地与财产"。③ 在玛丽女王的观念中，菲利不仅是她的丈夫，也是英格兰全体臣民的封君；如果封臣拒绝向封君履行义务，就应当被剥夺土地与财产。

在中世纪相当长的一段时期内，英格兰人的仇外情绪主要指向法兰西人。对于法兰西王位的争夺、英格兰王族在法兰西的领地争端、英格兰与法兰西之间在法兰德斯的商业利益冲突，一系列的矛盾叠加导致了英法之间的百年战争（1337—1453年）。战争结束以后，英格兰放弃了对于法兰西王位的继承要求，除了加来之外也失去了在法兰西的其他领地。1550年3月，英格兰与法兰西之间订立"永久和平"，双方之间的争端基本终结。④

英格兰有与西班牙结盟的传统。亨利七世在1485年以武力创建都铎王朝以后，约克家族的复辟势力对都铎王朝的统治构成潜在威胁。亨利七世以长子亚瑟与西班牙公主凯瑟琳缔结婚约，意图借助西班牙的力量使王朝社稷更加稳固。亚瑟于1502年夭折之后，亨利七世又以次子亨利与凯瑟琳缔结婚姻。这一举措体现了亨利七世作为政治家的谋略，堪称亨利七世王朝外交的杰作。经过亨利

---

① 1 & 2 Phillip & Mary, c. 10, *The Statutes of the Realm*, Volume IV, Part I, pp. 255-256.
② 1 Mary, St. 3. c. 2, *The Statutes of the Realm*, Volume IV, Part I, p. 224.
③ S. T. Bindoff, *Tudor England*, Middlesex: Penguin Books, 1950, p. 180.
④ Charles Wriothesley, *A Chronicle of England during the Reigns of the Tudors, 1485-1559*, Volume II, pp. 34-35.

七世与亨利八世父子两代的经营，都铎王朝的力量已足够强大。亨利八世解除与王后凯瑟琳的婚姻，固然是为了应对王位后继乏人的危机，① 与此同时也放弃了与西班牙结盟的传统。在解除与凯瑟琳婚姻的过程中，亨利八世与教皇以及掌控着教皇的查理五世产生了冲突，双方甚至发展到互相敌视的地步。

1557年1月，哈布斯堡家族与法兰西国王重开战事。菲利在3月抵达伦敦，目的是策动战争并且"获取女王陛下的援助"。② 史学家宾多夫对菲利此举的评论尖锐而犀利："（菲利与玛丽的）婚姻虽然既无爱亦无果，却依然是菲利手中最为强大的政治本金，并且在1557年春天来到英格兰要求分取红利了。"③ 在1557年6月7日发布的文告中，玛丽一世宣布"法兰西国王是女王的敌人"。④ 无视英格兰朝野上下缺少战争意愿的现实甚至是反战的呼声，玛丽女王追随西班牙正式向法兰西宣战了。自从亨利八世去世以后，英格兰很少参与欧洲大陆列强之间的武力角逐，玛丽一世轻率地改变了既往的外交方针。

宣战的直接后果，是将英格兰人驻守的加来暴露在法兰西的武力攻击之下。考虑到加来周边有湿地和城墙环绕、在寒冷的冬季呈现固若金汤之势，枢密院在此前大量缩减了加来守军的数量。玛丽一世在宣战之后向法兰西派遣了1000名骑兵、4000名步兵、2000名囚犯。⑤ 但是新增的兵力驻守在加来邻近的昆廷，而且处于菲利的控制之下。⑥ 当法兰西军队在1558年元旦向加来发动进攻时，英格兰守军几乎没有抵抗之力。无论是英格兰人还是西班牙盟军，都没有在加来发动任何有力的反击。七天之后，加来城失守。编年史记载：法兰西人在货物仓库与居民家中大肆抢劫财物，以致"人们在逃离时没有携带任何行李物品"。⑦

西欧在1555—1556年遭遇灾害气候，洪水泛滥导致农业大量减产，谷物收成充其量只有正常年景的二分之一，形成了"人们记忆中最为严重的短缺"⑧。在

---

① 王后凯瑟琳生育过七个子嗣，只有玛丽公主存活下来。
② W. B. Turmbull, ed., *Calendar of State Papers, Foreign Series, of the Reign of Mary I, 1553-1558*, London: Longman & Co., 1861, p.293.
③ S.T. Bindoff, *Tudor England*, Middlesex: Penguin Books, 1950, p.180.
④ Charles Wriothesley, *A Chronicle of England during the Reigns of the Tudors, 1485-1559*, Volume II, p.138.
⑤ 另有记载为1000囚犯，参见William Murdin, ed., *A Collection of State Papers, Relating to Affairs in the Reigns of King Henry VIII, King Edward VI, Queen Mary, and Queen Elizabeth*, Volume 2, London: William Bowyer, 1759, p.747.
⑥ Charles Wriothesley, *A Chronicle of England during the Reigns of the Tudors, 1485-1559*, Volume II, p.138 n.c.
⑦ Charles Wriothesley, *A Chronicle of England during the Reigns of the Tudors, 1485-1559*, Volume II, p.140.
⑧ W. B. Turmbull, ed., *Calendar of State Papers, Foreign Series, of the Reign of Mary I, 1553-1558*, p.194.

这样的灾害年景投入法兰西战争，几乎耗尽了英格兰的财力。为了给西班牙菲利普提供战争支持，玛丽一世在 1557 年和 1558 年几次要求议会批准征税并且摊派贷款。在刚刚经历了加来失守的灾难之后，议会制订了《征收协助金与十五分之一税法令》（AN ACTE of a Subsidie and one XVth granted by the Lords and Commons），将女王要求的税收额度削减了几乎一半，最终批准的税收如下。（1）征收 1 份十五分之一税与 1 份十分之一税[①]（条款 I）。（2）个人动产价值超过 5 英镑的英格兰人，每 1 英镑征收 2 先令 8 便士；居住在英格兰的外国人每 1 英镑动产价值征收 5 先令 4 便士，动产价值低于 1 英镑者征收人头税 8 便士（条款 IV）。（3）向英格兰人征收地产税，每 1 英镑价值征收 4 先令；向居住在英格兰的外国人征收地产税，每 1 英镑价值征收 8 先令（条款 V）。上述各项税收中，地产税与动产税必须立即缴清，十五分之一税与十分之一税在当年 11 月 10 日之前缴清。[②]

研究者戴维斯对上述几项税收的数量进行了统计：地产税与动产税的数额达到 140,000 英镑；十五分之一税与十分之一税的数额达到 28,000 英镑；两项税收的总额为 168,000 英镑。戴维斯据此认为，168,000 英镑税收大体与亨利八世时代的岁入相同，1558 年议会批准的税收量并非十分巨大。[③] 戴维斯试图从军事技术与财政投入的细节论证玛丽参战的合理之处与积极因素，进而说明战争的失败是由于人力无法控制的运气不佳。[④] 然而戴维斯的论述存在着明显的疏漏之处，借以立论的主要依据并不成立。

戴维斯关于战争费用的统计缺少完整性，168,000 英镑并非玛丽女王 1558 年岁入的全部数量。历史学家波拉德统计，玛丽一世在 1558 年筹集到的收入总额大约为 345,000 英镑，其中包括：议会批准的税款 160,000 英镑；强制贷款 109,000 英镑；封建岁入约 50,000 英镑；关税收入 24,000 英镑。[⑤] 然而由于法兰西战争的投入，1558 年的各项花费超出收入 40%，赤字达到 150,000 英镑。[⑥]

[①] 十分之一税（tenth）是教职人士向教宗或国王缴纳的税，不同于什一税（tithe）。什一税是教徒向教会缴纳的税。

[②] 4 & 5 Philip & Mary, c.11, *The Statutes of the Realm*, Volume IV, Part I, pp.336-337.

[③] C. S. L. Davies, "England and the French War, 1557-1559," in Jennifer Loach and Robert Tittle, eds., *The Mid-Tudor Polity c.1540-1560*, London: Macmillan Press, 1980, p.180.

[④] C. S. L. Davies, "England and the French War, 1557-1559," in Jennifer Loach and Robert Tittle, eds., *The Mid-Tudor Polity c.1540-1560*, London: Macmillan Press, 1980, p.185.

[⑤] 波拉德此处的统计数字并不精确，上述几项收入总和实为 343,000 英镑。

[⑥] A. F. Pollard, *The History of England from the Accession of Edward VI to the Death of Elizabeth (1547-1603)*, London: Longmans, 1910, p.187.

波拉德还将玛丽一世时代的财政支出与亨利八世、爱德华六世两个朝代的财政支出做出了对比：亨利八世统治最后一年的支出为 56,000 英镑；爱德华六世在位最后一年的支出是 65,000 英镑；玛丽时代的财政支出呈现翻倍增长的趋势：1554—1555 年为 138,000 英镑，1555—1556 年为 213,000 英镑，1556—1557 年为 216,000 英镑，1557—1558 年为 345,000 英镑；在最后半个财政年度（1558 年复活节至天使长圣迈克纪念日）中，财政支出达到 267,000 英镑（折合为全年支出 534,000 英镑）。由于财政支出巨大，玛丽去世之后遗留下的债务近乎 250,000 英镑。①

问题的重要性不仅在于投入的财政数量，也在于财政投入的去向以及带来的后果。玛丽一世将英格兰的财政资源投入法兰西战争，结果却是西班牙人受益而英格兰人受损。上述全部财政支出为玛丽女王带来的只有灾难，别无他获。史学家埃尔顿评论说：玛丽完全忽视英格兰人的利益；与西班牙联盟的结果是将英格兰变成了西班牙的一个行省，此前（议会）的担忧变成了现实。② 史学家惠特妮·琼斯评论说，玛丽最为悲剧的特点是成就了"西班牙人的都铎王朝"。③

三、玛丽一世的作为：重建天主教信仰与天主教权力体系

带领英格兰人回归以教皇为首的天主教世界，是玛丽女王统治英格兰的一项重要目标。教皇使节雷金纳德·波尔阐述过这一点：女王陛下"挥之不去且至今萦绕于脑际的信念，是奉为真正宗教的天主教信仰，……她迫切希望带领英格兰王国在宗教问题上回归到以前的状态"。④ 玛丽一世在 1553 年发布的文告中阐述了新王朝的宗教政策：将一如既往地遵行"自幼年以来一直奉行的……宗教信仰"，希望"一切臣民平静并且宽容地接受"。⑤

玛丽女王重建天主教秩序的目标有三项：恢复"教皇权至尊"的权力格局；归还宗教改革期间剥夺的教会地产；恢复中世纪教会法规定的天主教信仰，尤

---

① A. F. Pollard, *The History of England from the Accession of Edward VI to the Death of Elizabeth (1547-1603)*, p. 186.
② G. R. Elton, *England under the Tudors*, London: Methuen & Co. Ltd., 1978, p. 222.
③ Whitney D. Jones, *The Mid-Tudor Crisis, 1539-1563*, London: Macmillan, 1973, p. 1.
④ W. B. Turnbull, ed., *Calendar of State Papers Foreign, Mary 1553-1558*, p. 72.
⑤ C. H. Williams, ed., *English Historical Documents 1485-1558*, p. 859.

其是天主教弥撒礼。面对如此众多而且重大的目标，帝国皇帝查理五世曾经告诫玛丽"切勿操之过急"，必须顾及"英格兰社会的平静"，确保"王位的稳固"。①受查理五世谨慎风格的影响，玛丽一世在重建天主教秩序时采取了循序渐进的步骤。

1553 年的第一届议会第二次会期制订《废止国王爱德华六世在位期间宗教立法的法令》（AN ACTE for the repeal of certain statutes made in the time of the reign of King Edward the Sixth），开启了重建天主教信仰的法律行动。法令第 1 款废除了爱德华六世时代涉及宗教改革的一系列议会法令，②英国教会恢复了亨利八世在位末年（亦即 1547 年）奉行的宗教信仰与礼拜仪式。然而法令在实施步骤上有所保留：玛丽本人宗教信仰的核心是弥撒礼所体现的"化体"教义，或许是考虑到恢复弥撒礼需要置办相应的礼拜用品，某些设施已毁的教堂可能不具备这样的财力，因而法令并未针对拒绝举办或出席弥撒礼的行为制定相应的惩治措施。法令规定司祭神品的教职人士信守独身，不仅教士婚姻再次成为非法，爱德华六世时代为教士婚姻与子女做出的法律安排也废除了。1215 年第四次拉特兰宗教会议曾经规定：信守独身是正级神品教士身份的重要标志，只有"心灵纯洁、身体无垢"的教士才有资格在弥撒礼上演绎"化体"教义（条款 14）。③此项议会法令强调中世纪教会法的权威，重申司祭神品教士的特殊身份。依照法令的规定，已经缔结婚约的教士被视为放弃了信守独身的誓言，或者被剥夺圣俸和教职，或者责令其脱离婚姻和家庭。

1555 年 1 月结束的第三届议会制订《恢复三项惩治异端法令之法令》（AN ACTE for the renewing of three statutes made for the punishment of heresies），恢复了宗教改革前的三项惩治异端法令：理查二世于 1382 年制订的《惩治异端法令》（5 Richard II, st.2.c.5）；亨利四世于 1401 年制订的《惩治异端法令》（2 Henry IV, c.15）；亨利五世于 1414 年制订的《惩治异端法令》（2 Henry V,

---

① W. B. Turnbull, ed., *Calendar of State Papers Foreign, Mary 1553-1558*, p.20.
② 1 Mary, St.2. c.2,*The Statutes of the Realm*, Volume IV, Part I, P.202. 废除的法令包括：1547 年的《主教选任程序法令》（1 Edward VI, c.2）；1549 年的《信仰统一法令》（2 & 3 Edward VI. c.1）；1549 年的《教士婚姻合法化法令》（2 & 3 Edward VI, c.21）；1550 年的《废除天主教礼拜仪式用书与圣像法令》（3 & 4 Edward VI, c.10）；1550 年的《教职人士神品等级法令》（3 & 4 Edward VI, c.12）；1552 年的《信仰统一法令》（5 & 6 Edward VI, c.1）；1552 年的《信守宗教纪念日与斋戒法令》（5 & 6 Edward VI, c.3）；1552 年的《教士婚姻及其子女享有合法地位法令》（5 & 6 Edward VI, c.12）。
③ Norman P. Tanner, ed., *Decrees of the Ecumenical Councils*, London: Sheed & Ward, 1990, Volume One, p.242.

st. 1.c. 7）。① 得以恢复的三项法令最初用于惩治威克里夫及其追随者劳拉德异端，现在则用来惩治新教徒，为成就"血腥者玛丽"提供了法律依据。与这三项法令一同恢复的，还有中世纪对宗教异端实行审判与惩治的司法程序：先由教会法庭对异端进行鉴别和认定，为当事人提供放弃异端的机会，再由世俗政府的官员对拒不放弃"异端信仰"的当事人执行火刑。

一俟惩治宗教异端的法令在1555年1月20日生效，女王政府便立即采取行动。西班牙使节在2月5日向国王报告："议会新近制订的（惩治）异端法令已经开始实施，一位名叫罗杰斯②的布道师昨日被施以火刑，公开展示的残忍令伦敦城居民私下里怨恨不已"。③

约翰·福克斯记载的殉教者名录散见于《行迹与丰碑》全书各处，研究者据此统计玛丽女王时代受到火刑的惩治者为275人。④ 考虑到福克斯的记载存有疏漏，史学研究中通行的统计数字是280人。⑤ 玛丽时代实施了最为密集的宗教迫害，导致每年大约90人成为殉教者。如此强大的宗教迫害力度，在英格兰历史上前所未有。据史学家宾多夫统计：在宗教改革前的125年间，大约100名劳拉德教徒殉教；在宗教改革开始（1529年）以后的最初20年时间，大约60人因为宗教信仰被处决（包括天主教徒和新教徒，不包括以"叛逆"罪名而受到惩治的人）；即使将伊丽莎白女王时期被处决的200名天主教徒视为殉教者而不是叛逆者，平均每年处死8人，⑥ 远低于玛丽女王时代平均每年处死近90人。

如此大规模、高密度的宗教惩治行动出自玛丽女王与菲利国王的策动。1555年，一封由二人联合署名的书信敦促伦敦主教邦纳等人加紧对"顽固并且坚定的异端分子实施惩治"。⑦ 有迹象表明，玛丽女王来自西班牙的忏悔神父巴托龙·卡伦扎⑧ 也对惩治行动施加了重要影响。他的一段自述表明：他参与英格

---

① 1 & 2 Phillip & Mary c. 6, *The Statutes of the Realm*, Volume IV, Part I, p. 244.
② 约翰·罗杰斯是伦敦圣保罗大教堂的布道师，在2月4日作为"路德分子"在伦敦被处以火刑，成为玛丽实施宗教惩治的第一位殉教者。
③ C. H. Williams, ed., *English Historical Documents, 1485-1558*, p. 839.
④ A. G. Dickens, *The English Reformation*, London: Batsford, 1964, p. 266.
⑤ Eamon Duffy and David Loades, eds., *The Church of Mary Tudor*, Hants: Ashgate, 2006, p. 207.
⑥ S. T. Bindoff, *Tudor England*, Middlesex: Penguin Books, 1950, p. 177.
⑦ Stephen Reed Cattley, ed., *The Acts and Monuments of John Foxe: A New and Complete Edition*, London: R. B. Seeley & W. Burnside, 1839, Vol. 7, p. 286.
⑧ 卡伦扎为主持菲利与玛丽的婚礼于1554年来到英格兰，此后成为玛丽女王的忏悔神父。卡伦扎是著名的多明我修会神学家，曾经主持西班牙的宗教裁判所。从1557年起，卡伦扎担任西班牙托莱多大主教。

兰的惩治行动得到了菲利国王的钦准，为的是"彰显宗教裁判的力量"①。

在宗教迫害最为严厉的地区，天主教徒与新教徒之间形成了清晰的界限，甚至引发了邻里之间、师徒之间、家庭成员之间的对立和敌视。一位居住在埃克塞特主教区的"悲惨女人"，因为厌倦丈夫与儿子沉迷于天主教信仰，离家出走以打工谋生；邻居指控她有奉行新教之嫌，因此在返乡之后被带到埃克塞特主教法庭受审。② 一位印刷学徒托马斯·格林因为持有"反基督"书籍而被师傅指控到伦敦主教法庭，最终导致师徒反目。③ 诸如此类的行动造成了基督教社区乃至英格兰共同体的分裂，甚至削弱了新教臣民对于女王政府的忠诚度。玛丽女王统治期间，大约 800 名新教徒弃国逃亡，在欧洲大陆的新教地区寻求归属。④

第一届议会第二次会期过后，"王权至尊"作为英格兰教会的一项重要原则得以保留，玛丽女王依然是国教会的最高首脑。玛丽一世并不赞成"王权至尊"并且希望奉行"教皇权至尊"，然而此次议会却是借助"王权至尊"的权力废除了爱德华六世时代的宗教改革立法。自从"王权至尊"在亨利八世宗教改革期间确立之后，已经演变成为一种政体形式，英格兰主权国家的理念也借此写入议会法令。一旦"王权至尊"因制度得以固化，就难以轻易改变。历史学家埃尔顿将国教会最高首脑的头衔比喻成希腊神话中染有毒血的衣衫，一旦加诸在身就难以摆脱。⑤ 解铃还须系铃人，经由议会立法确定的"王权至尊"，也必须经由议会加以废除。

为了敦促各个主教区实施 1553 年议会制订的《废止法令》，玛丽女王在 1554 年 3 月 4 日发布《训令》（Injunctions）。仔细辨识《训令》的内容可以发现，其中的某些条款超出了《废止法令》的相关规定，尤其醒目的是——要求在教会文件及司法裁决中不再使用"经由王权批准"之类的字句（条款 1，条款 2）。⑥ 这一迹象表明：玛丽女王准备放弃与"王权至尊"相关的法律，开始为恢复"教皇权至尊"做准备。

---

① Stephen Reed Cattley, ed., *The Acts and Monuments of John Foxe: A New and Complete Edition*, London: R. B. Seeley & W. Burnside, 1839, Vol. 8, p. 283 n (1).

② Stephen Reed Cattley, ed., *The Acts and Monuments of John Foxe: A New and Complete Edition*, Vol. 8, p. 497.

③ Stephen Reed Cattley, ed., *The Acts and Monuments of John Foxe: A New and Complete Edition*, Vol. 8, pp. 521-524.

④ C. Haigh, *English Reformations: Religion, Politics, and Society under the Tudors*, Oxford: Clarendon Press, 1993, p. 228.

⑤ G. R. Elton, *England under the Tudors*, p. 267.

⑥ Gerald Bray, ed., *Documents of the English Reformation*, Cambridge: James Clarke, 1994, pp. 315-317.

1554 年 11 月 24 日，枢机主教雷金纳德·波尔作为"教皇使节"抵达伦敦。波尔是枢机主教团中唯一的英格兰人，随身携带着教皇关于"赦免英格兰教会、与罗马教廷和解"的教令，肩负着在英格兰恢复"教皇权至尊"的使命。① 波尔是坚定的罗马天主教徒，怀有使英格兰教会回归教皇权的理想，他曾经明确表示：亨利八世使英格兰教会脱离罗马教廷，无异于摧毁了对于教皇的服从，是一种反叛行为。②

1555 年 1 月结束的第三届议会制订了《废止国王亨利八世在位第 20 年以后制订的反教皇权立法之法令》（AN ACTE repealing all statutes articles and provisions made against the See Apostolic of Rome since the xxth year of King Henry the Eight）。③ 该项法令对于既定目标有明确的表达：恢复"教皇权至尊"；废除一切与"教皇权至尊"相违背的法令。④ 法令第 II—IV 款逐一列举自亨利八世在位第 20 年（1529 年）以来制订的一切与"教皇权至尊"相违背的法令条款，以及"至尊的王权"对教会实行管理的法令条款，并且将这些法令加以废除。⑤ 法令第 XVIII 款宣布：将英格兰教会最高首脑的头衔加诸英格兰君主"既非正义亦非合法"，因而英格兰君主不再是英格兰教会的最高首脑。⑥

发生在都铎王朝的宗教改革不仅是宗教信仰的变革，还涉及权力结构的调整。亨利八世创建"王权至尊"，完成了将王权的统治从世俗事务向教会事务延伸的进程，开启了近代主权国家以及权力体系的建设进程。⑦ 玛丽在恢复天主教信仰的同时也恢复了"教皇权至尊"，意味着承认了教皇向英国教会行使的众多

---

① 雷金纳德·波尔此行的另一个目的是取代克兰默担任坎特伯雷大主教。克兰默在亨利八世与爱德华六世两朝参与新教改革，此举决定了他在玛丽王朝的命运。1553 年 11 月 13 日，克兰默被免去坎特伯雷大主教职位，以"叛逆"罪名囚禁的伦敦塔，最终在 1556 年 3 月 21 日以"异端"罪名在火刑柱上殉难。在 1556 年 3 月 26 日举行的圣职授职礼上，雷金纳德·波尔正式就任坎特伯雷大主教。
② W. B. Turnbull, ed., *Calendar of State Papers Foreign, Mary 1553-1558*, p.21.
③ 由于议会在 1553 年制订过一部《废止法令》（1 Mary, St.2.c.2），此项法令也称为《第二部废止法令》。
④ 1 & 2 Phillip & Mary c.8, *The Statutes of the Realm*, Volume IV, Part I, p.246.
⑤ 1 & 2 Phillip & Mary c.8, *The Statutes of the Realm*, Volume IV, Part I, pp.246-247. 逐一列举并且加以废除的法令包括：1529 年《限制教牧人士兼领圣俸与不居教区法令》（21 Henry VIII. c.13）中关于不得接受教皇发放兼领圣俸与不居教区特许的条款；1533 年《停止向罗马教廷上诉法令》（24 Henry VIII. c.12）；1532 年《停止向罗马教廷交纳岁贡法令》（23 Henry VIII. c.20）；1534 年《教职界服从法令》（25 Henry VIII. c.19）；1534 年《停止向罗马教廷交纳岁贡法令》（25 Henry VIII. c.20）；1534 年《废除彼得便士与教皇赦免权法令》（25 Henry VIII. c.21）；1534 年《王权至尊法令》（26 Henry VIII.c.1）；1536 年《修订教会法法令》（27 Henry VIII. c.15）；1536 年《废除教皇权法令》（28 Henry VIII. c.10）；1539 年《国王行使主教任命权法令》（31 Henry VIII. c.9）。
⑥ 1 & 2 Phillip & Mary c.8, *The Statutes of the Realm*, Volume IV, Part I, p.252.
⑦ 刘城：《十六世纪英国"王权至尊"的确立与教皇权的衰落》，《历史研究》2006 年第 2 期。

权力，其结果是逆转了亨利八世开启的近代主权国家的建设进程，使英格兰回归以教皇为首的"基督教世界"。

玛丽在继承王位之后的 18 个月内，废除了亨利八世与爱德华六世时代的大部分宗教改革立法。历史学家罗兹认为，玛丽女王的举措似乎使宗教改革返回到了起点，在英格兰恢复了"中世纪教会的面貌"①。罗兹的评论并不准确，经历过亨利八世与爱德华六世两个朝代历时 20 余年的宗教改革以后，某些物质层面、制度层面、精神层面的内容已经不可逆转。首先，解散修道院之后新设立的主教区得以保留，②只是废除了"代理主教"的职位。其次，修道院与追思弥撒礼拜堂拥有的稀世珍宝与古代文物一旦还俗，难以再次收归教会所有。供奉圣徒遗物的圣殿被拆除以后，对于圣徒和圣徒遗物的崇拜也难以为继。再次，宗教改革期间关于没收修道院、追思弥撒礼拜堂、学院教堂财产的法令得以保留，作为"既成事实"被上下两院接受。《第二部废止法令》虽然要求归还属于教堂的动产（第 XI 款），然而针对修道院地产问题做出了"维持现状"的规定（第 XV 款），并且宣布主教的司法审判权不再向已经解散的修道院行使（第 XXI 款）。法令对于获得修道院地产的既得利益者给予特殊保护，任何人如果骚扰教会地产的持有者将以"王权侵害罪"受到惩治（条款 XVI）。③之所以不可能归还修道院地产，是因为最初划归亨利八世持有的修道院地产，大约十分之七的数量通过赠予或市场交易转入他人之手，而"议会是土地所有者的议会"。④只有玛丽女王出于强化教会经济的需要，将王室持有的教会地产归还给了教会。

宾多夫把玛丽女王恢复天主教的行动定义为"激烈的反革命"，并且将"反革命"的发生归因于朝代的更替而非民众的要求。⑤埃尔顿与狄肯斯在评价玛丽的统治时，也都习惯使用"反动"一词。⑥这种观点把亨利八世、爱德华六世，以及玛丽之后的伊丽莎白一世的统治看作一个连续的宗教改革进程，认为玛丽一世废除此前两朝的宗教改革措施并力图恢复天主教，从而使宗教改革进程中

---

① Robert E. Rodes, *Lay Authority and Reformation in the English Church: Edward I to the Civil War*, Notre Dame: The University of Notre Dame Press, 1982, p. 99.
② 亨利八世时代增设了牛津、切斯特、格洛斯特、布里斯托尔、彼得伯罗、威斯敏斯特 6 个主教区，其中威斯敏斯特主教区在 1550 年撤除。
③ 1 & 2 Phillip & Mary c. 8; *The Statutes of the Realm*, Volume IV, Part I, pp. 252, 253.
④ S. T. Bindoff, *Tudor England*, Middlesex: Penguin Books, 1950, p. 176.
⑤ S. T. Bindoff, *Tudor England*, Middlesex: Penguin Books, 1950, p. 167.
⑥ G. R. Elton, *England under the Tudors*, p. 214; A. G. Dickens, *The English Reformation*, London: Batsford, 1964, pp. 259, 279.

断并且逆转。修正史学的代表人物克里斯托弗·黑格对英国宗教改革的进程做出了全然不同的解说：早在亨利八世统治的1538年就开始采取恢复天主教的步骤，爱德华六世的统治中断了这一进程，玛丽一世时代不过是继续1538年开始的恢复天主教的进程。循着这样的思路，黑格经常使用的词汇是"恢复"而不是"反动"。① 这是两种观察问题的角度，争论的焦点在于：在"宗教改革"与"恢复天主教"两个进程中，是玛丽一世的天主教政策中断了"宗教改革"的进程，还是爱德华六世的新教改革中断了"恢复天主教"的进程？

上述两种结论对于宗教改革进程的概括都过于简单化了，存在着值得商榷之处。首先，亨利八世与爱德华六世时代的宗教改革并非一个连续的进程，爱德华六世时代对宗教信仰的改革是对亨利八世宗教改革的冒进，各项改革措施过于激进。其次，同样不能把玛丽时代的天主教政策看作亨利八世宗教政策趋向保守的继续。玛丽一世恢复的不仅是天主教信仰，还有"教皇权至尊"，不是恢复到亨利八世末年（1547年）而是恢复到1529年的局面，这是对亨利八世宗教改革的否定。

四、结语

在玛丽一世的观念中，信仰的意义超过了王国的意义，世俗的利益应当服从宗教信仰。她曾经向枢密大臣做出过这样的表白："我看重我的灵魂得救，胜过十个王国。"② 在这样的理念支配之下，玛丽一世将个人的天主教虔诚置于英格兰共同体的利益之上，以恢复天主教信仰、重建天主教权力体系作为王朝政治的核心内容，这样的行为无异于"将政治身体纳入自然身体之中"。身为英格兰女王，玛丽一世并未承担起维护和管理公共利益的责任。英格兰共同体的利益甚至不是玛丽女王追求的目标，诸如社会的和平与统一、英格兰人的生命与财富、英格兰人在海外的利益，基本上没有进入她的政治视野。

亨利八世宗教改革的核心事件是构建"王权至尊"，由此而确立了王权对于英格兰教会的至尊地位。"王权至尊"颠覆了"教皇权至尊"以及与之相关联的

---

① C. Haigh, *English Reformations: Religion, Politics, and Society under the Tudors*, Oxford: Clarendon Press, 1993, p.235.

② Stephen Reed Cattley, ed., *The Acts and Monuments of John Foxe: A New and Complete Edition*, Vol.7, p.34.

教皇权力，将英格兰从"基督教世界"中分离出来，形成了以国王权位作为象征的主权国家。新的时代环境要求统治者承担起治理主权国家的责任，带领英格兰走入欧洲强国之列。然而玛丽女王缺少主权国家的观念意识，依然将王朝社稷视为家族私产而非公共权力，追求的是王朝私利而非主权国家的利益。在治国理政的行动上，玛丽一世恢复"教皇权至尊"，逆转了亨利八世开启的主权国家的建设过程。与西班牙菲利构建的联姻，不仅将英格兰引入法兰西战争的灾难之中，而且潜伏下使西班牙菲利入主英格兰的危险。

在中世纪"基督教世界"的观念之下，世俗君主在管理世俗事务的同时，也承担着捍卫上帝事业的责任。早在11世纪，教皇格里高利七世在论及历史上的几位君王时，赞许他们是"基督信仰的促进者""基督教会的护卫者"。① 英格兰国王亨利四世在1399年举行的加冕礼也传达了这样的理念：国王在加冕礼上接受了圣膏之后，就成为"基督教会的护卫者与朋友"②。这样的角色定位源于举国一致的信仰社会，却不适用于宗教改革后信仰多元化发展的新局面。时代的发展要求世俗君主承担起新的责任，对共同体内因由宗教信仰分歧而形成的社会分裂做出修复。亨利八世在创建"王权至尊"的同时，也重新定义了世俗权力对于教会的责任："至尊的王权"有责任促进信仰的"和谐与统一"，警惕因为信仰分歧而形成"多方面的危险、损害，以及困扰"。③ 这样的责任定位要求世俗君主尽力平息因宗教信仰纷争而造成的社会分裂，建立起超越教派的统治，而不仅仅是"捍卫上帝的事业"。亨利八世在1545年12月告诫议会，尽管已经允许阅读英文本《圣经》，但是不要将《圣经》用于划分阵营与进行责难攻击的武器。④ 上述关于如何履行君主责任的言论，表现出亨利八世作为政治家的素质以及自然理性的光辉。

玛丽女王缺少君临英格兰的治国谋略与自然理性，将一己的宗教信仰强加给英格兰民众，为此而不惜采取经济手段、政治手段，甚至是残忍的暴力手段，其结果是以天主教的派系统治取代了对于王国的治理。玛丽时代实施的宗教迫害规模之大、程度之严厉，至今仍是历史上罕见的标志性事件。如果说爱德华六世时代激进的新教改革引发了天主教徒的反抗，玛丽一世重建天主教信仰与

---

① James Harvey Robinson, ed., *Readings in European History*, Volume I, Boston: Ginn & Company, 1904, p. 288.
② A. R. Mayers, ed., *English Historical Documents 1327-1485*, London: Routledge, 2006, p. 408.
③ 31 Henry VIII. c. 14, *The Statutes of the Realm*, Volume III, p. 739.
④ A. G. Dickens and Dorothy Carr, eds., *The Reformation in England: to the Accession of Elizabeth I*, London: Edward Arnold, 1975, pp. 118-119.

天主教权力体系的努力则将宗教纷争引向另一个极端，呈现出你死我活之势。

修正史学孤立地研究玛丽一世复兴天主教的历史，未能将这段历史置于时人关于君主统治的诸多思想成果中加以考察，亦未能联系时代的发展变化对玛丽一世的所作所为加以衡量。当修正史学充分肯定玛丽一世重振天主教的成绩，试图将玛丽一世塑造成为教会改革家的形象时，却未能揭示隐匿在这一形象深处的诸多内容。一旦将研究的视角加以扩展、将论述的内容引向深入，最终呈现出来的玛丽女王是一个狭隘的"天主教护教者"的形象，是一个未能履行主权国家君主责任、甚至为其带来灾难性后果的"暴君"。

修正史学预测，倘若玛丽女王统治时间长久，天主教信仰与权力体系可以更加深入地植根于社会。如果修正史学的预测可以成立，稍微加以延伸也可以得出这样的结论：如果玛丽一世统治长久，英格兰臣民将为玛丽一世的统治付出更加惨重的代价——英格兰共同体的利益将更多地流向西班牙，甚至存在将英格兰纳入西班牙海外发展战略的可能性；宗教迫害的烈火将殃及更多的新教徒，由此而形成的共同体分裂也将愈演愈烈。

马丁·路德"唯信称义"思想：灵魂救赎的单一路径

16世纪宗教改革的影响之深刻、波及之广泛，堪称一场革命，研究者甚至把这场革命与18世纪法国革命、1917年俄国革命相比拟。① 这场革命开始于思想领域的发动，由思想而产生了行动，因而宗教改革"……首先是一场在宗教信仰与宗教行动领域发生的革命"②。马丁·路德提出的"唯信称义"是这场革命的思想旗帜与灵魂，研究者评论说："马丁·路德是基督新教的奠基之父。正是他的信仰观念……赋予整个宗教改革最基本的神学教义动力。"③

一、"唯信称义"：超越"内在之人"与"外在之人"的自由之路

马丁·路德在1520年10月写成的论文《论基督徒的自由》（*A Treatise on Christian Liberty*）中，提出了"唯信称义"（Justification by faith alone）的思想主张。路德说："……基督徒摆脱一切束缚并且超越一切束缚，无须善功，仅凭信仰就足以得公义、获救赎。"路德还说："上帝，我们的父，使一切皆从属于信仰，因而有了信仰就有了一切，没有信仰就一无所有。"④

以《新约全书》阐述的几个初始理念作为出发点，围绕着对于人类本性的

---

① Edward Mcnall Burns, *The Counter Reformation*, Princeton: D. Van Nostrand Company, 1964, p.3.
② John C. Olin, ed., *A Reformation Debate: Sadoleto's Letter to the Genevans and Calvin's Reply*, New York: Harper Torchbooks, 1966, p.6.
③ David Loades, *Revolution in Religion: the English Reformation, 1530-1570*, Cardiff: University of Wales Press, 1992, p.114.
④ Martin Luther, A Treatise on Christian Liberty, trans. by W.A. Lambert in *Works of Martin Luther with Introductions and Notes*, Volume II, Philadelphia: A. J. Holman Company, 1915, pp.316, 325, 318.

追问，路德展开了关于"唯信称义"的论证。路德自己曾经提及，以这样的初始理念作为论述的起点，似乎"与论述的主题距离遥远"。但是他认为，越是这样追根溯源，才越有可能把论述的主题阐述明白。①

首先涉及的一个初始理念，是人的双重存在——"内在之人格"与"外在之人格"。"内在之人格"的表现方式是精神或灵魂；"外在之人格"的表现方式是身体或肉体。路德将人的双重存在视为两个彼此完全独立的人格，两者之间甚至有可能处于矛盾与背反的状态之中："肉体的欲望背反精神，精神的愿望背反肉体。"② 之所以造成这种状态，是由于罪恶的身体不断地引诱并腐蚀灵魂，从而使灵魂与身体之间彼此相敌，身体不能践行灵魂之所愿。使徒保罗论述过灵魂与身体之间的这种背反状态："我所做的，我自己并不明白。我不做我所愿意的，却做我所憎恶的。假若我做了我所不愿意的，我就承认律法是善的。但是事实上，这并不是我做的，而是住在我里头的罪做的。我也知道在我里头，也就是在我的身体之中，没有任何善。立志行正当由得我，但是行出来由不得我。因此，我不做我所愿意的善，却做了我所不愿意的恶。假若我做了我所不愿意的，就不是我做的，而是住在我里头的罪做的。"③

随后涉及的一个初始理念，是外在的身体与内在的灵魂指向不同的前途。人类始祖犯下原罪，从而导致人类与上帝的疏离，每一个人都天生有罪并且不断地受到个人之罪的困扰。一方面，上帝惩罚人的肉体，使罪恶之身成为必死之身。人类被逐出伊甸园，不能以生命之树的果实为生命补充能量，因而身体就将必死无疑，这是上帝对人类肉体实施惩罚的方式。另一方面，上帝应许拯救人类的灵魂，使心灵有可能摆脱罪恶的约束而获得重生，并且享受未来永恒世界的生命。人类肉体必死，而灵魂有机会得到永生，使徒保罗论述过身体与灵魂的两种不同发展前景："我们从未失去内心。即使我们外表的存在正在衰退，内里的存在却一天新似一天。"④

从上述两个初始理念出发，路德对"唯信称义"思想展开了论证，其目的是探究使灵魂得到救赎从而达到永生的路径，亦即探究如何使人的"心灵自我"

---

① Martin Luther, A Treatise on Christian Liberty, trans. by W.A. Lambert in *Works of Martin Luther with Introductions and Notes*, Volume II, Philadelphia: A. J. Holman Company, 1915, p. 313.

② Martin Luther, A Treatise on Christian Liberty, trans. by W.A. Lambert in *Works of Martin Luther with Introductions and Notes*, Volume II, Philadelphia: A. J. Holman Company, 1915, p. 313.

③ Romans, 7:15-20. Bruce M. Metzger and Roland E. Murphy, eds., *The New Oxford Annotated Bible: Containing the Old and New Testaments*, New York: Oxford University Press, 1989, pp. 216-217 NT.

④ 2 Corinthians 4:16. Bruce M. Metzger and Roland E. Murphy, eds., *The New Oxford Annotated Bible*, p. 253 NT.

超越"肉体自我",最终达到救赎与永生的目标。

既然外在的身体是如此不可救药,甚至上帝都任凭它一天天地衰退,那么,罪恶的身体不可能对精神有任何助益,更不可能对灵魂的救赎有所作为。"任何外在之物都不能施加影响,既不能促成基督徒的公义或者灵魂的自由,也不能促成基督徒的非公义或者灵魂受到罪恶的奴役。"① 一方面,健康、自由、活跃的身体不能使灵魂受益,因为能吃、能喝、随意而为,即使是受到邪恶奴役的身体也能保持良好的状态;另一方面,不健康、非自由、又饥又渴,以及其他任何外在的不幸,也不能使灵魂受到伤害。因此,实现基督徒的自由,不是凭借外在的身体行为,任何外在之物都不能使基督徒得以在上帝面前称义。

律法与善功属于外在身体的所作所为,因而律法与善功无助于内在灵魂的救赎。尘世的律法无助于人的灵魂得救,因为"摩西十诫虽然昭示了行为的准则,却没有赋予我们实践这些行为准则的力量"②。同样,善功也不能对灵魂救赎有所助益,不能促使基督徒得以在上帝面前称义,因为诸如祈祷、斋戒、沉思、默念、施舍之类的善功,都是身体所为并且作用于身体,即使是邪恶之人也可以做到。"诸如此类的善功,除了伪善之外什么都不能造就出来。"③

内在之人格不能凭借外在的善功和律法而得公义、得自由、得救赎。无论何种外在的行动,都不能对内在之人格施加影响。诸如祈祷、斋戒、禁欲、苦行、施舍之类的善功,一切外在的努力都是徒劳,都不能促使灵魂称义。路德说:"……内在之人得公义、摆脱罪恶、获得救赎,完全不需要任何外在的善功或行动。无论何种类型的善功或行动,都与内在之人无关。"④

不仅处于死亡掌控之中的外在身体不能使灵魂得救,即使是内在的自我也无法对自己的灵魂展开自救。上帝创造的人类原本是有思考能力、有自由意志的存在。然而由于人类始祖犯下原罪,人的本性完全堕落了,自由意志仅仅成为名义上的存在,根本不可能自发地产生善行。人类不仅失去了凭借自由意志做出正确选择的能力,反而经常堕入罪恶与错误的深渊之中,"自由意志已经死

---

① Martin Luther, A Treatise on Christian Liberty, trans. by W. A. Lambert in *Works of Martin Luther with Introductions and Notes*, Volume II, p.313.
② Martin Luther, A Treatise on Christian Liberty, trans. by W. A. Lambert in *Works of Martin Luther with Introductions and Notes*, Volume II, p.317.
③ Martin Luther, A Treatise on Christian Liberty, trans. by W. A. Lambert in *Works of Martin Luther with Introductions and Notes*, Volume II, p.314.
④ Martin Luther, A Treatise on Christian Liberty, trans. by W. A. Lambert in *Works of Martin Luther with Introductions and Notes*, Volume II, p.316.

亡并且毁灭，我们只能依靠基督之爱从罪恶中获得拯救并且称义"①。

路德的自由意志论一经提出，在当时就引起了人们的注意。教宗利奥十世在1520年6月发布的圣谕中，指责路德思想的41宗"错误"，其中第36宗错误是：人类在犯下罪恶之后，自由意志就仅仅是"徒有虚名"。② 神圣罗马帝国皇帝查理五世在1521年5月以帝国议会名义发布的一项敕令中也指出：路德从异教诗歌中演绎出一种言论，认为并不存在自由意志，因为世间一切都是由永恒不变的神意决定的。③ 伊拉斯莫在写于1524年12月的一封书信中也提到：路德把自由意志看作一种"虚幻"。④ 借助上述多个来源的文献资料，可以窥见当时人们对于路德自由意志论的理解，这样的理解并未背离路德本人关于自由意志的阐述。在写于1528年的《关于基督最后晚餐之告白》(Confession Concerning Christ's Supper)一文中，路德明确地表达了自由意志之不可信：我在这里对每一种夸耀自由意志的教义都表示"拒绝和谴责"，这些教义是"不折不扣的错误"。⑤

在路德思想的深处，对于人在身体与精神两个方面的本能都怀有极度的失望，认为丧失了自由意志的人类，凭借自然本能根本无力展开自我救赎。那么，以何种力量来拯救人类呢？路德把求助的目光投向了上帝：心灵的提升、灵魂的救赎，不是依靠人类自身的力量，而是依靠对于上帝恩典的信仰。"基督充满着恩典、生命与拯救；灵魂充满着罪恶、死亡与谴责。一旦将信仰置于基督与灵魂之间，就意味着将罪恶、死亡与地狱交予基督，而将恩典、生命与拯救赋予灵魂。"⑥

上帝的恩典以耶稣基督为工具，经由耶稣的"道成肉身"而得以实现。耶稣在尘世"代人受过"，以亲身经历的苦难与死亡替人类赎罪，履行上帝对于人

---

① John Nicholas Lenker, trans., *Luther's Two Catechisms Explained by Himself*, Minneapolis: The Luther Press, 1908, p.356.
② Hans J. Hillerbrand, ed., *The Reformation: A Narrarive History Related by Contemporary Observers and Participants*, Michigan: Baker Book House, 1985, p.83.
③ Hans J. Hillerbrand, ed., *The Reformation: A Narrarive History Related by Contemporary Observers and Participants*, Michigan: Baker Book House, 1985, p.98.
④ William G. Naphy, ed. and trans., *Documents on the Continental Reformation*, London: Macmillan, 1996, pp.33-34.
⑤ Elizabeth Vandiver, Ralph keen and Thomas D. Frazel, trans. and annot., *Luther's Lives: Two Contemporary Accounts of Martin Luther*, Manchester: Manchester University Press, 2002, p.236.
⑥ Martin Luther, A Treatise on Christian Liberty, trans. by W. A. Lambert in *Works of Martin Luther with Introductions and Notes*, Volume II, p.320.

类的宽恕与拯救。耶稣的尘世经历也修补了亚当与夏娃对于上帝的不服从，促成了人类与上帝之间的和解。上帝在尘世留下的"恩典"，体现了上帝的公义。上帝的公义之伟大神圣，在于上帝并未因人类犯下的罪恶而愤怒，而是以基督之爱使人类获得救赎。路德强调对于上帝恩典的信奉："……耶稣为你们而受难，然后死而复活。因此之故，如果你们信奉耶稣，就可以凭借信仰而成为新人，因为你们的罪恶已得到宽恕，你们仅仅因为另一个人的恩德，也就是耶稣基督的恩德而得救。"①

一方面，上帝的恩典把"基督之爱"留在尘世，承诺对于罪人的拯救；另一方面，人的自由意志对于自身的灵魂救赎无能为力。在灵魂得救这个重大命题面前，基督徒个人所能做的，就是将自由意志完全交给上帝操控，把个体灵魂的得救完全寄托于上帝的恩典。凭借着充满于内心的虔诚信仰，必定得恩典，必定获救赎，必定摆脱罪恶的捆绑而获得自由。这是虔诚的信仰必然导致的结果，"唯信称义"的思想对这一点深信不疑，没有丝毫的犹豫。

二、"唯信称义"的提出：心路历程与思想轨迹

将"称义"的关注点引向上帝之子，基督徒凭借对于上帝恩典的信奉而得到上帝的救赎，这种"信仰得救"的思想并非路德的发明，而是来自使徒保罗在一千多年之前的表述。保罗说："……上帝的公义，因信奉耶稣基督而给予一切相信的人。对此并无区分，因为世人都犯了罪，亏欠了上帝的荣耀；如今却蒙受上帝赠予的恩典，因为基督耶稣的救赎而称义。"② 保罗还说："你若口里认耶稣为主，心里相信上帝使耶稣从死里复活，你就必得救赎。"③ 所谓"上帝的公义"，指的是上帝对于尘世灵魂的救赎。所谓"上帝的恩典"，指的是耶稣道成肉身降临尘世，在十字架上为拯救人类而献身。所谓"因信称义"，就是凭借对上帝恩典的信仰，使灵魂得到拯救。"既是出于恩典，就不以行动为基准，否则，恩典就不再是恩典。"④

---

① Martin Luther, A Treatise on Christian Liberty, trans. by W. A. Lambert in *Works of Martin Luther with Introductions and Notes*, Volume II, p. 315.
② Romans, 3:22-24. Bruce M. Metzger & Roland E. Murphy, ed., *The New Oxford Annotated Bible*, p. 212 NT.
③ Romans, 10:9. Bruce M. Metzger & Roland E. Murphy, ed., *The New Oxford Annotated Bible*, p. 221 NT.
④ Romans, 11:6. Bruce M. Metzger & Roland E. Murphy, ed., *The New Oxford Annotated Bible*, p. 221 NT.

在保罗书信的字里行间，路德感受到了上帝对于罪人的仁慈和怜悯，看到了全新的拯救希望，对于摆脱沉重的罪恶充满了自信。路德在写于1545年的一篇自传中回忆了这段心路历程：保罗书信"展示了上帝的公义"，"仁慈的上帝凭借信仰拯救世人"，"我相信自己焕然一新获得重生，并且进入了天堂的大门"。[①]

这样的感受促使路德把《旧约全书》中的上帝与《新约全书》中的上帝做出区分，从而开启了一段重新"发现"上帝的行程。《旧约全书》中的上帝首先将"人"定义为"罪人"，然后用律法对罪人加以惩治。"悲惨的罪人因为原罪而受到永久的损毁，似乎这样的惩治还不够，还需要借助于十诫的律条以及各种各样的灾难制服罪人。"[②] 人类固然由于自己的行为而导致堕落，人类也应当为自身的堕落而承担责任，但是人类不应当因此而受到诅咒和惩罚。路德在自传中表白：他"曾经对以正义手段惩治罪人的上帝不仅没有热爱之情，反而有痛恨之感，因此在私下里愤愤不平并且颇多怨言"[③]。《新约全书》中的上帝则为罪人带来怜悯和公义，还有灵魂得到拯救的希望："……福音书中的上帝在悲痛之上愈加悲痛，甚至借助于福音书让我们感知上帝的公义与愤怒"[④]。保罗书信中描述的上帝，代表了《新约全书》中的上帝。这样一个充满仁慈与公义的上帝，使路德此前因承受上帝的惩罚与诅咒而充满恐惧的心灵得到舒缓，进而将内心的虔诚从《旧约全书》移向《新约全书》。

与保罗不同的是，路德思想还深受教父神学的影响。在接受了奥古斯丁的"自由意志"概念之后，路德就将灵魂救赎的希望完全、彻底、唯一地寄托于对上帝恩典的信奉，也因此将使徒保罗"因信称义"的思想发展成"唯信称义"的思想。不仅信仰的建立以放弃自我为前提，需要全身心地服从福音书的教诲，而且在信仰得救面前，人的自由意志完全无能为力。灵魂的救赎仅仅凭借信仰而无须其他努力，这是路德思想相比保罗的极端与丰富之处。

虽然路德是1520年在《论基督徒的自由》中正式提出了"唯信称义"的思想，但是至少在1515年，路德就开始思考"信仰得救"的问题了。研究者评论说：在1515年，路德的注意力被奥古斯丁的两篇著述——《驳朱利安》(*Contra Julianum*)、《论精神与文字》(*De spiritu et littera*) 所吸引，从而澄清并且强化了对于"恩典"和"罪恶"的理解。但是路德并未完全接受奥古斯丁的思想，

[①] Lewis W. Spits, ed., *Luther's Works*, Volume 34, Philadelphia: Muhlenberg Press, 1960, p.337.
[②] Lewis W. Spits, ed., *Luther's Works*, Volume 34, Philadelphia: Muhlenberg Press, 1960, p.337.
[③] Lewis W. Spits, ed., *Luther's Works*, Volume 34, Philadelphia: Muhlenberg Press, 1960, pp.336-337.
[④] Lewis W. Spits, ed., *Luther's Works*, Volume 34, Philadelphia: Muhlenberg Press, 1960, p.337.

他尤其不能接受奥古斯丁为罪人称义而设计的路径。这是因为，在奥古斯丁设计的路径中包含有"善功得救"的因素：上帝的恩典促使人们行善功，处于恩典协助之下的良好行为表现，最终促成了灵魂得救。①

奥古斯丁对于人类本性持有极度悲观的评价，认为堕落的人类根本没有能力实现自我救赎，只能依靠上帝恩典的救助。从这样的思想前提出发，奥古斯丁为基督教神学引入了"自由意志"的概念，认为自由意志不仅对灵魂救赎无能为力，甚至是"恶"的本源："我们行恶是出于自由意志的选择。"②

奥古斯丁还将"自由意志论"与"上帝恩典论"结合在一起加以思考，提出了"恩典先行"的概念。人类由于自身的罪恶，根本无力做出正确的选择；自由意志除了"恶"之外不做其他选择，因而"人的自由选择注定将人引入罪恶"③。在奥古斯丁看来，如果以自由意志作为第一推动力，人类永远不可能选择上帝的恩典。考虑到这样一种现实，需要以上帝的恩典对自由意志加以干预，亦即"以上帝的恩典对自由意志加以垄断和控制，使之接受此前一向拒绝的'善'"④。"恩典先行"的概念从逻辑上解决了"自由意志"与"上帝恩典"两者之间的矛盾关系，为上帝的恩典开辟了一条通道，使之有可能穿越自由意志这道"恶"的防线，强行进入人的灵魂，从而使罪恶的人类有机会获得救赎。

路德的立场与教父神学的上述思想极为相似：都对人类本性持有极为悲观的评价，都认为自由意志除了导致"恶"之外对于灵魂救赎没有任何积极作用，都将灵魂救赎的"唯一"推动力归于上帝的恩典。历史学家理查德·雷克斯甚至将"唯信称义"的思想起源归于奥古斯丁：关于"称义"的教义实际上忠实地转述了奥古斯丁的思想，在当时，无论是天主教还是新教都以奥古斯丁的学说作为理论依据。⑤

从保罗与奥古斯丁的思想中寻找灵魂救赎的路径，缘于路德在自身的宗教实践中产生的困惑。路德宗教改革的亲历者与合作者——菲利普·梅兰希顿（Philip Melanchthon, 1497—1560）撰写的《马丁·路德博士生平事迹回忆录》（History of the Life and Acts of Dr. Martin Luther），记载了路德探寻"唯信称义"

---

① Robert Kolb, *Martin Luther: Confessor of the Faith*, Oxford: Oxford University Press, 2009, p.36.
② Robert P. Russell, trans., *Saint Augustine: The Teacher, The Free Choice of the Will, Grace and Free Will*, Washington, D.C.: Catholic University of America Press, 1968, p.106.
③ Henry Bettenson, ed., *Documents of the Christian Church*, Oxford: Oxford University Press, 1967, p.54.
④ Henry Bettenson, ed., *Documents of the Christian Church*, Oxford: Oxford University Press, 1967, p.55.
⑤ Richard Rex, *Henry VIII and the English Reformation*, London: Macmillan, 1993, pp.146-147.

的心路历程与思想轨迹。

在爱尔福特大学的圣奥古斯丁学院求学期间，路德遵循着最为严苛的修道生活模式，其表现堪称一位完美的基督徒。他不仅勤奋学习教会的学说，而且以奥古斯丁修道规则约束自己，全身心地投入到阅读、神学辩论、斋戒、祈祷之中。① 尽管竭尽全力地努力了，路德依然感到无法与上帝达到心灵相通，为无法摆脱身负的沉重罪恶而焦虑不安。路德在自传中有这样的表白："我感觉自己在上帝面前是一个极度焦虑不安的罪人，在竭尽所能为罪恶做出一切补偿之后，依然无法与上帝达成和解。"②

当内心的追求陷入困境的时候，路德试图在基督教神学的范畴内寻找突围路径，为此而经常向奥古斯丁学院的一位长者求教。这位长者的见解，不仅使路德坚定了"人之罪恶由上帝赦免"的信仰，而且将灵魂得救的关注点引向使徒保罗的教诲。③

保罗关于"信仰得救"的思想为路德解开内心的困惑指出了光明之路，路德回忆说：使徒保罗的论述不仅使他"获得力量"，而且常常"情不自禁地将保罗书信的全部内容回味于脑海之中"；尤其令他印象深刻的，是保罗书信中频繁出现的关于"信仰得救"的言论。路德还仔细阅读了中世纪神学家加百利·比尔（Gabriel Biel, 1420—1495）、彼得·达利（Pierre d'Ailly, c.1350—1420）、克莱沃的伯纳德（Bernard of Clairvaux, 1090—1153）、威廉·奥卡姆（William Occam, 1285—1347）、吉恩·热尔松（Jean Gerson, 1363—1429）等人的著作。然而，路德阅读最为充分、记忆最为深刻的，是奥古斯丁的著述。从奥古斯丁的两部著述——《诗篇注解》（The Enarrationes in Psalmos）与《论灵意解经与字意解经》（De Spiritu et Littera）中，路德找到了关于"因信称义"的清晰阐述，加深了对于"因信称义"的理解，从而"使内心得到极大的安慰"。④

路德在回忆录中强调，奥古斯丁的影响是至关重要的，然而在爱尔福特大学，更为强大的影响力来自那些经过潜心研读的中世纪神学家，亦即那些被研

---

① Philip Melanchthon, "History of the Life and Acts of the Most Reverend Dr. Martin Luther", Trans. by Thomas D. Frazel in *Luther's Lives: Two Contemporary Accounts of Martin Luther*, Manchester: Manchester University Press, 2002, p.16.

② Lewis W. Spits, ed., *Luther's Works*, Volume 34, p.336.

③ Philip Melanchthon, "History of the Life and Acts of the Most Reverend Dr. Martin Luther", Trans. by Thomas D. Frazel in *Luther's Lives: Two Contemporary Accounts of Martin Luther*, p.16.

④ Philip Melanchthon, "History of the Life and Acts of the Most Reverend Dr. Martin Luther", Trans. by Thomas D. Frazel in *Luther's Lives: Two Contemporary Accounts of Martin Luther*, pp.16-17.

究者标定为"奥卡姆学派"的中世纪神学家。① 史学家休伯特·耶丁评论说：路德不是托马斯·阿奎那与经院哲学的追随者，虽然路德并不能完全摆脱经院哲学的影响；在路德看来，经院哲学因亚里士多德主义而败坏了，以致完全迷失了方向；在爱尔福特，路德接受了奥卡姆的唯名论以及他的思想体系。②

奥卡姆学派具有宗教神秘主义的色彩，相信个人的宗教体验对于灵魂救赎的作用，将尘世生命的巅峰状态定义为"个体与上帝建立直接的联系并且融为一体，以此博得上帝的拯救"。为了达到这样的境界，宗教神秘主义者自发地履行主礼司祭的职责，将全部的宗教虔诚化作对于上帝临在的体验，因而被研究者定义为"宗教体验式虔诚"。③ 肇始于14世纪黑死病的一系列天灾人祸，为宗教神秘主义兴起于欧洲中部提供了社会环境。处于恐惧和慌乱之中的人们以为世界末日即将来临，以自我退引和沉思冥想的方式接近上帝，从更加超越现实的个人宗教体验中寻求精神上的支持和安慰。

路德深受中世纪晚期宗教神秘主义的影响，尽管他从未把这一学派认定为宗教神秘主义，甚至没有意识到这是一个特殊的学术流派或信仰团体。④ 在奥卡姆学派中，路德尤为推崇加百利·比尔，以"学术导师"尊称之。比尔将上帝塑造成"全能的造物主"，具有"无限且不受任何制约的能量"；凭借着"绝对的能量"，上帝可以任意行事。⑤ 尤其重要的是，比尔关于灵魂救赎"依赖于自我感悟神启"的主张，为路德的宗教改革思维奠定了基础。⑥

路德思想中包含有宗教神秘主义的情节，他在对"唯信称义"展开论证的过程中清晰地传达出这样的信息：将宗教信仰视为虔诚的宗教体验，仅凭内心的信仰而无须外在的行动，就可以使罪恶的灵魂获得救赎；对上帝的恩典深信不疑，将个体的宗教体验视为获取上帝恩典的唯一途径；将宗教信仰的最高境界定位于使个体灵魂与上帝结为一体，如果不能体验到上帝的临在，就不能将灵魂从罪恶的束缚中解救出来。中世纪晚期的神秘主义思潮与路德关于灵魂救

---

① Robert Kolb, *Martin Luther: Confessor of the Faith*, p. 31.
② Hubert Jedin, *A History of the Council of Trent*, Volume I, trans. by Dom Ernest Graf, St. Louis: B. Herder Book Co., 1957, p. 167.
③ Bengt R. Hoffman, *Luther and the Mystics: A Re-examination of Luther's Spiritual Experience and His Relationship to the Mystics*, Minneapolis: Augsburg Publishing House, 1976, p. 218.
④ Bengt R. Hoffman, *Luther and the Mystics: A Re-examination of Luther's Spiritual Experience and His Relationship to the Mystics*, p. 14.
⑤ Robert Kolb, *Martin Luther: Confessor of the Faith*, p. 32.
⑥ Robert Kolb, *Martin Luther: Confessor of the Faith*, p. 32.

赎的思考产生了某种共鸣，最终成就了"唯信称义"的思想。研究者评论说：路德神学理论的一个重要因素，是"宗教信仰中的非理性宗教体验"，①这是与中世纪晚期神秘主义思潮的不谋而合之处。

最能体现路德宗教神秘主义倾向的表达，是《论基督徒的自由》一文中的言论：凭借信仰，"使灵魂与基督联姻，一如新娘与新郎联姻"。由于这样的宗教联姻，基督与灵魂因为信仰的联结而融为一体。"基督充满着恩典、生命与救赎，灵魂充斥着罪恶、死亡与谴责"，一旦将信仰置于两者中间，"罪恶、死亡与地狱就归于基督，恩典、生命与救赎就归于灵魂"。②

综上所述，可以追寻到"唯信称义"思想形成的轨迹：使徒保罗的言论提供了基本的思路，路德因此而找到了"信仰得救"的方向；从奥古斯丁的著述中，路德寻找到更多的思想原料，进而为"唯信称义"搭建了理论的阶梯，使徒保罗"因信称义"的思想由此而发展成"唯信称义"；当路德在保罗与奥古斯丁的思想中为内心深处的困惑寻找到了答案之后，他又在中世纪神秘主义思想家的著作中求得印证与共鸣。马丁·路德在前人思想的基础之上前进了一步，最终成就了"唯信称义"的思想。

"唯信称义"与"因信称义"虽然只有一字之差，却成为基督新教与中世纪天主教的分水岭。研究者把"唯信称义"认定为一种全新的思想："在修道院塔楼的宗教体验之上，路德构建了一个神学体系，……进而为他自己建造了一种新型神学与基督信仰的新观念。"③

然而，路德本人并未意识到"唯信称义"是一种新思想。在他看来，信仰得救是福音书讲述的真理，是出自使徒的教诲。当路德对于奥古斯丁的思想有了深入感悟的时候，自认为只是重新发现了早期基督教时代人们普遍接受的真理。④不仅路德持有这样的信念，纽伦堡新教改革首领拉撒路·斯潘格勒（Lazarus Spengler, 1479—1534）也评论说：围绕着路德的争论，仅仅是不同神学之间的竞争，是关于某些特定思想的争论；既然教会曾经容忍过大阿尔伯特⑤

---

① Bengt R. Hoffman, *Luther and the Mystics: A Re-examination of Luther's Spiritual Experience and His Relationship to the Mystics*, pp. 14, 219.
② Martin Luther, A Treatise on Christian Liberty, trans. by W.A. Lambert in *Works of Martin Luther with Introductions and Notes*, Volume II, pp. 325, 320.
③ Hubert Jedin, *A History of the Council of Trent*, Volume I, trans. by Dom Ernest Graf, p. 167.
④ David Loades, *Revolution in Religion: the English Reformation, 1530-1570*, p. 37.
⑤ Albertus Magnus (c. 1200-c. 1280)，多明我会神学家，致力于将亚里士多德的学说引入天主教神学。

与托马斯·阿奎那①的思想，容忍过约翰·邓·司各特斯②与奥卡姆的思想，教会也应当对路德的思想持宽容态度。③

三、"唯信称义"是否意味着取消一切外在的宗教行动？

"唯信称义"为灵魂得救设计了单一的路径——用信仰与上帝之言对人的内心加以灌输，进而实现"基督徒的自由"。这里存在一个思想逻辑的延伸：既然内在之人格只有借助于特定的内在力量才有可能获得提升，既然可以通过阅读《圣经》直接获取信仰，既然仅凭信仰就可以使灵魂获得拯救，那么，基督的信仰还需要外在的宗教行动吗？尤其是作为宗教信仰之外在表现的礼拜仪式还有存在的必要吗？

在促成灵魂得救的两条路径——外在的行为和内在的信仰——之中，"唯信称义"强调的是个人内在的信仰。然而，这样的思想倾向并不意味着排斥一切外在的宗教行动，也没有导致废除一切宗教礼拜仪式的极端后果。这是因为，路德把礼拜仪式看作保持信仰的辅助手段，认为礼拜仪式有助于增进上帝的恩典。在洗礼仪式的过程中，"上帝将圣灵的礼物给予接受洗礼的人"④。在圣餐仪式上，"可以得到耶稣基督关于赦免罪恶的承诺，与之俱来的还有上帝的恩典、圣灵，还有上帝的赠礼、保佑、庇护，以及战胜死亡、邪恶与其他一切灾祸不幸的力量"⑤。

路德持有"礼拜仪式传达上帝恩典"的信念，这是沿袭自中世纪天主教的传统。1215年召开的第四次拉特兰宗教会议，是这一理念形成的重要时期。这次宗教会议发布的决议中，有只言片语论及礼拜仪式的功能，诸如：洗礼"带来救赎"；洗礼之后犯下的罪恶，经由忏悔礼赦免。尤其重要的是，这次宗教会议表达了这样的信念——"以正确的信仰与良好的行动获得上帝的恩惠"（条款1）⑥。

---

① Thomas Aquinas (c.1225-c.1274)，多明我会神学家，中世纪经院哲学集大成者。
② Johannes Duns Scotus (c.1265-c.1308)，方济各会神学家。
③ Hubert Jedin, *A History of the Council of Trent*, Volume I, trans. by Dom Ernest Graf, p.188.
④ Martin Luther, "The Greater Catechism", in Henry Wace and Karl Adolf Buchheim, eds., *Luther's Primary Works: Together with His Shorter and Larger Catechisms*, London: Hodder and Stoughton, 1896, p.137.
⑤ Martin Luther, "The Greater Catechism", in Henry Wace and Karl Adolf Buchheim, eds., *Luther's Primary Works: Together with His Shorter and Larger Catechisms*, London: Hodder and Stoughton, 1896, p.153.
⑥ Norman P. Tanner, ed., *Decrees of the Ecumenical Councils*, Volume One, London: Sheed & Ward, 1990, pp.230-231.

二百多年之后的佛罗伦斯宗教会议（1439年），将礼拜仪式传达"上帝恩惠"发展成礼拜仪式传达"上帝恩典"。宗教礼拜仪式"既包含上帝的恩典，又将上帝的恩典给予那些无比珍重地接受礼拜仪式之人"。在圣餐礼上，"因上帝恩典之力，人得以融入基督并与基督合为一体。其结果是，上帝的恩典借助于圣餐礼而得以在领受者中发扬光大"。①

将礼拜仪式视为灵魂救赎的重要手段，体现了中世纪天主教奉行的双重救赎理论——基督徒凭借"正确的信仰与善功"获得上帝的拯救。"唯信称义"思想在彰显单一救赎路线的同时，却继续持有中世纪天主教关于礼拜仪式具有救赎功能的定义。内在思想的超前与外在形式的滞后未能保持逻辑上的一致性，这是路德创立的福音派教会在其早期发展阶段的特点。

"唯信称义"的思想并未导致否定宗教礼拜仪式这样的极端后果，却使礼拜仪式的数量减少了。路德在阅读《圣经》时发现，中世纪天主教奉行的七项礼拜仪式并非都在《圣经》中有记载，因而提出了简化礼拜仪式的主张。在《教会的巴比伦之囚》（*The Babylonian Captivity of the Church*）一文中，路德起初主张保留三项礼拜仪式（洗礼、忏悔礼、圣餐礼），随后又把三项礼拜仪式减为两项（洗礼、圣餐礼），因为只有这两项礼拜仪式在《圣经》中有记载："严格地说，上帝的教会中只有两项礼拜仪式——洗礼与圣餐礼，因为只有在这两项礼拜仪式中，可以找到上帝规定的标记与赦免罪恶的承诺。"②

实际上，路德很不情愿把忏悔礼排斥在礼拜仪式之外："忏悔礼，我把它与另外两项（礼拜仪式）并列在一起，却缺少出自于上帝规定的可见标记。"③真正令路德难以割舍的，首先是将罪恶坦白并且聆听了上帝的教诲之后，可以感受到内心的"平静"与"舒缓"；其次是罪恶得到赦免之后，可以实现"向洗礼的回归"。④对于身负沉重罪恶感的路德而言，这是一种"医治心灵"的医药，是保持生命力所不可缺少的宗教体验："我们一定不能把礼拜仪式看作有害的东西

---

① Norman P. Tanner, ed., *Decrees of the Ecumenical Councils*, Volume One, London: Sheed & Ward, 1990, pp. 541, 547.

② Martin Luther, The Babylonian Captivity of the Church, trans. by A.T.W. Steinhaeuser, in *Works of Martin Luther with Introductions and Notes*, Volume II, Philadelphia: A. J. Holman Company, 1915, pp. 177, 325, 291-292.

③ Martin Luther, The Babylonian Captivity of the Church, trans. by A. T. W. Steinhaeuser, in *Works of Martin Luther with Introductions and Notes*, Volume II, p. 292.

④ Martin Luther, The Babylonian Captivity of the Church, trans. by A. T. W. Steinhaeuser, in *Works of Martin Luther with Introductions and Notes*, Volume II, pp. 325, 250, 292.

而远避之,而应当看作一种有益于心灵慰藉的医药。这种医药能够帮助我们,为我们的身体和灵魂注入生命。"①

不仅礼拜仪式的数量减少了,在"唯信称义"的语境之下,关于圣餐礼的神学定义也发生了变化。

圣餐礼的神学依据来自于"福音书"关于最后晚餐的记载。耶稣基督在最后的晚餐上指着面饼和酒对门徒说:"这是我的身体","这是我立约的血"。②天主教神学认为,福音书记载的这一行动象征着耶稣基督以自己的身体拯救人类,并据此演绎出"化体"教义。第四次拉特兰宗教会议将"化体"正式写入天主教的宗教信条:"……在这个教会之内,耶稣基督既是司祭也是献祭。耶稣的身体和血真实地包含在圣餐礼的面饼与酒之中,借上帝之力,这面饼化作身体,这酒化作血。为了与圣餐融合为一体,我们领受耶稣的身体和血,一如他领受我们的(条款1)。"③有了"化体"教义作为神学前提,天主教的圣餐礼就演绎成了"与上帝融为一体"的宗教体验。面饼和酒在祝圣之时分别化作基督的身体和血,"因上帝恩典之力,领受圣餐之人得以融入基督并与基督合为一体。其结果是,上帝的恩典借助于圣餐礼而得以在领受者中发扬光大"④。

依照"化体"的解释,似乎在圣餐礼的演绎过程中,面饼和酒因为上帝之力的介入而发生了某种化学变化。然而在人的目力所及范围之内,面饼和酒在经过祝圣之后依然保持着原来的物质表象。"化体"的解释太富于戏剧性,甚至带有某种巫术的成分,因而从中世纪直至宗教改革期间,"化体"始终是一个颇具争议的神学命题。在《教会的巴比伦之囚》一文中,路德就以激烈的笔墨批驳天主教的"化体"教义。

首先,路德从"唯经书"的立场出发,认为"化体"教义于《圣经》无据。路德指出:福音书记载了最后晚餐上的面饼和酒,但这是真实的面饼和酒,并非"化体"。"化体……是人类头脑的虚构,既不是以经书为依据,也未经过正确的推理论证。"耶稣在最后晚餐上说的话也不能为"化体"提供论证,依照路德的解读,耶稣的话语是"将死之人留给我们的承诺",是"安排遗赠"和"指

---

① Martin Luther, "The Greater Catechism", in Henry Wace and Karl Adolf Buchheim, eds., *Luther's Primary Works: Together with His Shorter and Larger Catechisms*, p. 153.
② Matthew, 26:26-28. Bruce M. Metzger and Roland E. Murphy, eds., *The New Oxford Annotated Bible: Containing the Old and New Testaments*, pp. 40-41 NT.
③ Norman P. Tanner, ed., *Decrees of the Ecumenical Councils*, Volume One, pp. 230-231.
④ Norman P. Tanner, ed., *Decrees of the Ecumenical Councils*, Volume One, p. 547.

定继承人",是要求我们做见证。①"化体"不仅未见于经书,也并非出自早期教父的神学思辨,路德将"化体"的肇始指向中世纪经院哲学:"教会在一千二百多年的时间里保持着真正的信仰,从未有圣洁的教父论及化体";"化体"出自"亚里士多德的伪哲学",是一个"以荒谬的词汇表达的荒谬概念"。②

其次,路德对圣餐礼的意义做出了新的解读。路德认为,圣餐礼上的面饼和酒并未经历过"化体"的过程,不曾"变化"为基督的身体和血,而是基督的圣体"临在"于面饼和酒之中。圣餐礼上的面饼和酒在经过祝圣之后形成两种物质:一种是依旧保留着的作为面饼和酒的特性的本体物质,另一种是临在于面饼和酒之中的基督圣体和圣血。③路德关于圣餐礼的新解释,可以概括为"圣体同质论"或"基督真在论"。这样的解释既否定了中世纪天主教会确定的"化体"教义,又恪守了福音书关于"这是我的身体""这是我立约的血"的记载。

"基督真在论"在否定了圣餐礼的物质中介发生某种化学变化的同时,也否定了圣餐礼是对耶稣在十字架上献祭的演绎。圣餐礼不再是展示基督之死的仪式,路德说:把圣餐礼视为向上帝提供祭品的仪式,把基督视为祭台上的牺牲品,是一种必须加以去除的丑行;把弥撒礼视为一种善功,视为一种献祭,实际上是亵渎神圣。④

然而,路德对"化体"教义的批判并不彻底。依照路德的解释,当圣餐礼面对祭台上的面饼和酒祝圣的一刹那,就已经导致耶稣基督的身体临在于圣餐之中了。因而,路德主张的"基督真在论"在本质上是"基督身体真在论"。与"化体"教义一样,"基督身体真在论"依然将经过祝圣的面饼和酒当作圣体加以礼拜。这是对于受造物而非造物主的礼拜,混淆了拜物与拜神之间的界限,带有"偶像崇拜"的意味。以"唯经书"作为标榜的马丁·路德,在其推崇的理论中依然夹带有《摩西十诫》禁止的崇拜偶像⑤因素。

之所以出现如此明显的理论破绽,究其原因,在于"基督真在论"的批判

---

① Martin Luther, The Babylonian Captivity of the Church, trans. by A. T. W. Steinhaeuser in *Works of Martin Luther with Introductions and Notes*, Volume II, pp. 190, 196-197.

② Martin Luther, The Babylonian Captivity of the Church, trans. by A. T. W. Steinhaeuser, in *Works of Martin Luther with Introductions and Notes*, Volume II, p. 190.

③ Martin Luther, The Babylonian Captivity of the Church, trans. by A. T. W. Steinhaeuser, in *Works of Martin Luther with Introductions and Notes*, Volume II, p. 188.

④ Martin Luther, The Babylonian Captivity of the Church, trans. by A. T. W. Steinhaeuser, in *Works of Martin Luther with Introductions and Notes*, Volume II, p. 194.

⑤ Exodus, 20:4-5. Bruce M. Metzger & Roland E. Murphy, ed., *The New Oxford Annotated Bible: Containing the Old and New Testaments*, p. 95 NT.

矛头并非仅仅指向"化体"。在路德言论的字里行间，清晰地表达出这样的意图：针对"化体"展开批判的真正目标，是因"化体"而衍生的教职界特权。路德指出：基督之所以临在于圣餐之中不是由于"人"的作用，不是主礼司祭在向面饼和酒祝圣之时"创造了新物质"，而是"基督的身体和血真真正正地包含在圣餐之中"，并且与圣餐礼中的面饼和酒紧密相连。① 从这一立场出发，路德认为圣餐礼不应当是经由"人"演绎的献祭牺牲，而应当是基督徒与上帝之间展开心灵交流的仪式。路德以明确的语言表达了这一立场：基督徒"在圣餐礼上得到上帝的祝福，凭借的是个人的信仰，无须其他人充当中介"②。

路德对天主教圣餐礼的批判，与他在《致德意志民族贵族书》（An Open Letter to the Christian Nobility of the German Nation）中提出的"基督徒皆为司祭"的主张有着密切的关联。天主教圣餐礼在空间上将主礼司祭与受礼者分离：主礼司祭在祭台上演绎因物质的变化而呈现的"宗教奇迹"；世俗身份的基督徒成为"宗教奇迹"的旁观者，被动地领受圣餐并且以亲身的体验见证"宗教奇迹"的发生。这样的圣餐礼在主礼司祭与普通教徒之间设置了一道难以逾越的界限，主礼司祭由于承担着演绎礼拜仪式的重任而成为特殊的等级，普通教徒的重要性被忽视了。"基督徒皆为司祭"的主张否定了天主教司祭在人与上帝之间充当的中介角色，认为每一位经过洗礼的基督徒都是司祭，③ 有资格为自己主持礼拜仪式并且与上帝展开直接的心灵交流。

使徒保罗把人之得救归因于信奉上帝的恩典，与此同时，他也认为恩典是上帝启示给人类的礼物，既非出自人的自发之力，也不能借助于善功获取。④ 循着保罗的思路，路德将善功得救的企图视为"对上帝独享权力的冒犯"和"对于上帝恩典的亵渎"。企图借助于斋戒、禁欲、节制、苦行之类的"善功"实现灵魂救赎，是强行人力所不及，表现出人类的愚蠢与自行其是。⑤

在肯定礼拜仪式作用的同时，"唯信称义"的思维逻辑否定了"善功"对

---

① Martin Luther, The Babylonian Captivity of the Church, trans. by A. T. W. Steinhaeuser in *Works of Martin Luther with Introductions and Notes*, Volume II, pp.191-192.

② Martin Luther, The Babylonian Captivity of the Church, trans. by A. T. W. Steinhaeuser in *Works of Martin Luther with Introductions and Notes*, Volume II, p.209.

③ Martin Luther, An Open Letter to the Christian Nobility of the German Nation, trans. by C.M. Jacobs in *Works of Martin Luther with Introductions and Notes*, p.66.

④ Ephesians 2:8-9. Bruce M. Metzger and Roland E. Murphy, eds., *The New Oxford Annotated Bible: Containing the Old and New Testaments*, p.274 NT.

⑤ Martin Luther, A Treatise on Christian Liberty, trans. by W. A. Lambert in *Works of Martin Luther with Introductions and Notes*, Volume II, pp.316, 325, 333.

于灵魂救赎的作用:"善功"无助于人的灵魂得救,任何外在的虔诚行为、慈善行为、仁爱行为,都无助于事。然而这并不意味着在"称义"的道路上只需要信仰,无须在行动上有所作为。路德明确地说:"我们并不排斥善功,与此相反,我们竭尽所能地珍视并且倡导善功。"① 这里需要澄清的,不是"善功"的存留问题,而是"称义"与"善功"之间的逻辑关系。在论及信仰与行动的关系问题时,路德认为正确的逻辑应当是:"善功不能造就善人,但是善人行善功。邪恶之行不能制造邪恶之人,但是邪恶之人行邪恶之事。"② 路德的阐述辨明了信仰与善功在"称义"过程中的细微差别:善功不是信仰的原因而是信仰的果实,"信仰"在"称义"之前,"善功"在"称义"之后。路德相信:"善功不是凭借着上帝之言,也不是出自于人的内心,只有信仰与上帝之言才能对人的内心加以改造。"③ "唯信称义"将灵魂得救的关注点聚焦于内在的信仰而非外在的行动,认为只有信仰才能激发出足够的能量,任何外在的行动都不能与信仰的能量相比拟,只有从改造人的内心出发,才能实现对于外在行为的改造。

四、结论

基督教神学的起点是探讨人类本性中的弱点,进而以基督神性对人类本性加以改造和重塑,使之愈益脱离人性而转向神,最终实现"称义"的目标。基督教语境中的"灵魂救赎",即是以上帝的拯救作为尘世生活的崇高目标和希望,以上帝的恩典取代人类的罪恶,以此作为基督徒个人与上帝之间关系的准则。路德思想的革命性,在于将天主教会为灵魂救赎设计的繁琐路线化解为单一路径。"唯信称义"思想强调的是"称义"的结果而不是"称义"的漫长路程,"称义"是突然之间的跳跃,是顷刻之间或指日可待的宽恕和赦免。由于在信仰与恩典之间建立起了直接与必然的联系,基督徒仅凭信仰即可以自信获得上帝的公义,因此可以从沉重的罪恶感之中解救出来。

---

① Martin Luther, A Treatise on Christian Liberty, trans. by W. A. Lambert, in *Works of Martin Luther with Introductions and Notes*, Volume II, pp. 316, 325, 333.
② Martin Luther, A Treatise on Christian Liberty, trans. by W. A. Lambert, in *Works of Martin Luther with Introductions and Notes*, Volume II, p. 331.
③ W. A. Lambert, trans., A Treatise on Christian Liberty, *Works of Martin Luther with Introductions and Notes*, Volume II, pp. 316, 325, 318.

路德将灵魂得救完全演绎成为内心的转换，一旦信仰者将自身与基督结合在一起，上帝就把信仰者视为公义。"唯信称义"思想对灵魂救赎单一路径的探索，引发了基督教神学的一场革命，由此奠定了基督新教人生观的核心内容。

爱德华六世与伊丽莎白一世时代的神学教义革命

爱德华六世在 1547 年即位之后，前朝曲折而微小的神学教义变革突然之间演变成了一场革命，研究者评论说："英格兰新教之花在那个朝代绽放了"①。经历过玛丽一世的天主教政策之后，伊丽莎白一世在很大程度上恢复了爱德华六世时代的革命性举措，使英国教会在神学教义与礼拜仪式方面兼具路德教与加尔文教的特点。

一、爱德华六世时代的神学教义革命

爱德华六世即位伊始，国教会神学教义的革命就爆发了。第一届议会在 1547 年制订的第一项法令——《圣餐礼兼领两种圣物法令》（AN ACTE against Revilers, and for Receiving in Both Kinds）规定：基督徒在圣餐礼上兼领圣体与圣血（条款 VIII）。②

虔诚的基督徒在圣餐礼上既领圣体又领圣血，是早期基督教会的传统，康斯坦茨宗教会议曾经阐述过这一点（Session 13）。③ 但是随着基督教的发展，这一传统逐渐不实行了：世俗身份的基督徒在圣餐礼上仅领圣体，只有教职身份的基督徒兼领两种圣物。正统神学从《新约全书》的记载中为这一变化寻找依据：其一，在最后的晚餐上，耶稣只是要求门徒吃下面饼和酒④，并未涉及其他

---

① J. J. Scarisbrick, *Henry VIII*, Berkeley: University of California Press, 1970, p.399.
② 1 Edward VI. c.1. *The Statutes of the Realm*, Volume IV, Part I, p.2.
③ Norman P. Tanner, ed., *Decrees of the Ecumenical Councils*, Volume One, London: Sheed & Ward, 1990, p.419.
④ Matthew, 26:26-28. Bruce M. Metzger and Roland E. Murphy, eds., *The New Oxford Annotated Bible: Containing the Old and New Testaments*, New York: Oxford University Press, 1991, pp.40-41 NT.

人。在基督教传统中，只有耶稣及其门徒被视为教职人士；其二，在使徒时代，世俗身份的基督徒只领面饼，不领圣血。《使徒行传》中有相关的论述："他们都恒心遵守并践行使徒的教导，领受圣饼并且祈祷。"① 实际上，发生这样的变化也有现实的社会原因：（1）人们对瘟疫的猖獗心存恐惧，认为共用圣杯领圣血易于造成疾病的传播；（2）酒的价值相对高，如果出席圣餐礼的教俗两界基督徒都兼领圣体和圣血，就增加了礼拜仪式的经济成本。然而，这样的变化却加深了教俗两界业已存在的身份差异——在圣餐礼上既领圣体又领圣杯成为教职人士享有的特权。

在中世纪就有宗教改革先行者提出，世俗身份的基督徒也有资格兼领圣体和圣杯，波希米亚的胡斯教会更是将改革的主张付诸行动。康斯坦茨宗教会议把此种行动定性为"错误"（*erroneum*），把此种主张定性为"异端"（*haeretici*）。这次宗教会议还为教会的正统立场做出了辩护，为此而提出了两点论证：（1）基督的身体和血既存在于面饼也存在于酒之中，因而只领一种圣物就足以感受到基督的存在了；（2）只有教职身份的基督徒兼领两种圣物，是经由教会和教父引进的传统，且已经持守了相当长的时间。②

这样的论证不能得到宗教改革家的认同，路德曾经对宗教会议的论点提出批驳：面饼和酒作为圣餐礼的象征物，是不可分割的；基督徒在圣餐礼上领受圣物，目的是与耶稣基督融为一体；如果只领受圣体而排除圣血，这样的融合就不完整，甚至有可能导致圣餐礼完全无效。路德还发挥宗教神学家的逻辑思维，向康斯坦茨宗教会议的论证提出质疑：如果仅领受一种圣物就意味着完整的圣餐礼，教职人士为何有必要在圣餐礼上兼领两种圣物呢③？正是基于众多宗教改革家的思想主张，1547年的议会法令恢复了早期教会的传统，无论是教职身份还是世俗身份的基督徒，在圣餐礼上平等分享圣体和圣血，只是把主持圣餐礼的特权留给了教会。

亨利八世在位的最后几年，坎特伯雷大主教克兰默得到国王钦准，用英语撰写了一部公共礼拜仪式用书。议会在1549年制订《信仰统一法令》（AN ACTE for the uniformity of service and administration of the sacraments），批准了这

---

① Acts of the Apostles, 2:42. Bruce M. Metzger and Roland E. Murphy, eds., *The New Oxford Annotated Bible: Containing the Old and New Testaments*, p.164 NT.
② Norman P. Tanner, ed., *Decrees of the Ecumenical Councils*, Volume One, pp.418, 419.
③ Martin Luther, The Babylonian Captivity of the Church, trans. by A. T. W. Steinhaeuser in *Works of Martin Luther with Introductions and Notes*, Volume II, Philadelphia: A. J. Holman Company, 1916, p.181.

部礼拜仪式用书（条款Ⅰ）①，从而产生了历史上第一部具备法律权威性的英文本《公共祈祷书》(Book of Common Prayer)。

《公共祈祷书》在"前言"中为国教会礼拜仪式做出了神学说明与辩护，行文中体现出浓厚的新教思想。首先，注重阅读《圣经》。《公共祈祷书》要求在礼拜仪式上阅读《圣经》片断，积少成多进而能够每年将《圣经》全文（或重要的内容）通读一遍。② 亨利八世时代曾经在1543年制订《促进信仰纯洁法令》(An Act for the Advancement of True Religion)，将阅读《圣经》的资格保留给社会上层人士，普通民众由于"缺少正确的理解能力"而禁止阅读《圣经》（条款Ⅷ，条款Ⅺ）。③ 由于《公共祈祷书》的新规定，亨利八世时代关于限制阅读《圣经》的法令废而不用了。其次，采用英语作为礼拜仪式用语。《公共祈祷书》引证使徒保罗关于"用灵祈祷，也用悟性祈祷"④的言论，批评礼拜仪式上采用的拉丁语并不能使领受者获得理解，"信众只是用耳朵听到声音，而心智与信仰并未受到启发"。⑤ 再次，简化礼拜仪式，除了洗礼与圣餐礼，不强制要求教徒出席其他礼拜仪式。做出这项规定的思想前提，是认为中世纪天主教会众多的礼拜仪式"不仅于信仰无益，而且盲目了信众、朦胧了上帝的荣耀"⑥。

不仅礼拜仪式的数量减少了，礼拜仪式的程序也简化了。首先，天主教传统中教徒与教士一对一进行的口对耳忏悔礼，由圣餐礼上的集体赦免仪式取代了。⑦ 口对耳忏悔礼虽然是第四次拉特兰宗教会议规定的礼拜仪式（canon 21）⑧，但是从中世纪起就引发了极大的争议。威克里夫曾经对此提出批评，劳拉德"异端"追随威克里夫的思想，认为忏悔礼助长了教士居高临下的姿态，忏悔者由于对教会实施的严厉惩治心存恐惧而不敢据实忏悔，而虚伪的忏悔对基督徒的心灵造成极大的伤害。⑨ 宗教会议不仅将诸如此类的主张谴责为"异端"，而且申明了忏悔礼的合法性：罪恶未经过语言方式的坦白，就不能得到赦

---

① 2 & 3 Edward VI. c. 1. *The Statutes of the Realm*, Volume IV, Part I, p. 37.
② Joseph Ketley, ed., *The Two Liturgies: A.D.1549 and A.D.1552*, Cambridge: Cambridge University Press, 1844, p. 17.
③ 34 & 35 Henry VIII. c. 1. *The Statutes of the Realm*, Volume III, pp. 895, 896.
④ 1 Corinthians 14:15. Bruce M. Metzger and Roland E. Murphy, eds., *The New Oxford Annotated Bible: Containing the Old and New Testaments*, p. 244 NT.
⑤ Joseph Ketley, ed., *The Two Liturgies: A.D.1549 and A.D.1552*, pp. 17-18.
⑥ Joseph Ketley, ed., *The Two Liturgies: A.D.1549 and A.D.1552*, p. 19.
⑦ Joseph Ketley, ed., *The Two Liturgies: A.D.1549 and A.D.1552*, pp. 82, 90.
⑧ Norman P. Tanner, ed., *Decrees of the Ecumenical Councils*, Volume One, p. 245.
⑨ B. J. Kidd, ed., *Documents Illustrative of the History of the Church*, Vol. 1, New York: Macmillan, 1920, p. 130.

免。①《公共祈祷书》以取消口对耳忏悔礼的革命性举措，否定了宗教会议坚持的传统。

其次，取消了在圣餐礼上高举面饼与酒的祝圣情节，也取消了"以耶稣的身体向上帝献祭"的诵词，从而使国教会圣餐礼变成了对耶稣之死的感恩和纪念，不再是对于耶稣以身体献祭的演练。实际上，在此之前的《圣餐礼兼领两种圣物法令》就表达过类似的思想：在圣餐礼上领受圣体和圣杯是"纪念耶稣基督，用以昭明耶稣之死以及在十字架上殉道之无比荣耀"②。关于新型圣餐礼的实施情况，约克主教区的一位堂区住持有过描述："弥撒礼在英格兰全境以及国王的其他辖区内完全消失了，取而代之的是用英语演绎的圣餐礼，不再高举面饼和酒祝圣耶稣的身体与血，不再对其顶礼跪拜"③。

《公共祈祷书》的另一项革命之举，是废除了圣像崇拜："不应当制造任何圣像，……不应当向圣像行礼，也不应当向圣像敬拜"；圣像"被上帝所深恶痛绝，因为圣像出自于工匠之手，却被放置在神圣的地方用于朝拜"。④诸如此类的规定，完成了亨利八世时代开始的限制圣像崇拜的进程。如果说亨利八世限制圣像崇拜的出发点是阻止对于圣像的"误用"，并不完全否定圣像的作用，那么《公共祈祷书》则不仅完全否定了借助于圣像昭示上帝的信仰，而且废除了因圣像崇拜而引发的向圣徒求助的教义。如此坚决地否定圣像以及圣徒崇拜，目的在于维护"唯信称义"的思想，将信仰的目标聚焦于以基督为中心的三位一体。《公共祈祷书》对于这样的信仰目标有简短的表达：基督徒结束尘世生活之后是否得以进入天堂，取决于"对耶稣基督赦免罪恶的深信不疑"，取决于"救主基督独一无二的圣恩宝库"；基督徒应当直接向上帝祈祷，无须以圣徒作为中介。⑤

1549 年《公共祈祷书》仅实施了 3 年，议会在 1552 年再次借助于《信仰统一法令》（AN ACTE for the Uniformity of Common Prayer and administration of the sacraments）颁布了一部经过修订的《公共祈祷书》。1552 年《公共祈祷书》具有更加鲜明的新教色彩：（1）废除了天主教法衣中的白色长袍（alb）与大圆衣

---

① Norman P. Tanner, ed., *Decrees of the Ecumenical Councils*, Volume One, pp. 422, 548.
② 1 Edward VI. c.1. *The Statutes of the Realm*, Volume IV, Part I, p. 2.
③ A. G. Dickens and Dorothy Carr, ed., *The Reformation in England: to the Accession of Elizabeth I*, London: Edward Arnold, 1975, p.141.
④ Joseph Ketley, ed., *The Two Liturgies: A.D.1549 and A.D.1552*, pp. 122, 150.
⑤ Joseph Ketley, ed., *The Two Liturgies: A.D.1549 and A.D.1552*, pp. 122, 72.

（cope），仅保留了主教法衣（rochet）与司祭法衣（surplice）。（2）仿照《新约全书》关于最后晚餐的记载，以简朴的圣餐桌取代烛光辉映的祭台，用普通面包取代未经发酵的面饼。① 外在形式上的改变有助于将天主教弥撒礼改造成为新教圣餐礼，不使人们在领受圣餐时联想到"化体"教义。然而与圣餐礼的新教外观不相协调的，是"跪领圣餐"。为了使新教徒不至于对这项传统过于反感，新本《公共祈祷书》对"跪领圣餐"添加了一段黑体字说明："跪领圣餐"表达的是"谦卑"与"感激"之情，不具有"礼拜"的意义。②

如果说1549年《公共祈祷书》规定的礼拜仪式深受罗马天主教与路德派新教的影响，"既非真正的天主教，亦非始终如一的新教"，那么1552年《公共祈祷书》规定的礼拜仪式则"主要是出自于瑞士改革派教会的冲击"。③ 两部文本相比较，1552年《公共祈祷书》是"更加明确无误的新教表达"④。

爱德华六世时代的新教改革采取务实风格：礼拜仪式的外在变革在先，系统的内在教义阐述在后。在颁布了两个文本的《公共祈祷书》之后，国教会迟至1553年才对神学教义做出阐述，产生了《四十二信条》（The Forty-two Articles）。

《四十二信条》与亨利八世时代发布的《十条款》《主教书》《国王书》没有直接的思想沿革关系，而是循着另外一条路径发展起来的。1538年，亨利八世出于政治上的考虑，希望与德意志新教诸侯结盟，为此而邀请路德派神学家到英格兰。国教会教职人士与来访者展开神学教义研讨，克兰默记录下双方达成一致的13个条款，称为《十三信条》（the Thirteen Articles）。《十三信条》从未公开刊行过，也不具有任何法律权威性，但是被用来作为《四十二信条》的思想基础。除此之外，《四十二信条》还大量借鉴了《奥格斯堡告白》（the Confession of Augsburg）的思想内容。由于以德意志新教改革作为思想起点，《四十二信条》超越了亨利八世时代的任何一部信仰阐述，成为"英格兰新教信条的第一部完整阐述"⑤。

---

① Joseph Ketley, ed., *The Two Liturgies: A.D.1549 and A.D.1552*, pp.217, 122, 265.
② Joseph Ketley, ed., *The Two Liturgies: A.D.1549 and A.D.1552*, pp.122, 266, 275, 283.
③ Horton Davies, *Worship and Theology in England: from Cranmer to Hooker 1534-1603*, New Jersey: Princeton University Press, 1970, pp.201, 209.
④ Stephen Alford, *Kingship and Politics in the Reign of Edward VI*, Cambridge: Cambridge University Press, 2002, p.153.
⑤ David Loades, *Revolution in Religion: The English Reformation, 1530-1570*, Cardiff: University of Wales Press, 1992, p.39.

最为重要的是,"唯信称义"(justification sola fide)的思想写入了《四十二信条》(条款 11):"仅凭信奉耶稣基督就可以称义"是"最为确定,对基督徒最为有益的宗教信条"。① 国教会第一次申明"唯信称义"的思想并非始于《四十二信条》,1547 年 7 月 31 日发布的《布道词》中有类似的语句:"……我们之获救仅仅来自于基督";"……我们既没有能力进行正确的思考也没有能力行正当之事,因而凭借我们自己不可能实现救赎,只能达及毁灭"。② 一旦将《布道词》的思想内容移植到《四十二信条》中,"唯信称义"的思想就获得了更高的权威性。

在"唯信称义"的语境之下,也对礼拜仪式的功能和意义重新加以界定。路德把礼拜仪式看作信仰的辅助手段:上帝的恩典借助于礼拜仪式灌注于基督徒的心灵,因而出席礼拜仪式有助于获取上帝的恩典。在洗礼仪式上,"圣灵将上帝的恩典传达给受洗者"。在圣餐礼仪式上,"基督亲口承诺对于罪恶的赦免,其中包括与赦免相关联的上帝的恩典、圣灵,还有上帝的赠礼、保护、庇护,以及战胜死亡、邪恶与一切不幸的力量"③。路德持有"礼拜仪式包含上帝恩典"的观念,而这是中世纪天主教信仰的传统思路。1439 年佛罗伦斯宗教会议对这一观念有过阐述:宗教礼拜仪式"既包含上帝的恩典,又将上帝的恩典给予那些无比珍重地接受礼拜仪式的人";在圣餐礼仪式上,"人得以融入基督并与基督合为一体。其结果是,上帝的恩典借助于圣餐礼而得以在领受者中发扬光大"。④

这样的阐述肯定了礼拜仪式对于灵魂救赎的作用,依然为中世纪天主教传统中的宗教信仰仪式化保留了存在的空间,并不能与"唯信称义"的思想保持逻辑上的一致性。或许是为了对这一点做出修正,《奥格斯堡告白》将洗礼与圣餐礼解释成"不仅是信仰的表达,而且是上帝意志的标记与见证",其作用在于"激发与坚定信仰"(条款 13)。⑤ 经过这样的改造之后,礼拜仪式成为上帝之言与上帝意志的体现,不再是传达上帝恩典的渠道,实际上认为礼拜仪式与能否

---

① Gerald Bray, ed., *Documents of the English Reformation*, Cambridge: James Clarke & Co Ltd., 1994, p.291.
② Ronald B. Bond, ed., *Certain Sermons or Homilies (1547) and A Homily against Disobedience and Wilful Rebellion (1570)*, Toronto: University of Toronto Press, 1987, pp.74, 75.
③ Martin Luther, "The Greater Catechism", in Henry Wace & Karl Adolf Buchheim, ed., *Luther's Primary Works: Together with His Shorter and Larger Catechisms*, London: Hodder and Stoughton, 1896, pp.137-138, 153.
④ Norman P. Tanner, ed., *Decrees of the Ecumenical Councils*, Volume One, London: Sheed & Ward, 1990, pp.541, 547.
⑤ Gerald Bray, ed., *Documents of the English Reformation*, Cambridge: James Clarke, 1994, pp.291, 611.

得到上帝的恩典无关，降低了礼拜仪式对于灵魂救赎的作用。

《四十二信条》兼顾了路德与《奥格斯堡告白》的立场。一方面肯定了礼拜仪式对于获取上帝恩典的作用，但是采用了不同于路德的语言表达方式：依照上帝之言举行的礼拜仪式，是"上帝恩典确定无疑的见证与行之有效的标记"。另一方面采用了《奥格斯堡告白》的表达：礼拜仪式是"基督徒信仰的象征与符号"，其作用在于"不仅激发了，而且强化、坚定了我们对于上帝的信仰"（条款25）。①

"唯信称义"并未导致否定宗教礼拜仪式这样的极端后果，却使礼拜仪式的数量减少了。《四十二信条》仅对"洗礼"和"圣餐礼"进行了阐述：耶稣基督以这两种"意义最为重大"的礼拜仪式"把一群新人团聚在一起"；除了洗礼与圣餐礼，其他礼拜仪式"不为《圣经》所知晓"，"除了迷信的观念，不能激发对于上帝的虔诚"（条款26）。② 这样的阐述意味着只把洗礼与圣餐礼作为礼拜仪式，否定了其他五种礼拜仪式。

路德在保留洗礼与圣餐礼的同时，也保留了忏悔礼。忏悔礼并不见诸《圣经》的记载，路德对此有清醒的认识："忏悔礼，我把它与另外两项礼拜仪式并列在一起，然而并未发现它是出自神启的迹象"。路德之所以没有将忏悔礼排斥在礼拜仪式之外，仅仅是出自"医治心灵"的宗教体验。他认为，一旦将罪恶坦白并且聆听到上帝的教诲之后，可以感受到内心的"平静"与"舒缓"。③ 在忏悔礼问题上，路德思想中的"唯经书论"向宗教情感妥协了。但是路德并不希望将个人的宗教情感强加于他人，并不准备"强迫或者命令"他人行忏悔：人们可以凭借自由意志对于是否行忏悔做出选择。④

把"忏悔礼"明确地排除在礼拜仪式之外，是改革派教会最先采取的行动。加尔文在对礼拜仪式做出取舍的时候，完全以经书的记载作为判定标准，表现出更为严格的原教旨主义。加尔文教会只接受两项礼拜仪式，亦即《新约全书》规定的洗礼与圣餐礼。⑤《四十二信条》以否定忏悔礼的行动，超越了路德而追

---

① Gerald Bray, ed., *Documents of the English Reformation*, Cambridge: James Clarke, 1994, pp. 291, 299.
② Gerald Bray, ed., *Documents of the English Reformation*, Cambridge: James Clarke, 1994, pp. 298-299.
③ Martin Luther, The Babylonian Captivity of the Church, trans. by A. T. W. Steinhaeuser in *Works of Martin Luther with Introductions and Notes*, Volume II, pp. 292, 250.
④ Martin Luther, The Eight Wittenberg Sermons (1522), trans. by A. Steimle in *Works of Martin Luther with Introductions and Notes*, Volume II, p. 424.
⑤ John Calvin, *Institutes of the Christian Religion: A New Translation by Henry Beveridge*, Volume III, Edinburgh: the Calvin Translation Society, 1845, pp. 319, 476.

随了更为原教旨主义的加尔文教会。

在"唯信称义"的语境之下，对圣餐礼的解释也更加理性了。《四十二信条》否定了"化体说"，认为关于面饼和酒化作基督身体与血的解释"与经书显而易见的文字记载相抵触"，"为很多迷信提供了机会"。《四十二信条》也否定了路德提出的"基督真在论"，认为"基督的圣体不可能在同一时间内在许多不同的地点呈现"，而且"基督已经升入天堂"，"虔诚的人既不可以相信也不可以公开宣称"基督的身体真实地降临在圣餐之中。《四十二信条》将领受圣餐解释为一种"纪念"行为：基督不是降临在圣餐之中，而是降临在领受圣餐者的心灵之中；圣餐礼之发挥效力不是由于将面饼和酒祝圣，而是由于领受者的虔诚之心。圣餐礼的意义在于"表示基督之爱"，感受基督之死对于人类的救赎（条款29）。① 这样的定义与路德的思想已经渐行渐远了，与加尔文的思想有更多相似之处。加尔文将圣餐看作关乎基督之爱的"象征物"，是"基督以其精神体喂养其信众的食物"；在圣餐礼上，上帝并非以物质的方式、而是以精神的方式降临在面饼和酒之中，只有以虔信之心拥有基督之人才能得到上帝的祝福。②

既然仅凭信奉上帝的恩典就可以使灵魂得救，大量的充满象征意义的载体，不仅不能阐释上帝的目标，反而使上帝的目标模糊不清了。从"唯信称义"的思想出发，《四十二信条》谴责了中世纪天主教关于"炼狱"以及关于"圣像"与"圣徒崇拜"的教义（条款23），认为此类教义是"虚幻的捏造，并无经书的记载作为依据，甚至与上帝之言相抵牾"。③ 实际的情形是，在《四十二信条》谴责"炼狱"之前，政府已经采取了否定"炼狱"的行动。议会先后在1545年与1547年制订法令，解散追思弥撒礼拜堂等组织和设施。④ 研究者认为，类似的举措更多地是出于经济利益的动机，国王政府急需变卖教产为苏格兰战争提供财政支持，而经由议会筹集战费太不得人心。⑤ 对于宗教改革而言，两项法令不仅从行动上否定了"炼狱"教义以及与之相关的追思弥撒具有救赎作用，

---

① Gerald Bray, ed., *Documents of the English Reformation*, pp. 301-303.
② John Calvin, *Institutes of the Christian Religion: A New Translation by Henry Beveridge*, Vol. III, pp. 436, 451-453, 476.
③ Gerald Bray, ed., *Documents of the English Reformation*, p. 297.
④ 37 Henry VIII, c. 4. *The Statutes of the Realm*, Volume III, pp. 988-989. 1 Edward VI, c. 14. *The Statutes of the Realm*, Volume IV, Part I, p. 24.
⑤ C. Haigh, *English Reformations: Religion, Politics, and Society under the Tudors*, Oxford: Clarendon Press, 1993, p. 171.

1547年法令更是从神学理论的角度对解散追思弥撒礼拜堂的行动做出了论证，将"炼狱"与追思弥撒定义为"宗教迷信与错误"①。

爱德华六世时代神学教义革命的核心内容与本质因素，首先是"唯信称义"的思想，以及由此而引发的一系列连锁变化；其次是以新教圣餐礼取代天主教弥撒，其思想内涵是以"纪念"说取代了"化体"教义与"基督真在"论，其外在表达是以圣餐桌取代了祭台。经历过一系列革命性变革之后，爱德华六世末年的教会兼具路德教与加尔文教的特点。

二、伊丽莎白一世时代新教改革的折中方案

伊丽莎白女王即位以后，在宗教问题上面临着复杂的形势。玛丽一世为了恢复天主教的宗教信仰与权力格局，废除了亨利八世与爱德华六世两朝涉及宗教改革的大部分立法成果，似乎使宗教改革又返回到了起点。

玛丽女王把个人的天主教虔诚与西班牙情节置于国家利益之上，以恢复天主教、与西班牙结盟作为政治的核心内容。这一政策不仅导致大批新教徒在火刑柱上赴死，更多的新教徒逃往大陆避难，而且导致在追随西班牙人对法兰西作战的过程中丧失了在法兰西的领地加来。玛丽女王的统治不仅损害了英格兰的利益，也破坏了天主教的形象。其后果直接影响到新王朝在宗教问题上的价值取向：天主教意味着外国势力的统治，而新教与爱国之心联系在一起，重建某种方式的新教信仰已属势在必行。

爱德华六世时代神学教义革命留下的遗产，为伊丽莎白一世的宗教改革提供了一个高起点。女王的宗教政策也面临着来自新教派改革呼声的压力。玛丽时代的新教逃亡者在海外接受了改革派教会，期待着进行"全面的宗教改革"，期待着"将耶路撒冷之墙重建于英格兰"。②

面对复杂的形势，伊丽莎白首先关注的是，在改行新教的同时确保礼拜仪式的统一与秩序。第一届议会在1559年制订了《信仰统一法令》(AN ACTE for the uniformity of common prayer and divine service in the church, and the administration of

---

① 1 Edward VI, c. 14. *The Statutes of the Realm*, Volume IV, Part I, p. 24.

② J. E. Neale, *Elizabeth I and Her Parliaments, 1559-1581*, London: Cape, 1953, p. 57.

the sacraments），规定并且推行新本《公共祈祷书》。① 《信仰统一法令》废除了玛丽时代关于禁止使用爱德华六世时代第二部公共祈祷书的法令②，意味着新本《公共祈祷书》以1552年《公共祈祷书》作为内容基础。研究者评论说："1552年规定的礼拜仪式在沿用一年之后被玛丽时代的反动清除了，在1559年被伊丽莎白女王恢复了"③。

借助于文本的研读可以发现，1559年《公共祈祷书》并非完全复制1552年《公共祈祷书》，某些内容也参照1549年《公共祈祷书》做出了修改：（1）删除了1552年《公共祈祷书》关于"跪领圣餐"的黑体字说明，意味着恢复了跪领圣餐的"礼拜"含义。（2）恢复爱德华六世在位第二年规定的教士法衣，意味着主礼牧师的着装是司祭法衣（surplice）与大圆衣（cope）。④ 返国的新教徒极力推崇的是加尔文教会的黑色长袍，然而他们的主张没有被议会采纳，传统的天主教法衣使重建后的礼拜仪式在视觉形象上具有浓厚的传统气氛。

从1552年《公共祈祷书》立场倒退的，还有关于圣餐礼思想内涵的阐述。"将我主耶稣基督的圣体赐予你们，使你们的身体与灵魂得到永生；领受并吃下基督的圣体，以铭记基督为你们而死，以虔诚的感恩之心使基督留驻你心中"。"将我主耶稣基督的圣血赐予你们，使你们的身体与灵魂得到永生；饮下基督的圣血，以铭记基督曾为你们泣血并保持感恩之心"。⑤ 这样的阐述接受了加尔文教会的"纪念"说，将圣餐礼在本质上视为感恩性质的纪念行为。然而在行文中采用的"圣体"与"圣血"词汇，易产生关于"化体"与"基督真在"的联想，妨碍了将"纪念"理论贯彻到底。如此处心积虑的文字游戏，为不同教派的理解留下了发挥的空间。

史学研究中通常把1559年规定的神学教义与礼拜仪式描述成"中间道路"，是在激进的新教派与保守的天主教势力之间采取的折中方案。⑥ 但是，不同研究者对于折中方案的形成方式有着不同的解释。

---

① 1 Elizabeth.c.2. *The Statutes of The Realm*, Volume IV, Part I, pp.355-356.
② 1 Mary, st.2. c.2. *The Statutes of the Realm*, Volume IV, Part I, p.202.
③ Horton Davies, *Worship and Theology in England: from Cranmer to Hooker 1534-1603*, New Jersey: Princeton University Press, 1970, p.210.
④ William Keatinge Clay, ed., *Liturgies and Occasional Forms of Prayer Set Forth in the Reign of Queen Elizabeth*, Cambridge: Cambridge University Press, 1847, p.53.
⑤ William Keatinge Clay, ed., *Liturgies and Occasional Forms of Prayer Set Forth in the Reign of Queen Elizabeth*, p.195.
⑥ G. R. Elton, *England under the Tudors*, London: Methuen & Co. Ltd, 1978, pp.273-274. A. G. Dickens, *The English Reformation*, New York: Schocken Books, 1964, p.305.

尼尔提出：在1559年议会上，伊丽莎白女王最初并不打算建立完全属于新教的教会，只是希望重建亨利八世时代的"脱离了罗马教皇的天主教会"；但是女王保守的方案遇到了议会下院新教派别的抵制，女王被迫"做出了妥协，……尽管不是完全彻底的让步"，采用了具有更多新教色彩的改革方案。①

尼尔把1559年的折中方案，解释成"热衷于古老习俗的伊丽莎白女王与刻意求新的议会下院"之间博弈的结果。②他的结论受到了修正史学的质疑和挑战。诺曼·琼斯研读了与1559年议会法令相关的《议会下院日志》与议员书信，对文献中透露的蛛丝马迹做出分析，进而提出了一种全新的解释。琼斯认为：女王最初的计划是重建新教信仰，而且很可能是重建1552年《公共祈祷书》规定的新教信仰；但是在遭遇到议会上院持保守立场的主教与贵族的压力之后，女王被迫"在坚守王权至尊与新教信仰的前提之下，向天主教势力做出了一些不致引起新教徒反对的细小让步"③。

无论历史学家如何解释，时人认为1559年确定的信仰已经属于新教了。理查德·考克斯对于女王的新教立场深信不疑，赞扬伊丽莎白是"我们虔诚的女王"。约翰·朱厄尔对女王重建新教信仰的努力表示满意："我们有一位明智而虔诚的女王，公开赞许我们的事业，真诚地支持真正的信仰"④。埃德蒙·桑兹对于新本《公共祈祷书》有精准的判断，他在1559年4月30日的一封信中写道：爱德华时代第二部《公共祈祷书》在议会获得恢复，只是保留了国王爱德华在位第一年与第二年关于教士服饰的条款。⑤

1559年《公共祈祷书》只是在规定公共礼拜仪式的同时附加了简要的信仰阐述，大量的宗教信条处于尚未定义的状态。伊丽莎白女王秉持国教会"最高执政者"的权力，责成坎特伯雷大主教马修·帕克起草一个文本，由此而启动了宗教信条的制订程序。坎特伯雷教职会议先是在1563年确认了38个条款的信仰阐述，又在1571年对信仰阐述做出修订，将条款扩充为39个。议

---

① J. E. Neale, *The Elizabethan Acts of Supremacy and Uniformity*, *The English Historical Review*, Vol. 65, No. 256 (July, 1950), pp. 325-326.

② Patrick Collinson, *Godly People: Essays on English Protestantism and Puritanism*, London: Hambledon Press, 1983, p. 136.

③ Norman L. Jones, *Faith by Statute: Parliament and the Settlement of Religion 1559*, London: Swift Printers Ltd. 1982, pp. 90-98, 186-189.

④ Andrew Pettegree, *Marian Protestantism: Six Studies*, Aldershot: Scolar Press, 1996, p. 137.

⑤ Thomas Thomason Perowne, ed., *Correspondence of Matthew Parker*, Cambridge: Cambridge University Press, 1853, p. 65.

会在 1571 年借助于《改革教士任职法令》(An Act to Reform Certain Disorders Touching Ministers of the Church) 批准并且颁布上述 39 个信仰条款，最终产生了国教会的神学教义——《三十九信条》(the Thirty-nine Articles)。

《三十九信条》以《四十二信条》作为条款基础，但是删除了其中批判再洗礼派的条款（条款 39、条款 40、条款 41、条款 42），也删除了把再洗礼派称为"贝拉基主义再生"的字句。再洗礼派此时已经近乎沉寂，其思想主张没有必要作为批判的目标了。

从 1563 年教职会议批准的 38 个条款，发展到 1571 年议会确认的《三十九信条》，主要的变化是增添了条款 29。此项条款把圣餐礼上领受基督的身体认定为"邪恶"①，意味着对"化体"教义的批判。1563 年教职会议修订宗教信条时，在诸如此类敏感问题上小心翼翼，唯恐触犯坚持保守立场的天主教徒，因而没有采用《四十二信条》中的这个条款。教皇在 1570 年发布敕令，宣布伊丽莎白为"异端"，号召天主教徒远离国教会礼拜仪式。② 敕令的内容使英格兰教会与教皇和解的可能性彻底破灭，信条制订者无须顾及天主教徒的情感和立场，最终摒弃了传统的"化体"教义。

《三十九信条》强化了关于"唯信称义"的表达："我们在神面前得称为义，只因信奉救主耶稣基督之圣恩，而非因我们自己之善功或所作所为"（条款 11）③。与《四十二信条》相比，不仅采纳了路德的思想，而且采用了路德的语言，强调了信仰对于灵魂救赎的"唯一"。

仅凭信仰就可以使罪恶得到赦免，使灵魂被上帝接纳，这样的阐述易于招致"唯信仰"的指责，似乎在"称义"的道路上只需要信仰，无须在行动上有所作为。或许是为了避免这样的指责，《三十九信条》对"善功"与"称义"的关系做出了澄清。善功"是信仰的果实"，是称义之后的"必然释放"。如同"借助于果实辨别树种"那样，善功是与上帝达成和解的"证据"。如此意义的善功，"令上帝欣喜和接受"（条款 12）。④《三十九信条》并非对一切善功都加以否定，而是对"称义"之前与之后的善功做出了区分，否定了"称义"之前的善功。此种善功"不能去除我们的罪恶，也不能承受上帝审判之严峻"（条款

---

① Gerald Bray, ed., *Documents of the English Reformation*, pp. 302-303.
② G.W. Prothero, ed., *Select Statutes and Other Constitutional Documents, Illustrative of the Reigns of Elizabeth and James I*, Oxford: Clarendon Press, 1954, pp. 195-196.
③ Gerald Bray, ed., *Documents of the English Reformation*, p. 291.
④ Gerald Bray, ed., *Documents of the English Reformation*, pp. 291-292.

12）。"在蒙受上帝的恩典与蒙受圣灵的感召之前行下的善功，并不能取悦上帝，因为它们不是来自于对耶稣基督的信仰，……也不是出自上帝的意志和诫命"，此种善功在本质上也是一种罪恶（条款13）。①

伊丽莎白时代的《公共祈祷书》和《三十九信条》，与爱德华时代的《公共祈祷书》和《四十二信条》之间有着十分密切的借鉴与继承关系。然而，在将爱德华时代的革命锋芒缓和之后，英国教会也形成了独有的特点：写入信仰阐述中的宗教信条具有鲜明的新教色彩，礼拜仪式中则保留了更多的天主教因素，从而将激进的新教思想掩盖在礼拜仪式的传统视觉效果之下。这种外在形象与内在思想之间的差异，试图兼顾激进者的改革要求与保守者的宗教习惯，是国教会刻意追求的效果。历史学家对于此种解决方案给予高度评价，认为是"女王的意志与智慧的产物，体现了女王政府中众多谋臣的集体决定"；不是"偶然的政治决策"，而是"政府与教会之间充分互动与合作的结果"。②

三、结论

"王权至尊"的权力格局，决定了神学教义的政治性解决方案。教职会议或主教无权自行对神学教义加以阐述，只有在"至尊的王权"邀请之下，才能参与"国王在议会中"关于神学教义的讨论。1539年的《信仰六条款法令》对于这样的立法程序有过阐述："……在经过漫长的酝酿、论辩、咨询之后，不仅经由国王批准，亦经由上院僧俗贵族以及教职会议学识渊博之教士的同意，亦经由本届议会下院的批准……"（前言）。③1559年的《王权至尊法令》也有类似的阐述：无论是确定教义还是判定异端，都必须根据议会的法令，并且得到教职议的同意（条款XX）。④上述立法程序意味着国教会的宗教信仰脱离了神法与自然法的约束，纳入了普通法的司法领域，其影响是深远的。这一改变的直接后果也是显而易见的：如果说马丁·路德、慈温利、加尔文教会是宗教改革家的作品，那么英国宗教改革则是国王政府的作品，而教会是国王政府的组

---

① Gerald Bray, ed., *Documents of the English Reformation*, pp. 291, 292.
② Patrick Collinson, *The Religion of Protestants: the Church in English Society 1559-1625*, Oxford: Clarendon Press, 1988, p. 9.
③ 31 Henry VIII, c. 14. *The Statutes of the Realm*, Volume III, p. 739.
④ 1 Elizabeth I, c. 1. *The Statutes of the Realm*, Volume IV, Part I, p. 354.

成部分。

自亨利八世宗教改革开始，新教派始终维持着在宫廷中的影响力，尽管人数很少，但是占据着国王政府的关键位置。与此不相称的是，新教派艰难地推进着信仰的变革，最终只取得微小的进展，坎特伯雷大主教克兰默也日益走向妥协。这是一种矛盾的局面，其症结在于亨利八世奉行保守的宗教政策，并不希望把英格兰变成新教信仰的国度。只是出于建设"王权至尊"的需要，亨利八世容忍了细小的神学教义改革，在新旧教派之间维持着力量的平衡。[1]

矛盾的局面在爱德华六世即位之后发生了变化：新教派依然占据着政府中的重要位置，新教改革的进程也堪称突飞猛进。究其原因是改朝换代了，新王朝执政者的信仰取向发挥了决定性作用。爱德华六世幼年继位，实际的权力掌握在护国公萨默塞特公爵手中。萨默塞特对政府的权力体系重新做出了安排，使枢密院成为新教徒的天下，宗教改革的形势由此而发生了迅速的变化。1552年萨默塞特倒台，取而代之的诺森伯兰公爵是更为激进的新教徒。在其执政的两年多时间里，新教改革的要求得到了进一步释放。

由于人的因素发挥了决定性作用，权力的更替不可避免地导致信仰方案的变化。在萨默塞特以及诺森伯兰的支持下，坎特伯雷大主教托马斯·克兰默得以实施在亨利八世时代难以施展的神学教义变革。爱德华时期的革命性变革在很大程度上是克兰默的成就，不仅"第一部英文本《公共祈祷书》与托马斯·克兰默的名字永远联系在一起"[2]，1552年的《公共祈祷书》也是"克兰默神学思想的充分表达"[3]。

这场神学教义革命如此之剧烈，以至于它动摇了传统的信仰体系，甚至是日常宗教生活的节奏和气氛。对于普通民众而言，感受最为直接的是礼拜仪式的变化，聆听何种语言的弥撒礼或圣餐礼，是传统的拉丁语还是日常使用的英语，并非一件无关紧要的事。尽管普通民众并不通晓拉丁语，但是他们把拉丁语弥撒所特有的韵律视为一种神圣，认为这种"神圣"有助于感知上帝的存在。相比之下，英语圣餐带给听众的则是一种另类的气氛，英格兰西南部起义者于1549年提交给国王政府的《十五条款》则称其为"一种圣诞游戏"，明确表示

---

[1] A. G. Dickens and Dorothy Carr, eds., *The Reformation in England: to the Accession of Elizabeth I*, pp. 118-119.

[2] Horton Davies, *Worship and Theology in England: from Cranmer to Hooker 1534-1603*, New Jersey: Princeton University Press, 1970, p. 166.

[3] Diarmaid MacCulloch, *The Later Reformation in England, 1547-1603*, New York: Palgrave, 2001, p. 16.

拒绝英语礼拜仪式（第8款）。① 研究者据此批评说，爱德华六世时期的神学教义革命过于冒进，突然暴发的各项革命性措施并未顾及社会的接受能力。研究者还将爱德华六世与玛丽一世的统治作比较，认为这两个朝代的政府受宗教热情支配并且实行派系统治，在新教与天主教之间剧烈摇摆，失去了目标与效率，从而引发了都铎王朝中期的"危机"。②

历史学家在对天主教徒表示同情的时候，也往往忽视了新教少数派的需求。黑格认为神学教义变革缺乏广泛的民众基础："要求信仰变革的呼声很微弱，……新教改革是少数人的重大运动，并未获得大量的支持"③。斯卡里斯布里克表达得更为直率，他在《宗教改革与英格兰民众》一书中写道："英格兰民众并不需要宗教改革，因此当它到来的时候，他们中间的多数人迟迟不能接受"④。诸如此类的评论，以新教徒在数量上占据的劣势否定神学教义变革的合理性。然而在这个问题上，数量的统计并不具有决定性意义。历史发展的大环境，决定了新教的成长势不可当，天主教不能无视新教的存在。更何况新教徒大多是精英人士，其新教思想是经过深思熟虑之后产生的坚定信念，因而少数人的宗教需求也是不容忽视的。

问题的关键不在于奉行天主教政策还是新教政策，而在于举国一致的信仰体系。无论是将多数人的信仰强加于少数人，还是将少数人的信仰强加给多数人，都有可能招致社会的不满和反抗。爱德华六世的新教政策使一批持天主教立场的主教失去教职，玛丽女王的天主教政策也导致大量的新教徒遇难。伊丽莎白女王试图在实行新教革命的同时兼顾天主教徒的宗教情感，在信仰体系中保留了大量天主教因素。但是这样的中间道路既不能阻止天主教徒抵制国教会礼拜仪式，又引发了清教徒要求进一步改革的呼声和行动。

自从罗马皇帝狄奥多西在4世纪末将基督教确定为国教以后，宗教信仰就不再是个人的选择，而是强制性的社会群体行为。"选择"（*hairesis*）一词被用来称呼宗教异端，反映了当时的思维模式：是"人"的选择而非"神"的选择，导致了异端的产生。基督教正统神学把信仰看作经由使徒忠实传授的耶稣教导，

---

① C. H. Williams, ed., *English Historical Documents 1485-1558*, London: Routledge, 1996, p.378.
② G. R. Elton, *England under the Tudors*, pp.193, 214.
③ C. Haigh, *English Reformations: Religion, Politics, and Society under the Tudors*, p.235.
④ J. J. Scarisbrick, *The Reformation and the English People*, Oxford: Basil Blackwell 1986, p.1.

不允许人们依照自己或他人的意志对信仰做出其他选择。① 一旦宗教信仰超越了个人的选择，就成为社会群体的政治事务，而作为个体的基督徒需要做的，仅仅是理解并且实践社会群体共同信奉的神学教义与礼拜仪式。

16 世纪宗教改革运动发生以后，中世纪天主教的一统地位被打破，宗教信仰呈现多元化发展的局面。如何应对这样的局面，是当时社会面临的前所未有的崭新问题。英国宗教改革重新定义了"世俗权力对于教会的责任"，国教会最高首脑不仅是"信仰的护卫者"，而且有责任"促进信仰的和谐与统一"。② 16 世纪还不是宗教宽容的时代，所谓"信仰的和谐与统一"，并不意味着允许社会成员在多个教派之间自由选择，而是对宗教信仰分歧导致的社会分裂做出修复，在信仰的差异之中寻找到"和谐与统一"的道路。这样的责任定位强化了宗教与政治的联系，在本质上奉行举国一致的信仰体系，禁止其他形式的信仰与礼拜仪式存在。

都铎政府关注信仰的统一，议会法令反复强调这一点。1549 年的《信仰统一法令》中有这样的表达："建立一种统一、平静与虔诚的祈祷制度"③。爱德华六世时代的《公共祈祷书》也多次表达了实现"全体民众的统一、和平与和谐"的愿望。④ 英国 16 世纪宗教改革期间的各种反叛活动都涉及宗教因素，难免使政府对宗教纷争造成的社会分裂心存恐惧。依照当时的思维模式，信仰的统一与和谐是关系到社会与公众安全的重大事务，而信仰自由则危及王权的统治与政府的权威。伊丽莎白女王对此有十分明确的阐述："有一件事是如此紧密地牵系着我，以致我不能忽略，这便是宗教。这是一块其他事务都扎根其上的土壤，如果这块土壤被侵蚀，便会毁坏所有的树。"⑤

都铎政府借助于普通法的惩治手段强制推行举国一致的信仰体系。爱德华时代的《信仰统一法令》规定：教徒必须出席国教会礼拜仪式。教职人士不依照《公共祈祷书》的规定主持礼拜仪式，世俗身份的教徒不出席国教会的公共礼拜仪式（或出席其他非法的礼拜仪式），都将受到严厉的惩处，轻则罚款，重则剥夺圣俸、财产、教职，甚至终身监禁。⑥ 这样的规定意味着王国内的臣民都

---

① Sophia Menache, *The Vox Dei: Communication in the Middle Ages*, Oxford: Oxford University Press, 1990, pp. 213-214.
② 31 Henry VIII.c. 14. *The Statutes of the Realm*, Volume III, p. 739.
③ 2 & 3 Edw.VI. c. 1. *The Statutes of the Realm*, Volume IV, Part I, p. 37.
④ Joseph Ketley, ed., *The Two Liturgies: A.D.1549 and A.D.1552*, pp. 102, 165, 234, 335.
⑤ G.P. Rice, ed., *The Public Speaking of Queen Elizabeth*, New York: Columbia University Press, 1951, p. 84.
⑥ 2 & 3 Edward VI. c. 1; 5 & 6 Edward VI, c. 1. *The Statutes of the Realm*, Volume IV, Part I, pp. 130-131, 37-39.

必须接受议会法令规定的神学教义与礼拜仪式，新教信仰成为强制性的臣民义务。伊丽莎白时代不仅延续了这样的法律规定，甚至加重了以宗教信仰治罪的严刑峻法。1581年的议会法令将奉行天主教等同于"放弃对于女王的忠诚"并追随女王的敌人，规定以"叛逆"的罪名被处死。①

---

① 23 Elizabeth.c.1. *The Statutes of the Realm*, Volume IV, Part I, p.657.

亨利八世时代宗教信仰变革的曲折道路

亨利八世时代产生了三部得到政府确认的信仰阐述——1536年的《十信条》(The Ten Articles)、1537年的《基督徒教义原理》(The Institution of a Christian Man)（又称《主教书》）、1543年的《基督徒教义神学必读》(The Necessary Doctrine and Erudition for any Christian Man)（又称《国王书》），目的在于为"真正的基督宗教"定义[①]。与英国宗教改革的其他措施一样，神学教义的变革也采取了先由国王政府立法、再"自上而下"推行的方式。依循这样的制度体系，上述三部信仰阐述对于亨利八世时代国教会的神学教义变革发挥了极为重要的作用。解读这三部信仰阐述，不仅有助于描述亨利八世时代神学教义变革的进程，更为重要的是揭示与之相关的思想观念变迁。

一、《十信条》：宗教信仰变革的起点

1536年，教职会议颁布了《十信条》，这是在"王权至尊"确立之后，国教会第一次对宗教信条做出阐述。

1536年结束的"宗教改革议会"[②]重新设定了国教会的各种权力体系，然而新生的国教会在宗教信条方面始终处于未定状态，教职界一直在为此展开争论。时人约翰·福克斯对这样的情形有过论述："废除了教皇权以后，在宗教信仰方面开始显露出一些混乱。"[③]《十信条》的制订，在很大程度上是为了平息争论，

---

① Charles Lloyd, ed., *Formularies of Faith Put Forth by Authority during the Reign of Henry VIII*, Oxford: Clarendon Press, 1825, p.23.
② "宗教改革议会"在1529年召集，1536年解散。
③ Stephen Reed Cattley, ed., *The Acts and Monuments of John Foxe: A New and Complete Edition*, Volume V, London: R. B. Seeley & R. W. Burnside, 1839, p.378.

使国王的臣民在宗教信仰方面建立起"一致与和谐"。《十信条》在前言中对这一目标有详细的阐述:"……在宗教信仰事务方面的一致与和谐,应当得到增长与促进,一切事关宗教信仰的不一致与不和谐,都应当平息并彻底消除。"① 这样的目标诉求,显然不是为了促进宗教信仰的虔诚,而是出自"一致与和谐"这样一种政治上的考虑,表达了《十信条》在不同教派之间寻求调和的企图。

制订《十信条》是国教会最高首脑首先提出的。1536年春天,亨利八世责成一部分主教和学者起草一部信仰条款。同样是在亨利八世的推动之下,1536年6月召开的坎特伯雷教职会议要求教职人士签署承认《十信条》,从而使《十信条》开始在教职界发挥约束力。正是由于亨利八世在《十信条》的制订过程中发挥了重要作用,史学家波拉德把这个文件阐述的内容称作"王权对于信仰的定义"②。

作为国教会最高首脑,亨利八世有权力这样做。1534年的《王权至尊法令》规定:国教会最高首脑有责任"促进基督教信仰的虔诚",有责任"维持王国的和平、统一与安宁"。③ 类似的规定在以后的议会法令中多次得到重申:1540年的《宗教信仰宣言法令》授予亨利八世"无须议会法令进一步授权,对宗教信条定义"的权力④;1543年的《促进信仰纯洁法令》授予亨利八世对国教会的宗教信条进行修订的权力(条款XXII)。⑤ 诸如此类的法律条文,在赋予最高首脑对宗教信条加以规范的责任和权力的同时,也将国教会的神学教义变革置于王权的控制和监督之下。

《十信条》注重讲读《圣经》,要求国教会主教与布道师以《圣经》"指导和教化"王国的臣民,因为真正的信仰"包含在《圣经》的全部经文与篇目之中"(条款1)。⑥《十信条》在行文中大量引用《圣经》的论述,以《圣经》为依据对条款的内容加以论证。⑦

以《圣经》作为信仰唯一依据的"唯经书论",是16世纪宗教改革潮流中

---

① Charles Lloyd, ed., *Formularies of Faith Put Forth by Authority during the Reign of Henry VIII*, p. xv.
② A. F. Pollard, *Henry VIII*, London: Longmans, 1919, p. 378.
③ 26 Henry VIII, c. 1. *The Statutes of the Realm*, Volume III, p. 492.
④ 32 Henry VIII.c. 26. *The Statutes of the Realm*, Volume III, pp. 783-784.
⑤ 34-35 Henry VIII, c. 1. *The Statutes of the Realm*, Volume III, p. 897.
⑥ Charles Lloyd, ed., *Formularies of Faith Put Forth by Authority during the Reign of Henry VIII*, Oxford: Clarendon Press, 1825, p. 5.
⑦ 《十信条》在引证《圣经》的时候,采用的是拉丁文本《圣经》,表明国教会在当时尚未对英译本《圣经》做出认定。

新教思想的一面旗帜。马丁·路德在《论基督徒的自由》中对这一思想有过论述："有一件事，唯一的一件事，对于基督徒的生命、公义与自由是必不可少的。这件事就是最为神圣的上帝之言，是关于基督的福音"①。"唯经书论"主张以《圣经》为尺度对基督教的传统加以检验，凡是与《圣经》不符的传统都应当抛弃，这是一种极具颠覆性的革命思想。

《十信条》虽然规定以《圣经》作为"真正的信仰"，但是并未如路德那样明确地把《圣经》认定为信仰的"唯一"依据。按照《十信条》的阐述，信仰的依据不仅包括"《圣经》的全部内容与篇目"，也包括三部信经，"信奉（三部信经）是灵魂得救之必须"（条款1）。②所谓三部信经，指的是《使徒信经》《尼西亚信经》《阿他那修信经》。三部信经阐述了基督教最基本的宗教信条，主要论题是基督在信仰中的核心地位以及作为与上帝具有同一本质的"神"。三部信经的思想内容经由基督教最初的四次公会议（325年的尼西亚宗教会议、381年的君士坦丁堡宗教会议、431年的以弗所宗教会议、451年的加尔斯顿宗教会议）得到确认，承认三部信经的权威性也就意味着承认了四次公会议的权威性。与此相关联，在四次公会议上受到谴责的思想主张③，由于与三部信经阐述的思想内容相背离，也必须受到"彻底的弃绝与谴责"（条款1）。④

《十信条》以精密的措辞，对《圣经》与三部信经之间的关系做出了界定：《圣经》是"最为神圣，最为确定，最为肯定，永无谬误"，是信仰的根本，而三部信经则是信仰的"辅助"（条款1）。⑤不仅如此，《十信条》还将基督教传统中的信经区分为两类：一类是"明确出自上帝的诫命，是灵魂得救之必须"；另一类是"并非明确出自上帝的诫命，亦非灵魂得救之必须"（前言）。⑥诸如此类的区分，一方面强调了《圣经》对于信仰的至高地位，另一方面以《圣经》为尺度对基督教传统中的信经进行了拣选。上述三部信经之所以得到拣选而成为信仰的"辅助"，是因为"明确地出自上帝的诫命"。《十信条》虽然没有采用

---

① Martin Luther, A Treatise on Christian Liberty, trans. by W.A. Lambert in *Works of Martin Luther with Introductions and Notes*, Volume II, Philadelphia: A. J. Holman Company, 1916, p.314.
② Charles Lloyd, ed., *Formularies of Faith Put Forth by Authority during the Reign of Henry VIII*, p.5.
③ 在四次宗教会议上受到谴责的，主要是与《尼西亚信经》确认的耶稣基督的本质（完全的人性与完全的神性）不相一致的思想主张，主要包括：否认耶稣基督具有完全神性的阿里乌斯派，主张"耶稣二性二位"论的聂斯托利派，以及基督一性论派。
④ Charles Lloyd, ed., *Formularies of Faith Put Forth by Authority during the Reign of Henry VIII*, p.6.
⑤ Charles Lloyd, ed., *Formularies of Faith Put Forth by Authority during the Reign of Henry VIII*, pp. xvii, 5, 6.
⑥ Charles Lloyd, ed., *Formularies of Faith Put Forth by Authority during the Reign of Henry VIII*, p.4.

路德的语言，把《圣经》作为信仰的"唯一"，但是与路德的思想在本质上是一致的，同样把《圣经》的权威性推到了极致。

在传统的七项礼拜仪式中，《十信条》只阐述了三项——洗礼、忏悔礼、圣餐礼。对另外四项礼拜仪式——坚振礼、圣职授职礼、婚礼、终傅礼，《十信条》既没有确认，也没有表示排斥，显然是放弃了这四项礼拜仪式。这样的选择与路德的思想是一致的。在《教会的巴比伦之囚》一文中，路德否定了七项礼拜仪式中的四项：除了洗礼、忏悔礼、圣餐礼，不应有其他礼拜仪式。①

《十信条》对三项礼拜仪式的解释却是沿袭了天主教传统。在对洗礼做出阐述的时候，《十信条》承认婴儿施洗与成年人施洗具有等同性：洗礼"提供给一切人，其中既包括婴儿也包括拥有理智的人；由于洗礼，人们得以免除罪恶，得到上帝的恩典与恩宠"（条款2）。②但是《十信条》更为强调的是婴儿施洗："婴儿确实需要施以洗礼，因为他们生而具有原罪，这样的罪确实需要加以赦免"（条款2）。③《十信条》强调婴儿施洗有着显而易见的用意——将批判的矛头指向再洗礼派以及相关的贝拉基派思想，《十信条》谴责这两个教派是"令人憎恶的异端"（条款2）。④

再洗礼派是基督新教中的一个极端派别，对中世纪天主教传统中的很多内容都提出了批评，要求对其加以改革，然而最主要的思想是否定婴儿受洗，认为婴儿"尚不能分辨善与恶，……也不知晓人之获救是因为基督之受难。因此婴儿受洗是荒谬，是亵渎神圣，与经书的记载不符"⑤。再洗礼派在1527年发布的《施莱泰姆信仰告白》中提出：人应当在获得信仰之后接受洗礼，因为人在此时"对生活有了悔悟，有了补赎的意识，并且深信人之罪恶因基督而得以赦免"⑥。再洗礼派教徒自认为在婴儿时期接受的洗礼无效，纷纷再行洗礼，教会档案中存有大量对此类行为的审判记录。⑦

再行洗礼是一个极为大胆的革命性主张和行动，触动了中世纪天主教的一项最基本的信仰原则——人的一生只可接受一次洗礼，重复施洗有可能造成人

---

① Martin Luther, The Babylonian Captivity of the Church, trans. by A. T. W. Steinhaeuser in *Works of Martin Luther with Introductions and Notes*, Volume II, p.177.

② Charles Lloyd, ed., *Formularies of Faith Put Forth by Authority during the Reign of Henry VIII*, pp.6-7.

③ Charles Lloyd, ed., *Formularies of Faith Put Forth by Authority during the Reign of Henry VIII*, p.7.

④ Charles Lloyd, ed., *Formularies of Faith Put Forth by Authority during the Reign of Henry VIII*, p.7.

⑤ William G. Naphy, ed. and trans., *Documents on the Continental Reformation*, London: Macmillan, 1996, p.91.

⑥ Hans J. Hillerbrand, ed., *The Protestant Reformation*, New York: Harper Torchbooks, 1968, p.131.

⑦ William G. Naphy, ed. and trans., *Documents on the Continental Reformation*, pp.93-94.

生的不正常。这一信条的神学依据是《约翰福音》记载的耶稣言论:"已经洗过澡的人无须再洗,只要洗了脚全身就干净了"①。依照天主教神学的解释,罪恶深重的人类之所以有希望得到救赎,是由于耶稣基督曾经在十字架上赴死。如果将这一神学思想在逻辑上加以延伸,就可以得出这样的结论:重复施洗意味着将基督再次置于十字架上受难②,是一种摧残上帝的行为。正是基于天主教的这一正统理念,《十信条》重申:"婴儿或成年人一旦接受了洗礼,就不可再次受洗"(条款2)。③

再洗礼派强调人在获得信仰之后接受洗礼,认为人在成年以后有了自主意识,可以主动参与对于个体灵魂的拯救。这样的主张承认了自由意志对于灵魂救赎的积极作用,潜在地弱化了上帝恩典的作用,不仅具有"贝拉基主义"④的色彩,甚至比"贝拉基主义"走得更远——以基督徒在成年以后再次接受洗礼的行动,为自由意志的积极作用找到了外在的表现方式。

《十信条》之所以在行文中加入了批判再洗礼派的内容,其用意在于与之划清界限,唯恐混淆了视听。如此急于澄清与再洗礼派的不同立场,也是出于现实的原因——再洗礼派已经开始在英格兰发挥影响力了。亨利八世在1535年3月发布的一项《国王文告》中提及进入英格兰的再洗礼派信徒,称他们是"陌生人"和"令人憎恶的异端"。《国王文告》要求再洗礼派信徒在12天之内离开英格兰与国王统治下的地域,否则以死刑加以惩治。⑤

《十信条》将"完整的忏悔礼"分解为三个步骤:痛悔、坦白、和解。这样的阐述与1439年佛罗伦萨宗教会议关于忏悔礼的规定几乎完全一致,只是在措辞上将忏悔礼的第三个步骤——"补偿"替换成了"和解"⑥。在三个步骤的忏悔礼中,《十信条》强调"向司祭忏悔",因为司祭得到了基督的指派有资格宣布对于罪恶的赦免:"忏悔司祭宣布对于罪恶的赦免,发布如此之言是由于得到基

---

① John 13: 10. Bruce M.Metzger and Roland E. Murphy, eds., *The New Oxford Annotated Bible: Containing the Old and New Testaments*, New York: Oxford University Press, 1991, p.147 NT.
② John T. McNeill and Helena M. Gamer, eds. and trans., *Medieval Handbooks of Penance*, New York: Columbia University Press, 1990, p.193.
③ Charles Lloyd, ed., *Formularies of Faith Put Forth by Authority during the Reign of Henry VIII*, p.7.
④ 贝拉基主义是公元4世纪形成的一个基督教派别,认为自由意志不仅有能力做出"恶"的选择,也同样有能力做出"善"的选择。贝拉基主义对于自由意志的积极评价被认为有可能降低甚至否定"上帝的恩典"对于灵魂得救的作用,因而在公元5世纪被教会判定为"异端"。
⑤ Paul L. Hughes and James F. Larkin, eds., *Tudor Royal Proclamations*, Volume I, pp.227-228.
⑥ Norman P. Tanner, ed., *Decrees of the Ecumenical Councils*, London: Sheed & Ward, 1990, Volume One, p.548.

督在福音书中的授权"（条款3）。① 这样的阐述赋予教士在灵魂救赎行动中的重要作用：不仅基督徒犯下的罪恶需要向教士坦白，上帝对于罪恶的赦免也经由教士转达。不经由忏悔司祭的中介作用，罪恶的忏悔与罪恶的赦免都不可能实现，司祭在事实上成为上帝赦免罪恶的代言人。教职人士因为掌握着宣布赦免罪恶的大权而获得特殊的神圣等级，这正是路德在《致德意志民族贵族书》一文中竭力批判的。正是在否定教职界持有罪恶赦免权的基础之上，路德提出了"基督徒皆为司祭"的主张，认为基督徒完全可以凭借内心的虔诚直接感受上帝的恩典，从而使罪恶得到赦免，使灵魂得到拯救。②

《十信条》强调悔罪苦行之必须：只有以苦行对罪恶做出补偿之后，才有可能"与上帝的意志和上帝的律法重新达成顺从与和解"（条款3）。③《马太福音》记载了"施洗者约翰"的言论：悔罪苦行是"痛悔之心结出的果实"④。《十信条》引用这段言论，以此说明悔罪苦行是促使罪恶得到赦免的必要环节。《十信条》还逐一列举了悔罪苦行的方式——祈祷、斋戒、施舍（条款3）。⑤ 诸如此类的阐述明显带有以物赎罪、善功得救的意味，也是"唯信称义"思想批判的矛头指向。

或许是意识到了这样的阐述有可能招致新教派的批评，《十信条》大量引用《新约全书》的语句为忏悔礼辩护，强调如此界定忏悔礼是以《圣经》的言论为依据，是"耶稣基督在《新约全书》中规定的制度，是人类得救之必须"（条款3）。⑥

《十信条》在对圣餐礼的意义展开解释的时候，避免使用"化体"这个词，但是使用了"物质体"与"本体物质"这样的词："在面饼和酒的外形之下，……真真切切地包含有救主耶稣基督的身体和血完全同一的物质体……；在面饼和酒的外形之下，基督的身体和血以实体的形式真真切切地展示为本体物质"（条款4）。⑦ 这样一种含混的阐述，不仅易于使人们联想到天主教的"化

---

① Charles Lloyd, ed., *Formularies of Faith Put Forth by Authority during the Reign of Henry VIII*, pp. 8-9, 10.
② Martin Luther, An Open Letter to the Christian Nobility of the German Nation, trans. by C. M. Jacobs in *Works of Martin Luther with Introductions and Notes*, Volume II, pp. 66, 75-76.
③ Charles Lloyd, ed., *Formularies of Faith Put Forth by Authority during the Reign of Henry VIII*, pp. 8-9.
④ Matthew, 3:8. Bruce M. Metzger and Roland E. Murphy, eds., *The New Oxford Annotated Bible: Containing the Old and New Testaments*, p. 4 NT.
⑤ Charles Lloyd, ed., *Formularies of Faith Put Forth by Authority during the Reign of Henry VIII*, p. 10.
⑥ Charles Lloyd, ed., *Formularies of Faith Put Forth by Authority during the Reign of Henry VIII*, p. 8.
⑦ Charles Lloyd, ed., *Formularies of Faith Put Forth by Authority during the Reign of Henry VIII*, p. 11.

体"教义，而且包含有"基督真在"的语言成分。史学家理查德·雷克斯评论说：《十信条》虽然避免使用"化体"这样的词，但是对于"基督真在"的表述却是"确切无误的因袭传统"。①

"化体"是经由1215年第四次拉特兰宗教会议确认的天主教教义："……耶稣基督既是司祭也是献祭者。他的身体和血真实地以面饼和酒的形式存在于弥撒礼之中，这面饼和酒发生过物质变化，因上帝之力变成了他的身体和血"②。依照"化体"教义的解释，似乎在弥撒礼的演绎过程中，因"上帝之力"的介入而使献祭的物质发生了某种化学变化——面饼和酒分别化作基督的身体和血。基督教神学把弥撒礼上发生的这种物质变化称为"宗教奇迹"，天主教弥撒礼的全部注意力都聚焦于演绎"宗教奇迹"的发生过程。

正是由于"化体"教义太富于戏剧性，甚至可以说带有某种巫术成分，宗教改革家几乎都把批判的矛头指向"化体"教义。路德以"唯经书论"作为立足点对"化体"展开批判："化体……出自人类的推测，既不是以《圣经》为依据，也未经过正确的推理论证"③。正是从恪守《圣经》的立场出发，信守福音书记载的耶稣在最后晚餐上的言论——"这是我的身体"，"这是我的血……"，④路德将圣餐礼上经过祝圣的面饼和酒认定为两种物质：一种是面饼和酒的本体物质，另一种是降临在面饼和酒之中的基督的身体和血。⑤路德的解释可以概括为"基督真在论"，或者更确切概括为"基督肉体真在论"。

路德对"化体"教义乃至天主教弥撒礼的批判，与"基督徒皆为司祭"的主张有着密切的关联。天主教弥撒礼在主礼司祭与普通教徒之间设置了一道难以逾越的界限：主礼司祭成为"宗教奇迹"的演绎者，出席弥撒礼的普通教徒只是被动地领受圣餐，扮演着"宗教奇迹"旁观者的角色，以亲身的体验见证"宗教奇迹"的发生，他们的重要性被忽视了。路德因此提出，圣餐礼应当是为了在基督徒与上帝之间展开直接的心灵交流而构建的一个通道，这样的交流无

---

① Richard Rex, *Henry VIII and the English Reformation*, London: Macmillan, 1993, p.147.
② Norman P. Tanner, ed., *Decrees of the Ecumenical Councils*, Volume One, p.230.
③ Martin Luther, The Babylonian Captivity of the Church, trans. by A. T. W. Steinhaeuser in *Works of Martin Luther with Introductions and Notes*, Volume II, p.190.
④ Matthew, 26:26-28. Bruce M. Metzger and Roland E. Murphy, eds., *The New Oxford Annotated Bible: Containing the Old and New Testaments*, pp.40-41 NT.
⑤ Martin Luther, The Babylonian Captivity of the Church, trans. by A. T. W. Steinhaeuser in *Works of Martin Luther with Introductions and Notes*, Volume II, p.188.

须主礼司祭作为中介。①

"唯信称义"是路德思想的核心内容。对"唯信称义"持何种态度是衡量宗教立场的重要尺度,也是《十信条》没有回避的问题。关于"称义"的定义,《十信条》说:"称义意味着对于罪恶的赦免,对于上帝的恩典和恩宠的接受与和解,亦即,我们因基督而焕然一新"(条款5)。关于"称义"的路径因由,《十信条》说:罪人实现"称义"的"唯一充要与有价值的"的因由,是"圣父的慈悲与恩典,将他的儿子耶稣基督无偿地应许给我们,以及耶稣基督之泣血与受难"(条款5)。②《十信条》避免使用路德的语言,行文中没有出现"唯信称义"的语汇,但是以一种类似文字游戏的笔法,曲折地表达了信仰得救的"唯一"性。

或许是为了冲淡"称义"教义的路德主义色彩,免于受到"唯信仰论"的指责,《十信条》也强调信仰不能取代善功。在实现"称义"之后,"也必须行善功并且顺从上帝,在外部行为上遵行并且实施上帝的律法和诫命;……善功也是获取永恒生命所不可缺少的,……行善功是我们必不可少的职责"(条款5)。③《十信条》在坚持"唯信称义"立场的同时,并未否定"善功"的作用,但是刻意阐明了信仰与善功在"称义"过程中的细微差别:"信仰"在"称义"之前,"善功"在"称义"之后;"信仰"是导致称义的主要机制,"善功"是基督徒在"称义"之后履行的职责。

《十信条》把"偶像崇拜"定义为"宗教迷信",要求基督徒避免"偶像崇拜"行为(条款6)。但是《十信条》并不准备仿效欧洲大陆的新教徒,发起废除圣像的行动,反而认为教堂中的圣像应当得到保留并且受到"敬重",因为圣像是"美德的象征与善行的榜样",有助于促进基督徒内心的虔诚,"点亮并激发心智,促使人们时时回想起自己的罪恶与过失,并且因此而有悲哀之感"(条款6)。④

"炼狱"教义受到过历代宗教改革家的批判,各种批判言论的出发点大体一致,都认为"炼狱"不是出自《圣经》的记载,而是教会律法规定的惩治。路德把"炼狱"的惩罚称作"麦田里的稗子",认为"炼狱"教义体现的是"无

---

① Martin Luther, *The Babylonian Captivity of the Church*, trans. by A. T. W. Steinhaeuser in *Works of Martin Luther with Introductions and Notes*, Volume II, pp. 202, 210.
② Charles Lloyd, ed., *Formularies of Faith Put Forth by Authority during the Reign of Henry VIII*, p. 12.
③ Charles Lloyd, ed., *Formularies of Faith Put Forth by Authority during the Reign of Henry VIII*, pp. 12-13.
④ Charles Lloyd, ed., *Formularies of Faith Put Forth by Authority during the Reign of Henry VIII*, pp. 13-14.

知和邪恶"，把濒临死亡的人置于"近乎绝望的恐惧"之中（条款10，条款11）。①路德发表《关于赎罪券效能的辩论》，批判的矛头即是指向"炼狱"教义的实践行动——教皇出售赎罪券。以教皇赦罪证书取代在炼狱中的苦行，是基于教皇从炼狱中拯救灵魂的权力。教皇利奥十世出售的赎罪券，是专为炼狱中的亡灵准备的，而且是对于罪恶的一次性全面赦免。正是利奥十世出售赎罪券的做法，引发了路德对天主教会的抗议，进而引发了16世纪欧洲范围内的宗教改革运动。

《十信条》关于"炼狱"的阐述非常暧昧：既保留了基督徒去世之后其灵魂处于"中间状态"的传统概念，又避免对"炼狱"下定义，只是小心谨慎地指出："生活在尘世的基督徒对未来生活一无所知，因为经书并未确切地告诉我们"。然而，《十信条》却十分坚定地谴责了因"炼狱"教义而引发的各种弊端，尤其是否定了教皇拥有从炼狱中拯救灵魂的权力（条款10）。②这样的阐述在本质上保留了"炼狱"的观念，保留了基督徒个人针对"炼狱"观念的实践行动——为去世的灵魂祈祷，但是否定了与"炼狱"观念相关联的教皇权力，尤其是把谴责的矛头指向了借助于"炼狱"教义进行经济开发、出售赎罪券的行为。《十信条》关于"炼狱"问题的立场也为日后解散修道院和追思弥撒礼拜堂的行动提供了神学辩护，在信仰的实用主义价值面前，《十信条》非常灵活地放弃了信仰的原则性。

《十信条》既采纳了路德新教的某些主张，也保留了天主教的传统教义。研究者把这样的解决方案概括为"折中与调和"③。这样的结论虽然正确，但是过于简单化了。《十信条》的折中与调和经过精心设计，表现出了高超的技巧和策略。在涉及内在宗教思想的时候，《十信条》小心翼翼地接受了路德新教的某些内容：强调了《圣经》作为信仰来源的唯一性；表达了"上帝的恩典"对于灵魂救赎的唯一性，从中可见"唯信称义"思想的内核。在涉及宗教信仰外在表达的时候，尽管《十信条》将传统的七项礼拜仪式简化为三项，大量的宗教纪念日也从历法书中删除了，但是依然坚持了悔罪苦行对于灵魂得救的必要性。

《十信条》在思想内涵方面表现出新教倾向，在外在行动上保留了大量天主

---

① Martin Luther, Disputation on The Power and Efficacy of Indulgences, trans. by C. M. Jacobs in *Works of Martin Luther with Introductions and Notes*, Volume I, Philadelphia: A. J. Holman Company, 1915, pp.30, 31.
② Charles Lloyd, ed., *Formularies of Faith Put Forth by Authority during the Reign of Henry VIII*, p.17.
③ Charles Hardwick, *A History of the Articles of Religion: from A.D.1536 to A.D.1615*, Cambridge: Deighton Bell and Co., 1859, p.39.

教传统。这种思想内涵与外在行为之间的差异具有极大的伪装性，易造成英国教会依然信奉天主教的印象。在罗马教廷为教皇服务的英格兰籍枢机主教雷金纳德·波尔在读过《十信条》后评论说：除了其中体现的王权，没有发现什么值得谴责的内容。①波尔的评论并未对《十信条》的内容提出批评，只是认为作为国王的亨利八世无权干涉宗教信条的定义。出于同样的原因，激进的新教徒认为《十信条》包含有"许多重大的缺陷与虚妄，是任何改革派教会都不能接受的"②。尽管如此，《十信条》毕竟开始向新教的方向迈进了，为今后进一步展开神学教义变革确定了基调和出发点。历史学家宾多夫准确地概括了《十信条》的成就：这是新教改革派"对天主教信条的第一次轻微改变"③。

二、《基督徒教义原理》体现的保守立场

《十信条》虽然是国教会颁布的宗教信条，但是在亨利八世时代并没有得到普遍推行，因为教会在1537年又颁发了一部信仰阐述——《基督徒教义原理》。文件在刊印之后，分发给各个教区作为工作手册，对于统一宗教信仰和礼拜仪式发挥了实际的指导作用，在很大程度上限制了《十信条》的实施。

制订《基督徒教义原理》的起因，是《十信条》仅仅对有争议的教义做出了简短的阐述，满足于解决当时遇到的紧迫问题。这样的阐述缺少系统性，难以作为统一信仰的标准。为了做出弥补，坎特伯雷大主教克兰默应亨利八世的邀请，召集主教与神学家展开神学研讨，进而编纂出一部新的信仰阐述。也有研究者认为，《基督徒教义原理》是对《十信条》的解读，目的是为讲经布道和传授教义问答提供范本④。《基督徒教义原理》虽然由亨利八世发起，但是并不具备"国王钦准"的权威性，也从未提交给教职会议或议会批准，只有参与研讨的主教与神学家在最终的文本上署名认可。或许是出于这个原因，《基督徒教义原理》在习惯上也称为《主教书》。

---

① J. D. Mackie, *The Oxford History of England: The Earlier Tudors 1485-1558*, Oxford: The Clarendon Press, 1985, p. 382.
② Stephen Reed Cattley, ed., *The Acts and Monuments of John Foxe: A New and Complete Edition*, Volume V, p. 164.
③ S. T. Bindoff, *Tudor England*, London: Penguin 1950, p. 109.
④ Eamon Duffy, *The Stripping of the Altars: Traditional Religion in England 1400-1558*, New Haven: Yale University Press, 1992, p. 400.

《主教书》阐述的内容非常广泛，涉及大量《十信条》没有论及的基本神学命题。然而在一些有巨大争议的问题上，《主教书》坚持了《十信条》确定的原则，甚至沿用了《十信条》隐晦曲折的表达方式。这一点在关于"称义"的阐述中表现得尤其明显。《主教书》阐述了上帝恩典对于灵魂得救的"唯一"性，与此同时也要求基督徒在"称义"之后行善功并遵守上帝的戒命，认为这是基督徒必须履行的职责。①《主教书》虽然没有采用"唯信称义"的语句，但是明确地表达了"唯信称义"的思想。

与《十信条》相比较，《主教书》做出的最主要改动是：《十信条》仅论及三项礼拜仪式，《主教书》则对传统的七项礼拜仪式都做出了阐述。②文献记载中最早指出这一变化的，是参与编纂《主教书》的约克大主教爱德华·李。在编纂者就七项礼拜仪式达成协议的第二天，他对属下的教士说：被《十信条》"放弃的四项礼拜仪式又重新被发现了"③。

当时的新教改革派对这样的改动感到失望，约翰·福克斯评论说：《主教书》阐述的新教内容"非常微弱，不完整"④。在肯特也出现了类似的言论，认为主教们编纂的这项信仰阐述是新教改革派的失败，因为"允许了一切旧有的方式"，"将一切新学术⑤的信奉者置于沉默无语的境地"⑥。

深入地研读这部文本可以发现，《主教书》虽然恢复了传统的七项礼拜仪式，但是把《十信条》规定的三项礼拜仪式与其余四项礼拜仪式做出了区分：洗礼、忏悔礼、圣餐礼是"出自基督的设定"，在《新约全书》有记载，"传达了上帝的恩典对于罪恶的赦免"，"是拯救灵魂，获得永恒生命之必须"；坚振礼、圣职授职礼、婚礼、终傅礼"在以往相当长的时期内得到了公会议的接受和认证，得以享有礼拜仪式的尊贵"，"是圣灵的特殊赠礼"。⑦这样的区分关注于礼拜仪式起源的权威性，是以"经书的记载"与"宗教会议的认证"作为比

---

① Charles Lloyd, ed., *Formularies of Faith Put Forth by Authority during the Reign of Henry VIII*, p. 209.
② Charles Lloyd, ed., *Formularies of Faith Put Forth by Authority during the Reign of Henry VIII*, pp. 82-129.
③ Philip Hughes, *The Reformation in England*, Volume II, London: Hollis & Carter, 1954, p. 37 n.
④ Stephen Reed Cattley, ed., *The Acts and Monuments of John Foxe: A New and Complete Edition*, Volume V, p. 87.
⑤ "新学术"与"旧学术"是宗教改革时期出现的词汇，代表了国教会的两种立场和派别。"新学术"不仅支持"王权至尊"与摒弃教皇权，还要求对宗教信仰和教职制度进行改革。"旧学术"主张维护中世纪以来的基督教秩序，仅要求摒弃教皇权并且支持"王权至尊"。
⑥ C. Haigh, *English Reformations: Religion, Politics, and Society under the Tudors*, Oxford: Clarendon Press, 1993, p. 133.
⑦ Charles Lloyd, ed., *Formularies of Faith Put Forth by Authority during the Reign of Henry VIII*, pp. 128-129.

较高下的标准。经书记载的三项礼拜仪式出自基督的意志，宗教会议认定的四项礼拜仪式出自教会对圣灵意志的领会和接受。以这样的标准作为衡量尺度，洗礼、忏悔礼、圣餐礼在"尊贵性与必要性"方面显然高于其他四项礼拜仪式。

《主教书》对于有巨大争议的问题采取隐晦曲折的表达方式，貌似"含混不清，甚至是互相矛盾"①，导致史学研究中对这个文件做出了完全不同的评价。狄肯斯认为：《主教书》"比《十信条》更加保守"，是在《十信条》改革倾向上的倒退；"整体而论，《主教书》是一部天主教而不是路德教文件"②。黑格则提出：《主教书》与《十信条》极为相似，基本内容都是源自路德新教，只是为了迎合保守派立场而做出了重大修改。③

三、《基督徒教义神学必读》：向传统信仰的回归

1537 年制订的《主教书》，经国王批准有效期为 3 年。到 1540 年时，虽然没有宣布中止《主教书》的使用，但是亨利八世组建了一个委员会，旨在对宗教信条做出全面的阐述与澄清。这个委员会具有很高的法律地位，1540 年的《宗教信仰宣言法令》曾经提及这个"由坎特伯雷与约克两个教省的主教与神学博士"组成的委员会。④委员会的工作成果，是 1543 年发布的《基督徒教义神学必读》。这个文件也称为《国王书》，因为亨利八世不仅撰写了前言，而且参与了对于文本的修订。研究者经过辨认，从文本的手稿中发现了亨利八世修改的笔迹。⑤

《国王书》的法律权威性明显优于《主教书》。《国王书》得到了教职会议与议会的批准，是国教会信仰阐述的定本，内容的有效性一直保持到亨利八世去世。1543 年的《促进信仰纯洁法令》宣布，自 1540 年以来经国王授权制订的宗教信条具有议会法律的效力⑥，强调了《国王书》的法律权威性。《国王书》的宗

---

① G. W. Bernard, *The King's Reformation: Henry VIII and the Remaking of the English Church*, New Haven: Yale University Press, 2005, p. 488.
② A. G. Dickens, *The English Reformation*, London: Fontana, 1983, p. 245.
③ C. Haigh, *English Reformations: Religion, Politics, and Society under the Tudors*, p. 132.
④ 32 Henry VIII. c. 26. *The Statutes of the Realm*, Volume III, p. 783.
⑤ J. J. Scarisbrick, *Henry VIII*, Berkeley: University of California Press, 1970, p. 391. Richard Rex, *Henry VIII and the English Reformation*, London: Macmillan, 1993, p. 156.
⑥ 34-35 Henry VIII, c. 1. *The Statutes of the Realm*, Volume III, p. 894.

教正义性受到严刑峻法的保护,《促进信仰纯洁法令》规定:凡是与《国王书》相抵触的信仰均被视为"异端",以火刑和剥夺财产加以惩治。①

《国王书》中相当多的内容与《主教书》一致,但是在阐述宗教信仰的核心内容时,《国王书》采取了更加因循传统的立场,至少在两个方面排斥了《主教书》采纳的路德思想。首先,《国王书》完全重写了关于"称义"的条款,全书不仅没有出现关于"唯信称义"的内容表达,而且以明确的语言否定了"唯信称义"的思想,回归到了"信仰与善功得救"的传统之路。《国王书》引证使徒保罗关于"信仰得救"的言论,但是认为仅凭信仰不足以拯救基督徒:信仰称义"不是单独与唯一"的,还必须奉行基督的全部学说与信仰,亦即信仰必须与"期望、仁爱"的美德相结合,再加上在上帝面前的"畏惧与悔悟之心"②。

为了对"称义"展开充分论述,《国王书》增添了三个《主教书》没有的论题——信仰、自由意志、善功,实际是从这三个方面对"唯信称义"展开批判与围剿。《国王书》敏感地捕捉到了"唯信称义"与"先定论"的联系,认为"唯信称义"是"荒唐的想象",是"离奇古怪的推理",是"对先定的虚妄信任"。③《国王书》强调"善功"对于灵魂救赎的作用:末日审判的时候,"基督根据人们在尘世的表现"宣布灵魂的归宿,或者是"永恒的荣耀与生命",或者是"永久的惩罚与谴责"④。经过这样的论证之后,《国王书》断言:任何人都不能过于自信,以为仅凭信仰就注定获得拣选。⑤

其次,《国王书》对七项礼拜仪式都做出了阐述,但是没有像《主教书》那样,强调洗礼、忏悔礼、圣餐礼是出自《新约全书》的记载,其余四项礼拜仪式是出自教会传统,实际上默认了七项礼拜仪式具有同等重要的意义。在如此重大的问题上恢复了天主教传统,在当时即受到了新教派的批评:《国王书》"消除了一切犹豫不决之处","似乎足以博得教皇的赞同"。⑥

---

① 34-35 Henry VIII, c. 1. *The Statutes of the Realm*, Volume III, pp. 896-897.
② Charles Lloyd, ed., *Formularies of Faith Put Forth by Authority during the Reign of Henry VIII*, pp. 223, 235.
③ Charles Lloyd, ed., *Formularies of Faith Put Forth by Authority during the Reign of Henry VIII*, p. 367.
④ Charles Lloyd, ed., *Formularies of Faith Put Forth by Authority during the Reign of Henry VIII*, pp. 238-239, 251.
⑤ Charles Lloyd, ed., *Formularies of Faith Put Forth by Authority during the Reign of Henry VIII*, p. 367.
⑥ Stephen Reed Cattley, ed., *The Acts and Monuments of John Foxe: A New and Complete Edition*, Volume V, p. 656.

四、结语

如果说《十信条》与《主教书》表达了某种新教立场，那么经过《国王书》在立场上的倒退，仅存的改革成果已经十分有限了。少数保留下来的路德思想因素，一个是关于圣餐礼阐述中体现的"基督真在论"，另一个是关于"炼狱"问题的暧昧立场。除此之外，还有对于民间宗教活动中偶像崇拜等"宗教迷信"行为的批判。然而，路德思想的核心内容——"唯信称义"最终被放弃了，在灵魂救赎的问题上回归了信仰与善功得救的传统。

导致这一结果的原因，是宫廷中的新教改革派缺少足够的支持。亨利八世最为关注的是扩大"至尊的王权"对于教会的统治，是促进宗教信仰的"和谐与统一"，并不持有推进宗教信仰变革的意向。只是由于摒弃教皇权、建立"王权至尊"需要得到最广泛力量的支持，亨利八世才容忍了新教思想的释放，为路德派新教运动的发展留下了一个狭小的空间，由此而产生了具有新教倾向的《十信条》与《主教书》。然而，新教力量借势发展的趋向使国王的统治遭遇到某种挑战，促使亨利八世在神学教义问题上更加趋向于保守的立场，《国王书》即体现了向天主教传统的回归。黑格评论说：宫廷中的保守派深知亨利八世对宗教异端存有恐惧心理，因而试图加以利用；但是亨利八世将新教派的改革措施逆转，并不是因为被保守派利用，而是因为从未赞同过新教派的信仰改革，只是出于外交需要而允许了这类改革。[①]

国王的宗教政策最终演绎成了一种现实主义的政治策略，为这种政治策略提供理论支持的，是关于"君主对教会的责任"的定义。中世纪的天主教会要求世俗权力承担起"护卫信仰"的责任。依照第四次拉特兰宗教会议的定义，所谓"护卫信仰"，是以"公开宣誓"的方式做出承诺：一旦教会对宗教异端做出了认定，就竭尽全力地执行对异端的惩治，将统治辖区内的异端驱逐净尽（条款3）。[②] 为了弘扬上帝的事业，教会向虔诚地履行这一神圣责任的君主授予荣誉称号。1521年，亨利八世发表了一篇题为《天主教七项礼拜仪式辩护》的文章，以回应路德对宗教信仰仪式化的抨击。由于这篇著述，教皇在1521年10月的一封信件中盛赞亨利八世为"信仰的护卫者"[③]。

[①] C. Haigh, *English Reformations: Religion, Politics, and Society under the Tudors*, pp. 161-162.
[②] Norman P. Tanner, ed., *Decrees of the Ecumenical Councils*, Volume One, p. 233.
[③] Louis O'Donovan, ed., *Assertio Septem Sacramentorium or Defence of the Seven Sacraments by Henry VIII, King of England*, New York: Benziger Brothers, 1908, p. 177.

在英国 16 世纪宗教改革的进程中，"王权至尊"的建立重新定义了世俗权力对于教会的责任。1539 年的《六信条法令》要求"至尊的王权"促进信仰的"和谐与统一"，与此同时也指出了信仰分歧有可能造成"多方面的危险、损害以及困扰"①。这样的责任定位迎合了宗教改革后宗教信仰多元化发展的新局面，对世俗权力提出了新的要求——建立超越教派的统治，而不仅仅是"捍卫上帝的事业"。如果说《十信条》《主教书》《国王书》用行动诠释了如何构建"和谐与统一"，那么，亨利八世 1545 年 12 月在议会的讲话则用语言表达了如何履行这样的新责任。亨利八世告诫议员们平息宗教信仰纷争，尽管已经允许阅读英文本《圣经》，但是不要将《圣经》用于划分阵营与进行责难攻击的武器。②

所谓"促进信仰的和谐与统一"只是冠冕堂皇的措辞，背后的潜台词是世俗权力在派系之间维持平衡。这就意味着教义信条问题与宫廷政治纠结在一起，不可避免地导致宗教信仰问题的政治化解决。在这种情形之下，新教改革的成功在很大程度上取决于世俗统治者的态度，新教信仰只有在取得世俗君主的认可之后才有可能合法化。

---

① 31 Henry VIII.c.14. *The Statutes of the Realm*, Volume III, p.739.
② A. G. Dickens and Dorothy Carr, eds., *The Reformation in England: to the Accession of Elizabeth I*, London: Edward Arnold, 1975, pp.118-119.

职业功能的转变：从演绎宗教礼拜仪式的司祭到宣讲上帝之言的牧师

16世纪宗教改革期间形成的基督新教，不仅在宗教信仰与礼拜仪式方面有别于天主教传统，而且对于教士的职业角色也有着新的理解与实践。有研究者评论说："宗教改革神学动摇了教职界的地位和状态"。以英格兰教职界为例，由于解散了修道院，"居于僧界的修道士失去了存在的理由，修道士不复存在了。教区系统的教士虽然没有失去存在的理由，然而其存在的理由发生了彻底的变化"①。

一、中世纪天主教司祭的职业功能

关于中世纪天主教教职人士的职业功能，教会文献中缺少全面而明确的定义。即使是1215年第四次拉特兰宗教会议（Fourth Lateran Council）制订的决议，决决70条条款涉及宗教信仰、礼拜仪式、教职管理等多方面的内容，也只是论及教职人士不应当做什么，而不是应当做什么。似乎这次宗教会议更为关注的是为教职人士制订行为准则，而不是对教士的职业功能做出界定。之所以出现这种情况，或许是因为基督教会经过1000多年的发展，教士的职业角色已经演变成为一种约定俗成的传统，无须以正式的法律文件对其做出阐述。

然而透过1215年宗教会议决议的字里行间，依然可以辨认出在传统的观念中，教职人士担当何种职业角色。决议第11款要求各个大主教座堂选派神学家，向教省范围内的司祭及其他教职人士宣讲事关"医治心灵"（cure of souls）的

---

① Rosemary O'Day, *The English Clergy: The Emergence and Consolidation of a Profession, 1558-1642*, Leicester University Press, 1979, p.27.

《圣经》内容。① 这项规定虽然不是刻意为"司祭"（priest）的职业功能做出界定，然而在行文之中做出了"医治心灵"的高度概括。

天主教司祭借助于何种方式或通过何种途径履行"医治心灵"的职能？第四次拉特兰宗教会议决议没有对这个问题做出正面阐述，然而决议第 1 款在阐述"三位一体"教义的同时，也阐述了与这一教义有关的弥撒礼、洗礼、忏悔礼，要求基督徒以"正确的信仰与善功"博得上帝的青睐，得以享受天国的幸福。决议第 14 款更是将主持或参与主持礼拜仪式视为正级神品教士最主要的职能，尤其强调受到停职处罚的教士不可以主持礼拜仪式，违反者将进一步受到剥夺圣俸与免除教职的惩罚。② 由此可见，宗教礼拜仪式作为信仰的外在表现与"善功"的基本内容，是"医治心灵"的重要方式。决议第 21 款可以对上述结论做出进一步的验证，因为这项条款对于司祭如何借助忏悔礼"医治心灵"展开了具体而形象的描述：司祭应当"悉心体察、谨慎辨别，如同经验老到的医生那样，在病人的伤口上涂抹酒和油，不厌其烦地对犯罪细节展开询问，以便明智地做出决断，应当给予忏悔者何种忠告，从多种医治疾患的方法中选取何种疗法"③。

"司祭"是天主教正级神品中的一个级别。④ 依照教会法的规定，只有具备司祭神品（包括主教神品）的教士才有资格主持礼拜仪式，其他教职人士只能在礼拜仪式中充当助手。中世纪天主教信仰的运作，主要依靠遍布各地教堂的"司祭"的努力。他们充当上帝与教徒之间的中介，职业的核心内容是演绎弥撒礼及其他宗教仪式。体现在天主教弥撒礼中的"化体"教义，将祝圣过的酒和饼解释成耶稣基督的血和身体。有资格演绎弥撒礼的司祭，直接操控着对于基督肉身的崇拜。除此之外，天主教司祭也履行诸如办理慈善事业、赈济贫穷、讲经布道、维护教堂建筑等职能。

天主教正统教义否认礼拜仪式的有效性与主礼者的个人状态有关联，即使是尚未洗清罪恶的教士主持礼拜仪式，也不能抵消礼拜仪式的有效性。这一立场的思想基础是：只有耶稣基督是礼拜仪式的真正主持者，主礼教士只不过是

---

① Patrick J. Geary, ed., *Readings in Medieval History*, Ontario: Broadview Press, 1997, p.427.
② Patrick J. Geary, ed., *Readings in Medieval History*, Ontario: Broadview Press, 1997, p.428.
③ Patrick J. Geary, ed., *Readings in Medieval History*, Ontario: Broadview Press, 1997, p.430.
④ 中世纪天主教将教职人士划分为初级神品（Minor Order）与正级神品（Major Order 或 Holy Order）两个神品级别。初级神品分为诵经员（first tonsure）、襄礼员（acolyte）两个等级。正级神品分为司祭（priest）、执事（deacon）、副执事（subdeacon）三个等级。主教（bishop）是司祭神品的最高等级，拥有主教神品的教职人士仅限于教皇、枢机主教、大主教、主教、代理主教，还有一些大修道院的院长。

耶稣基督在尘世的代理，无力阻止上帝将恩典赐予教徒。天主教正统教义更为强调礼拜仪式的"正确"，亦即：正确的礼拜用品、正确的礼拜方式与礼拜用语、正确的礼拜动机，认为这三个方面的"正确"是促使礼拜仪式发挥灵魂救赎作用必不可少的前提条件。如此看重礼拜仪式而非主礼者的"正确"，是源自奥古斯丁批驳多那特教派（Donatism）①的言论："我们必须加以考虑的并不是由何人主持（礼拜仪式），而是主持何种（礼拜仪式）；不是何人接受（礼拜仪式），而是接受何种（礼拜仪式）"②。依照奥古斯丁的理论，礼拜仪式的有效性仅仅凭借"正确的演绎"（ex opere operato），而不是"演绎者的状态"（ex opere operantis）。

天主教司祭日复一日、年复一年地演绎宗教礼拜仪式，职业的特点要求他们正确地掌握礼拜仪式的操作程序与拉丁语祈祷词。除了少数知识界精英有能力对于精深玄妙的宗教神学展开学术性思辨，仪式化的信仰并不要求大多数教职人士掌握高深的神学理论。对于礼拜仪式的主礼司祭而言，更需要的是外在的操作技能而不是内在的神学思想。

在相当长的时期内，天主教会并没有设立专门用以训练教职人士的学校，大多数教士在进入正级神品之前，如同中世纪的工匠那样跟随教区司祭作为手工业作坊式的学徒，学习礼拜仪式的程序、最基本的拉丁文祈祷词（如：弥撒礼上诵读的《尼西亚信经》）。正是基于这样的现实，第四次拉特兰宗教会议决议将"医治心灵"视为"众多技艺中的技艺"（the art of arts），要求各地主教对新任司祭给予指导，使之掌握正确地履行圣职，以及正确地主持宗教礼拜仪式的技艺（第27款）。此次宗教会议还重申1179年第三次拉特兰宗教会议的一项决议，要求各地主教座堂开办学校，由博学大师向教职人士传授"文法及其他方面的知识"，为教士提供职业训练（第11款）。③然而，宗教会议决议的实施效果并不理想，各地主教座堂只能向教士提供容量非常有限的训练。

讲经布道也是教职界的一项功能。但是主持堂区的司祭通常并不具备这样的职业素质，他们中间的大多数充其量只能照章宣读教会提供的布道词范本。通常情况下，只有主教与修道院的学问僧具备讲经布道的能力，形成了在礼拜

---

① 多那特教派认为，如果主礼司祭处于罪恶的状态，他所主持的礼拜仪式就不能发挥灵魂救赎的作用。这一神学主张曾经在教会内引起争论，并在公元314年的阿尔勒宗教会议（the Synod of Arles）上受到谴责。

② Henry Bettenson, ed., *Documents of the Christian Church*, Oxford: Oxford University Press, 1967, p.78.

③ Patrick J. Geary, ed., *Readings in Medieval History*, Ontario: Broadview Press, 1997, pp.431-432, 427.

日与宗教节日为教徒讲经布道的传统。11 世纪时，宗教异端异常活跃，在天主教会讲道活动薄弱的地区乘虚而入，加之教皇发动十字军东征，需要为其展开宣传鼓动，罗马教会开始组织具有一定规模的讲道活动。13 世纪托钵僧团兴起之后，致力于为尘世的宗教使命训练布道师，并且派遣布道师到教区。托钵僧团看重讲经布道。方济各会认为讲道的目的是激励信徒的悔罪情绪，从而更加充分地将基督教信仰付诸行动。多明我会侧重于以天主教信仰教化信众，以便更加有效地抵御异端的侵蚀。在这样的背景之下，教会开始实行布道许可制度。第四次拉特兰宗教会议决定由罗马教廷或主教区发放布道许可（第 3 款），要求各地主教挑选"能言善行之人"深入教区讲经布道（第 10 款）。① 虽然教会开始注重讲经布道活动，然而，如此自上而下地派遣布道师进入教区，而不是普遍提高堂区教职的布道水平，仅凭托体僧团的人力资源并不能使布道活动在每一个教堂普遍展开。

二、"基督徒皆为司祭"的主张是否意味着对教士职业的否定

16 世纪宗教改革家马丁·路德在 1520 年撰写的《致德意志民族贵族书》（*To the Christian Nobility of the German Nation*）中，提出了"基督徒皆为司祭"（priesthood of all believers）②的思想主张。在这篇书信体文章中，路德论述了教皇构筑的三道墙，其中第一道墙涉及"僧界"与"俗界"的概念。中世纪的罗马教会将社会人群划分为两个等级：教皇、主教、司祭、修道士属于"宗教等级"（spiritual estate）；君主、贵族、工匠、农夫属于"世俗等级"（temporal estate）。路德认为这样的划分于《圣经》无据，是"欺骗和伪造"，目的是为了将宗教权力置于世俗权力之上。③《彼得前书》中有一段论及基督徒的话："你们是被拣选的族类，是享有君位的司祭，是神圣的民族，是上帝的子民"④。《启示

---

① Patrick J. Geary, ed., *Readings in Medieval History*, Ontario: Broadview Press, 1997, pp. 431-432, 423-424, 427.
② 国内的历史著述有时将路德的这一思想概述为"人人皆为僧侣"。这样的概述过于空泛，未能准确表达出路德思想的本意。首先，路德将"接受了洗礼的基督徒"等同于司祭，而不是泛指一切人，将"基督徒"这一概念替换成"人人"，则模糊了路德思想的前提。其次，路德提出一切基督徒都有资格担当"司祭"的职责，而"司祭"特指中世纪天主教正级神品中有资格主持礼拜仪式的一个级别，译作"僧侣"则有泛指一切教职人士之嫌。
③ Henry Bettenson, ed., *Documents of the Christian Church*, Oxford: Oxford University Press, 1967, pp. 193-194.
④ 1 Peter, 2:9. Bruce M. Metzger and Roland E. Murphy, eds., *The New Oxford Annotated Bible: Containing the Old and New Testaments*, New York: Oxford University Press, 1991, p. 339 NT.

录》中也有类似的言论:"你使他们组成一个国度,成为侍奉神的司祭,他们将在尘世执掌王权"①。路德以《新约全书》中的这些言论为依据,主张推倒教皇构筑的这道墙,取消"宗教等级"与"世俗等级"的划分。

路德还将《新约全书》中类似的言论加以解读,在此基础上提出了"基督徒皆为司祭"的主张:接受了洗礼的基督徒都是被授予圣职的司祭;一切基督徒都属于"宗教等级",都是真正的司祭、主教、教皇,具有同等地位,拥有同等的权力,任何基督徒都不能把自己的权力强加于其他基督徒之上;在世俗人士与司祭之间,在君主与主教之间,在僧界与俗界之间,没有真正的、本质上的区分,只有职务与分工的不同,但是这种分工并不涉及身份地位。②

基督教信奉"上帝的恩典",也就是上帝对人类的"爱与拯救"。在中世纪,上帝的恩典是经由教会传达的,司祭在其中扮演着至关重要的角色——有权力宣布教徒犯下的罪恶是否得到赦免。这项权力关系到灵魂永久的归宿,如果基督徒在离开尘世时尚有罪恶未得到赦免,其灵魂就不能升入天堂。在路德看来,在这样一个大是大非问题上,完全没有必要由天主教司祭从中操办,基督徒凭借内心的虔诚可以直接感受到上帝的恩典,从而使罪恶得到赦免,使灵魂得到拯救。"基督徒皆为司祭"的主张否定了天主教司祭在人与上帝之间充当的中介角色,其中包含基督徒在上帝面前地位平等的思想。

路德的主张否定了"僧界"与"俗界"的划分,并不认为教职界是一个特殊的等级。"基督徒皆为司祭"的主张意味着每一位基督徒都有资格主持洗礼与圣餐礼,基督教的宗教礼拜仪式似乎并不需要职业化的司祭来主持。依照马丁·路德的思想逻辑,教职人士还有必要作为一种职业而存在吗?

马丁·路德提出"基督徒皆为司祭"主张的本意,是为了批评教职界的特殊地位,批评教会权力高于世俗权力的社会现象,在他的思想中并不包含废除教士职业的内容。同样是在《致德意志民族贵族书》一文中,路德在否定教职界作为一个特殊等级而存在的同时,并没有否定司祭作为一种教职而存在。因为在路德看来,司祭是一种职能而不是一种身份。"在基督教会中,司祭仅仅是一种职能。在司祭任职期间,他享有(主持礼拜仪式的)优先;假如他被免除了司祭教职,他就是同其他人一样的农民或城市居民。因而,司祭被免职之后

---

① Revelation 5:10. Bruce M. Metzger and Roland E. Murphy, eds., *The New Oxford Annotated Bible: Containing the Old and New Testaments*, p.370 NT.

② Henry Bettenson, ed., *Documents of the Christian Church*, Oxford: Oxford University Press, 1967, pp.194-195.

就不再是司祭。"①

路德虽然持有"基督徒皆为司祭"的信念,与此同时,他也认为,基督徒中间只有少数人能得到机会行使司祭的职责。这样的观念在《致德意志民族贵族书》中有过明白的表述:如果一个基督徒社团中尚未拥有经由主教授职的司祭,这个社团可以经过协商,选立他们中间的一个成员作为司祭,主持洗礼、圣餐礼,履行赦免罪恶与讲经布道的职责。路德说:"这个人是一名真正的司祭,就如同一切经由主教或教皇授职的司祭一样。"②

于 1520 年 10 月发表的《教会的巴比伦之囚》(*Babylonian Captivity of the Church*) 中,路德进一步明确了他的思想——基督徒成为司祭的先决条件是经过圣职授职礼的授权。路德说:"我们都是司祭,这在我们中间没有什么不同。因此,我们拥有同等的权力宣讲《圣经》与主持礼拜仪式。然而,任何人行使这项权力必须得到基督徒社团或上级教会的批准。由基督徒共同行使的权力不能由某一名基督徒擅自行使,除非他得到授权。因此,圣职授职礼——如果这个仪式有什么特殊意义的话——即是某一个人得到授权为教会服务的仪式。"③

然而依照"基督徒皆为司祭"的思想逻辑,把路德的主张稍微做出一点延伸和发挥,人们很容易对于司祭作为教士职业而存在的必要性产生疑问。瑞士的新教改革家就认为基督徒确实不需要职业化的"司祭",因为司祭以演绎弥撒礼为职业的核心内容,而每一名基督徒都有资格为自己演绎这样的礼拜仪式。1566 年制订的《第二部瑞士宣言》(The Second Helvetic Confession) 对"基督徒皆为司祭"的思想内容做出了新的阐述,否定了职业化司祭存在的必要性:"基督的使徒们把一切信奉基督的人都称为司祭,并未将司祭视为一种职务,……我们都有能力通过基督向上帝献祭精神体的圣体和圣血"④。依照这样的思想逻辑,宗教改革似乎使教士非职业化了,教士职业失去了存在的必要性,新教徒似乎要否定整个教会的权力。

但是彻底否定教士职业存在的必要性又过于革命化,不容易被大多数人所接受。宗教改革的领袖人物都是教职界精英,他们并不希望教士职业从此消失,因而努力为教士职业的继续存在寻找理由。教职人士不再作为演绎弥撒礼的司

---

① Henry Bettenson, ed., *Documents of the Christian Church*, Oxford: Oxford University Press, 1967, p. 194.
② Henry Bettenson, ed., *Documents of the Christian Church*, Oxford: Oxford University Press, 1967, p. 194.
③ William G. Naphy, ed. and trans., *Documents on the Continental Reformation*, London: Macmillan, 1996, p. 20.
④ Jaroslav Pelikan and Valerie Hotchkiss, ed., *Creeds and Confessions of Faith in the Christian Tradition*, Volume II, New Haven: Yale University Press, 2003, p. 500.

祭而存在，可以改换职业角色，作为"牧师"①而存在。基督徒需要宗教信仰的指导者，需要讲解《圣经》的布道师，牧师可以满足基督徒这方面的需要。这种从"基督徒皆为司祭"的立场出发，将"司祭"与"牧师"做出区分的理论，在宗教改革的理论中占有很大的比重。

率先提出这种理论的宗教改革家是乌尔利希·慈温利，他在1523年1月29日发表于日内瓦的《六十七信条》(The Sixty-Seven Articles)中指出："除了宣讲上帝之言的人，经书上并未提及司祭"②。《第二部瑞士宣言》也论及，以演绎弥撒礼为职业核心内容的"司祭"并不见诸《圣经》的记载，但是教会需要掌管宗教事务与指导宗教信仰的职务，"上帝并未向《新约全书》时代的教会指定任何司祭，那时的司祭是从教会代理人 (suffragan) 得到权力，每日为活着和死去的人演绎献祭圣体与圣血，也就是用耶稣基督的身体与血献祭，而牧师负有教化与主持圣礼之责"。"司祭与牧师彼此之间极不相同。司祭泛指一切基督徒……，而牧师则不是。我们从基督的教会中去除了教皇制度下的司祭，然而并没有废除教会之中存在的牧师"③。诸如此类将"司祭"与"牧师"做出区分的理论，使教职人士的职业角色有了新的侧重点——讲经布道，传播上帝的福音。

慈温利自己就曾身体力行，致力于讲经布道的事业。他在1518年12月当选苏黎世城的教职之后，用6年时间在苏黎世城系统讲授《新约全书》，借助于福音书、《使徒行传》、保罗及其门徒的言论，阐述一位宗教改革家对于基督教信仰的理解。他在任职期间回顾这段经历时说道："在过去的5年中，我在苏黎世专注于宣讲真正的、纯净的、明确无误的上帝之言，福音书、耶稣关于天国的喜讯以及《圣经》之言"④。

慈温利对牧师职责的理解是宽泛的，其中既包括讲经布道，也包括对教徒加以关照和指导。他在《六十七信条》中具体列举了牧师职责的众多内容：讲解宗教信条、传播上帝之言、移译希腊文或希伯来文《圣经》、讲经布道、访问

---

① 瑞士新教改革家把赋予新的职业角色的教职人士称为"牧师"(ministres)，含义是 minister of the Word。牧师被认为是耶稣门徒的继承人，掌管着天国的钥匙。牧师也被视为上帝向尘世教会派遣的信使和代表，负有传达上帝的信息与代表上帝管理教会的职责。

② E. J. Furcha, trans., *Selected Writings of Huldrych Zwingli*, Volume One, Pennsylvania: Pickwick Publications, 1984, p. 357.

③ Jaroslav Pelikan and Valerie Hotchkiss, ed., *Creeds and Confessions of Faith in the Christian Tradition*, Volume II, p. 500.

④ Hans J. Hillerbrand, ed., *The Reformation: A Narrarive History Related by Contemporary Observers and Participants*, Michigan: Baker Book House, 1985, p. 135.

疾患、赈济贫穷。慈温利以《圣经》的记载作为权威依据，认为"上述一切职责都源自上帝之言"[①]。

加尔文在创建日内瓦新教会的过程中，充分认识到了牧师存在的必要性，认为牧师职务对于维系基督教会的存在是必不可少的，否则就不成其为"教会"。他在为日内瓦教会制订的《教士任职条令》（The Ecclesiastical Ordinances）[②]中将牧师的职责列为三种：宣讲上帝之言、主持礼拜仪式、与教会长老等共同实施宗教戒律。加尔文说："论及牧人（pastor），经书上有时也称其为监管人（overseer）、长老（elder）、牧师（minister）。他们的职责是在公开或私下的场合传播上帝之言以达到教化、告诫、规劝、警示之目的，主持礼拜仪式，并且与长老或教徒代表一同行使宗教戒律"[③]。

讲经布道当然是牧师最重要的职能。新教改革家引经据典，从使徒保罗的言论中寻找到了关于讲经布道重要性的权威论述："然而人未曾信他，怎能求他呢？未曾听见他，怎能信他呢？没有传道的，怎能听见呢？若没有奉差遣，怎能传道呢？……可见信道是从听道来的，听道是从基督的话来的"[④]。路德虽然在否定"宗教等级"的同时肯定了司祭职业的必要性，也认为讲经布道才是司祭最本质的职责。他在《教会的巴比伦之囚》中甚至断言：没有讲经布道就没有司祭职业，"司祭的职责是宣讲上帝之言"[⑤]。

讲经布道在日内瓦教会的宗教活动中占有很大比重，《教士任职条令》划定了大量的讲经布道时间，除了每个礼拜日在三个时间分别在三座教堂讲经布道，礼拜一、礼拜三、礼拜五还有三次讲经布道。作为讲经布道活动的补充，还规定有讲授《教义问答手册》活动，以及在礼拜仪式过程中对《圣经》的讲解。[⑥]

尽管"基督徒皆为司祭"的主张意味着每一名基督徒皆可为自己主持圣餐礼，然而日内瓦教会依然将主持公共礼拜仪式作为教职人士独享的权力。从这一意义上看，教职人士作为"司祭"的职能并没有完全消失，仍然担当宗教礼

---

① E. J. Furcha, trans., *Selected Writings of Huldrych Zwingli*, Volume One, Pennsylvania: Pickwick Publications, 1984, p.357.

② 此文件在1541年11月20日由日内瓦宗教会议颁布。

③ Philip Edgcumbe Hughes, ed. and trans., *The Register of the Company of Pastors of Geneva in the Time of Calvin*, Michigan: William B. Eerdmans Publishing Company, 1966, p.36.

④ Romans, 10:14, 10:17. Bruce M. Metzger and Roland E. Murphy, eds., *The New Oxford Annotated Bible: Containing the Old and New Testaments*, p.221 NT.

⑤ William G. Naphy, ed. and trans., *Documents on the Continental Reformation*, London: Macmillan, 1996, p.20.

⑥ Philip Edgcumbe Hughes, ed. and trans., *The Register of the Company of Pastors of Geneva in the Time of Calvin*, Michigan: William B. Eerdmans Publishing Company, 1966, p.37.

拜仪式的主持人，只不过此时的宗教礼拜仪式已经大为简化，只保留了洗礼与圣餐礼，而且宗教礼拜仪式象征的神学意义也有了改变。《教士任职条令》规定：只有牧师才有资格主持洗礼；在圣餐礼上，由牧师分发圣饼，由作为牧师助手的执事（deacon）或由牧师指定的人员分发圣杯。①

日内瓦教会之所以将主持公共礼拜仪式作为牧师独享的权力，一个重要的原因是对宗教礼拜仪式加以规范，避免基督徒在礼拜仪式问题上各行其是。礼拜仪式作为宗教信仰的外在表现，其运作方式具有特定的象征意义，有深奥的神学内容表现在其中，稍有变化即有可能改变了其中蕴含的神学意义。无论是中世纪的天主教，还是宗教改革以后产生的基督新教，都不能容忍教徒任意改变或歪曲宗教礼拜仪式的外在形式与内在含义。除此之外的另一个重要原因是，改革派教会注重讲经布道，在礼拜仪式的过程中加入大量的研读并讲解《圣经》的内容，从而将礼拜仪式改造成为讲经布道的另一种方式。由于讲经布道需要得到教会的授权，而牧师是唯一得到教会授权而具备讲道资格的教职，因而讲经布道与主持礼拜仪式两项职能都由牧师履行了。

三、国教会教士的双重职责：讲经布道与主持礼拜仪式

16 世纪宗教改革以后，英国教会也实现了教士职业功能的转变，国教会教职人士承担着讲经布道与主持礼拜仪式的双重职责。1571 年议会制订的《改革教士任职法令》(An Acte to Reform Certain Disorders Touching Ministers of the Church) 将"牧师"②的职责与"宣讲上帝之言、主持礼拜仪式"联系在一起（条款Ⅰ）。③ 此项法令批准的《三十九信条》第 19 款也对教职界的双重职责有明确的陈述："有形的基督教会是虔诚之人的团体，这一团体宣讲纯净的上帝之

---

① Philip Edgcumbe Hughes, ed. and trans., *The Register of the Company of Pastors of Geneva in the Time of Calvin*, Michigan: William B. Eerdmans Publishing Company, 1966, p.36.
② 爱德华六世时代的一项议会法令（3 & 4 Edward VI, c.12. *The Statutes of the Realm*, Volume IV, Part One, p.112.）对教士的神品级别实行改革：取消初级神品，正级神品简化为主教、司祭、执事三个级别。法令没有立即放弃"司祭"称谓，但是规定具有司祭神品的教士改称为"牧师"。"初级神品"取消的起因是大学在中世纪后期的迅速发展，与日俱增的世俗人士在接受大学教育之后，凭借业已掌握的学识，可以直接进入教会任职，而不必首先成为初级神品教士。既然大学承担起了原先由各地教堂分散培训教士的功能，初级神品就没有存在的必要了。
③ 13 Elizabeth, c.12. *The Statutes of the Realm*, Volume IV, Part One, p.546.

言，严格依照基督的教导……举行礼拜仪式"①。

伊丽莎白女王时代的索尔兹伯里主教约翰·朱厄尔在《为英格兰教会辩护》（An Apology of the Church of England）一书中，对教职人士承担的双重职责逐一做出了阐述。与欧洲大陆的宗教改革家一样，约翰·朱厄尔也认为牧师握有进入天国的钥匙，执掌着"释放与捆绑、开启与关闭的权力"。牧师借助宣讲福音提供基督的圣恩宝库，传达上帝对罪恶的赦免，以及使尘世灵魂得到拯救的希望。而国教会牧师主持的礼拜仪式则"在我们眼前展示了关于灵魂得以拯救的来自神的启示，强化了我们对于基督的信仰，并且将上帝的恩典印在我们心中"②。在这位主教看来，国教会牧师虽然履行讲经布道与主持礼拜仪式的双重职责，然而职业的重点已经不是主持礼拜仪式，而是讲经布道了。

职业角色的转换对教职人士的学识水平和专业知识提出了更高的要求，一定水平的"圣经学"造诣以及相应的神学知识是履行讲经布道职责所必不可少的。在新的形势下，只熟悉宗教礼拜仪式而无能力讲经布道者尚不足以胜任国教会教职。

然而国教会面临的问题是，缺少足够的适应新的职业角色的教职人士。除了接受过大学神学教育的教士具备《圣经》学知识，没有接受过大学教育的教职人士（尤其是堂区教职）很难达到新教要求的专业水准。林肯主教区1576年的两组教区巡查记录反映出这种状况。林肯郡在1576年教区巡查时有396名教士，其中215人是现任主教任命的教士。在这215名教士中，只有36人接受过大学教育（约占总人数的1/6），63人被认为"缺少足够的"学识（约占总人数的1/3），45人只有"中等程度的"学识，87人被认为有"足够的"学识。莱斯特郡的情况更加不容乐观。这一地区在1576年巡查时实有149名教士，其中79名教士是1559年以后任命的。在这79名教士中，有6名教职不居教区，4名教职情况不详，故只对69名教职的情况做出了统计。在这69名教职中，11人具有大学学位，8人有"中等程度的"学识，3人具有"足够的"学识，至少有48人被主教判定为"学识不足"。③

教职人士学识不足不是林肯主教区的个别现象，其他主教区也有类似的情况。在伊丽莎白女王统治的大部分时期内，接受过高等教育的教士数量比例很

---

① Gerald Bray, ed., *Documents of the English Reformation*, Cambridge: James Clarke & Co Ltd, 1994, p. 296.
② J. E. Booty, ed., *An Apology of the Church of England by John Jewel*, New York: Cornell University Press, 1963, pp. 26, 30.
③ Philip Hughes, *The Reformation in England*, vol. III, London: Hollis & Carter, 1954, pp. 138-139.

低，历史学家的统计数字是：坎特伯雷主教区在1571年是18%，伍斯特主教区在1560年是19%，利奇菲尔德主教区在1584年是14%。①

伊丽莎白女王在即位之初就注意到了这种情况，她在1559年发布的《训谕》（Injunctions）中提及：在此前几朝接受圣职的"司祭"中，有很多是未及成年的儿童或不学无术之人，他们只能照章宣读祈祷词与弥撒礼用语。女王要求各地主教不得为这种人安排教职，不得允许他们行使任何宗教职能（条款43）。②

为了防止学识不足之人混入教职界，国教会要求各地主教严格进行任职资格审查，尤其是针对不持有大学学位的教职候选人的审查。坎特伯雷大主教马修·帕克在1566年发布的《公告》（Advertisements）中规定：凡是不具备大学学位的教职候选人，必须由出生地或长期居留地所属的主教授予等级神品（条款3[1]）。③

教职候选人在出生地或长期居留地所属的主教区接受任职资格审查，是沿袭自中世纪的传统。除了一定的学识水平，中世纪教会还对担任教职者规定有其他的资格限制，诸如：自由人身份、合法婚生身份、非婚姻经历、无犯罪记录等。由于上述基本情况大多在出生地或长期居留地所属主教区留有记录，因而这样的规定方便了主教履行审查职责。但是宗教改革以后情况发生了变化，首先是教士婚姻合法化了，其次是教士职业功能的转变对教职候选人的学识水平提出了更高的要求，加之农奴制的瓦解，关于教职人士自由人身份的资格要求也失去了实际的意义。为了适应新的形势，国教会在1571年制订的《教会法》首开先例，要求每一位教职候选人在即将任职的主教区申请等级神品。由于这项新规定，各地主教不仅有机会对本教区新任教职的学识水平直接进行审查，而且可以针对学识水平订立相应的任职标准。

对教士学识水平的规定也日趋具体化了。1571年议会制订的《改革教士任职法令》要求接受教职的牧师依据《三十九信条》的内容用拉丁语撰写一篇信仰陈述（条款4）。④这项规定对教士的职业素质提出了至少三个方面的要求：（1）

---

① David Michael Palliser, *Age of Elizabeth: England under the Later Tudors, 1547-1603*, London: Longman, 1983, p.331.

② Gerald Bray, ed., *Documents of the English Reformation*, p.344.

③ G. W. Prothero, *Select Statutes and Other Constitutional Documents, Illustrative of the Reigns of Elizabeth and James I*, Oxford: Clarendon Press, 1954, p.193.

④ 13 Elizabeth, c.12. *The Statutes of the Realm*, Volume IV, Part One, p.547.

拉丁文写作能力；（2）对国教会宗教信条的充分了解，达到"活学活用"的程度；（3）"正确的"宗教信仰，与国教会规定的教义保持一致。

国教会主教在将诸如此类的规定付诸实施的时候，需要排除来自圣职推荐人（advowson）的干扰。依照中世纪教会的传统，圣俸恩主（patron）拥有教士任职提名权，亦即推荐某人享有该项圣俸的权力。他可以自己行使这一权利，也可以让渡给他人行使，行使这项权力的人称为"圣职推荐人"。教职人士每得到一份圣俸都需要得到圣职推荐人的提名，因而圣职推荐人实际上是教职界潜在的雇主，对教职界拥有强大的影响力。16世纪宗教改革促使英国教会的许多方面都发生了变化，但是教会的经济来源与圣俸推荐制度没有变化，教职界赖以生存的物质条件在很大程度上依然是圣俸恩主提供的。当时的情况是，各地主教只掌握着一部分圣职推荐权，大量的圣职推荐权掌握在国王与俗界手中。世俗身份的圣俸恩主一向把圣职推荐权视为自己的私有财产，往往从个人利益出发安排圣俸人选，譬如以圣俸酬劳自己的侍从和下属，并不顾及这样的人选是否符合规定的任职条件。

对于持有圣俸的教士，主教可以行使一定的权力加以控制，因为自中世纪以来主教就掌握着授予圣俸的批准权。向教士授予圣俸的办法在宗教改革前后没有发生变化，基本程序是先由圣职推荐人提出人选，然后由主教审查批准。如果主教认为推荐的人选不适合担任教职，可以驳回。圣职推荐人如果认为驳回的理由不充分，可以向大主教法庭申诉。大主教法庭专为此种争议设有一种诉讼程序，称为"双重争辩"（double quarrel）。

伊丽莎白时代制订的一系列教士任职标准不仅适用于持有圣俸的教士，也适用于领取薪俸的各类临时性教职。然而主教们几乎无法控制各地教堂对领取薪俸的各类临时教职的任用，这种情况在宗教改革前就已经存在。依照教会的规定，只有向教堂监护人（churchwarden）出示主教开具的许可证书之后，才可以在这个教堂担任代理住持（curate）。由于这样的规定，持有主教许可证书就意味着通过了主教的审查。然而在实际的操作中，对堂区代理住持的审查并不严格。国教会只对申请神品等级的候选人，或者申请圣俸的教职候选人实行严格的审查。

另外一个不容忽视的问题是，对已经得到教职而又不具备任职资格的在职教士如何处置？国教会中有大量这类老资格而又不称职的教士存在，由于种种原因，教会不能将他们免职还俗，只能为他们保留在教职界生存的机会。

为了提高在职教士的学识水平，使之适应新的职业角色，国教会教职人士自发兴起了"先知讲道"（Exercises of Prophesying）活动，作为对在职教士实行继续教育的手段。"先知讲道"在16世纪20年代兴起于苏黎世新教教会，以后又被瑞士其他地区与德意志南部的新教徒采用。16世纪60—70年代，国教会教职人士将这种活动移植到英格兰，大量的"先知讲道"活跃于坎特伯雷大主教辖区内的林肯、埃塞克斯、东盎格里亚、苏塞克斯、肯特、诺里季、北安普敦地区以及中部平原。

"先知讲道"的活动方式来自《新约全书》中使徒保罗的一段启示："你们都可以一个一个地作'先知讲道'，以此而使众人学道理、得劝勉。先知的灵原是顺从先知的，因为神不是叫人混乱，乃是叫人平静"①。举行"先知讲道"时，几个邻近教堂的教士聚在一起，在一名布道师主持下，选取《圣经》中的若干片断阅读，并就《圣经》选段的内容展开讨论。在很多情况下，也对与会教士履行教职情况乃至个人的道德品行展开评判。"先知讲道"最初只有教职人士参加，以后逐渐有世俗身份的教徒加入进来，他们最初只有聆听者，逐渐地也在聚会上发言，参与讨论。

"先知讲道"的宗旨是研读《圣经》以提高教士的学识水平。当时的一位著述家哈里森（Harrison）在《英格兰概述》（Description of England）一文中记载："先知讲道"的建立"仅仅是为了检验教职人士研读《圣经》是否勤奋"②。贝德福德地区一个"先知讲道"组织的章程规定，该组织活动的目标是："阐述《圣经》，昭示圣灵的旨意，并选其简要易解之处奉行之，以便日后在宣讲教义和主持礼拜仪式时应用之"③。由于"先知讲道"对于提高教士的学识水平和布道能力确有促进作用，时人称之为"无力布道者的大学"，并认为是"塑造、训练布道者的最佳方式"④。

在16世纪，教堂依然是社会生活的中心，布道坛是重要的社会传播媒介。"先知讲道"在研读《圣经》以提高教士布道水平的同时，也不可避免地成为不同教派发表见解的场所，清教徒尤其热衷于利用这一场合展开宗教派别活动，

---

① 1 Corinthians, 14:31-33. Bruce M. Metzger and Roland E. Murphy, eds., *The New Oxford Annotated Bible: Containing the Old and New Testaments*, p.245 NT.

② G.W. Prothero, *Select Statutes and Other Constitutional Documents, Illustrative of the Reigns of Elizabeth and James I*, p.207.

③ Patrick Collinson, *Godly People: Essays on English Protestantism and Puritanism*, London: The Hambledon Press, 1983, p.176.

④ Christopher Hill, *Society and Puritanism in Pre-Revolutionary England*, London: Secker & Warburg, 1964, p.47.

呼吁纠正教会的弊端。沃里克郡的索瑟姆先知讲道在当地享有盛名,是相邻地区"先知讲道"活动的联络中心。当时的一封信件记载,索瑟姆先知布道的主持人在清教派乡绅的"陪伴、赞助、支持下,从一个郡来到另一个郡,从一个先知讲道来到另一个先知讲道"①。考文垂-利奇菲尔德主教在1576年注意到,"先知讲道"的主持人"过于固执地论及教士的服饰","先知讲道"活动中"有大量的言论批评圣餐礼与教士服饰"②。

"先知讲道"活动第一次引起伊丽莎白女王关注是在1574年。从这一年起,女王陆续收到关于被停职或免职的清教布道师在各地展开"先知讲道"活动的报告。从伊丽莎白女王在1577年5月7日的一封信件中可以看出,女王出于两点理由反对这种聚会:第一,"先知讲道"是"非法集会",因为1559年《统一法令》规定的公共祈祷书中没有这样的公众仪式。女王指责"先知讲道"活动的组织者,"违背我们的法律,每日创新并实施多种仪式与教会活动方式"。第二,大量世俗人士出席"先知讲道"活动,"聆听各种神学新思想的传播"并参与争论,导致民众"游手好闲并在他们中间制造分裂"。③作为统治者的女王,当然更为看重的是王国的秩序而非提高教士的学识水平。当"先知讲道"活动发展到有可能引起宗教纷争,从而使信仰的统一面临威胁的时候,伊丽莎白女王要求取缔这类集会。

伊丽莎白女王在1577年行使国教会"最高统治者"的权力,下令各地主教采取行动剪除"先知讲道"活动并严格实行布道审批制度,"除了那些具有法定资格并经过认证是有学识的人、是适宜主持英格兰国教会礼拜仪式的人,任何人都不得在你们的教区内传教、布道、读经,不得主持任何礼拜仪式,不得担任任何教职"。女王将"试图继续、恢复""先知讲道"活动的人视为"骚乱者"而不是宗教异端,要求各地主教将这些骚乱者投入监禁,并将"这些人以及他们的庇护人、唆使人的名字、身份告知朕或枢密院"④。显而易见,这样的措施将"先知讲道"活动政治化了,认为"先知讲道"活动对公共秩序构成了威胁。

由于"先知讲道"拥有广泛的社会基础,完全根除这类活动是不可能的。女王下令剪除"先知讲道"之后,坎特伯雷大主教区内的"先知讲道"依然大

---

① Patrick Collinson, *Godly People: Essays on English Protestantism and Puritanism*, p. 59.
② Patrick Collinson, *Elizabethan Puritan Movement*, London: Methuen, 1982, p. 172.
③ G. R. Elton, ed., *The Tudor Constitution: Documents and Commentary*, Cambridge: Cambridge University Press, 1960, pp. 443-444.
④ G. R. Elton, ed., *The Tudor Constitution: Documents and Commentary*, pp. 443-444.

量存在，只是活动方式更为隐秘。此外，由于女王禁令的实施范围不包括北方的约克大主教区，"先知讲道"得以向北方的兰加斯特、约克郡西区、诺丁汉一带发展。议会也试图使"先知讲道"活动合法化，下院1584年提交的一部请愿书提到，为增进担任教职者的学识，应当允许各个主教区的教士在主教控制下举行公共研讨会（条款12）。①

四、布道审批制度与言论控制

伊丽莎白时代教会采取的各项措施固然有助于防止不学无术的教士履行教职或者获取圣俸，然而问题的另一个方面是，社会不能提供足够的符合任职条件的人选给教会，重建后的国教会面临着人力资源匮乏的困扰。作为一种补救办法，教会采取布道审批制度，意在挖掘现有人力资源的潜力。

布道审批制度早在15世纪初年就开始实行了。坎特伯雷大主教阿伦德尔（Arundel）在1409年发布的一项指令规定：无论是教区僧侣还是修道院僧侣，在布道之前必须得到当地主教的批准（条款1）；任何教堂、教堂墓园等地如果容留未经许可的教士布道，该教堂、教堂墓园等地将被处以宗教禁令（条款2）。做出这项规定是为了阻止约翰·威克里夫的学说以及劳拉德派异端的传播，因而布道审批的首要标准是"教义正确"，任何布道师如果宣讲了"错误的"或者是"异端的"教义，将被取消布道许可，直至他"洗清"了自己并且获准恢复布道（条款1）。②这项指令的内容经由1409年坎特伯雷省教职会议批准以后，成为英国教会最早制订的涉及布道审批制度的法律。

伊丽莎白女王1559年发布的《训谕》在要求各教区定期讲解正统教义的同时，也要求实行布道许可制度。当时的规定是：堂区住持只可以在自己掌管的教区布道，在其他教区巡游布道需得到批准；女王陛下、坎特伯雷大主教与约克大主教、各地主教、女王派遣的教区巡查官执掌批准布道的权力（条款8）。③

1571年议会制订的《改革教士任职法令》使此前的布道资格审查制度发生了重要变化：（1）法令在措辞上将"牧师"（minister）与"布道师"（preacher）

---

① J. R. Tanner, ed., *Tudor Constitutional Documents A.D.1485-1603*, Cambridge: Cambridge University Press, 1951, p.193.
② A. R. Myers, ed., *English Historical Documents 1327-1485*, London: Eyre & Spottiswoode, 1969, p.856.
③ Gerald Bray, ed., *Documents of the English Reformation*, Cambridge: James Clarke, 1994, p.337.

做出了区分（条款4），似乎在国教会的牧师中间形成了新的职业分工，有了布道师与非布道师的区分。一部分牧师不仅有资格主持礼拜仪式，而且有资格讲经布道；不具备布道资格的牧师只可以主持礼拜仪式，即使在本人掌管的堂区也不准讲经布道。(2) 法令不仅要求布道师宣讲"正确的"教义，亦即新近制订的《三十九信条》，而且要求布道师具备"特殊的天赋与才能"（条款4），从而以议会法令的方式为国教会布道师规定了新的审查标准——较高的学识水平。(3) 法令规定了布道师的最低收入标准，持有布道许可或大学神学学位的教士有资格获得年收入超过30英镑的圣俸（条款5），意味着持有布道许可的教士在地位上等同于持有大学学位的教士。① 此项法令的各项规定已经不是简单地对讲经布道实行更加严格的控制，而是在国教会牧师中间挑选出一部分知识精英，掌握着国教会正统教义的解释权。

伊丽莎白时代的国教会关注布道活动。女王在1559年《训谕》中为教会确定的目标是，每一座堂区教堂至少每季度安排1次布道（条款3）。② 为了实现这个目标，不持有布道许可的教堂需要每年雇请4次布道师前来布道，这是一笔由教区承担的费用。为了使尽可能多的教区有财力雇请布道师，教会采取措施压低付给布道师的费用，1571年《教会法》规定布道师的费用仅限于食宿所需。或许是由于某些贫穷的教区甚至无力承担布道师的食宿所需，1586年《教会法》又规定，各地主教应当为无布道许可的堂区安排每季度一次的布道。③

如果某一堂区住持不持有布道许可，又没有财力延请布道师前来布道，作为一种变通，应当在每个礼拜日照章阅读政府规定的《布道词》(Homily)。这项规定源自伊丽莎白女王1559年发布的《训谕》（条款27）。④ 除此之外，教会还拟订有宗教信仰启蒙教材——《教义问答手册》，对基本的教义进行一问一答式的讲解，读者对象大多是识字不多的教徒。教会利用一切机会检查教徒对《教义问答手册》的熟悉情况，在结婚登记、新生儿洗礼选定教父教母、举行圣餐礼时，教徒都需回答堂区牧师关于《教义问答手册》内容的询问。

都铎时代远非言论自由的时代，议员们的言论自由意识刚刚开始觉醒，要求政府不得针对议员在议会发表的言论治罪。伴随着宗教改革而来的也不是信

---

① 13 Elizabeth, c.12, *The Statutes of the Realm*, Volume IV, Part One, p.547.
② Gerald Bray, ed., *Documents of the English Reformation*, Cambridge: James Clarke, 1994, p.336.
③ Jr. Robert E. Rodes, *Lay Authority and Reformation in the English Church: Edward I to the Civil War*, Indiana: University of Notre Dame Press, 1982, pp.130-131.
④ Gerald Bray, ed., *Documents of the English Reformation*, Cambridge: James Clarke, 1994, p.342.

仰自由与宗教宽容，当时社会普遍流行的观念是：宗教信仰自由危及社会的统一，瓦解政府的权威性。在这样的大环境下，布道师在讲坛上的言论受到严格控制。

首先是禁止民间宗教集会，禁止私设布道坛。民间宗教集会（Conventicles）在 14 世纪由于劳拉德派异端的活动而兴盛。欧洲大陆的宗教改革思潮传入英格兰以后，有新教派教职人士在各地巡游布道。他们走村串镇，其行为类似于中世纪"以救赎人类为己任"的托钵僧。由于国教会安排的讲经布道不能满足某些人群的宗教需求，很多地方出现了由个人或社团出资设立的讲经布道席，延请巡游布道者主持讲座。这是在国教会固有的圣职推荐权之外开辟的聘请布道师的新渠道，为特殊宗教需求的民众提供了更多聆听布道的机会。然而自 15 世纪初年开始，伴随着对威克里夫的学说以及劳拉德派异端的镇压，民间宗教集会被政府严令禁止。议会于 1401 年制订的《惩治宗教异端法令》(The Statute "*De Haeretico Comburendo*") 规定：任何人都不得实施"公开或私下的""公开或秘密的"布道活动，……禁止民间宗教集会。① 宗教改革期间的都铎政府依然坚持这样的禁令，1593 年议会制订的《确保女王臣民顺从法令》(An Act to Retain the Queen's Subject in Obedience) 依然将民间宗教集会视为"非法"（条款 1）。②

这样的禁令也涉及对于"民间宗教集会"的界定。依照中世纪天主教会的传统，举行宗教礼拜仪式的场所需要依照教会法举行过祝圣仪式，这类场所既可以是举行公共礼拜仪式的教堂，也可以是私人宅邸中的礼拜堂。只有一种礼拜仪式属于例外，那就是为临近生命终点的人举行终傅礼仪式。宗教改革时期确立的国教会依然奉行这项传统，宗教礼拜仪式必须在经过祝圣的场所举行。如果是研读《圣经》、学习《教义问答手册》之类的活动，可以在"私人场所或家庭民宅"举行，然而依照教会的定义，这类活动如果"有家庭以外成员参加"，举行"与《公共祈祷书》的规定不相符合的活动"，则属于"民间宗教集会"。③

即使是依法布道，其内容也必须与"经由公共权力确定的教义保持一致"（《公告》条款 1 [1]）。④ 伊丽莎白女王 1559 年发布的《训谕》、坎特伯雷大主

---

① 2 Henry IV, c. 15. A. R. Myers, ed., *English Historical Documents 1327-1485*, pp. 850-851.
② 35 Elizabeth I, c. 1. G. W. Prothero, *Select Statutes and Other Constitutional Documents, Illustrative of the Reigns of Elizabeth and James I*, p. 89.
③ G. W. Prothero, *Select Statutes and Other Constitutional Documents, Illustrative of the Reigns of Elizabeth and James I*, Oxford: Clarendon Press, 1954, pp. 208, 211.
④ G. W. Prothero, *Select Statutes and Other Constitutional Documents, Illustrative of the Reigns of Elizabeth and James I*, Oxford: Clarendon Press, 1954, p. 192.

教1566年发布的《公告》都对布道内容做出过强制性规定,为讲经布道划出了言论范围:(1)告知教徒"王权自古以来就享有的对于教会的司法审判权已经恢复",罗马教皇"僭取的"对于英国教会的司法审判权已经废除,"女王在其王国和属土之内行使仅次于上帝之下的最高权力";(2)赞美政府的宗教措施,规劝教徒服从新的宗教措施;(3)解读《圣经》以及《三十九信条》规定的教义,在讲解教义时尽量避免教义之争;(4)诵读主祷词、《尼西亚信经》、摩西十诫;(5)由于炼狱的教义已经废除,规劝教徒把以往花费在圣殿朝拜的钱用于济贫。[1] 国教会当然希望对基督教信仰进行权威性解读,并以教会的解读作为标准实现信仰的统一,避免来自激进的新教派与保守的天主教派的不和谐声音。

  政府尤其需要防范清教徒的布道活动,因为在清教徒的主张中,有一种将讲经布道对于信仰得救的作用绝对化的倾向。清教长老派首领卡特赖特认为,礼拜仪式仅仅是信仰的外在表现,只有在举行礼拜仪式时阐明它所象征的神学内容,才能增进信仰,"倘若在举行礼拜仪式之前未使参加者聆听布道,礼拜仪式便无助于得救"[2]。在这样的观点看来,如果没有讲经布道,礼拜仪式就没有意义。清教布道师爱德华·迪林将讲经布道视为牧师的全部职责,视为教会活动的全部内容,认为基督教会就是"以布道者的宣述召集在一起的会众","没有这种对《圣经》的宣讲,我们不可能拥有信仰"。[3] 清教分离派首领罗伯特·布朗提出,虽然可以通过阅读《圣经》孕育和增进信仰,但是最初的推动力却是聆听布道,没有布道师的帮助甚至不可能使灵魂得救。[4] 提交给1576年议会的一项教会改革议案试图将这样的主张写入议会法令:讲经布道是"灵魂得救的唯一寻常手段"[5]。如果任由这样的极端主张发展,将使1559年《信仰统一法令》为国教会宗教信仰奠定的基础产生动摇,国教会的组织体系也将瓦解。这样的前景,当然是女王政府不希望看到的。

---

[1] Gerald Bray, ed., *Documents of the English Reformation*, Cambridge: James Clarke, pp. 335-336. G.W. Prothero, *Select Statutes and Other Constitutional Documents, Illustrative of the Reigns of Elizabeth and James I*, Oxford: Clarendon Press, 1954, pp. 192-193.

[2] Christopher Hill, *Society and Puritanism in Pre-Revolutionary England*, London: Secker & Warburg, 1964, p. 32.

[3] Paul S. Seaver, *The Puritan Lectureships: the Politics of Religious Dissent, 1560-1662*, Stanford: Stanford University Press, 1970, p. 24.

[4] Christopher Haigh, ed., *The Reign of Elizabeth I*, London: Macmillan, 1984, pp. 182-183.

[5] Christopher Haigh, *Elizabeth I*, London: Longman, 1988, p. 41.

五、结语

马丁·路德提出的"基督徒皆为司祭"的主张并没有导致否定教士职业、否定教会组织的极端后果,然而宗教改革确实引起了对于教士职业功能的重新定义,新教派教职人士的职业特点已经不是演绎宗教礼拜仪式,而是讲经布道、解读上帝之言。

中世纪的天主教司祭充当上帝与信徒之间的中介角色,通过演绎弥撒礼掌控着对于耶稣基督肉身的崇拜,通过忏悔、终傅等礼拜仪式掌握着赦免罪恶的告知权。基督新教强调"信仰得救",注重阅读《圣经》,感知《圣经》传达的宗教理念。这种获取信仰的新方式,难免使中世纪天主教借助于某种物质表达信仰的传统受到怀疑。"唯信称义"的思想不仅动摇了天主教礼拜仪式的重要性,并进而动摇了为主持礼拜仪式而形成的天主教会组织功能。新教派主张通过阅读《圣经》获取信仰,注重向教徒进行神学教育,限于16世纪社会普遍的认读能力,以口传心授方式展开的讲经布道是新教信仰传播的主要方式。新教派牧师借助于讲经布道,在教徒与上帝之间建立起信仰的通道,充当信仰指导者的角色。

虽然教士的职业角色发生了巨大的变化,然而不容忽视的是历史发展的沿革性。宗教改革期间诞生的新教派牧师脱胎于中世纪的天主教司祭,在职业角色转变的初始阶段不可避免地带有旧时代的特点,其中最为显而易见的是教职人士的知识结构不足以担当新的职业角色。教职人士学识水平不足在宗教改革前就是长期存在的问题,并不是宗教改革造成的后果。随着宗教改革期间教士职能的转变,英国教会采取的提高教士水平的措施还是很有成效的。仅以林肯主教区为例:1576年时大约25%的教职人士拥有大学学位,1585年时这一比例上升到40%,1603年时超过了50%;与此同时,持有许可的布道师的人数比例也有所增加,从1576年的8%~13%上升到1603年的27%~32%。[1] 布道师数量的增长是显著的,据1603年的一项统计:坎特伯雷与约克两大主教区的9244个堂区中,有4830个布道师。[2] 大约每两个堂区就拥有一名布道师,伊丽莎白女王1559年《训谕》中设定的每年四次讲经布道的目标大体可以实现了。

---

[1] Jr. Robert E. Rodes, *Lay Authority and Reformation in the English Church: Edward I to the Civil War*, p.123.

[2] Doreen Rosman, *From Catholic to Protestant, Religion and the People in Tudor England*, London: University College London Press, 1996, p.51.

英国教会：从"教皇权至尊"走向"王权至尊"

"王权至尊"的建立是英国 16 世纪宗教改革的核心事件。历史学家理查德·雷克斯评论说："亨利八世宗教改革中唯一起决定作用的事件是确立王权对国教会的至尊地位。没有这一事件，随之引发的其他变化几乎不可能发生，即使有可能发生，也必将是另一种局面。"① 历史学家埃尔顿认为，建立"王权至尊"是亨利八世宗教改革中最具革命性的行动，因为至尊的王权"完全不同于国王此前对教职界行使的任何权力"②。

一、构建"王权至尊"的立法程序

"王权至尊"（royal supremacy）由国王亨利八世首创，爱德华六世继承，玛丽一世放弃，最终由伊丽莎白一世重建。在长达几十年的曲折反复中，王权至尊的发轫是"宗教改革议会"（1529—1536 年）制订的一系列法令。

中世纪西欧盛行的是"基督教世界"的观念。基督教神学家在 12 世纪时已经明确地把所有的基督徒看成一个团体，俗人与教士是这一团体的两大组成部分，俗人由世俗政权管理，教士由教皇领导。世俗权力被视为"基督教世界"的一个组成部分，教皇是"基督教世界"的最高领袖。③ 在宗教改革前的几百年间，英格兰的坎特伯雷教省与约克教省作为"基督教世界"的一部分，奉行的是"教皇权至尊"（papal supremacy），具体的行动表现大致涉及两个方面：（1）

---

① Richard Rex, *Henry VIII and the English Reformation*, London: Macmillan, 1993, pp.1-2.
② G. R. Elton, *England under the Tudors*, London: Methuen, 1978, p.141.
③ 彭小瑜：《中世纪西欧教会法对教会与国家关系的理解和规范》，《历史研究》2000 年第 2 期。

遵行天主教世界的《教会法》，接受教皇敕令与基督教大公会议决议的约束。与此同时，教省一级的教职会议（convocation）也享有一定的立法空间，可以针对教省内具有普遍意义的问题制订法律法规。（2）服从教皇的司法权力，在诸如教职任命、赋税征收、各类特许证书与赦免证书的发放、司法纠纷等事务的管理上接受来自教皇的司法审判。王权至尊的建立，首先意味着对于"教皇权至尊"以及与之相关联的众多教皇权力的否定。

1529年的《限制教职人士兼领圣俸与不居教区法令》(An Act against pluralities and non-residence)规定：罗马教廷关于兼领圣俸的特许无效，如有教士接受罗马教廷的特许而超量兼领圣俸，处以20英镑罚款，没收全部圣俸收入（条款Ⅸ）；罗马教廷关于不居教区的特许无效，如有教士接受罗马教廷的特许不居教区，处以每月20英镑罚款（条款ⅩⅥ）。① 法令否定了教皇向英国教职人士发放兼领圣俸、不居教区特许的权力，这是"宗教改革议会"全面否定教皇权力的第一步。

1533年《禁止向罗马教廷上诉法令》(An Act for the Restraint of Appeals to Rome)否定了教皇对英格兰教会行使的一切司法审判权，向英格兰教会发出了不得接受罗马教廷司法审判的禁令：涉及教会事务的一切诉讼均应在英格兰裁决，教皇及其他外国司法审判权不得在英格兰行使，违犯者以"王权侵害罪"(praemunire)论处（条款Ⅱ）。② 这项规定意味着英国教会与罗马教廷的司法审判权决裂，由于罗马教廷一向以司法审判手段实现对各个主教区的管理，因而与罗马教廷的司法审判权决裂就意味着罗马教廷无权对英格兰教会行使权力。史学研究中对于此项法令的重要性给予高度议价：理查德·雷克斯认为这是一个"纲领性法令"③；埃尔顿认为此项法令朝着排斥教皇权的方向迈出了具有决定性意义的一步，堪称一项革命性措施。④

然而，脱离了教皇的权力并不意味着英国教会有机会行使独立的司法审判权，法令第Ⅰ款明确规定涉及遗嘱、婚姻、什一税权利等的事务由国王统治下的"教会法庭与世俗法庭"审理。⑤ 这项规定将教会法庭与世俗法庭都置于王权的统治之下，结束了教会法庭与世俗法庭各自独立、互相分离的局面。

---

① 21 Henry VIII, c. 13. *The Statutes of the Realm*, Volume III, pp. 293, 295.
② 24 Henry VIII, c. 12. *The Statutes of the Realm*, Volume III, p. 428.
③ Richard Rex, *Henry VIII and the English Reformation*, London: Macmillan, 1993, p. 28.
④ G. R. Elton, *England under the Tudors*, p. 133.
⑤ 24 Henry VIII, c. 12. *The Statutes of the Realm*, Volume III, p. 428.

在法律渊源上，《禁止向罗马教廷上诉法令》是 14 世纪的两项反教皇权立法——1351 年的《圣职授职权法令》（Statute of Provisors）与 1353 年的《王权侵害罪法令》（Statute of Praemunire）——的扩展。首先，14 世纪的两项法令虽然都包含有排斥教皇权的内容（诸如：国王有权对教皇任命的教职实施惩处，英国教会不得将涉及圣职推荐权的纠纷向教廷投诉），然而只是在个别与局部的问题上对王权受到的"侵害"做出修补，其根本出发点依然是把国王视为"基督教世界"中世俗事务的掌管者，认为教皇不得逾越"基督教世界"中僧俗两界的权力分工，侵入世俗事务的管辖领域。其次，《王权侵害罪法令》仅规定不得将涉及圣职推荐权的纠纷向罗马教廷上诉，此项法令则将禁令扩展到一切教会事务，其中不仅包括有关信仰与道德行为方面的宗教性事务，也包括诸如遗嘱认证、什一税权利、婚姻纠纷之类的世俗性事务。

　　"宗教改革议会"的法令草案拟订者习惯于将某些革新的观念与大胆的语言写在法令前言中，而在撰写法令条文时则小心翼翼地措辞，尽量避免使用革命性的语言。出现这种情况的主要原因或许是，法令条文具有法律的效力，而法令前言没有。《禁止向罗马教廷上诉法令》的前言就是一段具有重要思想内容的阐述："英格兰是一个帝国，……由最高首脑与国王实行统治，由各类、各等级臣民组合而成，……划分为僧俗两界的国家理应臣服于仅次于上帝的……王权。"① 这段阐述中包含几个重要的理念：

　　（1）"政治身体"（body politic）的理念。这一理念将君主与僧俗两界臣民纳入同一个政治体，君主是政治身体的首脑，臣民是政治身体的成员。显而易见，这样的理念已不再把国王的统治纳入"基督教世界"的框架之中了。

　　（2）国家由最高首脑（supreme head）与国王（king）实行统治，其地位"仅次于上帝"；组成这个国家的各等级、僧俗两界臣民都应当服从最高首脑与国王的统治。在这里，最高首脑是针对教会事务而言，国王是针对世俗事务而言，是同一位统治者身兼僧俗两项职责。最高首脑与国王的地位"仅次于上帝"，指的是最高首脑与国王的权力直接来自上帝的授予，而不必经由教皇授权。虽然这也是一种"君权神授"的理论，却是一种排斥了教皇权的"君权神授"。

　　（3）"主权"的观念。法令明确指出，英格兰是一个"帝国"（empire），"排斥一切来自外部的权力"。在这里，所谓的"帝国"并不是通常意义上的"跨地域统治"或"对多个王国的统治"。英格兰国王在历史上确实多次宣称过

---

① 24 Henry VIII, c. 12. *The Statutes of the Realm*, Volume III, p. 427.

对其他王国拥有统治权,如:爱德华一世宣称对苏格兰的统治,亨利五世宣称对法兰西的统治。这里的"帝国"指的是完全的治权,否定在尘世存在任何超越帝国之上的治权。

历史学家埃尔顿分析,这项法令中"帝国"一词的确切含义,是拥有独立统治权的"政治体",是不受尘世其他权力干预实行自治的"国家"。埃尔顿把具有这种含义的帝国理念追溯到 14 世纪:一部阐释罗马法的著述(imperium)把不承认外部权力干预的政治体称为"帝国";帕多瓦的马西利奥提出过"主权国家"(a sovereign state)观念,并且在著述中捍卫帝国的权力,否定教皇权的干预。[1]

上述一系列概念已不是在传统的"基督教世界"框架之内对王权与教权的关系做出调整,而且将"王权至尊"建立在"主权国家"的基础之上,以"主权国家"作为"王权至尊"的核心内容:英格兰是一个独立的国家,在其属土之内行使主权,不受外部权力的干预;这个国家由一位统治者实行统治,其权力来自上帝的直接授予,向王国内居住的一切臣民行使;对于宗教事务而言,这位统治者称最高首脑,对于世俗事务而言,这位统治者称国王。在这种全新的权力结构之下,英格兰成为一个主权国家,英国教会成为隶属于王权统治的这个主权国家的一部分。

1533 年的《禁止向罗马教廷上诉法令》在强调最高首脑与国王的统治权力时,并没有提到王国法律的作用,似乎认为"至尊王权"的地位高于法律。这样一个被忽略的问题,在 1534 年的《废除彼得便士与教皇赦免权法令》(An Act for the exoneration from exactions paid to the see of Rome)中做出了回答。法令前言谴责罗马教皇"在实施宗教赦免时,无视一切世俗的法律、制度、习俗",明确提出"至尊王权"受王国法律的约束:英格兰国王的地位与权力仅次于上帝,除了英格兰法律,不受任何其他"人订法律"的约束。[2] 这段阐述从尊崇王国法律的前提出发,完善了对"王权至尊"的定义。

"宗教改革议会"还实行教会税制改革,废除了教皇在英格兰的税收。教皇税收不仅涉及税款的征收、截留、上交等技术性问题,而且涉及税收背后的权力运作,因为几乎每一种教皇税收都对应着某一种权力的行使。"宗教改革议会"在废除各种名目的教皇税收的同时,也废除了教皇在英格兰行使的这些权

---

[1] G. R. Elton, *England under the Tudors*, London: Methuen, 1978, p. 161.

[2] 25 Henry VIII, c. 21. *The Statutes of the Realm*, Volume III, p. 464.

力。1534年的《停止向罗马教廷交纳岁贡法令》（An Act restraining the payment of annates）否定了教皇向英国教职界征收的岁贡（annates），以及与此项税收相关联的发放教士任职敕书的权力（条款Ⅱ）。① 1534年的《废除彼得便士与教皇赦免权法令》废除了教皇向英格兰征收的"彼得便士"（Peter's pence）（条款Ⅰ），以及发放赦免证书（dispensations）与许可证书（licences）的权力（条款Ⅱ）。②

废除教皇税收并不意味着减轻教职界的税收负担，在很大程度上只是改变了税款的受益人而已。1534年的《首年金与十分之一税法令》（An Act concerning the payment of first fruits and tenths）将以往向教皇交纳的岁贡改称为"首年金"（first fruits），由新领圣俸者向国王交纳（条款Ⅰ），将以往不定期征收的教职界十分之一税固化为每年一度向国王交纳（条款Ⅷ）。③

与税款的转移相关联的还有权力的转移。《停止向罗马教廷交纳岁贡法令》确认了由国王提名主教候选人，并发布"准许选举主教通知"（congé d'élire）的权力（条款Ⅲ）。④ 尽管长久以来这就是英格兰通行的主教与修道院长的选任程序，但本项法令将这种选任程序固定下来，从而使传统的习俗具有了法律的效力。《废除彼得便士与教皇赦免权法令》将以往由教皇行使的发放赦免证书与许可证书的权力一分为二，寻常案情划归坎特伯雷大主教，非同寻常的案情划归国王的中书法庭（条款Ⅲ）。⑤ 教会税法改革的结果，不仅使国王得以永久性地分享教职界税收，还使国王对教会事务行使的权力进一步扩大，这是"王权至尊"为国王带来的经济收益与政治权力。

1534年的《王权至尊法令》（An Act for the king's highness to be supreme head of the Church of England）在总结此前一系列法令内容的基础上，将王权在英国教会内的地位做出高度概括，提出了"王权至尊"的概念。法令对王权至尊的合法性做出了陈述："得到本王国教职会议的承认"，"经由议会法令规定"，国王是英格兰教会在尘世的"唯一最高首脑"。法令还明确了至尊的王权对教会所享有的广泛权力，其中包括：巡查教区、规范布道、修订教会法、审判异端。⑥ 史学家狄肯斯指出：将这些事务划入最高首脑的权力范围，表明亨利八世"不

---

① 25 Henry Ⅷ, c.20. *The Statutes of the Realm*, Volume Ⅲ, pp.462-463.
② 25 Henry Ⅷ, c.21. *The Statutes of the Realm*, Volume Ⅲ, pp.465-466.
③ 26 Henry Ⅷ, c.3. *The Statutes of the Realm*, Volume Ⅲ, pp.494, 495.
④ 25 Henry Ⅷ, c.20. *The Statutes of the Realm*, Volume Ⅲ, p.463.
⑤ 25 Henry Ⅷ, c.21. *The Statutes of the Realm*, Volume Ⅲ, pp.465-466.
⑥ 26 Henry Ⅷ, c.1. *The Statutes of the Realm*, Volume Ⅲ, p.492.

再仅仅是世俗身份的教会护卫者,他准备行使某些迄今为止由教皇和主教行使的宗教职能";最高首脑"将凯撒与教皇的权力集于一身","凭借个人的神学知识自行其是,从而使王权至尊具有一种危险的个人特点"。①

"王权至尊"确立后,亨利八世在 1536 年要求全体主教签署一项声明,为放弃教皇权履行一道程序。声明中宣布,放弃罗马教廷的一切权力,教皇权不是上帝授予的,而是人为设立的。当"教皇权至尊"转换为"王权至尊"之后,坎特伯雷教省与约克教省不再是以教皇为中心的"普世性"基督教会的分支机构,中世纪的习惯性用语"在英格兰的教会"(Church in England)也相应地转换成了"英格兰教会"或"英格兰国教"(Church of England 或 *Anglicana Ecclesia*)。

"王权至尊"建立之后,国王成为主权的象征,成为僧俗两界唯一的权威与臣服对象,中世纪的二元化政治体制最终转变成王权的一元化政治体制。从此以后,教会成为国王政府的一部分,教会的运作听命于"至尊的王权",原有教会法中凡是与"王权至尊"或普通法与社会习俗相抵触的内容都失去了效力。臣民的资格也与国教信仰联系在一起,国王陛下的臣民必须是国教会的信徒,不可以在宗教信仰问题上采取其他立场。在经历过玛丽女王复辟"教皇权至尊"的统治之后,伊丽莎白时代更是将"王权至尊"视为民族的象征与情感,坚持信仰的天主教徒被王国法律排斥在社会之外,处于非法状态。

二、"国王在议会中":王权掌握议会立法的创制权

"王权至尊"的建设不仅颠覆了"教皇权至尊"以及与之相关联的教皇权力,也逐渐地演变成为一种权力体系,涉及对原有政治权力的一系列调整与重组,宗教改革也因此而演变成为政治制度的变革。

在"王权至尊"的建设过程中,首先遇到的一个问题是:至尊的王权从何而来? 1534 年的《至尊法令》说:"经由议会法令规定",国王是英格兰教会在尘世的"唯一最高首脑"②。既然至尊的王权来自议会的授权,这是否意味着王权处于议会法令的约束之下?在回答这个问题之前,首先需要将法令的这段措辞

---

① A. G. Dickens, *The English Reformation*, London: Batsford, 1964, pp. 119-120.

② 26 Henry VIII, c.1. *The Statutes of the Realm*, Volume III, p. 492.

置于 16 世纪特定的语境中，做出恰当的理解。

亨利八世在婚姻案久拖不决的时候，于 1529 年召集议会。在"宗教改革议会"的第一次与第二次会期中，亨利八世给予议员充分的言论自由空间，不仅任由议员自由发表意见，而且大量采纳下院提交的议案。亨利八世这样做，是希望借助议会的支持，向罗马教廷施加压力。在面临重大事件时首先与议会达成一致，是英国历代君王惯于采取的手段。在舆论的压力不能奏效之后，亨利八世从 1532 年起尝试着摆脱教皇对英国教会的统治，将注意力集中在向议会提出各项改革措施上，以期借助议会法令的权威性。从这一角度看，"经由议会法令规定"意味着王权至尊得到了王国内贵族与平民两个等级的支持。

"经由议会法令规定"的另外一个含义是：议会成为王权至尊的实施者。除了立法，执法也是议会的一项重要功能。由于议会的执法功能更加古老，更加符合王权的意志，因而更加被王权所看重。"由国王建立秩序，由议会对破坏秩序的行为实施惩治"不仅是流行于中世纪的一项原则，也是都铎君主的一个根深蒂固的观念。长久以来，议会法令是普通法的一项重要来源。议会法庭作为普通法的最高法庭，享有对某些特定行为实行审判并处以极刑的权力，诸如：启动议会的剥夺公权（attainder）程序，以议会法令的方式宣判"重罪"（felony）与"叛逆罪"（treason），可以对当事人实施"死刑"和"褫夺财产权利"的极端惩治措施。这是议会独享的权力，甚至国王都不能未经议会同意而采取这类极刑。借助于议会的这项权力，有可能造成强大的威慑力量，从而使"至尊王权"的意志合法化。事实也表明，宗教改革法令规定的实施程序与惩治手段都在普通法法庭的执行范围之内，可以由普通法法庭以及作为普通法最高法庭的议会作为执行人。

至尊的王权"经由议会法令规定"涉及的另一个问题是——如何评价议会的立法权？在国王、上院、下院三方达成一致的基础上制订法令，这种立法方式在宗教改革之前就已经存在了大约二百年。亨利八世在建立"王权至尊"的时候，依然沿袭了这种传统的方式，以议会法令对"王权至尊"做出了表述。有研究者把国王、上院、下院三方共同执掌立法权的方式概括为"国王在议会中"（king in parliament），认为亨利八世时代的宗教改革强化了"国王在议会中"的立法方式，因为 1530 年代的每一项改革措施都取得了议会的"同意"，都是借助议会法令实现的。[①] 埃尔顿据此得出结论说：宗教改革在建立"王权至尊"

[①] G. R. Elton, *England under the Tudors*, London: Methuen, 1978, pp. 168, 165.

的同时，也使"国王在议会中"取得了"至高无上的立法者"地位。①

亨利八世之后，"国王在议会中"的立法方式继续被强化。爱德华六世在位期间制订的法令中经常出现这样的语句：至尊的王权只有在议会中、并且只与议会一同行使。1552年的《信仰统一法令》（AN ACT for the Uniformity of Common Prayer and administration of the sacraments）开篇就以措辞明确的语句表达了议会法令的权威："一个极为神圣的关于公共礼拜仪式的秩序经由议会的权力建立"②。玛丽一世在恢复教皇权至尊与天主教信仰时，也不得不借助议会的权威，先后制订了两部《废止法令》③，由此可见议会法令高于其他法律的观念之深入人心。伊丽莎白时代于1559年制订的《至尊法令》更是明确地表达了"至尊的王权"来自议会法令的规定，无论是废除玛丽时代的天主教立法还是恢复亨利八世对教会行使的权力，法令都使用了这样的词句："……经由本届议会的权力"④。事实上，伊丽莎白女王在行使至尊的王权时甚至比亨利八世更依赖议会，借助议会控制有关国教会事务的立法过程与法律的执行过程。

一个尤其值得关注的问题是，组合成"国王在议会中"的国王、上院、下院三方，其权力并不是对称的——国王在其中居主导地位，掌握议会立法的创制权。议会针对教会事务的立法权，在很大程度上受至尊王权的支配，这是"王权至尊"的本质因素之所在。在"宗教改革议会"的六次会期中，亨利八世只是在危机时刻的第一次与第二次会期上，给予议员更多的自由空间，任由议员提出议题并展开辩论；在危机过后的其他几次会期上，上下两院听命于王权，只需对政府提交的议案表示支持足矣。爱德华六世时代的《叛逆法令》概括了王权在议会立法行为中的主导地位："由王国至高的君主制订，得到出席本届议会的僧俗贵族与下院的同意"⑤。相比之下，伊丽莎白女王的一段话表达得更加明确："召集议会的权力在朕，结束并解散议会的权力在朕，对议会所做的事情表示钦准或不钦准的权力在朕……"⑥。

时代在进步，伊丽莎白时代的下院议员们不再满足于仅仅对政府提出的议

---

① G. R. Elton, *The Tudor Constitution: Documents and Commentary*, Cambridge: Cambridge University Press, 1960, p. 234.
② 5 & 6 Edward VI, c. 1. *The Statutes of the Realm*, Volume IV, Part I, p. 130.
③ 1 Mary, St. 2. c. 2. 1 & 2 Philip & Mary c. 8. *The Statutes of the Realm*, Volume IV, Part I, pp. 202, 246-254.
④ 1 Elizabeth I, c. 1. *The Statutes of the Realm*, Volume IV, Part I, pp. 350-351.
⑤ 1 Edward VI, c. 12. *The Statutes of the Realm*, Volume IV, Part I, p. 19.
⑥ G. W. Prothero, ed., *Select Statutes and Other Constitutional Documents: Illustrative of the Reigns of Elizabeth and James I*, Oxford: Clarendon Press, 1954, p. 125.

案表示"同意"或"不同意"了,他们要求享有言论自由。伊丽莎白女王并不否认议会享有言论自由的权力,在上院议长传达的一篇口信中,女王说:"言论的特权已经授予,但是你们必须知晓言论特权是什么。不可以将你们听到的都说出来,也不能把你们想到的都表达出来。你们的言论特权是——同意或不同意(aye or no)"①。女王尤其将教会事务、女王婚姻与王位继承人事务划为"王权独享"(prerogative)的领域。在这些事务范围内,下院只能在女王提出动议之后才能参与讨论,"不得提出涉及王朝社稷,或涉及教会改革的议案"②。女王的言论自由定义意味着议会只能就提交给他们的议案表示意见,不能自行决定讨论的议题。这样的言论自由定义显然不能令下院议员满意,他们援引"宗教改革议会"第一次与第二次会期的先例,要求自由地讨论一切涉及"……上帝的荣耀,我们尊敬的君主的安全,尊贵的英格兰岛的防卫……"③的事务,实际上是将被女王划入"王权独享"的教会事务与王朝社稷事务都列入议员自由提出问题与自由讨论问题的范围。

关于议员言论自由的争论,核心问题是议会的创制权问题,亦即在国王、上院、下院三方共同执掌的议会立法权中,哪一方掌握着将何种议题纳入立法程序并进而提出议案的权力。这样的初始权力通常是由王权掌握着,然而伊丽莎白时代勇敢的下院议员们跃跃欲试了,尝试着取代"至尊的王权",在"国王在议会中"的立法结构中居主导地位。

三、教职会议的权力纳入"至尊王权"的统治范围

"王权至尊"涉及的另一个权力角色是教职会议(convocation)。教职会议是教省范围内的教职界代表会议,相当于教职界的议会。主教(bishop)、修道院长(abbot)、执事长(archdeacon)、主教座堂(cathedral church)或学院教堂(collegiate church)教士团监理(chapter dean)是教职会议上院的当然成员,各

---

① G. W. Prothero, ed., *Select Statutes and Other Constitutional Documents*, Oxford: Clarendon Press, 1954, p.125.
② G. W. Prothero, ed., *Select Statutes and Other Constitutional Documents*, Oxford: Clarendon Press, 1954, p.126.
③ G. W. Prothero, ed., *Select Statutes and Other Constitutional Documents*, Oxford: Clarendon Press, 1954, p.122.

主教区以及主教座堂教士团（cathedral chapter）则选派代表出席教职会议下院。宗教改革前，坎特伯雷教省与约克教省的教职会议不仅享有相对独立的教会立法权，而且拥有批准教职界临时性税收的权力。然而，教职会议针对教会自身事务的立法权在亨利八世宗教改革伊始就被剥夺了，尽管在此之前议会就已经开始针对教会制订法律了。

1532年，下院向国王呈交请愿书（The Supplication of Commons），向教职会议的立法权发难：坎特伯雷教省与约克教省的教职会议在制订法律时并没有告知国王或得到国王批准，也没有征求国王的世俗臣民"同意"，然而一旦教职会议制订的法律生效，就不仅用来约束教职人士，也用来约束世俗身份的教徒。① 请愿书提出了一个发人深省的宪政概念：没有俗界参与立法的教会法，不应当对俗界拥有约束力。但是在实际的运作中，教会法不可能仅仅用于约束教职界，因为在传统上，广义的"教会"概念不仅包括教职人士，也包括世俗身份的教徒。这是中世纪二元权力体系之下存在的一个带有普遍性的问题——权力的交叉与平行引起了逻辑上的混乱。实际上，议会下院请愿书并不是反对教会针对自身事务立法，而是对教会制订的某些法律对俗界有约束力而又没有俗界参与表示不满，请愿书认为不能对教职会议的这种立法行为听之任之。

面对下院的指控，教职界起初还进行辩解，认为教会法与教会法庭不应受到世俗政府的干预，因为教会的权力得自上帝而不是国王。② 然而教职界很快便认识到，教职会议独立的立法权不是借助法理就可以得到维护的。迫于国王的压力，教职会议最终向国王提交《教职界服从书》（The Submission of the Clergy），将教职会议的立法权置于王权的统治之下：（1）未经国王许可，教职会议不再制订、发布、实施任何新的法律或条令；（2）现存的教会法律呈交国王遴选的三十二人委员会审阅；（3）经由委员会审阅认可的教会法律，在呈交国王批准后方能生效。③ 这就无异于承认了国王作为英国教会的"最高立法者"，教职会议也因此而失去了自中世纪以来就一直享有的独立地位。1534年议会制订的《教职界服从法令》（An Act for the submission of the clergy to the king's majesty）对《教职界服从书》的内容做出确认，使之具有王国法律的效力。④ 由1532年下院请愿书引发而形成的本项议会法令具有极大的颠覆性，最终将教职

---

① Gerald Bray, ed., *Documents of the English Reformation*, Cambridge: James Clarke & Co Ltd., 1994, p. 52.
② Gerald Bray, ed., *Documents of the English Reformation*, Cambridge: James Clarke & Co Ltd., 1994, pp. 58-59.
③ Gerald Bray, ed., *Documents of the English Reformation*, Cambridge: James Clarke & Co Ltd., 1994, p. 71.
④ 25 Henry VIII, c. 19. *The Statutes of the Realm*, Volume III, pp. 460-461.

会议的立法权纳入了至尊王权的统治范围。

教职会议失去了独立的立法权之后，只能听凭国王政府为教会做出安排。从亨利八世宗教改革的起因看，并不是英国教职界自发地反对罗马教廷的权力，而是世俗力量为教会解除了罗马的统治。"王权至尊"以及其他的宗教改革措施，是以国王和议会为代表的世俗力量强加给教会的，教职会议在宗教改革问题上自始至终没有发言权。不可否认，主教等高级教职出席了议会上院，参与了宗教改革立法的制订过程，但他们是以国王封臣的身份出席议会，他们仅代表个人而不代表教会。

由何人取代教职会议执掌教会的立法权，在宗教改革期间却是一个不确定的因素。

在很多情况下，采取以王权为主导的"国王在议会中"的立法方式为教会立法。宗教改革前，英格兰僧俗两界的立法权有大致的分工：处于教会法庭司法审判范围之内的事务由教会立法，处于国王法庭司法审判范围之内的事务由议会立法。"宗教改革议会"打破了传统的分工，议会的立法范围延伸到宗教与教会事务，从而使议会法令成为向僧俗两界推行的法律。"宗教改革议会"第一次会期制订的三项法令——《遗嘱认证收费法令》（AN ACT concerning the probate of testament）①、《葬仪收费法令》（AN ACT concerning the taking of mortuaries）②、《限制教职人士兼领圣俸与不居教区法令》（AN ACT for pluralities of Benefices and for Residence）③确定了这样的原则：议会法令可以针对教会事务立法，可以对教士的职业行为进行规范。

当采取"国王在议会中"的方式针对宗教教义与礼拜仪式制订法令时，程序就复杂化了。因为宗教教义与礼拜仪式涉及大量深奥的神学知识，在宗教改革期间尤其是一个极为敏感的问题，稍有不慎即有可能混淆新旧教不同派别之间的界限，因而需要借助教会神学家的智慧。每逢这种时刻，教职会议订立宗教信条的权力得以保留，前提条件是得到至尊王权的邀请，并且依附于"国王在议会中"的立法方式。1539年的《信仰六条款法令》（An Act of Six Articles）在前言中叙述了这一复杂的立法程序："……在经过漫长的酝酿、论辩、咨询之后，不仅经由国王批准，亦经由上院僧俗贵族以及教职会议学识渊博之教士

---

① 21 Henry VIII, c.5. *The Statutes of the Realm*, Volume III, pp.285-288.
② 21 Henry VIII, c.6. *The Statutes of the Realm*, Volume III, pp.288-289.
③ 21 Henry VIII, c.13. *The Statutes of the Realm*, Volume III, pp.292-296.

的同意，亦经由本届议会下院的批准……"①。《三十九信条》的订立过程则以时间上的间隔更加清楚地体现了这样的立法程序：教职会议先是在1563年制订了三十八个条款的信仰陈述，又在1571年对信仰陈述做出最后的修改并形成《三十九信条》，最终由议会于1571年制订的《改革教士任职法令》（AN ACT to reform certain disorders touching ministers of the church）做出法律上的确认，并要求教职人士承诺接受。②上述立法程序在1559年写入了《王权至尊法令》：无论是确定教义还是判定异端，都必须根据议会的法令，并且得到教职会议的同意（条款 XX）。③这样的规定表明，议会在宗教信条问题上的立法权是有限的，其前提条件是取得教职界的同意。伊丽莎白女王甚至不准议会自行提出涉及教会事务的议案，除非这一议案已经得到了教职会议的认可。④

当"国王在议会中"以教职会议参与的方式针对宗教信条问题立法时，信仰的神圣性也减弱了。基督教会一向认为宗教信仰来自上帝的启示，尘世教会只能对上帝的启示做出阐述，而"国王在议会中"则把确定宗教信条当作一件学术事件，目的是使国王陛下的臣民保持信仰的"和谐与统一"。⑤这就以普通法的语言和行为方式，将国教信仰从神法与自然法的约束之下解放出来了。

至尊的王权并不是始终一贯地采取"国王在议会中"的方式为教会立法，有的时候也采取以王权为主导的"国王与主教"的方式为教会订立法规。国王或其教会事务代理人以发布指令（Injunction）的形式规范宗教教义与礼拜仪式，并且谴责异端。在得到最高首脑（伊丽莎白时代改为最高统治者）授权之后，主教发布的规章文件也具有法律的效力。这方面最为突出的事例，是坎特伯雷大主教马修·帕克为整肃宗教礼仪与教士服饰于1566年发布的《告知》（Advertisements）、坎特伯雷大主教约翰·惠特吉夫特于1584年发布的《条款》（Articles）。惠特吉夫特在发布《条款》时，申明是得到了女王的"允许和认可"。⑥根据中世纪英国教会的传统，大主教有权力在教会法的基础上自行制订某种补充规定而无须得到任何人的批准，然而在王权至尊的统治之下，坎特伯雷大主教失去了这样的自主权力，仅仅是作为"至尊王权"的教会事务代理人，

---

① 31 Henry VIII, c.14. *The Statutes of the Realm*, Volume III, p.739.
② 13 Elizabeth, c.12. *The Statutes of the Realm*, Volume IV, Part I, pp.546-547.
③ 1 Elizabeth I, c.1. *The Statutes of the Realm*, Volume IV, Part I, p.354.
④ G. W. Prothero, ed., *Select Statutes and Other Constitutional Documents*, Oxford: Clarendon Press, 1954, p.126.
⑤ 31 Henry VIII, c.14. *The Statutes of the Realm*, Volume III, p.739.
⑥ G. W. Prothero, ed., *Select Statutes and Other Constitutional Documents*, pp.211-212.

为王权管理教会事务。

上述多种立法方式都是以王权为主导：首先，采取何种立法方式由至尊的王权决定；其次，议会、教职会议、主教都不是立法行为的始动者，只有在得到至尊的王权的邀请与授权之后才能参与为教会立法。得到王权的邀请与授权是十分必要的，因为在没有王权邀请与授权的情况下制订或实施教会法律，有可能招致"王权侵害"罪（praemunire）。这项罪名源自议会在14世纪制订的《王权侵害罪法令》，法令捍卫国王对于英格兰教会的权力，不得以教皇权实行干预。但是法令在实际上并不能对教皇权进行有效的约束，"王权侵害"反而成了国王制裁教职人士的一把利器。

在宗教改革前，坎特伯雷大主教与约克大主教享有自行召集本教省教职会议的权力，尽管在实际上，大主教往往听命于国王。宗教改革开始后，即使是这种形同虚设的权力也不复存在了。大主教只有在收到国王的传召令（summons）之后，才可以召集教职会议。在亨利八世时代，不仅教职会议的主持人改而由国王的教会事务代理人担当，甚至教职会议讨论的议题也是由至尊的王权指定。

宗教改革前的教职会议也是税收批准机构，批准教皇或国王不定期向教职界征收的各种赋税，主要是十分之一税。1534年的《首年金与十分之一税法令》在废除教皇税收的同时，也将国王原来不定期征收的十分之一税改为逐年定期征收，数量为圣俸年收入的十分之一（条款 VIII）。[①] 作为教职界主要税收的十分之一税一旦变成固定税收，便无须教职会议批准了。尽管在此之后，国王向教会不定期征收的协助金（subsidy）仍需得到教职会议批准，但由于这项税收数量不大且征收频率很低，教职会议很少有机会行使批准税收的权力了。即便如此，在批准协助金的时候，教职会议往往效仿议会，极少行使自主权力。

四、国教会主教："至尊王权"意志的执行人

当"至尊的王权"将新的权力角色付诸实践以后，国教会主教变成了王权的依附者，其权力的消长完全取决于王权。研究者评论说：主教"成为国王的人，他们的职权可以因王权的支持而加强，也可能因王权的缺失而变得无能

---

① 26 Henry VIII, c. 3. *The Statutes of the Realm*, Volume III, p. 495.

为力"①。

亨利八世作为国教会的最高首脑,可以行使某种类似于主教的权力,其中包括:巡查教区、规范布道、修订教会法、审判异端……。② 亨利八世于1536年以国教会最高首脑的名义发布《十条款》(The Ten Articles),对国教会奉行的宗教信条与礼拜仪式做出规定③,就是对这种权力的行使。亨利八世甚至将自身享有的主教权力绝对化,他在发布涉及教会管理的指令时并不征求议会或教职会议的意见,一旦发布即要求教职人士公开表态承认。

亨利八世还以政府官员作为"至尊王权"的代理人,向国教会行使权力。最为典型的事例莫过于先后任命克伦威尔为教职总代理(vicar general)与教会事务总代理(vice-gerent in spirituals),代表最高首脑对各个主教区实施巡查,并且以国王的名义针对教会事务发布指令(Injunctions),将"至尊王权"的意志付诸实施。当克伦威尔这样做的时候,他只需得到国王的授权,无须得到议会或教职会议的批准。

作为国王的教会事务总代理,克伦威尔甚至采用警察与特务手段,命令地方官员监督各地主教对宗教改革措施的实施。克伦威尔在1536年6月3日向各地主教发出密信(circular letter),要求各个主教区在礼拜日的布道中,不仅宣讲上帝的福音,也宣讲支持"王权至尊"的内容。一个星期之后的6月9日,克伦威尔又向各地郡守(sheriff)与治安法官(Justice of the Peace)发出密信,要求他们监督当地主教是否真正贯彻落实了他在6月3日下达的指令,如果发现主教们有疏于遵从新秩序的行为,立即报告给国王和枢密院。④ 这就无异于使政府的世俗官员承担起秘密警察的角色,以告密的方式为政府搜集有关教会的信息。

"宗教事务委员会"也是王权的教会事务代理人。乱世用酷吏——在宗教信仰剧烈变动的时代,无论是推行新教措施还是恢复天主教政策,都铎君主都以非常规手段对"宗教异端"展开调查并实施惩治。亨利八世、爱德华六世、玛丽一世都曾经向各个主教区派遣过此类委员会,在伊丽莎白时代,宗教事务委员会则更加充分地行使职能,并且发展成常设性的"宗教事务高等法庭"

---

① Patrick Collinson, *The Religion of Protestants: the Church in English Society 1559-1625*, Oxford: Clarendon Press, 1988, p.3.
② 26 Henry VIII, c.1. *The Statutes of the Realm*, Volume III, p.492.
③ Gerald Bray, ed., *Documents of the English Reformation*, pp.162-174.
④ G.R. Elton, *Policy and Police: Enforcement of the Reformation in the Age of Thomas Cromwell*, Cambridge: Cambridge University Press, 1985, pp.232, 238-239.

（Court of High Commission）。

宗教事务委员会最大的优势是拥有判处罚金与监禁的权力，相比之下，传统的教会法庭只能实行精神惩治，有权判处的最严厉处罚是开除教籍。宗教事务委员会的人员构成具有很大的权威性，成员中往往包括政府重臣与大多数主教，这是因为王权指望借助宗教事务委员会的权威来对付那些有权有势的显赫人物。宗教事务委员会在推行政府宗教政策方面发挥过极大的作用，以至于有研究者认为："都铎王朝成功的秘诀在于利用各种名目的由王权派遣的委员会"①。在宗教事务委员会的历史上，既有搜寻不奉国教的天主教徒的记载，也有成功地摧毁清教长老派"圣经研读会"的记载。

在经过上述权力的层层分割之后，留给主教单独行使的权力空间就很狭小了。主教在教会事务上没有创制权，不能独立地享有决定宗教教义、制订教会法规的权力。主教只是国王意志的执行人，成为至尊的王权管理教会的工具，具体的职责范围仅限于巡查教区、主持礼拜仪式、讲经布道、履行圣职授职礼之类的宗教职能。

主教人选也几乎完全由国教会最高首脑控制。1534年的《停止向罗马教廷交纳岁贡法令》确认了宗教改革以前通行的主教选任程序，由国王提出主教候选人，并发布"准许选举主教的通知"，再由主教座堂教士团从国王的提名中选出未来的主教（条款Ⅲ）。②1539年的《国王拥有主教任命权法令》（AN ACT for the king to make bishops）授权国王以公开信（letters patents）的方式提出主教人选（条款Ⅰ）③，从技术上进一步完善了国王对主教选任程序的控制。主教作为议会上院的当然成员，在上院议员中占有相当大的比例，控制了主教的人选，也在很大程度上加强了王权在议会上院的影响力。伊丽莎白时代的政府文件中，保留了第一任坎特伯雷大主教马修·帕克在当选之后向至尊王权提交的宣誓效忠词④，从中可以窥见主教选任程序的实施已经制度化，以及由此带来的主教对王权的忠诚意识。至尊的王权可以向主教授权，也可以将主教停职，伊丽莎白时期第二任坎特伯雷大主教格林德尔的遭遇是一个极端的例子。然而在更多的时候，王权与坎特伯雷大主教的目标是一致的，坎特伯雷大主教也乐于执行王权的意志。

---

① David Loades, *Power in Tudor England*, London: Macmillan, 1997, p.7.
② 25 Henry Ⅷ, c.20. *The Statutes of the Realm*, Volume Ⅲ, p.463.
③ 31 Henry Ⅷ, c.9. *The Statutes of the Realm*, Volume Ⅲ, p.728.
④ G.W. Prothero, ed., *Selected Statutes and other Constitutional Documents*, pp.242-244.

五、关于"王权至尊"的合法性之争

亨利八世在 1530 年代开创"王权至尊"的同时,理论上的辩护也随之逐渐展开。1534 年的《王权至尊法令》把至尊的王权描述为直接来自"全能的上帝"①,而不是来自上帝的创造物,从而将"君权神授"作为"王权至尊"的表达方式。这样的表述具有反教皇权的内容:由于"王权至尊"具有君权神授的性质,国王在行使至尊的王权时无须顾及任何尘世的权力;英国教会应该对国王而不是对教皇负有责任和义务。在亨利八世发动宗教改革几十年之后,伊丽莎白女王对这一特定含义的君权神授观念做出了更加具体的阐述:"在女王的王国及领地内,女王权位是仅次于上帝的最高权位,依上帝之律法,这一王国及领地内的一切臣民都要对女王极为忠诚,极为顺从"②。

中世纪的"基督教世界"流行两种"君权神授"的理论。一种是起源于公元 5 世纪的"双剑"说:一支剑象征着最高的宗教权力,由上帝交给教会执掌;另一支剑象征着最高的世俗权力,由上帝交给皇帝执掌。双剑理论诉求的是教权与俗权并行存在,是中世纪西欧二元权力体系的理论基础。另一种君权神授理论由双剑理论发展而来,对教权与俗权之间的关系做出了微妙的修改:上帝把统治尘世的教权与俗权都授予了教皇,再由教皇将统治尘世的世俗权力转授给世俗君主。这样的修改造成的后果是:由于世俗君主的权力间接来自上帝,直接来自教皇,因而教皇有权为世俗君主加冕,有权废黜世俗君主,这就为教皇权凌驾于王权之上提供了辩解,教皇成为君权神授的中介。《王权至尊法令》对"至尊王权"的表达即使不同于双剑理论,也至少否定了第二种君权神授理论,明显带有否定教皇权的意义。

1534 年的《王权至尊法令》宣布:……国王陛下"合理地与合法地"是并且应当是英格兰教会的首脑。③这样的语句传达出一个理念——"王权至尊"的建立并不是一种革命性的举措,而是一种回归,亨利八世重新获得对于教会的统治权。1559 年的《王权至尊法令》把这一理念表达得更加明白:把英格兰臣民从外国势力"攫取的权力"中解救出来,把"古代的司法审判权"归还给国王。④

---

① 26 Henry VIII, c. 1. *The Statutes of the Realm*, Volume III, p. 492.
② G.W. Prothero, ed., *Select Statutes and Other Constitutional Documents*, p. 376.
③ 26 Henry VIII, c. 1. *The Statutes of the Realm*, Volume III, p. 492.
④ 1 Elizabeth, c. 1. *The Statutes of the Realm*, Volume IV, Part I, p. 350.

这样的理念并不是凭空杜撰，而是辩护者们引经据典，为至尊的王权寻找到的理论支持。《旧约全书》记载的大卫王与所罗门王对圣殿祭司的管理①，被用来为亨利八世对教职界行使的权力提供历史依据。《新约全书》中使徒保罗的一段话更是被视为对"王权至尊"的论证："在上有权柄的，人人当顺服他，因为没有权柄不是出于神的，凡掌权的都是神所命的。所以抗拒掌权的，就是抗拒神的命，抗拒的必自取刑罚"②。诸如此类的引经据典也是为了说明：教皇僭取了自古代以来由国王掌管的权力，理应归还给国王；教皇的权力并不是出自"神意"，而是出自"人力所为"。

亨利八世时代为"王权至尊"做出的最有力的辩护，是温切斯特主教斯蒂芬·加德纳于 1535 年发表的《论真正的服从》(De vera obedientia)。这篇论辩文章表达的主要观点是：(1) 教会与王国是同一个社会群体的两类组织形式，同处于一个首领的统治之下。(2) 每一个英格兰人都有两种身份——公民与基督徒，无论哪一种身份都处于王权的统治之下，都是国王的臣民。③ 尽管加德纳写作这篇文章有可能是为了重新赢得国王的信任，在压力之下阐述的观点并不一定是出于真心，然而无论如何加德纳建立了一种新的思维，对亨利八世建立王权至尊做出了恰当的注释与解说。这种思维不仅否定了传统的双剑理论，认为罗马教皇行使了本不应当行使的教权，而且把"王权至尊"建立在一种新的逻辑之上：上帝把照看臣民福祉的权力和责任赋予了国王，其中既包括照看臣民的宗教事务，也包括照看臣民的世俗事务。依照这样的思维逻辑，宗教改革议会恢复了上帝赋予国王的这两个方面的权力和责任，英格兰臣民从此以后无须与罗马教廷打交道了。

伊丽莎白时代有两部对"王权至尊"发表评论的著述出版印行——索尔兹伯里主教约翰·朱厄尔撰写的《为英格兰教会辩护》(Apology of the Church of England)④；理查·胡克撰写的《论教会政制》(The Laws of Ecclesiastical

---

① 1 Chronicles, 23:2-6. 2 Chronicles, 8:14-15. Bruce M. Metzger and Roland E. Murphy, eds., *The New Oxford Annotated Bible: Containing the Old and New Testaments*, New York: Oxford University Press, 1991, pp. 529 OT, 547 OT.

② Romans, 13:1-2. Bruce M. Metzger and Roland E. Murphy, eds., *The New Oxford Annotated Bible: Containing the Old and New Testaments*, p. 224 NT.

③ C. Haigh, *English Reformations: Religion, Politics, and Society under the Tudors*, Oxford: Clarendon Press, 1993, p. 122.

④ 这部著作于 1562 年用拉丁语写成，1564 年由 Lady Ann Bacon 译成英语。

Policy)。① 两部著述的主旨是从理论上为重建的国教会辩护，然而行文当中也表露了对"王权至尊"的怀疑态度。

作为一名秉持新教立场的国教会主教，约翰·朱厄尔对"王权至尊"存有矛盾心理。一方面希望借助王权的力量推动宗教改革的深化，希望君主对"真正的信仰"施加保护。朱厄尔说："好的君主把管理教会事务看作他们的职责"，"教会应当受到王权的保护"，主要是保护教会的法律与权利，具体所指包括教会奉行的教义与礼拜仪式。另一方面又不希望世俗君主过多地参与教会事务，因为确定宗教教义与礼拜仪式需要专门的知识，而世俗君主虽然精于治国之道与兵法战术，却不熟悉宗教的教义法理。如何使这个难题得以解决？朱厄尔提出，君主应当满足于充当国教会的保护者，在推动宗教改革完成之后，不再过多地插手教会事务，尤其是涉及宗教信仰的事务应当留待教会自由处置。②

理查·胡克也把君主描述成教会的护卫者，认为君主在判断与决定教会事务方面拥有显赫的权力，其中包括：对讲经布道活动与宗教礼拜仪式加以管理；主持教会法庭，审理司法案件；对涉及宗教信仰的争执做出仲裁。③ 但是到1593年时，胡克则含蓄地对伊丽莎白把教会事务视为"君主独享的权力"并借助主教行使至尊王权的方式展开了批评。胡克强调教会事务与王国事务之间的分离与独立，认为在一个基督教国度里，高居于王国之上的权力不可以依法向教会行使至高的权力。④ 胡克在对上述观点展开论述时，意在对伊丽莎白女王统治教会的方式加以节制，暗示至尊的王权不能把教会事务视为"君主独享的权力"。胡克的言论还涉及另外一个重要的宪政问题：在"王权至尊"的前提下，如何保障《大宪章》第一款规定的教会享有的"权力与自由"不受到侵犯？胡克的这些至关重要的观点都写在第八卷中，或许是考虑到这些观点有可能冒犯了女王，因此第八卷直到1648年才出版。

事实上，伊丽莎白时代的主教们并不完全认同"王权至尊"，他们认为王权对于教会事务的权力不应当是无限的。在这方面最为著名的事例是坎特伯雷大主教埃德蒙·格林德尔对伊丽莎白女王1576年剪除"圣经研读会"

---

① 这部著述的前四卷完成于1593年，并于当年出版印行；第五卷出版于1597年；余下的三卷在理查·胡克于1600年去世以后出版印行。
② John Jewel, *An Apology of the Church of England*, Ithaca: Cornell University Press, 1963, pp. 113-115.
③ G. R. Elton, *The Tudor Constitution: Documents and Commentary*, Cambridge: Cambridge University Press, 1960, pp. 368-369.
④ G. W. Prothero, ed., *Select Statutes and Other Constitutional Documents*, Oxford: Clarendon Press, 1954, pp. 246-247.

（prophesying）的指责。格林德尔拒绝执行女王的指令，认为女王的指令违背了上帝的旨意："我不能……同意剪除圣经研读会，我更不能发布指令，彻底而全面地倾覆圣经研读会，……与其触犯天国的上帝，我宁愿触犯尘世的陛下"①。从格林德尔的言谈看来，他实际上是认为在女王的权力之上还有更高的权威，女王只不过是上帝的创造物，而身居天国的上帝拥有更大的力量。格林德尔提醒女王在处理教会事务时服从上帝的旨意，实际上是认为主教的宗教权力来自"神"，而不是君主的赐予。

伊丽莎白时代对于"王权至尊"的不同看法，涉及王权与主教、教职会议、议会的权力关系，以及《大宪章》规定的教会的"权力与自由"如何受到保护等一系列问题。限于历史环境，当时的教会理论家仅仅是对上述问题提出疑问，不可能做出解答。

"王权至尊"还带来另外一个问题：王位易人极有可能引起宗教政策的改变。玛丽一世女王统治期间造成的宗教改革形势的逆转，使伊丽莎白时代的新教徒们在关注政府宗教政策的同时也始终热切地关注着王位继承问题。当玛丽一世在英格兰恢复天主教的统治时，内心深处的忠君思想与新教信仰之间不可避免地产生了对立，为了走出这种两难的境地，也是为了避免受到宗教迫害，很多新教徒走上了逃亡海外之路，从而有了一段刻骨铭心的经历。这样的经历也提示人们：当臣民的宗教信仰与君主个人的宗教倾向联系在一起的时候，王权至尊在某种程度上是很脆弱的。

六、结论

"王权至尊"的建立在实践上废除了教皇对英国教会行使的权力，在观念上颠覆了"教皇权至尊"以及与之相联系的"基督教世界"理论，并且将王权至尊上升到完整的对内治权的高度。如果说在"基督教世界"的框架之下，王权所关心的是将"上帝的事务"与"凯撒的事务"分开，上帝的事务由教会掌管，凯撒的事务由国王掌管，以使王权避免受到教皇权的侵犯，那么，王权至尊则力图使国王集凯撒与教皇的权力于一身，统领王国的教会事务与世俗事务，从而将英格兰从"基督教世界"中分离出来，形成由国王享有治权的基督教国家。

---

① Patrick Collinson, *The Elizabethan Puritan Movement*, London: Methuen, 1982, p.176.

"王权至尊"还涉及对英国教会权力体系的调整和改造，使之从原来的教皇权与王权的二元权力体系统治之下，改变成为处于一元化的至尊王权的统治之下。教职会议丧失了相对独立的教会事务立法权，只是在受到至尊的王权"邀请"的情况下，参与"国王在议会中"的立法行动。主教对于教区事务的管理权也被纳入了至尊王权的"教会事务代理人"以及"宗教事务委员会"的权力之下，使之在行使权力时更多地依赖于王权。

至尊的王权只是在管理教会的宗教性事务时遇到了障碍，这是因为国教会最高首脑（或最高统治者）既不具备教职身份也缺少神学造诣，不能履行诸如主持礼拜仪式之类的宗教职能，也难以直接参与对国教会宗教信条的确定。诸如发放特许证书、赦免证书之类的宗教权力，基本上是与坎特伯雷大主教分享。从这一意义上看，教皇的权力并未完全转移给至尊的王权行使，国教会最高首脑（或最高统治者）并不完全是集凯撒与教皇的权力于一身。

"王权至尊"的建立，不可避免地引起王权的扩张与膨胀。以往的二元权力体系固然易于引起教俗之间权力的冲突，但是也可以发挥互相之间的牵制作用。当教权被纳入王权的一元权力体系之后，教会至少在制度上臣服于王权，不再作为政治力量对王权起牵制作用。此外，一旦至尊的王权将照看臣民的宗教信仰视为自己的责任，有可能将个人的宗教信仰强加于整个民族，变成臣民的信仰，从而在宗教信仰上引起王权的专制。

圣职推荐权与教士的职业生涯

盎格鲁-撒克逊时代的英格兰修道士艾尔弗里克（Aelfric, c.955—1020），把公元10世纪的社会划分为三个职业人群："劳作的人"（*laboratores*）、"祈祷的人"（*oratores*）、"作战的人"（*bellatores*）。"劳作的人"是"为我们提供生存所需之人"，"是为我们供应食物的农夫"。"祈祷的人"是"为我们求助上帝之人"，"作为上帝的仆人日夜不停地为我们祈祷，在精神上与不可见的敌人战斗"。"作战的人"是"为我们护卫城镇及家园之人"，"作为尘世的武士与敌人战斗，使我们免受外敌的入侵"。艾尔弗里克认为，这样的三个群体相互合作，共同构成一个完整和谐的社会。①

教职人士作为"求助上帝之人"，作为"祈祷的人"，是上述三个职业群体之一。随着社会经济的发展，社会结构日趋复杂，商人、手工业者、律师、医生等职业相继出现，然而教士在中世纪的"基督教世界"始终是重要的社会职业群体，掌管着涉及人类灵魂的事务。出现在1421年的一封英格兰议会请愿书把人生事务分成三类——灵魂、肉体、世俗事务，请愿者认为应当对三者施行分门别类的管理：灵魂事务由上帝掌管，肉体事务由医生掌管，世俗事务由法律掌管。②

一、"有圣俸教职"与"无圣俸教职"

教职人士依照收入来源分为两类：一类是持有圣俸的"有圣俸教职"

---

① Walter William Skeat, ed., *Aelfric's Lives of Saints*, Volume II, London: Kegan Paul, Trench, Trubner & co., 1881, pp.120-123.
② R. E. Rodes, *Lay Authority and Reformation in the English Church*, Indiana: University of Notre Dame Press, 1982, p.2.

（beneficed clergy），另一类是不持有圣俸的"无圣俸教职"（unbeneficed clergy）。"圣俸"（benefice）从拉丁语的"采邑"（*beneficium*）一词演变而来，与采邑一样，圣俸也是"自由持有"（freehold）的产业，主要形式是圣职躬耕田（glebe）与什一税（tithe）收入。

在圣职授职礼上，需要向任职者授予一个头衔。由于档案记载有限，关于"头衔"的具体内容目前还不是十分清楚。据推测，头衔恐怕就是任职者是否持有"圣俸"（benefice）的标志。在这方面，一个明显的例子是1488年牛津大学举行的一次圣职授职礼上，有39名襄礼员受到祝圣，其中16人是"有圣俸教职"，余下的23人是"无圣俸教职"。这次授职仪式还祝圣了20名副执事，其中10人是"有圣俸教职"，另外10人是"无圣俸教职"。①

"有圣俸教职"与"无圣俸教职"的主要区别在于收入来源。如果有圣职推荐人为某一位教士提供圣俸，或者教士本人有家族产业作为圣俸，就有机会成为"有圣俸教职"。圣俸是教堂的永久性产业，教士一旦得到圣俸，不仅意味着有资格得到一份稳定的圣职躬耕田与什一税收入，而且意味着终生教职，除非年老退职或犯罪，极少有被剥夺的情况发生。因此，持有圣俸的教士有"教职界绅士"（clerical gentry）的美称。然而圣俸的数量是相对固定的，不足以使每一位教士都成为"有圣俸教职"。那些没有寻找到圣俸的教士就只能作为"无圣俸教职"寻求领取薪俸的职位。一般来说，无圣俸教职者收入低且不稳定，通常被称作"教职界无产者"（clerical proletariat）。实际上，在初涉教职界的人中，只有少数幸运者可以得到圣俸。

在中世纪，临时性教职的种类很多。堂区住持（rector）出于种种原因必须远离他的堂区时，往往出资延请一名堂区住持（vicar）代为照管堂区。有些教堂设有执事、副执事，这类教职是堂区住持举行礼拜仪式时的助手。有些教堂有附属的小礼拜堂（chapel），需要有忏悔神父（chaplain）主持。有些贵族之家也设有礼拜堂，聘请忏悔神父主持，可以称之为"私家忏悔神父"（household chaplain）。地位显赫的贵族之家可能聘请多名神父，例如第五代诺森伯兰伯爵家雇佣的神父多达11名。此外，行会或某些慈善团体也可能聘请忏悔神父，例如利奇菲尔德主教区的圣玛丽行会拥有一座圣玛丽礼拜堂，有多名忏悔神父在此服务。另外，追思礼拜堂（chantry）神父中也有一部分是领取薪俸的临时性教职。

---

① J.A.F. Thomson, *The Early Tudor Church and Society, 1485-1529*, London: Longman, 1993, p.143.

尽管大多数临时性教职的收入低，但如果一身兼任几项临时性教职，也有可能获得丰厚的收入。15世纪时，一位名叫约翰·多恩哈姆的教士每逢礼拜一、礼拜三、礼拜五在圣玛丽礼拜堂（chapel of St. Mary）主持礼拜仪式，此项教职的年收入是66先令8便士，这位教士还每逢礼拜二、礼拜四、礼拜六在一所救济院礼拜堂主持礼拜仪式，这项教职的报酬不是薪俸，而是实物。[①] 有些临时性教职的任期也并不短暂。约克郡塞尔比修道院在1399年和1401年分别为它的两座礼拜堂——塞尔比礼拜堂（chapel of Selby）、斯奈思礼拜堂（chapel of Snaith）聘请住持，其中塞尔比礼拜堂神父任期12年，斯奈思礼拜堂神父任期10年，而且只要任职者有能力继续履行圣职，任期还可以无限延长。[②]

诸如此类的临时性教职不仅可以增加教士的就业机会，而且有缓解教职供需矛盾的作用。这是因为"无圣俸教职"具有伸缩性，类似于教职界的一座蓄水池。尽管获取圣俸甚至多个圣俸是每一位投身教职生涯的教士追求的目标，然而那些一时无法跻身于"教职界绅士"行列的教士，可以在追求圣俸的过程中担任领取薪俸的临时性教职。除了少数幸运者，大多数教士往往需要等候很长时间才能得到圣俸。从教会档案记载中看，从进入教职界到得到圣俸被安置到教区，间隔十年者并不少见。在中世纪晚期，教士职位总的发展趋势是："有圣俸教职"数量不变，甚至减少；"无圣俸教职"数量增加。

二、圣职推荐权与教堂保有权

圣俸的存在，涉及由何人提供圣俸以及如何获得圣俸的问题。一般来说，圣俸是由教产的捐赠人提供的。依照中世纪教会的传统，教产捐赠人称为"恩主"（patron），对未来享有该项教产的教职拥有提名权，称为圣职推荐人。由于每一份圣俸都归圣职推荐人所有，因此每得到一份圣俸都需要圣职推荐人推荐。圣职推荐人实际上是教职界潜在的雇主，对教职界具有强大的影响力。教士就任圣职时，需要圣职推荐人开具推荐信，类似于一种经济担保书。教职人士获取圣俸的唯一途径就是寻找到圣职推荐人。

圣职推荐人的存在，使僧俗两界围绕圣俸形成了无数个社会关系网。进入

---

① R. N. Swanson, *Church and Society in Late Medieval England*, Oxford: Blackwell, 1993, p. 47.

② R. N. Swanson, *Church and Society in Late Medieval England*, Oxford: Blackwell, 1993, p. 48.

教职界并得以位列有圣俸教职行列，受复杂的社会因素左右。具有殷实家族背景的教士，可以从家族财产中划出一份教产作为圣俸。这些教士具有独立的经济地位，他们本人既是任职者又是圣职推荐人。然而，赫里福德主教区的档案记录显示，在1328—1448年，以家族世袭财产作为圣俸的教职数量稳步下降。到15世纪中叶时，这类教职人士的数量就更为稀少了。[①] 出身低微的人只好寻找圣职推荐人。这些人在得到推荐信、担任圣职以后往往与圣职推荐人之间形成一定的主从关系，为圣职推荐人服务。《帕斯顿家族书信集》中有许多事例反映了这个家族与其推荐的教士之间的关系。在记载中，帕斯顿家族推荐的一名堂区住持曾经依照主人的意愿主持礼拜仪式，由此而招致堂区教徒的不满，双方在举行弥撒礼时发生冲突。帕斯顿家族推荐的另一位堂区住持曾经在一封写给这个家族女主人的信中，详细报告在她的几块领地上各有多少只羊。[②] 这位堂区住持显然还负有为其主人管理庄园的责任，实际上是充当庄园管家。

　　教产的核心部分是教堂，此外还包括附属于教堂的地产，以及教堂所在地区一定范围内的什一税征收权。对这些财产的所有权被称为教堂保有权（church tenure）。教堂保有权是一项比较古老的权利，在诺曼征服前后就大体形成了。最初形成的教堂保有权由不同的人或团体持有，总的说来有以下几种形式。

　　（1）地产所有人保有的教堂。这类教堂或者建在王室庄园（或曾经是王室庄园）上，或者建在盎格鲁-撒克逊时代的国王赐地"书田"（book land）上，而且大多是由跟随国王作战有功的骑士（thane）持有的书田，实际上是由王室或贵族保有的教堂。无论是哪一种情况，一旦这类教堂有了固定的圣俸收入渠道，教堂保有人便不能随意改变传统，不得将圣俸收入据为己有，必须用这份圣俸供养教职身份的堂区住持。

　　（2）教士团体保有的教堂。这类教堂往往隶属于某一座修道院，或修道院性质的主教座堂教士团，而且大多是得自盎格鲁-撒克逊时代的王室赐赠，或者是虔诚教徒的捐献。虽然这类教堂的收入在原则上归教士团体所有，但是他们不得随意占用教堂圣俸的收入，而必须用圣俸维持这座教堂。在这种情况下，修士团体或者以他们中的修士主持这座教堂，或者以圣俸收入延请其他教士，作为堂区住持。

---

① E. F. Jacob, *The Oxford History of England: The Fifteenth Century, 1399-1485*, Oxford: Clarendon, 1985, p. 284.

② E. F. Jacob, *The Oxford History of England: The Fifteenth Century, 1399-1485*, Oxford: Clarendon, 1985, pp. 288-299.

（3）教士个人保有的教堂。这类教堂的所有人最初是堂区住持（recton），他们本人或祖先在接受教职后被安置在教堂服务。出于种种原因，这类教堂逐渐演变成教职个人或其后代的财产。之所以称这类教堂为"教士个人保有"，是由于它的所有权在某一时期被教士侵夺并形成传统，并不一定意味着教堂保有人世世代代是教职身份。在某种情况下，他们也需以圣俸收入延请教士，为这座教堂服务。

（4）主教保有的教堂。这是另一种形式的教士个人保有权，只不过这类教堂大多位于古老的主教区地产上，或者是盎格鲁-撒克逊时代的主教区管理中心。虽然这类教堂的来源不同，既有王室赐赠，也有当地教徒捐献，但是所有权逐渐被教堂管理人，也就是主教侵夺。

无论以哪种形式保有的教堂，在习惯上都是由教堂所有者享有该座教堂的圣职推荐权（advowson），亦即有权推荐某人获得这座教堂的圣俸收入。对于土地所有者来说，圣职推荐权具有潜在的重要性，因为圣职推荐权实际上是对"人"与物的支配权力。圣职推荐人在可能的情况下尽力捍卫自己的权力，轻易不肯让渡这一权力的行使权。国王亨利四世曾经写信给达勒姆主教座堂教士团监理，要求为国王政府的一名官吏安排圣俸，由于圣职推荐人坚持自主行使权力，国王的目的没有达到。[①] 也有侵夺圣职推荐权的事件发生，当事人迫于侵权者的权势而不得不接受强加给他的人选。国王理查三世就曾经要求利奇菲尔德主教将他拥有的一个教职安排给国王的一名宠臣担任，利奇菲尔德主教惧于国王的权势，没有胆量拒绝。[②]

圣职推荐权与地产所有权有某种相似之处，都涉及享有地产收益权。就如同人们拥有房屋、地产、牲畜那样，圣职推荐权也是一种可以世袭继承、可以转移的财产，在转移和继承的过程中也可能引起司法纠纷，因此，普通法一向把圣职推荐权作为私有财产对待。亨利二世时即已做出了这样的规定：涉及圣职推荐权的纠纷由郡守主持的普通法法庭裁决。郡守在审理涉及圣职推荐权的争讼时，一般的做法是召集一个陪审团，由陪审团宣誓证明谁是争议中的教士职位的最近一次推荐人。普通法法庭一般参照最近一次圣职推荐做出裁决，而不溯及既往。虽然圣职推荐纠纷由普通法法庭裁决，但有争议的教堂收入，诸如什一税、教徒捐献等，却是由教会法庭裁决。

---

① A. R. Myers, ed., *English Historical Documents, 1327-1485*, London: Eyre & Spottiswoode, 1969, p.667.
② R. N. Swanson, *Church and Society in Late Medieval England*, Oxford: Blackwell, 1993, p.69.

在通常的情况下，圣职推荐权与地产所有权联系在一起，亦即某一块地产的所有人，享有该地产上所建教堂的圣职推荐权。档案材料中记载有这样一个案例：某人拥有一块地产以及地产上教堂的圣职推荐权，在他去世时，地产连同教堂的圣职推荐权由他的遗孀与儿子分割继承，遗孀分得地产的三分之一作为"寡妇产"，以及三分之一的圣职推荐权（意味着在每三任教职中，有一任由她推荐），儿子继承余下的三分之二地产以及三分之二的圣职推荐权（意味着在每三任教职中，有两任由他推荐）；儿子保留下自己名下的地产所有权，但是将圣职推荐权出卖给了一位陌生人；陌生人推荐了前两任圣职，轮到遗孀推荐第三任教职时，她却去世了；作为"寡妇产"的地产自然是划归儿子所有，但是遗孀享有的圣职推荐权却引起了争议；陌生人要求享有第三任圣职推荐权，提出的理由是，遗孀的地产归入余下的三分之二地产，她享有的圣职推荐权也应划入余下的三分之二圣职推荐权；法庭最终裁决由儿子继承三分之一圣职推荐权。法庭的裁决结果表明：遗孀享有的圣职推荐权划入儿子享有的三分之二地产，而不是划入三分之二圣职推荐权，因为圣职推荐权是附属于地产的一种权力。①

圣职推荐人拥有的权力也不完全一样。有些圣职推荐人提出的教职人选无须主教批准即可正式就任圣职。但是通过这类圣职推荐权就任的教士必须从主教那里得到一纸履行圣职的许可证书，这类教职任职以后如有违背教会法之处也可导致被免职或停职。也就是说，这是一种提名权与任命权合一的圣职推荐权（advowsons donative）。然而，大多数圣职推荐人还必须将提出的人选报送主教批准。所谓主教批准，除了审查推荐的人选是否有能力承担与该项圣俸相关的教职，还要对该项圣俸的情况（诸如是否空缺、收入多少等），以及推荐人的权利是否正当进行审核，为的是避免重复推荐、越权推荐的情况发生。如果在审查的过程中发现了问题，主教有权拒绝为这类教职的候选人授圣职、安排教区，但是这种情况极少发生。也就是说，这是一种只享有提名权的圣职推荐权（advowsons presentative）。一般来说，主教对这类圣职推荐权产生的教职可以直接控制，对前一种圣职推荐权产生的教职只享有监督权。还有一种由主教座享有的圣职推荐权（advowsons collative），实际上是由主教自行提名、自行任命的圣职推荐权。

既然圣职推荐权是与地产所有权联系在一起，那么，也可以像对待地产那样对待圣职推荐，不仅可以继承，也可以买卖、出租或无偿让渡。事实上，这

---

① R. E. Rodes, *Lay Authority and Reformation in the English Church*, p. 35.

几种情况在中世纪都时有发生。如果圣职推荐人对行使权力不感兴趣,他通常采取下列几种变通的办法:(1)将权力出售或赠送,这种出售和赠送既可以只涉及圣职推荐权,也可以涉及圣职推荐权背后的教产。(2)在继续保有圣职推荐权的前提下,出租或无偿让渡一定期限的圣职推荐权。(3)让渡对圣职的提名权,但是保有向主教推荐的权力。也就是别人提名,他推荐。这种做法意味着圣职推荐人掌握着对他人提名的最后确认权,从而保证圣职推荐权的安全系数,避免圣职推荐权在临时让渡的过程中因出现混乱而最终丢失。

为什么会出现让渡圣职推荐权的现象?实际上,圣职推荐人永久性或临时性出让权力是出于多种多样的原因。首先,按照英国教会的传统,如果某一教士职位空缺,推荐人必须在一定期限内提出候选人,如果逾期未提出候选人,则由主教提供人选。对于那些无兴趣提出候选人的圣职推荐人而言,与其坐视由自己保有的教堂落入主教或国王之手而一无所得,不如把圣职推荐权甚至教堂保有权出售,多少有些收益。其次,圣职推荐人一时提不出合适的人选,但是他又非常希望有一名教士来主持他的教堂,在这种情况下,他可能会接受别人推荐的人选。遇到这种情况,教堂保有人会要求提名人为行使了推荐权而付费。再次,有些精明的圣职推荐人在他自己的候选人刚刚任职后,马上出售下一任圣职推荐权,为的是提前获得一笔收益。根据伍斯特主教区档案的有限记载,出售下一任圣职推荐权的价格一般在30—100英镑之间。

为什么有人乐于购买下一任圣职推荐权?有的时候是因为购买者希望推荐自己的亲朋好友担任圣职,这种情况不一定出于宗教动机。有的时候是某一教职的在任教士在本人不便亲自出面的情况下,指使某人出面购买教职推荐权,为的是假手这位购买人使自己的私生子继任教职。还有一些人把购买圣职推荐权看作在社会和财政方面的投资,以便将来取利。出售下一任圣职推荐权的做法对教职成分的构成有一定的影响,它使得下层乡绅与无地阶级在付出一定代价后,获得了选择当地堂区住持的发言权。

宗教改革以后,随着新教派势力的发展,出售圣职推荐权的做法已经很少见,主要原因是失去了圣职推荐权的买主。新教派注重讲经布道而轻视宗教礼拜仪式,宗教改革以后很多教堂出现了由新教徒出资设立的讲经席(lectureships)或布道席(preacherships),由于有了新的聘请教职的渠道,因而无须再通过购买圣职推荐权来安插自己的人选。

三、教士的职业竞争

无论是圣职推荐人制度，还是各类临时性教职的设立，都使教职界的职业竞争复杂化。一部分在职业竞争中处于有利地位的教士可以得到待遇优厚的教职，而那些缺少竞争能力的教士只能接受收入微薄的教职。由于教士之间贫富悬殊，教职界也出现了两极分化的现象。

主教、修道院长等高级教职除了享有圣俸，还大多享有"封土"性质的"世俗性地产"。圣俸连同"世俗性地产"，可以为这些高级教职带来几百甚至几千英镑的年收入，他们中间的富有者与世俗贵族的岁入不相上下。根据历史学家对1535年教职收入估定清册的研究①，英格兰与威尔士21个主教区每一年得自地产的毛收入总额大约是26,100英镑，得自行使宗教职能的毛收入大约是3,450英镑，在扣除各项费用及成本后，这两项的年净收入额大约是28,022英镑。这最后一项净收入数字是可以向国王政府提供税款的收入，现将各主教区记录在册的年均净收入总额（也可称作国王政府据以征税的收入）的统计结果引述如下②：

主教区	年均净收入总额
温切斯特	3,885 英镑 3 先令 3 3/8 便士
坎特伯雷	3,223 英镑 18 先令 7 1/8 便士
达勒姆	2,821 英镑 1 先令 5 1/4 便士
伊利	2,134 英镑 18 先令 5 便士
约克	2,035 英镑 13 先令 7 便士
林肯	1,962 英镑 17 先令 4 1/2 便士
巴斯与韦尔斯	1,843 英镑 14 先令 5 1/4 便士
埃克塞特	1,566 英镑 13 先令 6 1/2 便士
索尔兹伯里	1,367 英镑 12 先令 8 便士
伦敦	1,119 英镑 8 先令 0 便士
伍斯特	1,049 英镑 17 先令 3 3/4 便士

---

① 主教区地产的数量在13世纪形成以后没有发生很大变化，甚至基本维持原状不变，因而1535年的教职收入清册可以为研究前一时期主教区的地产状况提供比较可靠的参考数字。

② Felicity Heal, *Of Prelates and Princes: A Study of the Economic and Social Position of the Tudor Episcopate*, Cambridge: Cambridge University Press, 1980, p.54.

续表

主教区	年均净收入总额
诺里季	978 英镑 19 先令 4 1/2 便士
赫里福德	768 英镑 10 先令 10 7/8 便士
考文垂与利奇菲尔德	703 英镑 5 先令 2 5/8 便士
奇切斯特	677 英镑 1 先令 3 便士
卡莱尔	541 英镑 4 先令 11 1/2 便士
圣·大卫	457 英镑 2 先令 10 3/4 便士
罗切斯特	411 英镑 0 先令 11 3/4 便士
圣·阿萨夫	187 英镑 11 先令 6 便士
兰达夫	154 英镑 14 先令 1 便士
班戈	131 英镑 16 先令 3 1/2 便士

从上述统计可以看出：温切斯特、坎特伯雷、达勒姆、伊利、约克5个主教区是所有主教区中最富裕的主教区，年收入都超过2,000英镑；相比之下，位于威尔士的班戈、兰达夫、圣·阿萨夫是最贫穷的主教区，年收入都在200英镑以下。① 各主教区的纳税额也可以反映出不同主教区之间的贫富差异，仅以温切斯特主教区与班戈主教区为例，前者的纳税额是后者纳税额的30倍。②

堂区圣俸的收入水平也各不相同，差别很大。通常情况下，堂区圣俸的年收入水平不超过10英镑。在当时的物价水平下，年收入10英镑堪称小康水平，以至于有研究者把年收入10英镑左右的堂区住持称为"堂区绅士"。也有许多年收入大大低于10英镑的堂区住持。15世纪的一组统计数字表明：相当多的堂区住持年收入不足12马克（合8英镑）；这种收入水平的堂区住持（rector）职位，坎特伯雷主教区有54个，赫里福德主教区有50个，奇切斯特主教区奇切斯特执事长辖区有25个。③

由于档案记载不详，对那些无圣俸教职的收入水平难以做出具体的描述，只能根据现有材料做出推测。堂区教产易手的现象大量出现以后，教会曾经在

---

① 《英国历史文献》列有1535年教职收入清册统计的一组数字，与费利西蒂·西尔列举的数字略有差异，参见 A. R. Myers, ed., *English Historical Documents, 1327-1485*, p.725。
② Felicity Heal, *Of Prelates and Princes: A Study of the Economic and Social Position of the Tudor Episcopate*, pp.21, 71.
③ E. F. Jacob, *The Oxford History of England: The Fifteenth Century, 1399-1485*, Oxford: Clarendon, 1985, p.279.

1222年规定堂区住持（vicar）的年收入不得低于5马克（折合3英镑6先令8便士），这项规定可以被视为该职位的最低收入限制。1378年，坎特伯雷大主教对此前的规定做出调整，将堂区住持（vicar）与忏悔神父（chaplain）的最低年收入提高到6马克（折合4英镑）。[1] 如果说5马克或6马克是堂区住持（vicar）收入的下限，那么该职位收入的上限是多少呢？15世纪对堂区教职的年收入进行统计时，坎特伯雷主教区有37个、赫里福德主教区有30个、奇切斯特主教区奇切斯特执事长辖区有34个堂区住持（vicar）职位的年收入不足12马克（折合8英镑）。[2] 可以认为，12马克代表了大多数堂区住持（vicar）的最高收入。

忏悔神父的情况要复杂一些。在14世纪早期的圣职授职名册中，很多接受圣职者的名下有"40先令"的字样，这恐怕代表了教职界的最低收入，而且很可能是私家忏悔神父的最低年收入。由于私家忏悔神父的膳宿通常由主家负担，40先令是扣除了膳宿之后的净收入，这也是私家忏悔神父的年薪为何如此之低的原因。[3] 亨利五世时，议会法令规定忏悔神父的年薪是7马克（折合4英镑13先令4便士）。16世纪早期，约克郡各个堂区礼拜堂神父的标准年俸是4英镑。[4] 以上所述只是无圣俸教职收入的一般情况，不能排除有高收入的薪俸教职存在。从偶尔可见的记载来看，少数薪俸收入最高者可达10英镑以上。领取薪俸的堂区教职有时也可以从堂区的什一税收入中分取一部分。此外，由于临时教职的收入相对较低，也有兼领教职以弥补收入之不足的现象。

薪俸水平不是静止不动的，教职的供求关系也可能影响到薪俸水平。黑死病流行造成教职界人口锐减，教职人士供应短缺，不仅使无圣俸教士在应聘时有了更多的选择机会，而且促使薪俸水平提高。尽管在黑死病以后议会采取过限制教职薪俸的举措，社会舆论关于教职人士过于贪婪的指责也很多，有的主教甚至强迫教士接受薪俸低的教职，但是都难以阻止因供求关系紧张而造成的教职薪俸上涨的趋势。1450年前后，仅追思礼拜堂神父的薪俸水平就已上涨到10马克以上。有些教士受原有契约关系的约束，一时难以摆脱薪俸收入低的教职，也想方设法兼领教职。兼领教职现象的加剧恐怕与这一时期教职薪俸的增加有关。黑死病流行对有圣俸教职也有影响，其主要特点是圣俸供养的教职界人口降低了。由于黑死病流行造成俗界人口锐减，导致什一税收入减少、不足

---

[1] A. R. Myers, ed., *English Historical Documents, 1327-1485*, London: Eyre & Spottiswoode, 1969, p. 729.

[2] E. F. Jacob, *The Oxford History of England: The Fifteenth Century, 1399-1485*, Oxford: Clarendon, 1985, p. 279.

[3] R. N. Swanson, *Church and Society in Late Medieval England*, Oxford: Blackwell, 1993, pp. 49-50.

[4] R. N. Swanson, *Church and Society in Late Medieval England*, Oxford: Blackwell, 1993, p. 47.

以供养教士。在很多教区发生了合并圣俸亦即兼领圣俸的现象。兼领圣俸造成的后果是一部分教士占有多个教职，另一部分教士失去得到圣俸的机会，从而引起教职界人口从有圣俸教职向无圣俸教职的流动。

一般说来，要想得到收入丰厚的教职，有两个条件是必不可少的，一个是受过大学教育，另一个是在教职界或国王宫廷有良好的社会关系网。具备了这两个条件，就可以在职业竞争中处于优越地位，条件优越者也不一定依循教职界的金字塔结构从堂区住持到执事长、主教、大主教逐级升迁。14世纪中叶以后，圣职推荐权发生了变化。1351年《圣职任职法》（Statute of Provisors）制定以后，教皇掌握的圣职推荐权基本上被国王剥夺，国王成为英国教会最强大的圣职推荐人。除了国王，牛津、剑桥两所大学，坎特伯雷大主教与约克大主教也握有数量庞大的圣俸。如果某一位教士本身具有良好的素质，又得以进入这几个关系网，就可能在教职界占据圣俸优厚的高级教职。在这方面，都铎王朝早期权倾一时的沃尔西是一个极端的例子。

托马斯·沃尔西（Thomas Wolsey, 1473—1530）早年就读于牛津大学马达兰学院（Magdalen），15岁时获得学士学位。大约在1498年，沃尔西在牛津大学初涉教职界，成为司祭神品的教士。离开牛津以后，沃尔西先后担任坎特伯雷大主教迪恩与驻加莱城的国王总代理理查·南范爵士的忏悔神父。以后又经南范爵士介绍担任亨利七世的忏悔神父，由此而得以接近宫廷。亨利八世继位以后，沃尔西在1509年成为国王的宫廷内侍，担任赈济分发员（almoner）职务。在1513年的一次讨伐法兰西的远征中，国王发现了他的组织和管理才华，遂使沃尔西在宫廷中的影响日益扩大，并由此在僧俗两界获得他人无法替代的地位。从1515年至1529年，沃尔西作为国王的中书法官法官掌管国王政府，作为约克大主教与教皇使节控制英国教会。沃尔西在权力的鼎盛时期，身兼约克大主教（1514—1530年）、巴斯与韦尔斯主教（1518—1523年）、达勒姆主教（1523—1529年）、温切斯特主教（1529—1530年）、圣奥尔本斯修道院院长（1521—1530年）五个重要教职，年收入可达35,000英镑，相当于王室收入的四分之一。沃尔西出身于伊普斯维奇一个屠夫兼牛贩的家庭，在进入牛津大学以前与政界和教职界没有任何联系。他之所以最终取得一人之下、万人之上的地位，除了自身能力因素，与他结交有权势的人物有很大的关系。

早在沃尔西崛起之前一个多世纪，牛津、剑桥大学的毕业生就已经在教职界职业竞争中处于有利的地位。他们在大学修学期间，除获得知识、文凭之外，还有机会建立起某种社会联系，便于寻找圣职推荐人。坎特伯雷大主教亨利·奇切利（Henry Chichele, 1414—1443）在任职期间，重用学术界、知识界优秀分子，任命了许多剑桥、牛津的毕业生担任高级教职。奇切利以后，越来越多的神学、法学博士在为国王政府服务的同时，在教会担任高级教职。但是在15世纪的一段时期内，大学毕业生在就职时也同样遇到困难，很多人也需从忏悔神父或堂区住持（vicar）做起，艰难地向金字塔结构的顶点攀登。这种局面到15世纪末才有所缓和。

受过高等教育的教士获取的薪俸收入也略高一些。珀西家族在聘请忏悔神父时，未接受大学教育者的年薪是40先令，大学毕业的教士年薪66先令8便士。① 后者的年薪高出前者百分之五十以上。

既有大学教育背景，又有为国王服务经历的教士有机会依仗权势兼领教职。由于兼领高级教职可以带来巨额财富，因而这类兼领教职更为引人注目。托马斯·沃尔西在兼领教职方面堪称典范，除了普通的主教区，英国最富有的温切斯特主教区与最富有的圣奥尔本斯修道院也都在他的掌握之中。相比之下，其他兼领高级教职者虽然在当时显得很突出，但是比起沃尔西就逊色多了。14世纪时，枢机主教安尼贝尔多·盖太尼（Annibaldo Gaetani）在一段时期内身兼诺丁汉执事长、白金汉执事长，在林肯主教座堂和奇切斯特主教座堂教士团领取圣俸，在肯特与苏塞克斯的两座教堂领圣俸，所有这些教职为他带来的年收入是785马克（折合523英镑3先令8便士）。15世纪末的一名教士亚历山大·李在约克大教堂、威斯敏斯特教堂、伦敦圣保罗教堂、林肯主教座堂、索尔兹伯里主教座堂等地兼领9项教职，年收入多达800马克。②

有圣俸教职还有一项优越性，那就是圣俸持有者年老离任后可以获得养老金，称为"恩俸"（pension）。除堂区住持（vicar）外，其他领取薪俸的教士获得的是类似一种合同制教职，一旦契约规定的年限到期，双方的权利和义务便告终结，因此不涉及养老金问题。各主教区对恩俸的数量并没有统一规定。由于恩俸是从离任者先前持有的圣俸中支出，因此离任者需与他的继任者就恩俸的数量进行协商和讨价还价。成功的讨价还价可以使离任者得到较多的恩俸，例如诺森伯兰伯爵的兄弟艾伦·帕西（Alan Percy）过去是一个堂区住持（vicar），他在1517年离任时成功地从他的继任者那里得到每年8英镑恩俸的允诺③。

---

① R. N. Swanson, *Church and Society in Late Medieval England*, Oxford: Blackwell, 1993, p.49.
② R. N. Swanson, *Church and Society in Late Medieval England*, Oxford: Blackwell, 1993, p.53.
③ R. N. Swanson, *Church and Society in Late Medieval England*, Oxford: Blackwell, 1993, p.57.

四、结论

　　教职界强大的职业地位是多种因素造成的，来自社会的物质力量的支持无疑是最为主要的因素。然而这种物质的支持并不是无条件的，而是附加有各种权利和义务的关系，圣职推荐制度是其中之一。从表面上看，圣职授职权掌握在各级教会组织手中，每逢教士就任新的教职，需要教皇或主教从任职资格的角度做出审查，然后正式授予圣职。然而在实际上，真正的权力掌握在圣职推荐人手中。圣职推荐人是教职界的雇主，是寻求教职者追逐的对象，教职界的职业竞争在很大程度上是围绕着圣职推荐人展开的。

　　尽管教会针对教士任职资格做出种种规定和限制，力图在教职界与俗界之间划清界限，使教职界成为一个独立于俗界的职业团体，然而由于大量的圣职推荐人来自俗界，造成的直接后果是教士的职业生涯日益受俗界控制。圣职推荐人制度是一把双刃剑，一方面为教职界提供了强大的物质支持，强化了教士的职业地位；另一方面又使得教会不能自主行使任命教职的权力，在主持圣职授职的教会组织与接受圣职的教士个人之外，存在着起决定作用的第三种力量。

　　发生在中世纪的多起圣职授职权之争，在很多情况下与圣职推荐制度有关。中世纪的有识之士对此有十分清醒的认识。在神圣罗马帝国皇帝与教皇之间关于德意志主教的授职权之争中（1075—1122年），教皇帕斯克尔二世（Paschal II）认识到，帝国皇帝之所以掌握着对德意志主教的授职权，归根结底是由于主教们持有大量皇帝授予的地产。正是基于这样的认识，帕斯克尔二世在1111年提出了一个解决方案：帝国的主教们放弃皇帝授予的地产以及与之相关的权力，皇帝放弃对主教的授职权。[①] 这个建议固然是一个根本性的解决方案，然而过于理想化，侵害了地产的提供者与享有者双方的利益，主教们不愿放弃皇帝授予的地产及其带来的权势，帝国皇帝也不情愿放弃对主教的授职权。来自僧俗两界的反对，使教皇的这一建议很快化作泡影。

---

① C. W. Previté-Orton, *The Shorter Cambridge Medieval History*, Vol.1, Cambridge: Cambridge University Press, 1978, p.498.

20 世纪英国宗教改革史学

20 世纪的历史学经历了巨大的变化，美国历史学家赫克斯特早在世纪中叶就把这一变化定性为"历史学革命"，并且将这一革命与 17 世纪的"科学革命"相提并论，同样视为学术发展史上的里程碑。[①]20 世纪的历史学革命深入到史学研究的许多方面，英国宗教改革史学是其中重要的组成部分。

一、波拉德奠定的宗教改革史学

20 世纪的英国宗教改革史学在很大程度上是由波拉德奠定的。从 20 世纪之初始，波拉德主持伦敦大学的都铎史研究达 50 年之久。埃尔顿在写于 1956 年的文章《伦敦大学都铎史研究五十年》(Fifty years of Tudor Studies at London University) 中，高度评价了波拉德在伦敦大学主持的都铎史研究，称其"产生了一代具备专业态度、经过专业化训练的都铎学者，其结果是彻底改写了 16 世纪的英格兰历史"[②]。波拉德在伦敦大学创建"历史学院"，为学生提供历史学专业训练；召集伦敦的历史学家在星期四晚上举行学术研讨会，在此基础上于 1921 年组建"历史研究所"(Institute of Historical Research)，成为英国以及世界范围内的史学研究中心；发起成立"历史学会"(Historical Association)；创办《历史》(History) 期刊。由于波拉德的努力，以伦敦大学为中心形成了历史学家群体，20 世纪的英国宗教改革史学家或多或少受到这个群体的影响，他们中间的许多人与波拉德有着直接或间接的师承关系。

[①] J. H. Hexter, *Reappraisals in History*, London: Longmans, 1967, p.xi.
[②] F. S. Fussner, *Tudor History and the Historians*, London: Basic Books, 1970, p.75.

当波拉德开始史学撰述的时候，正值史学界开始寻找更为科学的方法研究历史，强调运用原始资料对历史的细节做出客观解释。1902 年，波拉德以《亨利八世书信集》(Letters and Papers, Foreign and Domestic, of the Reign of Henry VIII)[①]为主要依据写成《亨利八世》一书，深入阐述了宗教改革发生的原因，以及亨利八世在宗教改革中的作用。

在波拉德之前，著述家在叙述英国宗教改革历史时，往往关注于道德的评判，波拉德形象地将这种评判比喻为：亨利八世到底是"人类之鞭阿提拉"，还是"奥吉恩牛舍的清洗人赫尔克勒斯"，[②]亦即亨利八世宗教改革是对教会的毁灭，还是对教会的清扫？是好事还是坏事？是出于个人私利还是为了公众的利益？类似的道德评判在很大程度上是出自撰述者各自的宗教立场，缺少史学的公正性。《亨利八世》有意识地摒弃先前的道德评判，转而从国王的权力入手，以大量的篇幅讨论亨利八世如何在宗教改革期间获得并运用权力，并进而为"都铎王权"定性。

19 世纪史学家格林在《英国人民简史》一书中阐述过专制君主的问题，提出了"新君主制"(New Monarchy)的概念。格林认为"新君主制"产生于玫瑰战争的废墟之中，开始于爱德华四世统治时期的 1471 年，结束于伊丽莎白一世时代。格林将"新君主制"定义为：强大的王权，议会的权力受到压制，教会成为专制君主的统治工具。[③]《亨利八世》一书继续格林的话题，并使"新君主制"这一命题的内容更加趋向复杂化。波拉德提出，亨利八世宗教改革之所以能够成功，是因为在经历了 15 世纪的玫瑰战争、兰加斯特王朝与约克王朝时期议会政府的混乱统治之后，英格兰人更乐于把权力交给强有力的王权而不是议会[④]，而亨利八世本人也具备行使强大王权的各种素质——高大英俊、文武才艺双高、明智、有决断[⑤]。表面上看，波拉德认为宗教改革是亨利八世个人意志的胜利，然而在深层意义上，波拉德认为没有英格兰民众赋予的权力，亨利八世宗教改革不可能成功。他坚持认为，都铎王朝专制王权的建立并不意味着议会作用的丧失，议会制度反而在亨利八世统治时期得到扩大和发展，议会的权力

---

① 《亨利八世书信集》从 1864 年开始由 J. S. Brewer 编纂，至 1910 年由 James Gairdner 与 R. H. Brodie 完成。
② A. F. Pollard, *Henry VIII*, London: Longmans, 1919, p. 1.
③ John Richard Green, *A Short History of the English People*, London: Macmillan, 1915, pp. 274, 313.
④ A. F. Pollard, *Henry VIII*, London: Longmans, 1919, pp. 33, 35.
⑤ A. F. Pollard, *Henry VIII*, London: Longmans, 1919, pp. 39-42.

得到维护，尽管此时的议会在很大程度上是王权统治的工具。①波拉德的上述言论似乎意在说明，都铎时期的议会依然处于王权的统治之下，只不过他在策划宗教改革时赋予了议会更加重要的角色。

波拉德的这部著作也有不足之处。《亨利八世书信文件集》并没有将亨利八世的书信文件全部囊括其中，只是一部书信文件的选编。波拉德几乎完全依据这部并不完整的书信文件集撰写亨利八世传记，并没有阅读其他相关原始手稿。采用史料的局限性，难免造成研究视角的偏颇。书中处处以国王和政府文献为依据论述问题，很少顾及公众舆论；倾向于从国王政府政策的角度，而不是从其他社会力量的角度论述宗教改革的起因；忽略了对文化史的研究，造成对都铎时期的宗教生活判断失误；对沃尔西的司法与行政改革评价过高，对克伦威尔的重要性评价过低。

上述不足之处在将近半个世纪以后的1950年被他的学生指出来了。宾多夫撰写的《都铎英格兰》一书在很多方面沿袭了波拉德的解释，但是对波拉德的研究方法提出了批评，对某些结论做出了修正。宾多夫认为，要想对英国宗教改革做出全面的解释，像波拉德那样仅研究亨利八世本人是不够的，还必须对影响宗教改革进程的许多其他因素加以考察，如国内权力的平衡、时人的态度等。与波拉德把亨利八世作为一个成功者来歌颂不同，宾多夫对亨利八世宗教改革是否成功提出怀疑。他认为，由于亨利八世不能对人的思想加以控制，宗教改革在16世纪40年代有失控的趋势。②

二、第二次世界大战之后的专题研究

第二次世界大战以后，历史学著述中的专题研究日益增多，宗教改革史学也提出了一些新的议题。波拉德在他的著作中把亨利八世作为宗教改革的核心人物加以描述，行文中处处推崇亨利八世，贬低国王政府大臣的重要地位。这一立场受到了战后新一代史学家埃尔顿的挑战。1953年，埃尔顿在《都铎政府革命》一书中发掘出亨利八世时代的首席国务大臣托马斯·克伦威尔在推动改革方面发挥的至关重要的作用，认为克伦威尔是亨利八世宗教改革的实际策划

---

① A. F. Pollard, *Henry VIII*, London: Longmans, 1919, p.264.
② S. T. Bindoff, *Tudor England*, London: Penguin, 1964, pp.110-111.

人与实施者。

为了深入论述这一主题，埃尔顿在《历史》期刊（1954年）发表文章《国王还是大臣？亨利八世宗教改革的幕后人物》（King or Minister? The Man behind the Henrician Reformation），明确提出"与罗马教廷决裂"的改革方案出自克伦威尔的创议。他以大量篇幅阐述了这一主张的依据：（1）在亨利八世提出废除与王后的婚姻之后长达6年的时间内，或者尝试着由作为教皇使节的沃尔西做出裁决，或者尝试着说服教皇批准他的请求，尽管一再受挫也不曾考虑过其他的解决途径。直到1531年末，当克伦威尔成为御前会议核心成员之后，事情才有了根本性的改变。埃尔顿认为，是克伦威尔提出了"主权"（表达为"empire"）的概念并且将这一概念详细阐述在1533年的《禁止向罗马教廷上诉法令》的前言之中，最终以与罗马教廷决裂的方式解决了这一难题。埃尔顿据此认为，亨利八世宗教改革实际上是实践了克伦威尔的政治理想。（2）埃尔顿研读克伦威尔任职期间的首席国务大臣官署信函与官报，以及保存在英国公共档案馆的议会草案手稿，从中发现了许多带有克伦威尔手迹的内容。这些内容显示，宗教改革议会制订的法令中有很多重要的条款是克伦威尔起草的。①

埃尔顿对都铎政府机构运行的史料有充分的了解与研究，在他的全部著述中，始终贯穿着对史料的考订与批评。比此前的研究者更加高明的是，埃尔顿不仅研读最终由议会三读之后通过的法令，而且研读法案草稿，追踪法令的修改过程，从中寻找宗教改革的创意人。由于充分地占有史料，埃尔顿的研究关注细节，能够从细微之处发人所未发，对克伦威尔的新发现正是建立在潜心研读历史手稿的基础之上。

在《都铎王朝统治下的英格兰》一书中，埃尔顿进一步论述了克伦威尔的早年经历对他日后成就宗教改革事业的影响。埃尔顿评论说，克伦威尔之所以权倾一时并不仅仅是因为他掌管着国王政府的要害部门，而是由于国王对他的信任。这种信任在很大程度上来自他为国王解决了久拖未决的婚姻案，排斥了教皇对英格兰教会的权力，确立了"王权至尊"。埃尔顿把克伦威尔描述成一位宪政设计师，认为是克伦威尔把亨利八世关于将教皇权逐出英格兰的朦胧要求明确地表达为"王权至尊"，并且借宗教改革之机对英格兰的政治结构实行重

---

① G. R. Elton, "King or Minister? The Man behind the Henrician Reformation", in G. R. Elton, Studies in Tudor and Stuart Politics and Government, Volume I, Cambridge University Press, 1974, pp. 173-188.

组,奠定了"近代立宪君主制",组建了"主权国家"。①埃尔顿的研究深受现代政治学说的影响,常常用19世纪或20世纪的眼光观察16世纪的人与事,诸如"近代立宪君主制""主权国家"之类的宪政词汇在埃尔顿的著述中经常出现。在一篇被认为是"修正史学"之发端的文章——《通向内战之路?》(*A High Road to Civil War?*)中,埃尔顿告诫历史学家不要从结局出发"反观"历史,而应当站在当时的立场上,顺着历史事件发展的方向"前观"历史②,可是埃尔顿自己却难免用现代人的眼光研究宗教改革,把克伦威尔解释得过于世俗化了,似乎他的思想完全不受中世纪罗马教皇神权观念的约束,他的改革方案使英格兰一举迈入了近代君主政治。

埃尔顿将英国宗教改革归之于克伦威尔的创议,这一观点遭到了其他史学家的非议,其中最为著名的是斯卡里斯布里克。在1968年出版的《亨利八世》一书中,斯卡里斯布里克提出:亨利八世统治时期的重要事件,诸如战争、废除国王与王后的婚姻、与罗马教廷决裂,都是由亨利八世发起;早在1530年秋天,亨利八世就着手创建民族自治教会了;在借助议会法令实现"王权至尊"之前,亨利八世就朝着这个方向采取循序渐进的措施,到1530年夏天就已经使反教皇的局面初露端倪了。③斯卡里斯布里克的观点与波拉德相似,这就难怪有评论者认为他的这部著作只不过是"对波拉德撰写的亨利八世传记的修订"④。埃尔顿对这本书的评论更加具体:与波拉德一样注重国王的统治地位,但是怀疑他的能力,而且对他的残暴耿耿于怀。⑤

斯卡里斯布里克并不否认克伦威尔的作用,只是不像埃尔顿那样把克伦威尔看作宗教改革的策划人。他把克伦威尔描述成一位具有"国家"与"主权"观念、关注议会与法律的权威性,并且具备行政管理才能的人,认为亨利八世的革命性政策能够付诸实施,在很大程度上是借助克伦威尔的"能量"与"创造性地解释建筑师意图的想象力"。斯卡里斯布里克逐一列举了克伦威尔的所作所为:宗教改革议会后期的立法是在克伦威尔的直接主持下制订的;克伦威尔预见到了与罗马的决裂以及"王权至尊"的建立;他主持实施了解散修道院的

---

① G. R. Elton, *England under the Tudors*, London: Methuen, 1978, pp. 127-129.
② G. R. Elton, *Studies in Tudor and Stuart Politics and Government*, Volume II, Cambridge: Cambridge University Press, 1974, pp. 164-182.
③ J. J. Scarisbrick, *Henry VIII*, California: California University Press, 1970, pp. 46, 289, 287-288.
④ Rosemary O'Day, *The Debate on the English Reformation*, London: Methuen, 1986, p. 128.
⑤ G. R. Elton, *England under the Tudors*, p. 494.

庞大计划；在他的主持或影响下创建了增收法庭与首年金法庭；克伦威尔发动了大规模的宣传攻势，以便依照宗教改革建立的新秩序塑造公众舆论。① 斯卡里斯布里克的结论是，尽管克伦威尔悉心体察主人的意图并为其效力，但亨利八世从来没有赋予他像此前的枢机主教沃尔西曾经享有的那种自由，因而他不是宗教改革的设计者而只是执行人。②

艾里克·艾夫斯也加入到这场争论之中。他撰写的《安·波林》一书阐述了亨利八世的第二任王后安·波林的新教信仰以及在亨利八世宗教改革中发挥的重要作用，认为波林"在推动亨利申明对教会的领导权方面发挥了主要的作用。申明这一权力不仅意味着对罗马教皇首席地位的排斥，……而且涉及宗教信仰的深刻变化，引起英格兰基督教会组织性质的革命"。艾夫斯以大量的家族档案与私人信件为依据详细阐述了他的新发现：（1）安·波林借助任命一批造诣高深的新教派学者担任主教及其他高级教职对教会事务施加影响；（2）亨利八世在决策时往往受到一个由权势人物组成的小团体的影响，安·波林是这个小团体的成员之一，其他成员包括首席国务大臣克伦威尔、大主教克兰默等人；（3）安·波林与海外的新教改革家（如旅居布鲁塞尔的圣经译者廷代尔，斯特拉斯堡宗教改革家布瑟）保持着私人间的联系，在传播宗教改革主张方面发挥过重要作用；（4）波林是改革派的核心人物，以至于克兰默等人在1536年波林失势以后担忧新教改革事业也将随同她一同倒台；（5）1535年至1536年冬天，波林参与了关于解散修道院的讨论，而她本人并不赞成将修道院地产还俗，只是赞成将修道院改作他用。③ 波林在历史上是一个颇有争议的人物，天主教认为她是"信奉异端的娼妓"，欧洲大陆的新教改革家把她视为"英雄"，亨利八世对她的裁决是"乱伦通奸"，还有人认为她是宫廷派系斗争的牺牲品，艾夫斯的这部传记又把她塑造成亨利八世宗教改革的幕后策划人。

之所以出现关于亨利八世宗教改革幕后策划人的争论，归根结底是因为亨利八世时代依然是个人统治的时代，统治者个人的意志对国家政治发挥着决定性的作用。而根据现存史料的记载，无论是亨利八世还是他的大臣都从未对宗教改革的决策过程做出过阐述。实际上，究竟是国王、王后，还是国王大臣策划了宗教改革并不重要，重要的是研究者的争论始终与都铎时期的君主制度以

---

① J. J. Scarisbrick, *Henry VIII*, California: California University Press, 1970, p.303.
② J. J. Scarisbrick, *Henry VIII*, California: California University Press, 1970, pp.303, 304.
③ Eric Ives, *Anne Boleyn*, Oxford: Basil Blackwell, 1988, pp.302, 303-311.

及权力结构这些更深层次的问题联系在一起,这对于深入研究都铎时期的政治制度有积极意义。这一研究导向在很大程度上发端于波拉德与埃尔顿,但埃尔顿的学术兴趣并不在宗教改革,而是都铎时期的宪政制度与政府机构的运行,宗教改革只是他的一系列研究的副产品。出于学术兴趣的原因,埃尔顿在论及宗教改革时,并不把宗教信仰与宗教情感作为重要的因素加以考虑,而是从国家政治的角度解释亨利八世自上而下的宗教改革,关注少数政治家对宗教改革进程的影响。

狄肯斯是与埃尔顿大约同时代的宗教改革史学家,史学界认为他们两人都对宗教改革史学做出了重要的贡献,黑格评论说:自20世纪50年代以来,"英国宗教改革史学的成就大多建立在狄肯斯与埃尔顿的著述与观点之上"[①]。与埃尔顿不同的是,狄肯斯关注"自下而上"的宗教信仰改革,他在1964年出版的《英格兰宗教改革》一书以大量篇幅描述了中世纪晚期英格兰民众的宗教信仰,以及都铎时期浮现于社会表层的大众宗教情感,强调来自欧洲大陆的新教思潮对英国宗教改革的影响。狄肯斯的著作问世以后,在大约20年的时间里被视为有关英国宗教改革的"经典教科书",书中关于英国宗教改革的解说也盛行一时,甚至成为一种固定的解说模式。

狄肯斯提出,英国宗教改革不仅仅是政府行为,产生于英格兰民间的劳拉德派异端与来自欧洲大陆的新教相互融合,加之长期存在于民众中间的反教权主义,对宗教改革起到了促进作用。[②]狄肯斯的言外之意是,都铎政府的宗教改革顺乎民心,合乎民意,这是英国宗教改革之所以获得成功的重要原因。狄肯斯进一步论述说,正是新教力量的发展壮大才促使政府采取措施,实现了对信仰的改革。在16世纪30年代,新教就已经发展为一种必须加以考虑的力量,不仅在地方而且在统治阶层中也有巨大影响力。亨利八世在与罗马教廷决裂后并不准备实现新教信仰的改革,在其统治的最后七年间对新教采取扼制政策,但是他的各种努力已不能将新教力量冷冻起来。亨利八世去世时,新教徒立即控制了政府。狄肯斯认为新教事业的成功也得益于天主教的衰退,他把天主教比喻成一艘"陈旧的、经不起风浪的、指挥不当的帆船",如果不是反宗教改革为其增添了新的船员和修船的木工,它就几乎没有能力继续航行,只可惜反宗

---

① Christopher Haigh, ed. *The English Reformation Revised*, Cambridge University Press, 1988, p.29.
② A. G. Dickens, *The English Reformation*, New York: Schocken, 1964, p.326.

教改革采取的补救措施过于迟缓了。①

近年来,狄肯斯的观点受到了修正史学的质疑。斯卡里斯布里克撰写的《宗教改革与英格兰民众》、黑格主编的《英格兰宗教改革之修正》、杜菲撰写的《劫掠祭坛》都对亨利八世宗教改革持批判立场,认为宗教改革是国王强加给教会和民众的,天主教信仰在宗教改革前的英格兰社会具有强大的生命力,而政府的宗教改革措施打乱了教会正常的宗教活动。正是由于宗教改革缺乏广泛的民众基础,因而在推行的过程中遇到了强大的阻力,进展十分缓慢。"英格兰民众并不需要宗教改革,因此当它到来的时候,他们中间的多数人迟迟不能接受"②。尽管批评之声日渐增多,狄肯斯的论述仍然是不可取代的,其存在的价值就在于狄肯斯独特的研究视角,论述了"政策的制订与推行"与"民众的宗教情感"之间的关系,揭示了社会经济和宗教因素与国家政治之间的相互作用。

三、修正史学开辟的新局面

20 世纪 60 年代以后,受法国年鉴学派与新史学的影响,宗教改革史学的研究改变了方向。新一代史学家不再满足于阐释政府制订的宗教改革法令,也不再满足于论述宗教改革家的新教主张与立场,他们认为政府的改革措施不一定能够深入民间,新教极端分子的言论只是表达了某些个人的宗教主张,并不具有普遍意义。从这一前提出发,研究者不再眼睛向上,而是提倡"来自下层的历史"(history from below),把研究的目光移向普通民众的生存状态,力图揭示全社会具有普遍意义的宗教情感和宗教行为。当研究的视角发生变化以后,史学家笔下的宗教改革历史也呈现出全新的画面,许多传统的结论被"修正"了。③

修正史学力求采用更为客观的史料、更加全面的统计数字解读历史,诸如主教的巡查记录、教堂监护人账目、遗嘱。按照英国教会的传统,主教每三年至少巡查其教区一次,以实现对教区的管理。主教巡查期间,有机会获得多种多样的案情举报,例如:教士履行教职的情况、教堂建筑与宗教设施的维护情况、教区居民奉行宗教信仰与礼拜仪式的情况、僧俗两界道德行为方面的情况。

---

① A. G. Dickens, *The English Reformation*, New York: Schocken, 1964, pp. 107-108.
② J. J. Scarisbrick, *The Reformation and the English People*, Oxford: Basil Blackwell, 1986, p. 1.
③ 关于修正史学对传统结论的修正,参见刘城:《修正史学对英格兰宗教改革历史的"修正"》,《世界史研究动态》1991 年第 9 期。

借助主教的巡查记录，可以对宗教改革在上述诸多方面的影响获得全面的了解。教堂监护人账目主要记载教堂的各种账目支出，对于研究宗教改革期间教堂设施与装饰的变化，是极为有价值的史料。英格兰南部大约三分之二的教堂保留了宗教改革时期的教堂监护人账目。

　　遗嘱大多保存在各个主教座堂中，因为遗嘱认证与遗嘱执行事务由各主教区法庭掌管。16世纪的遗嘱前言中大多包含信仰表白的内容，以遗嘱前言为依据可以揭示新教信仰在普通民众中的普及程度。然而研究者在深入研读这类材料以后发现：（1）很多遗嘱有固定的程式与相同的前言内容，研究者怀疑是教会法庭事先拟写好程式化的遗嘱前言，然后再逐一填写上当事人的姓名及遗嘱事项。（2）大量的遗嘱是由教士代笔，并不能真实地反映立遗嘱人的宗教信仰。即使不是他人代笔，也可能顾及堂区住持及教会法庭的意愿而依照固定的程式书写前言。（3）通常是有财产需要安排的人留有遗嘱，诸如手工业者、小店主、下层教士之类易于接受新教信仰的人群有可能没有留下遗嘱，因而遗嘱内容有可能只是表达了家境良好的当事人的宗教信仰。（4）通常是宗教情感趋向保守的老年人留有遗嘱，而易于接受新教的年轻人极少留有遗嘱，因而遗嘱内容并不能全面反映出新教事业在各个年龄段人口中的发展情况。（5）大多数遗嘱中的"捐赠条款"使用中性语言，并没有明确的信仰表达。有鉴于上述诸多原因，史学家对如何科学地使用和评定这类材料存有疑问。有研究者就这一问题发表见解，认为遗嘱可以揭示时人的信仰，但是不能据此进行数量统计，不能认为440份遗嘱前言反映了440名当事人的宗教信仰，除非这440份遗嘱取自440个不同的地区，出于不同的代笔人之手。①

　　如何正确地利用遗嘱展开研究，史学家大体采取了以下几种态度：不是当事人亲笔立下的遗嘱，虽然不能完全反映立遗嘱人的宗教信仰，但是可以揭示代笔人的宗教信仰；使用固定程式的遗嘱虽然不能完全反映个人的宗教信仰，但是可以揭示某一群体的信仰；考虑到有可能存在立遗嘱人不敢冒犯堂区教士或教会法庭的情况，某些遗嘱或许不能反映当事人真实的宗教情感，但是可以揭示某一堂区或某一主教区总体的宗教气氛；对不同时期的遗嘱前言做出对比研究，或者对较长时期内的遗嘱内容做出数量研究，可以揭示宗教信仰变化的总趋势。②

---

①　Rosemary O'Day, *The Debate on the English Reformation*, London: Methuen, 1986, pp. 156-157.
②　Rosemary O'Day, *The Debate on the English Reformation*, London: Methuen, 1986, pp. 155-159.

埃蒙·杜菲于1992年出版的《劫掠祭坛：英格兰的传统宗教信仰1400—1580年》一书又开辟了新的史料来源——"非文献类史料"，这是他深入民间，在走访各地古老教堂的过程中寻找到的实物资料。杜菲的发现大体分为两类。一类是宗教改革前的教堂建筑以及教堂内外表现传统天主教信仰内容的雕塑、绘画、祈祷书等，如：诺福克的圣彼得教堂在14世纪晚期得到了扩建，扩建时在教堂底部为棕榈主日的仪仗行进留有专门的通道；萨福克与诺福克的多座教堂中精美的圣像。另一类是宗教改革期间对教堂圣像的破坏痕迹，以及各地教堂为保存圣像而付出的努力，如：诺福克某堂区的教徒曾经遵从政府指令将教堂里的十字架坛与耶稣遇难十字架锯下，在玛丽女王恢复天主教期间又将保存完好的原件重新修复，接合的痕迹至今清晰可见；诺福克一座教堂保存了一部古老的祈祷书，从书中改动的痕迹可以看出，圣托马斯祭日在玛丽统治期间又被列为宗教节日。① 借助诸如此类作为天主教信仰载体的教堂遗物，杜菲试图说明：传统的天主教信仰依然具有强大的生命力，在宗教改革前后并没有出现枯竭或衰退的迹象，而且其自身拥有自我调节以适应新环境的能力。②

杜菲的思想在修正史学中具有代表性，新一代史学家普遍对英国宗教改革持批评态度，认为亨利八世、爱德华六世、伊丽莎白一世时代对宗教信仰的改革是"畸变"（Deformation），只有玛丽时代对传统天主教的修改才是真正的"改革"（Reformation）。③

四、清教史学研究的新思路

出现在16世纪的清教运动是英国宗教改革的重要组成部分，对清教运动的研究是史学研究的重大课题。历史学家陶内高度评价清教对于推动英国宗教改革向前发展的重要意义，甚至认为"是清教主义而不是都铎王朝使教会脱离罗马，是真正的英格兰宗教改革，从清教反对旧秩序的斗争中，一个无疑是属于

---

① Eamon Duffy, *The Stripping of the Altars: Traditional Religion in England 1400-1580*, New Heaven: Yale University Press, 1992, pp.4, 55-60, 135, 136.
② Eamon Duffy, *The Stripping of the Altars: Traditional Religion in England 1400-1580*, New Heaven: Yale University Press, 1992, p.4.
③ Robert N. Swanson, "Late Medieval England: Road to Reformation, or Road to Deformation?", in Ingmar Brohed, ed., *Church and People in Britain and Scandinavia*, Lund: Lund University Press, 1996, p.93.

近代的英格兰产生了"①。

20世纪初年，德国社会学家马克斯·韦伯（Max Weber）开创了清教史学研究的新思路，他一改往昔单纯从宗教角度与政治角度解说宗教改革的方法，从经济变革与社会变革的角度论述新教思想的影响。他在1905年发表的一篇论述新教伦理的文章中提出：新教信仰（尤其是加尔文派新教以及英格兰清教）促成了一种新的社会伦理——"现世苦行主义"的形成，提倡勤奋、节俭、劳作，克制享乐；这种新的伦理改变了人们获取财富与支配财富的态度和动机，造就了"资本主义的精神"，从而为资本主义的发展创造了必不可少的心理因素与伦理道德环境。他明确指出："在任何场合，那种清教观念波及之处，都产生了有利于合理的资产阶级经济生活发展的影响"②。韦伯理论的重要性在于阐述了宗教信仰与经济发展之间的关系，以及精神生活与物质生产之间的关系。

韦伯理论的提出，正值工业革命后资本主义迅速发展时期，研究者关注资本主义的起源以及工业化引起的一系列社会变迁，并急于为其定义。在这种历史背景下，韦伯的思想也渗透到英国历史的著述中，出现了韦伯派史学家，其中最主要的是陶内与希尔。

陶内在1926年出版的《宗教与资本主义的兴起》对宗教变迁与经济变迁之间的关系进行了深入阐述，得出了与韦伯不尽相同的结论。陶内研究的重点，是从16世纪30年代修道院解散至17世纪英国内战之间的一个世纪。由于陶内对这一时期的历史做出了颇有建树的研究，史学界将这一个世纪称为"陶内的世纪"。与韦伯单纯从宗教角度探讨资本主义起源不同，陶内致力于探讨有利于资本主义发展的多重因素，其中既有物质的，也有精神的。依照韦伯对"资本主义精神"的界定——对金钱财富（而不是土地所有权以及由此而衍生的政治权利）的追求，陶内认为它的产生取决于政治制度与经济制度的变迁所提供的适宜的成长环境，而不是宗教的变迁。陶内举例说：在15世纪的威尼斯、佛罗伦萨、南部德意志、法兰德斯，之所以存在着大量的资本主义精神，其原因仅仅在于这些地区是当时最大的商业与金融业中心，而这些地区至少在名义上奉行的是天主教；资本主义在16世纪与17世纪的荷兰与英格兰得到发展，其原因并不在于这些地区建立了新教政权，而在于当时大规模的经济运动，尤其是

---

① R. H. Tawney, *Religion and the Rise of Capitalism*, London: John Murray, 1926, pp. 198-199.
② 马克斯·韦伯：《新教伦理与资本主义精神》，成都：四川人民出版社，1986年，第163页。

地理大发现带来的财富。① 陶内的理论在很大程度上纠正了韦伯理论的脆弱之处，不是从精神的单一层面，而是从思想、观念与制度、物质的双重层面寻找资本主义的起源，并且有历史事实作为依据，他的解说似乎更为合理。

陶内进而提出："资本主义精神"与"新教伦理"两者之间的关系远比韦伯设想的复杂，韦伯对加尔文主义的解说过于简单化了，似乎17世纪的清教徒对社会责任与自身利益都持有同样的见解。实际上，17世纪的清教徒社会成分很不相同，其中既有贵族也有平等派，既有土地所有者也有掘地派，既有商人也有手工业者，不同的清教派别之间在社会理论方面有很大差异。② 陶内的论述在无意之中也指出了韦伯理论在时间上的错位：加尔文主义对社会的多方面影响发生在加尔文去世之后的17世纪而不是16世纪，新教精神在17世纪才形成强大的社会力量；16世纪欧洲范围内的新教改革主要是一场宗教革命，并不是对所谓的"资本主义精神"的认可。

相比之下，希尔的观点与韦伯有更多的相似之处。希尔以研究17世纪英国资产阶级革命见长，然而为了揭示"清教在英格兰的社会根源"③，揭示清教徒的布道活动对发动民众的积极作用，进而揭示革命前的清教对于17世纪资产阶级革命的重大影响，希尔对革命前的清教也颇有研究。在《革命前的英格兰社会与清教》一书中，希尔对清教徒的社会伦理如何与资本主义经济相契合做出了具体的阐述。他提出，清教徒要求恪守安息日并减少其他宗教节日，其目的在于将安息日作为近代工业社会有规律的、连续不断的节奏中的一个休止符，以便组织近代经济生活，而数目众多的天主教宗教节日主要用以标志节气，适用于农业社会。④ 清教徒还赋予劳作新的意义。中世纪认为劳作是对罪恶的惩罚，劳作是低下的，清教徒提出劳作是应尽的社会责任，人们劳作便"不仅有能力供养自己，而且能够救济他人于贫困"。希尔认为清教布道者的这些宣传反映了"勤劳的人"，亦即小商人、手工业者、自耕农的利益，他们是清教运动的核心人物。⑤

韦伯派史学家的论点也受到相当多的质疑，纳彭于1939年出版的《都铎王

---

① R. H. Tawney, *Religion and the Rise of Capitalism*, London: John Murray, 1926, pp. 319-320, Note 32.
② R. H. Tawney, *Religion and the Rise of Capitalism*, London: John Murray, 1926, p. 320.
③ Christopher Hill, *Society and Puritanism in Pre-Revolutionary England*, London: Secker & Warburg, 1964, p. 9.
④ Christopher Hill, *Society and Puritanism in Pre-Revolutionary England*, London: Secker & Warburg, 1964, p. 146.
⑤ Christopher Hill, *Society and Puritanism in Pre-Revolutionary England*, London: Secker & Warburg, 1964, p. 129.

朝清教：思想史中的一章》即是其中之一。在纳彭之前，研究者大多把注意力集中在17世纪的清教，缺少对16世纪清教历史的系统研究，纳彭的这本专著填补了这项空白，因而在清教史学著述中占有重要地位。著名清教史学家柯林森评论说，当他在20世纪50年代着手研究伊丽莎白时代的清教时，纳彭的著作是20世纪30年代以后有关都铎王朝清教的唯一权威著作。柯林森把自己的研究建立在这本书的基础之上，认为自己的研究工作"旨在完善、甚至或许是在某些方面改进纳彭的著作"[1]。

在《都铎王朝清教》一书中，纳彭反驳了韦伯派史学家的某些论点。纳彭不以"阶级"概念论说清教运动的性质，认为"清教原本是知识界的运动"，诸如商人、法学人士、小土地所有者之类正在上升但尚未取得政治权力的中产阶级只是"它的最天然的盟友"与"政治上的支持者"，几乎没有迹象表明清教是中产阶级居统治地位的运动。[2] 纳彭还反驳韦伯关于"清教导致近代资本主义"的结论，他的主要论点是：第一，清教徒的苦行主义不是承袭自加尔文，而是中世纪的道德传统。纳彭并不认为清教运动是近代之始，而是把清教视为"连接中世纪与近代的过渡时期的运动"，尤其强调清教与中世纪的联系。他断言清教徒的苦行主义直接源自罗马天主教，其俭省教义源自经院哲学的社会学说。亨利八世宗教改革并没有使旧的道德传统受到冲击，中世纪的苦行主义继续保留在大学这类"半修道院"组织中。第二，纳彭对诸如"清教制造了近代民主""清教导致近代资本主义""清教是近代科学之父"之类的结论提出批评，认为"清教主要是一场宗教运动，清教的理论具有超现实与超自然的特点""个人的得救或罚入地狱是它的主题""清教关注的是从地狱中拯救灵魂，对他们来说，来世的事务更重要"。纳彭不否认清教徒对现世文明的贡献，但是他认为那不是清教徒的自觉行动，只是一种客观效果。[3]

柯林森是20世纪50年代以后成长起来的清教史学家，师从著名的英国议会史学家尼尔。正是在尼尔的建议下，柯林森把研究伊丽莎白时代与詹姆士一世时代的清教作为自己毕生的事业。如果说英国宗教改革史学家狄肯斯致力于

---

[1] Patrick Collinson, *Godly People, Essays on English Protestantism and Puritanism*, London: Hambledon, 1983, p. xi.

[2] M. M. Knappen, *Tudor Puritanism: A Chapter in the History of Idealism*, Chicago University Press, 1970, p.353.

[3] M. M. Knappen, *Tudor Puritanism: A Chapter in the History of Idealism*, Chicago University Press, 1970, pp. 425, 350.

研究新教派在英格兰的第一代传人,那么柯林森则关注对英格兰的第二代、第三代新教传人的研究,关注16世纪后半叶以及17世纪早期新教的发展。他的一系列著作至今依然代表着清教史学研究的最为详尽、深入的成果。黑格评论说,有关教会史的一些重要的新见解大多出自柯林森。① 斯坦福大学历史学家西弗认为柯林森是"现今撰写伊丽莎白时代清教史的最为敏锐的学者"②。

柯林森的代表作《伊丽莎白时代的清教运动》在他20世纪50年代博士学位论文的基础上成书,出版于1967年。评论者认为这部著作的"结构也许是旧式的,提出的问题和依据却不是"③。这一评论是准确的,柯林森的创新之处在于:第一,研读了大量的手稿及其他原始资料,其中包括书信、法庭记录、议会档案等,从中发掘出大量有关伊丽莎白时代清教活动的新材料。由于是建立在新的史料基础上的研究,因而阐述了许多有关清教活动的新内容。第二,柯林森强调清教活动中的政治与宗教因素,把伊丽莎白时代的清教看作一场深化宗教改革的"运动",作为一个"政治与宗教组织"加以研究,这一点与韦伯派史学家不同。柯林森阐述了清教派的成员、组织结构、不同派别之间的分歧,以及为进一步改革国教会的礼拜仪式与组织结构而付出的努力。柯林森认为,伊丽莎白时代的清教徒虽然尚未脱离国教会,但是已经建立了"国教会中的教会",形成了独立的政治力量。④ 史学家斯通评论说,在柯林森的这部著作问世以前,还没有人将清教运动"作为一种政治力量加以详细考察"⑤。

20世纪70年代以后,柯林森撰写的《新教徒的宗教信仰》《新教英格兰诞生之阵痛》两部著作从多种角度完善了对伊丽莎白时代清教史的研究。《新教徒的宗教信仰》着力于将英国宗教改革置于文化变迁的广大背景中加以研究,认为英国宗教改革"并不是以1559年的宗教措施有条不紊地完成的立法与行政事务,而是……一场深刻的文化革命"⑥。《新教英格兰诞生之阵痛》论述了16世纪与17世纪宗教信仰的变迁,以及因宗教变迁而在国家、城市、家庭各个层面引起的文化变迁。柯林森认为,虽然新教信仰在英格兰并未造就出一种独特的文

---

① Christopher Haigh, ed., *The Reign of Elizabeth I*, London: Macmillan, 1984, p.243.
② Paul S. Seaver, *The Putitan Lectureships: The Politics of Religious Dissent 1560-1662*, Stanford: Stanford University Press, 1970, p.316.
③ F. Smith Fussner, *Tudor History and the Historians*, London: Basic Books, 1970, p.130.
④ Patrick Collinson, *The Elizabethan Puritan Movement*, London: Methuen, 1982, pp.12-13.
⑤ L. Stone, *The Past and the Present*, Boston: Routledge & Kegan Paul, 1981, p.145.
⑥ Patrick Collinson, *The Religion of Protestants: the Church in English Society 1559-1625*, Oxford: Clarendon, 1988, p.1.

化，但是大规模地破除了现存文化传统中的宗教习俗。①

五、结语

  20世纪的英国宗教改革史学经历了太多的变化。波拉德在世纪之初创办历史学院与历史研究所，一方面使历史学走上了专业化与职业化的发展道路，历史学家以研究和讲授历史为职业，并且有了交流学术的组织；另一方面也使历史学成为社会共享的公共资源，没有家学渊源的人在经过专业训练之后也有机会成为历史学家，这就壮大了历史学从业人员的队伍。在这样一种大环境之下，宗教改革史学的发展就是不可避免的了。

  19世纪关于宗教改革史的著述中有较多的道德评判的内容，研究者从各自的宗教立场出发，对16世纪宗教改革或者加以辩护或者施以抨击，这或许是受到了当时的牛津高教会运动的波及。20世纪的宗教改革史学虽然难以完全摆脱个人宗教情感的影响，但是研究的内容已经进入了更广泛的学术领域，其中既有波拉德、埃尔顿等人关于宗教改革对英国宪政建设影响的讨论，也有修正史学、清教史学带有社会史、文化史、经济史色彩的研究。研究者不仅关注改革措施的制订，更加关注改革措施的推行在英格兰社会产生的多方面的、深远的影响。

  对历史文献进行大规模的整理、编纂、出版发生在19世纪，其结果是产生了一大批与宗教改革有关的史料文献集。20世纪的历史学发展了19世纪的传统，除了政府文件、宗教改革家文集，还发掘出更多个性化的史料，如议会法令草案、家族档案、私人书信、遗嘱等。借助这些独具个性的档案资料，研究者得以深入社会和个人的内心世界，史学研究更加精致、更加细化。这类研究在出版史学著述的同时也对扩大史料来源做出了贡献，常常获得评论者的高度赞誉。艾夫斯在家族档案基础上写成的《安·波林》，杜菲以"非文献类史料"写成的《劫掠祭坛》，是其中的杰出者。

  在19世纪，有关英国宗教改革的研究往往只是多卷本通史著述中的内容，譬如弗劳德撰写的12卷本《从沃尔西倒台至西班牙无敌舰队溃败时期的英格兰历史》，而且这一时期的历史著述注重对历史事实的描述，研究者个人的评论大

---

① Patrick Collinson, *The Birthpangs of Protestant England*, London: Macmillan, 1988, p.94.

多采取的是"夹叙夹议"的方式。这类研究从表面上看是面面俱到，实际上有很多未知的领域没有触及，论及的很多事件没有深入。20世纪的宗教改革史学出现了大量的单卷本专题研究，这些著述一改以往的"叙事"为"解说"，以问题为中心展开论述，如此深入的专题研究修正了19世纪的很多结论。

英国教会：从双重纳税义务走向单一纳税义务

教会的税收制度在本质上体现了一种权力关系，某一种税款的征收通常与某一种权力的行使有直接的联系。历史上的英国教会并不享有完全的独立地位，在本文涉及的两个历史时期——16世纪宗教改革前的中世纪与宗教改革后的一段时期，英国教职界处于不同的权力体系之下，接受来自不同的权力主体行使的权力。受权力体系变动的影响，英国教职界也相应地向不同的权力主体承担纳税义务。本文论述的重点，一是宗教改革前英国教会的隶属关系以及承担的纳税义务，二是宗教改革在改变教会隶属关系的同时如何改变了教会的税收制度。

一、二元权力体系之下的双重纳税义务

宗教改革前的英国教会履行双重纳税义务，既向罗马教廷纳税，也向以国王为首的世俗政府纳税。这种双重纳税义务，源于教皇权与王权对英国教会实行的双重统治。在中世纪的"基督教世界"理念中，教权与王权是统治尘世的两股权力，都来自上帝的授予。以坎特伯雷大主教区与约克大主教区为存在方式的英国教会，既是教皇统治下的"基督教世界"的分支机构，也是国王统治下的臣民，这种双重身份决定了它所承担的双重纳税义务。

教皇作为"使徒彼得的继承人""耶稣在尘世的代表"，向"基督教世界"的各个教区行使权力，这些权力主要包括：对教职界直接或间接行使的圣职授职权以及与之相关联的圣俸管理权；发放各种许可证书（license）、豁免证书（dispensation）、赦罪证书（indulgence）的权力；作为最高上诉法庭，审理来自各个大主教区的上诉案的权力。教皇行使的每一种权力几乎都可以为之带来经济上的收益，其中某些经常性的收益形成了固定性税收，"彼得便士"与圣职授

职费是其中主要的两项。

"彼得便士"（Peter's pence）自奥古斯丁布道团到英格兰传教以后开始征收，根据 11 世纪一封教皇书信的记载，这项税款之征收是用于表达英格兰臣民对使徒彼得继承人的"归顺"①。由于是教皇以"使徒彼得继承人"的名义征收，因而这笔税款在"圣彼得与圣保罗祭日"（feast of St Peter and St Paul）汇总交给教廷收税人。彼得便士由僧俗两界承担，以"户"为单位每年一次向教廷交纳，每户一便士。作为一种户税，彼得便士由古代的"炉灶税"演变而来，因为习惯上每个家庭一个炉灶，而古代的人口统计往往是户数统计。经过几个世纪的演变，"户"的分化与组合有了很大变化，然而各个教区交纳彼得便士的总量早已有了定数，因此在实际上只是数量有限的"户"依照传统交纳彼得便士。彼得便士在逐级征收的过程中，每一级教会组织都截留一部分，最终只有大约税款总额的五分之二（约 299 马克）上交教廷，余下的归英国教会自用。也有研究者认为，彼得便士中上交教廷的部分很早就折算成了一笔固定的税额，每年略低于 200 英镑。②

圣职授职费源自教皇行使的圣职授职权，分为"任职评议费"（common services）与"岁贡"（annates）两类，分别由不同身份的新任教职者交纳。交纳这项税款，意味着新任教职者对教皇掌握的圣职授职权力的承认。

对大主教、主教及直属罗马教廷的修道院长（圣奥古斯丁、坎特伯雷、伯里-圣埃德蒙兹、圣奥尔本斯、沃尔瑟姆、威斯敏斯特等几座修道院）等高级教职的任命，需要经过比较复杂的程序，一般情况下先由教皇提交给由枢机主教团评议审查。凡经过这种程序任命的教职称为"枢机主教团评议教职"（benefices of the consistorial），需交纳任职评议费，由参与任命的教皇与枢机主教团分享，大体上是各取二分之一。任职评议费依照每一任职者的收入情况征收，大约是年收入的三分之一。有人对这笔费用的数量做出过推算：主教座中收入最为丰厚的温切斯特主教交纳 12,000 弗洛林（florin）；坎特伯雷主教与约克主教分别交纳 10,000 弗洛林；卡莱尔主教交纳 1,000 弗洛林；伊利主教交纳 7,500 弗洛林；林肯主教、埃克塞特主教、诺里季主教分别交纳 5,000 弗洛林。③关于英国教会交纳的任职评议费总额，史学研究中也有推算。希思估计，爱德

---

① Z. N. Brooke, *The English Church and the Papacy, from the Conquest to the Reign of John*, Cambridge: Cambridge University Press, 1989, p.141.

② May Mckisack, *Oxford History of England, the Fourteenth Century, 1307-1399*, Oxford: Clarendon Press, 1985, p.283.

③ P. Heath, *Church and Realm, 1272-1461*, London: Fontana, 1988, p.128.

华三世在位（1327—1377 年）的前半期，教皇征收或者是应该征收 200,000 弗洛林。① 汤姆森认为，都铎王朝早期的任职评议费总额应当是每年 1,700 英镑。②

对主教、修道院长以下教职的任命无须枢机主教团评议，只需教皇发布任职敕书即可，以这种相对简单的方式任命的教职称为"非枢机主教团评议教职"（benefices of non-consistorial）。这类教职中年收入超过 24 杜克特（ducate）③者，在任职后需一次性向教皇交纳"岁贡"。关于每一份岁贡的具体数量，研究者说法不一，有人认为是新任教职者第一年的全部收入，有人认为比年收入的一半还要少，甚至只是年收入中很少的一部分。④ 岁贡的征收从 1326 年开始，在整个 14 世纪始终是教皇税收的主要来源。据统计，在 1349—1378 年，平均每份"岁贡"的数额可以达到 600—700 英镑。⑤ 在数额最高的年份，英国教会大约每年向教皇交纳 30—40 份岁贡、7 份任职评议费。⑥ 数量如此巨大的教皇税收曾经引起英国议会不安，下院在 1376 年提交的请愿书中指出，岁贡的数额已经达到国王岁入的 5 倍。⑦ 在议会不断强化《圣职授职法》的实施⑧之后，岁贡的征收数量有所下降，在都铎王朝早期，其总数已大大低于任职评议费。

罗马教廷还向英国教会征收几种临时性税款，其中最主要的是经由教职会议批准征收的十分之一税。十分之一税在征收的过程中大部分被国王财库截留，教皇实际得到的份额并不很多。仅以 14 世纪的情况为例：1309 年教皇十分之一税中 75% 的份额、1329 年教皇十分之一税中 50% 的份额，都被国王财库截留；直到 1375 年，当教皇格里高利十一世在圣职授职权及其他有争议的问题上向国王做出让步之后，才得以分享十分之一税的 60%，总额大约为 10,000 英镑。⑨ 在此前的 13 世纪，只有 1239—1247 年征收的教皇十分之一税没有被国王截留，

---

① P. Heath, *Church and Realm, 1272-1461*, London: Fontana, 1988, p. 128.
② J. A. F. Thomson, *The Early Tudor Church and Society 1485-1529*, London: Longman, 1993, p. 30.
③ 杜克特是罗马教廷的货币单位。1485 年时，大约 4.5 杜克特等于 1 英镑；1530 年时，大约 4 杜克特等于 1 英镑。
④ *Journal of Ecclesiastical History, II (1960)*, p. 51.
⑤ P. Heath, *Church and Realm*, p. 128.
⑥ *Journal of Ecclesiastical History, II (1960)*, p. 51.
⑦ May Mckisack, *Oxford History of England, the Fourteenth Century, 1307-1399*, Oxford: Clarendon Press, 1985, p. 286.
⑧ 英国议会在 1351 年首次制订《圣职授职法》，对教皇在英格兰享有的圣职授职权以及相关的圣职授职费做出限制。然而英国国王并未认真执行这项法令，在很多情况下只是把法令的实施作为一种外交手段，根据与教皇关系的亲疏决定是否将法令付诸实行。为了强化法令的实施，议会在 1390 年制订《圣职授职法》第二法案，在 1407 年制订《圣职授职法》第三法案。
⑨ May Mckisack, *Oxford History of England, the Fourteenth Century, 1307-1399*, Oxford: Clarendon Press, 1985, pp. 284-285.

因为当时的教皇需要用这笔税款打击神圣罗马帝国，然而也正是这次税收曾经引起英国国王、贵族、教会对教皇的敌视，认为没有事先得到国王默许的教皇税收违背了英格兰的习俗。

另一项临时性税收是教皇使节巡视费（procurations of legates）。教皇使节在英格兰逗留期间以及教皇收税人常驻英格兰期间，其生活开支由英国教会支付，需要不定期地向教职界征收这笔费用。这项税金征收的数额往往超出实际开支，余额部分由教皇使节或收税人携回罗马，这种做法经常引起英国教职界的反感，教会档案中保留有大量由各地主教签发的强制收取巡视费的令状，足以表明这项税款的征收之不得人心。

还有其他几项数额非常微小的临时性税收，诸如：向教职界征收的补助金（subsidy，作为教皇税收流失的补偿）；教皇法庭在审理上诉案时收取的费用；主教、修道院长等高级教职定期访问罗马（以表示对教廷的忠诚）时提供的捐献款项；发放各种证书收取的费用，其中较为大宗的是向某些修道院授予某种特权而变相获取的税收（census）。某些修道院每一年到三年向罗马教廷交纳一定的费用，以期从教廷取得某类不受教廷或主教区干预的特权，如获得自由选举修道院长或修道院长任职不需教皇批准的特权。

国王之所以将教会置于王权的统治之下，其初始原因在于教会赖以存在的物质基础是由以国王为首的世俗社会提供的。教会在得到"宗教性地产"后需提供相应的宗教服务，在得到"世俗性地产"后即成为国王的封臣，有义务向封君纳税。在英格兰与威尔士的21个主教区中，有20个主教座的地产都是来自国王的封授，只有罗切斯特主教座是例外。13世纪末在教皇与国王之间发生的征税权冲突中，国王爱德华一世曾经将教职界持有的地产全部没收，然后逐一封授给那些同意向国王纳税的教职。这一举动即表明，在国王的理念中是把教会的纳税义务与地产占有联系在一起的。作为教会税收的受益人，国王也有义务保卫教会的人力和物力资源不受侵害，将教会纳入国王法律的保护之下。臣民有义务向国王纳税，国王有责任向臣民提供"和平"与"正义"，这是中世纪西欧通行的君臣契约思想。

从理论上说，国王向本国教职界征税需请求教皇批准，但是教皇批准征税的权力越来越流于形式，有时甚至连形式也不复存在，在中世纪有很多未经教皇批准而擅自征税的情况发生。然而国王在征税时可以越过教皇，却不可以越过坎特伯雷教省与约克教省的教职会议（convocation）。从1322年起，两大教省批准教职界税收的权力从议会中游离出来，由教职会议享有。每逢国王向教职界提出征税要求，都必须分别经由两个教省的教职会议批准。国王向教职界征税的频率基本上与向俗界征税的频率同步，几乎在每一次召集议会、向俗界提出征税要求的同时，国王也都向坎特伯雷教省和约克教省的教职会议提出征税要求。与教皇税收不同，国王不享有教会定期交纳的税款，这也是国王的每一次征税要求都必经教职会议批准的原因。在国王征收的各种临时性税收中，最主要的是十分之一税与教职界人头税。

十分之一税是一种财产税，根据每一教职的年收入总额、按照十分之一的比例征收。既然是财产税，就涉及对教产及教产收入的统计。英国教会分别在1254年、1274年、1291年进行过几次教产清查，将每一份圣俸（benefice）及每一座修道院可供纳税的收入逐项记录在案，其中根据1291年教产清查编订的教职收入清册——"教皇尼古拉斯课税"（Taxation of Pope Nicholas）是此后200多年间教会征税的凭据，国王政府财务署持有"教皇尼古拉斯课税"的副本，作为核收税金的依据。十分之一税最初是向经过教产清查的教职征收，但是在15世纪的1404年、1416年、1417年、1419年、1436年、1450年、1453年，也分别向其他教职征收。1461年以后，为了扩大十分之一税的征收范围，开始向一切持有教产的教职征收十分之一税，而不问是否经过教产估定。

教职界人头税（clerical poll tax）是十分之一税的补充。英国教职界有大量不持有教产、领取固定薪俸的教士，或者持有教产但其收入没有被登录在征税清册之中的教士，这两部分教职在最初无须交纳十分之一。为了扩大征税范围以增加税收量，国王从1406年起向这两部分教职征收人头税。1406年初次征收时，凡无须交纳十分之一税的教职都交纳人头税，每人6先令8便士。1419年第二次征收时，虽然税额没有变化，但是征收的范围仅限于不持有教产的教职。这一征收范围在此后成为惯例，不同的是，1430年征收人头税时，纳税者依照收入水平分成三等，分别交纳6先令8便士、13先令4便士、20先令。1436年的人头税分两等征收，分别是6先令8便士和13先令4便士。1449年的人头税不分等级一律交纳6先令8便士。① 教职界人头税前后征收过5次，1449年以后便停止征收了，原因主要是耗时费力而又所得不多，实际征收到的数额越来越少。

除了十分之一税与人头税，还有一种层层承包的税种，可以称为"一次总付性税款"。这种税在征收之前先由教职会议确定总额，然后再将税款总额分解

---

① 英国"公共档案馆"（Public Record Office）存有交纳人头税教职的名单，档案编号：E179。

到各个教区。一次总付性税款的数量往往很高，例如：1489 年向亨利七世交纳 25,000 英镑；1496 年坎特伯雷教省教职会议批准征收 40,000 英镑。教会最后一次向国王交纳一次总付性税款是在 1531 年，为了对教会免于受到"王权侵害罪"的指控表示感谢，两个教省的教职会议分别批准向国王交纳 100,000 英镑与 18,840 英镑税款。①

二、单一权力体系之下的单一纳税义务

英国 16 世纪宗教改革实现了教会权力的大规模转移，教会税收以及与各项税收相关联的权力的转移是其中重要的组成部分。伴随着权力的变更，英国教职界也从双重纳税义务改变为单一纳税义务，这一改变是借助"宗教改革议会"（Reformation Parliament，从 1529 年 11 月持续到 1536 年 4 月，其间共有 8 次会期）制订的一系列法令实现的。

1532 年召开的"宗教改革议会"第四次会期制订《禁止向罗马主教区交纳岁贡法令》（An Acte concerning restraynt of payment of Annates to the See of Rome）②，这项法令提出了一项"动议"：新任主教③不得向教皇交纳岁贡（annates）④，如果教皇以拒绝向待任主教颁发任职敕书作为报复手段，则主教由所属教省的大主教授予圣职，大主教由国王指定的两名主教授予圣职，如有主教违反规定擅自交纳岁贡，则剥夺该主教区的"世俗性地产"。

法令之所以在措辞上使用"动议"而非"决议"，是因为亨利八世在 1527 年向教皇提出的废除与王后婚姻的请求拖延至此时依然悬而未决，他指望着以教职界税收作为向教皇施加压力的外交手段，敦促教皇早日宣布他与王后的婚姻无效。法令对上述"动议"何时生效规定有先决条件，第四款中有这样的内容：这项法令是否生效将由国王在下一年复活节前视情况而定。

由于亨利八世提出的先决条件未能奏效，议会终于在 1534 年召开的第六次会期上使 1532 年法令中的"动议"生效，其结果是制订了《禁止交纳岁贡

---

① J. D. Mackie, *Oxford History of England, the Earlier Tudors 1485-1559*, pp. 353-354.
② 23 Henry VIII, c. 20. *The Statutes of the Realm*, Volume III, pp. 385-388.
③ 此处指主教神品而非主教座职位。具有主教神品的教士有资格担任大主教、主教、代理主教、修道院院长等职务。
④ 此处"岁贡"应当是泛指"任职评议费"与"岁贡"。

法令》（An Act restraining the payment of annates）。① 这项法令规定：（1）取消《在一定条件下禁止交纳岁贡法令》中规定的先决条件，新任主教不得向罗马教廷交纳岁贡；如有擅自交纳者，剥夺该主教的世俗性地产。（2）规定了主教的选任程序。如果某一主教职位空缺，首先由国王发布"准许选举诏书"（congé d'élire），提出主教职位候选人，主教座堂教士团或修道院从国王提出的候选人中挑选主教与修道院长。如果选举人不接受国王提出的人选，则视为放弃选举权利并以"王权侵害罪"论处。新任主教产生后，由国王以"公开信"（letters patent）的方式发布任职敕书，分别由坎特伯雷或约克大主教授以圣职，如果新任职者是大主教，则由主教组成的委员会授以圣职。② 法令在取消岁贡的同时，也否定了教皇行使的与这项税收相联系的圣职授职权。

上述法令在很大程度上保留了中世纪选任主教的传统，并且用法律的方式固定下来，只是由国王取代教皇发布任职敕书。国王掌握主教任职的推荐权，是基于王室对于主教座堂与修道院的保有权。依照中世纪的习俗与惯例，教堂保有人享有该座教堂的圣职推荐权。国王指定主教座候选人，是作为教堂保有人行使的私权，而不是作为国王行使的公权。

1534年"宗教改革议会"第六次会期制订《禁止向罗马主教区交纳罪恶赦免等勒索费法令》（An Acte for the exoneration of exactions paid to the see of Rome）③，法令规定：（1）停止向罗马教廷交纳"彼得便士"及其他一切税收。（2）以往由教皇发放的豁免证书（dispensations）与特许证书（licences）改而由坎特伯雷大主教发放；如若有人继续向教皇寻求此类证书的发放，以"王权侵害"罪论处。（3）处于主教司法权管辖之外的修道院，由国王行使巡查权。法令制订后，彼得便士作为教皇固定性税收的另一个来源连同其他临时性税收也一并被废除了。这项法令还剥夺了教皇在英格兰行使的司法权力——豁免权与特许权，将此类权力授予坎特伯雷大主教行使。之所以将废除教皇发放豁免证书与特许证书的权力也列入法令的条款，是因为此类证书在发放时收取一定的费用，属于一种变相税收。

"宗教改革议会"在1534年召开的第七次会期上制订《首年金与十分之一

---

① 25 Henry VIII, c.20. *The Statutes of the Realm*, Volume III, pp.462-464.
② 爱德华六世时代于1547年制订的一项法令（1 Edward VI, c.2）将主教的选任程序改为：由国王直接任命，无须经由主教座堂教士团选举。伊丽莎白一世于1559年制订的一项法令（1 Elizabeth I, c.1）恢复了亨利八世时期选任主教的程序。
③ 25 Henry VIII, c.21. *The Statutes of the Realm*, Volume III, pp.464-471.

税法令》（An Act concerning the payment of first fruits and tenths）①，主要内容是：教职界向国王交纳首年金（first fruits）与十分之一税；首年金由新领圣俸者一次性交纳，数额为任职第一年全年的圣俸收入；十分之一税由每一位领有圣俸的教职逐年交纳，数额为全年圣俸收入的十分之一；新领圣俸者在交纳首年金的年份不交纳十分之一税。

自从这项法令在1535年1月生效后，首年金与十分之一税就成为教职界向国王交纳的两项主要税收，构成都铎政府经常性税收的重要部分，只有玛丽一世女王统治时期除外。玛丽一世为了重振教会经济，放弃了首年金与十分之一税，1555年的《取消首年金与十分之一税法令》（An Acte for the extinguishement of the Fyrst Fruites and Tenthes）宣布：女王陛下不再向新任教职者征收首年金，十分之一税交给各地主教，用于教堂建设及资助贫穷的圣俸。② 然而为时不长，伊丽莎白女王即位后制订的第一批议会法令中，就有重新征收首年金与十分之一税的内容。直至1702年，首年金与十分之一税才最终以"安妮女王赠礼"（Queen Anne's Bounty）的名义划归教会使用。

"宗教改革议会"的一系列立法行动，完成了英国教会从双重纳税义务向单一纳税义务的转变。与宗教改革前的税收制度相比较，以上几项议会法令引起的变化是巨大的。

首先，首年金实际上是此前向教皇交纳的"任职评议费"与"岁贡"的变种，但是征收范围扩大了。宗教改革前的任职评议费与岁贡的征收范围仅限于教皇直接掌握圣职授职权的圣俸，仅包括主教圣俸及很少一部分低级圣俸。而首年金几乎将所有教职都纳入了王权的征税范围，上至主教下至堂区教士，凡新任教职者无一例外均需向国王交纳。这一变化尤其加重了堂区教士的税收负担，因为他们中间的许多人在此前是无须缴纳圣职评议费或岁贡的。

其次，十分之一税引起的争议更为巨大。以前是不定期征收的临时税，而且国王提出征税请求后还需得到教职会议批准，现在则改为逐年征收的固定税。此外，在旧的税制下某些教职无须交纳十分之一税，新的税制将全体圣俸持有者都纳入了征税范围。

再次，不定期征收的十分之一税改为逐年定期征收以后，教职会议因此而失去了批准税收的权力。宗教改革前的教职会议与议会一样，都具有批准税收

---

① 26 Henry VIII, c.3. *The Statutes of the Realm*, Volume III, pp.493-499.
② 2-3 Philip and Mary, c.4. *The Statutes of the Realm*, Volume IV, Part I, pp.275-279.

的权力，两者之间的区别在于议会批准俗界税收，教职会议批准教职界税收。《首年金与十分之一税法令》剥夺了教职会议批准教职界十分之一税的权力，而议会依然保留着对于俗界税收的批准权。从此以后，教职界在税收问题上几乎处于无权的地位，完全听命于"至尊王权"的意志。时人对这种局面多有抱怨，在威廉·哈里森（William Harrison）撰写的《英格兰状况》（A Description of England）一文中就有这样的言辞：教职界税收是"理所当然的、持续性的、不容置疑的"①。

更为严重的是，英国教职界在失去税收批准权的同时，也失去了经济上的独立地位。宗教改革前，教会的税收与财物并不完全受王权支配；宗教改革后，都铎政府对教会财物的控制达到了前所未有的程度，不仅表现在对教会税款的征收方式上，而且表现在对修道院地产的处理方式上，这是"王权至尊"为国王政府带来的经济利益。

教会税制改革还涉及对税款征收机制的调整。国王政府新设"首年金与十分之一税法庭"（Court of First Fruits and Tenths），管理教职界税收并审理涉及教职界税收的诉讼。虽然名为"首年金与十分之一税法庭"，实际上并不掌管涉及首年金的事务，首年金的征收及其司法诉讼由财务署法庭（Court of Exchequer）管理。十分之一税的完税日期是每年的4月1日，遇复活节延期。之所以将完税日期规定在复活节之后，是因为在复活节期间各地教堂都可得到一笔收入——"复活节捐献"（Easter offerings），对于那些收入菲薄的教职而言，这笔额外收入可以帮助他们完税。届时，以主教区为单位将十分之一税交纳到首年金与十分之一税法庭。首年金则由每一名纳税人直接交到财务署，各地主教每年向财务署提交教职空缺细目以及新任教职者名单。首年金的纳税期限由财务署规定。

新的税制确定之后，亨利八世政府在1535年进行了一次教产清查，根据清查结果编定了一部《教职收入清册》（Valor Ecclesiasticus），作为首年金与十分之一税的征收凭据。这次教产清查是为配合新税制的实施而采取的行动，其目的是将新的税收建立在新的教产评估标准之上，因为此前一直沿用的1291年"教皇尼古拉斯课税"因种种原因而不适用了。

---

① Felicity Heal and Rosemary O'Day, eds., *Church and Society in England: Henry VIII to James I*, London: Macmillan, 1977, p.103.

三、纳税额估算

本题目论述的基本思路是，首先对宗教改革前的教皇税收与国王税收进行数量统计，然后比较出宗教改革前后教会税收在数量上的变化，由此揭示双重纳税义务与单一纳税义务对教职界纳税负担的影响。

在中世纪，教皇与国王平均每年向英国教会征收多少税金？要想回答这个问题，就需要对教会税收做出量化研究。然而在中世纪史研究领域，进行量化研究是一件既困难又危险的事。困难之处在于，档案记载不全导致可统计的数字不多，甚至是无量可计。在缺乏全面统计数字的情况下进行量化研究当然是很危险的，一旦选错数字或以偏概全，就可能差之毫厘、失之千里。或许是由于意识到了量化研究所面临的种种障碍，英国中世纪教会史研究领域中有关教会税收量的统计成果非常之少。以下引述的只是其中具有代表性的两项：一项是麦克哈迪（A. K. Mchardy）在《15世纪英格兰教职界税收：作为王权代理人的教士》（*Clerical Taxation in Fifteenth-century England: the Clergy as Agents of the Crown*）[①]一文对15世纪教职界纳税额的统计，研究时间范围是1401—1496年；另一项是斯卡里斯布里克（J. J. Scarisbrick）在《英格兰教职界税收：1485年至1547年》（*Clerical Taxation in England, 1485 to 1547*）[②]一文中对宗教改革前后教职界纳税额的对比研究，其中对宗教改革前的研究限定在1485—1534年，也就是从都铎王朝建立到亨利八世与罗马教廷决裂的大约50年时间。

麦克哈迪的研究仅限于教职界向国王交纳的税款数量，对教皇税收的数量没有涉及。他首先推算出约克教省与坎特伯雷教省一共交纳了多少份十分之一税。在1401—1496年，约克教省教职会议前后30次批准向国王交纳十分之一税，几乎每三年一次。据不完全统计，其中4次是每次交纳2份十分之一税（按照教产的五分之一比例纳税），14次是每次交纳1份十分之一税（按照教产十分之一的比例纳税），10次是每次交纳0.5份十分之一税（按照教产二十分之一的比例纳税），1次是每次交纳0.25份十分之一税（按照教产四十分之一的比例纳税）。这些相加，总共批准了27.25份十分之一税。在同一时期，坎特伯雷教省教职会议批准征收过47次十分之一税，几乎是每两年批准一次。其中有5次是

[①] R. B. Dobson, ed., *The Church, Politics, and Patronage in the Fifteenth Century*, Gloucester University Press, 1984, pp. 168-192.

[②] *Journal of Ecclesiastical History, II (1960)*, pp. 41-54.

2份十分之一税，8次是1.5份十分之一税，24次是1份十分之一税，1次是0.75份十分之一税，9次是0.5份十分之一税，总数是40.25份十分之一税。麦克哈迪又推算出：约克教省每1份十分之一税的价值是2,000英镑；坎特伯雷教省每1份十分之一税的价值是15,200英镑。按照这两个数字计算：约克教省的27.25份十分之一税的价值是54,500英镑；坎特伯雷教省的40.25份十分之一税的价值是611,800英镑；两大教省在15世纪的这96年，总共向国王交纳十分之一税666,300英镑，平均每年大约交纳7,014英镑。

据麦克哈迪统计，除了上述十分之一税，坎特伯雷教职会议还在1489年批准向亨利七世交纳一笔一次总付性税收，税额为25,000英镑。

以上三项税收（约克教省十分之一税、坎特伯雷教省十分之一税、坎特伯雷教省一次总付性税收）相加，即是两大教省在这96年向国王交纳的税款总额691,300英镑。如果以这个数字除以96，则平均每年向国王交纳大约7,201英镑税金。麦克哈迪认为7,201英镑还不是每年的全部税收量，坎特伯雷教省在1406年、1419年、1430年、1436年、1449年五次征收教士人头税，具体数额不详；向未经教职收入估定的教区征收十分之一税。如果把这些税收计算在内，数额还要增大。

在麦克哈迪的统计过程中，一共有三个重要的环节：约克教省十分之一税的数量；坎特伯雷教省十分之一税的数量；两大教省中每1份十分之一税的价值各是多少。可以说，在这三个环节的统计过程中，一个环节的错误即可导致最终结果的不准确。然而通观他的统计过程，至少在两个环节上出现计算错误：一个是在约克教省前后30次交纳的十分之一税中，麦克哈迪实际上只统计了29次；另一个是坎特伯雷教省的十分之一税数量应为51.25份，而麦克哈迪计算成40.25份。至于第三个环节，与其他史家的计算也有出入。《牛津英国史》认为：根据1291年的教职收入估定，两大教省每1份十分之一税的总税额是20,000英镑，其中16,000英镑来自坎特伯雷教省，4,000英镑来自约克教省。1381年对约克教省的教产重新估定之后，约克教省1份十分之一税的税额降至1,600英镑，两大教省的税额修正为大约17,000英镑。① 上述麦克哈迪的统计数字是约克教省2,000英镑；坎特伯雷教省15,200英镑，两者总和17,200英镑，虽然两大教省十分之一税的总数相去不多，但是每一教省十分之一税的基数有很大差

---

① May Mckisack, *Oxford History of England, the Fourteenth Century, 1307-1399*, Oxford: Clarendon Press, 1985, p.287.

异，如果以这两个基数乘以若干份，其总量显然就相差很远了。由于统计过程中出现错误，麦克哈迪关于"两大教省平均每年至少向国王交纳大约 7,201 英镑税款"的结论只能是一个粗略的估计数字。

斯卡里斯布里克对教皇税收与国王税收的数量都作出了总体评价。他认为，都铎王朝建立以后，国王不断扩大教会税收，而教皇对英国教会的征税权力日益萎缩，不仅征收十分之一税需要得到国王认可，而且从都铎王朝建立到宗教改革前夕，教皇向英国教会征收十分之一税的所有动议，都被国王否决了。除临时性税收分文未进外，向高级教职征收的任职评议费数额也大为减少，到 1485 年时，只有为数极少的修道院向教皇交纳这笔税金，交纳岁贡的记载也很少见。

1532 年的《在一定条件下禁止交纳岁贡法令》提到，自 1486 年下半年以来，英国新任"枢机主教团评议教职"至少向教廷交纳了 800,000 杜克特任职评议费。如果以这个数字除以 46，那么英国教职界在 1486—1532 年大约每年向教廷交纳 17,400 杜克特任职评议费（折合为 4,094 英镑）。斯卡里斯布里克计算到这里时，怀疑议会列举的数字有夸大，他认为在宗教改革前的最后 18 年间（1523—1530 年），大量的高级教职职位空缺，教皇不可能征收到数目如此庞大的任职评议费。尽管如此，他在计算教皇税收总额时，还是使用了这一数字。同一时期，主教和修道院长等高级教职定期访问罗马时提供的捐献平均每年 137 英镑。从 1485 年到英国教职界最后一次向教廷交纳岁贡的 1533 年，英国教会平均每年向教廷交纳 130 英镑岁贡。英国教会向教皇交纳的彼得便士大约是每年 299 马克（相当于 199 英镑 6 先令 8 便士）。在把任职评议费、高级教职捐献费、岁贡、彼得便士及其他小额税收汇总以后，斯卡里斯布里克提出，从 1485 年到宗教改革前的 1533 年，英国教职界平均每年向罗马教廷交纳的税款是 4,816 英镑。

向国王交纳的税款主要是十分之一税。由于财务署账目不全，只有各主教区收税人在完税日交纳税款的数目，而没有拖欠税款者补交税款的记载，斯卡里斯布里克只是依据坎特伯雷教省在 1501 年与 1531 年两次向国王交纳十分之一税的情况，推算出宗教改革前十分之一税的年平均数量为 9,000 英镑。国王每年还从归还主教区教产中获得大约 3,500 英镑。这项收益与十分之一税合在一起，国王平均每年可从教会得到 12,500 英镑。斯卡里斯布里克认为这是非常保守的推测，年平均 12,500 英镑的国王税收中还不包括其他各种名目的税收或变相税收，如捐款、战争贷款等。除此之外，在亨利八世继位以后，每逢教职界经由财务署向罗马教廷输送税款,财务署还从每一杜克特中截留一个便士。

在做出以上各项估算后,斯卡里斯布里克对教皇税收与国王税收的数量做出比较。他的结论是:在宗教改革前的大约 50 年间,英国教职界每年向教廷与国王双方交纳的税款总额大约是 17,300 英镑;其中教廷所占份额不足 3 成,国王所占份额超过 7 成;英国教职界向国王交纳的税款是向罗马教廷交纳的税款的 2.5 倍;教皇税收与国王税收的数量的比例大约是 1∶2.5,国王税收在数量上已大大超过教皇税收。

关于宗教改革后十分之一税的数额,史学著述中出现的各种统计数字基本相同,没有大的出入。这主要是因为,根据 1535 年编定的《教职收入清册》以及"首年金与十分之一税法庭"的档案记录,可以轻而易举地统计出每一年的圣俸收入总额为 30 万英镑左右,按照十分之一的比率计算,国王每年征收的十分之一税总量大约为 3 万英镑。首年金的数量不固定,各种统计数字的差异主要来自对每一份首年金的估算数额不同。

史学家埃尔顿提出,1534 年法令生效后,十分之一税与首年金的年征收量大约为 40,000 英镑。①《牛津英国史》的统计数字更为详尽:1535—1538 年,国王实际每年征收到的十分之一税数量是 29,500 英镑,每年征收到的首年金数量大体为 16,500 英镑,两项总计 46,000 英镑。②

可以将这一时期十分之一税与首年金的岁入在政府固定性税收总量中所占比例做一比较。根据埃尔顿的统计,国王政府的固定性税收包括:王室地产收入、关税收入、封臣提供的封建性收入、国王法庭收入,以及 1534 年以后从教会获取的收入③,1530 年以前上述几项固定性税收总量大约为每年 100,000 英镑。④ 如果将这一数字与《牛津英国史》关于 1535—1538 年十分之一税与首年金的年征收量为 46,000 英镑相比较,就不难看出,教会税制改革几乎使政府固定性税收每年增长了 50%。这就难怪《牛津英国史》的作者评论说,对于一个年税收总量大体为 10 万英镑的政府而言,每年增加 5 万英镑的税收不是一个小

---

① G. R. Elton, *England under the Tudors*, London: Methuen, 1978, p. 143.
② J. D. Mackie, *The Oxford History of England, the Earlier Tudors* 1485-1558, Oxford: The Clarendon Press, 1985, p. 372.
③ G. R. Elton, *The Tudor Constitution: Documents and Commentary*, Cambridge: Cambridge University Press, 1960, p. 39.
④ G. R. Elton, *The Tudor Constitution: Documents and Commentary*, Cambridge: Cambridge University Press, 1960, p. 42.

数目了。①

如果将改革前国王得自教会税收的数量和税制改革后十分之一税与首年金的岁入做一比较，可以看出国王得到的教会税款成倍增长。前述麦克哈迪的统计，15世纪时约克教省十分之一税、坎特伯雷教省十分之一税、坎特伯雷教省一次总付性税款三项平均每年向国王交纳大约7,201英镑税金。将这一数字分别与埃尔顿关于税制改革后的40,000英镑以及《牛津英国史》关于税制改革后的46,000英镑相比，可以看出国王得到的教会税收比15世纪大约每年增加了32,799英镑和38,799英镑，增加幅度分别为5.6倍和6.4倍。前述斯卡里斯布里克推测，从1486年至1534年，英国教职界向国王提供十分之一税的数量平均每年可达9,000英镑。将这一数字分别与埃尔顿的统计数字40,000英镑以及《牛津英国史》的统计数字46,000英镑相比，可以看出国王得到的教会税收比宗教改革前夕大约每年增加了31,000英镑和37,000英镑，增加幅度分别为4.4倍和5.1倍（图1）。

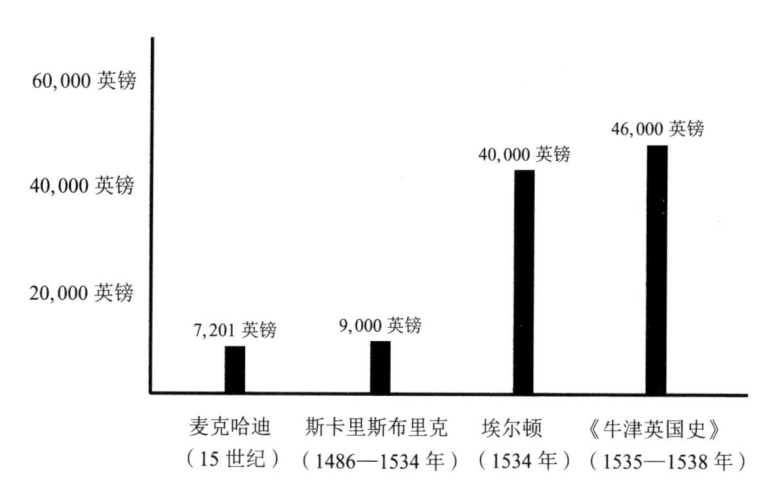

图1 宗教改革前与宗教改革后国王得到的教会税收数量比较

如果将宗教改革前教会每年向教皇与国王双方交纳的税款总额与宗教改革后向国王交纳的税款总额做一比较，可以看出双重纳税义务改变为单一纳税义务以后，教职界的纳税负担不仅没有减轻，反而有成倍的增长。前述斯卡里斯

---

① J. D. Mackie, *Oxford History of England: the Earlier Tudors 1485-1558*, Oxford: The Clarendon Press, 1985, p.372.

布里克统计，在宗教改革前的大约 50 年间，英国教职界每年向教廷与国王双方交纳的税款总额大约是 17,300 英镑，将这一数字分别与埃尔顿的统计数字 40,000 英镑以及《牛津英国史》的统计数字 46,000 英镑相比，可以看出教会每年的纳税负担分别增加了 22,700 英镑和 28,700 英镑，增加幅度分别为 2.3 倍或 2.7 倍（图 2）。

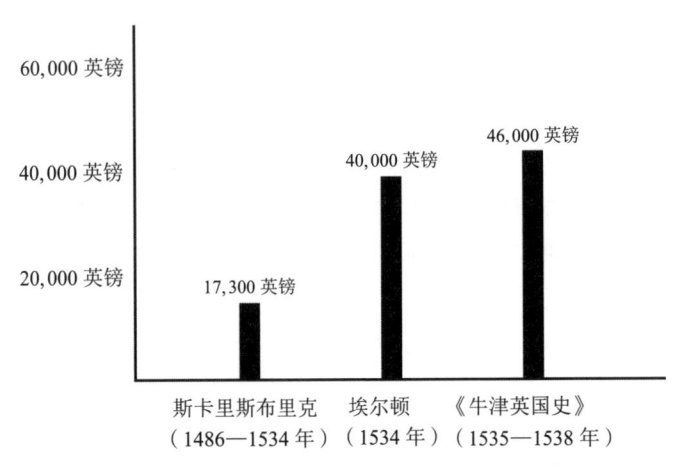

图 2　宗教改革前与宗教改革后教会纳税总量比较

宗教改革后的教会税收数量并非一成不变，然而变化的趋势并未使教职界的纳税负担减轻，也未造成政府税收总量的减少。16 世纪 30 年代末修道院解散后大量教职还俗，因交纳十分之一税的人数减少，造成十分之一税的征收数量大幅度下降。根据玛丽一世 1555 年废除首年金法令之后的一项统计，十分之一税的年征收量在 15,000 英镑至 16,000 英镑之间①，减少了大约 14,000 英镑。伊丽莎白即位后首年金与十分之一税的总量维持在每年 15,000 至 25,000 英镑之间②，两项税收的总量减少了大约 20,000 至 30,000 英镑。然而十分之一税减少并不意味着每一个教职承担的税额减少，也不意味着国王政府的财政收入相应减少。修道院地产移交给国王后，大量的地产收入尽归国王所有，据埃尔顿统计：修道院地产使国王每年的收入增加了 100,000 英镑；即使是在修道院地产出售

---

① Rosemary O'Day and Felicity Heal, eds., *Continuity and Change: Personnel and Administration of the Church in England 1500-1642*, Leicester: Leicester University Press, 1976, p. 112.

② G. R. Elton, *The Tudor Constitution*: Documents and Commentary, Cambridge: Cambridge University Press, 1960, p. 42.

以后的伊丽莎白一世统治末年，王室地产收入每年依然可以达到60,000英镑。①从上述统计数字可以看出，来自修道院地产的收入在弥补了减少的十分之一税14,000至30,000英镑之后，还可以为国王带来额外的几万英镑收入。

除此之外，国王还享有另一项临时性教会税收——补助金（subsidy），依照教职收入按照一定的比率征收。这项税金使国王在1540年、1542年、1543年、1544年分别得到大约20,000英镑税款。②玛丽一世在位时教会税收流失很多，1557年1月征收的补助金数量应当是15,000英镑，实际只征收到2,739英镑。③伊丽莎白一世时代，教职界总共缴纳了11次补助金，虽然每一次的税款总量应当在13,000英镑左右，然而实际的征收数量在9,039英镑至12,000英镑之间。在1598—1600年，由于提高了补助金的征收比率，才使总量也相应增加到16,000至17,000英镑。④教职界补助金的征收，又使国王从教会得到几千乃至几万英镑税款。

四、结论

从财政运作的角度看，16世纪教会税收制度改革带来的变化是：（1）废除了英国教会对教皇的纳税义务，英国教会的财富不再流向教廷，最终完成了从双重纳税义务向单一纳税义务的转变，国王成为教会税收的唯一受益人。（2）新税制使教会税收固定化，国王政府定期向教职界征收首年金与十分之一税，从而将教会财产完全纳入了国王政府的财政资源。（3）新的税制扩大了首年金与十分之一税的征收范围与征收频率，一方面加重了教职界的纳税负担，另一方面也使国王政府的财政收入成倍增长。（4）教会税收固定化以后，教职会议批准十分之一税的权力被剥夺（仅保留了批准补助金的权力），教会也因此而失去了独立的经济地位。16世纪教会税收制度改革在本质上也是对教会财富资源的重新分配，此前由英国教职界、教廷、国王政府三方分享的教会财富，改变为由教职界与国王政府两方分享，国王得到的份额不仅大为增加，而且以法律

---

① G. R. Elton, *The Tudor Constitution: Documents and Commentary*, Cambridge: Cambridge University Press, 1960, p.40.
② J. D. Mackie, *Oxford History of England, The Earlier Tudors*, p.411.
③ Rosemary O'Day and Felicity Heal, eds., *Continuity and Change*, p.112.
④ Rosemary O'Day and Felicity Heal, eds., *Continuity and Change*, p.120.

的形式固定化了。

从更深层次的权力体系角度看，由于教皇税收在很大程度上衍生自教皇向英国教会行使的权力，因而议会法令在否定教皇税收的同时也否定了教皇行使的这些权力。此前教皇行使的几项与教会税收相关的权力被分解，其中的"世俗性权力"，诸如向新任主教颁发任职敕书的权力、对处于主教司法权管辖之外的修道院的巡查权力，移交给国王执掌；其中的"宗教性权力"，诸如在圣职授职礼上向主教授以圣职的权力、发放各种豁免证书与许可证书的权力，移交给坎特伯雷大主教执掌。权力的重新划分，意味着国王掌握了管理教会世俗性事务的权力。

废除教皇税收并不是孤立的事件，而是16世纪30年代宗教改革期间否定"教皇权至尊"、建立"王权至尊"这一庞大计划的重要组成部分。"宗教改革议会"在否定教皇税收以及与之相关的权力的同时，还否定了教皇对英国教会行使的另一项重要权力——司法终审权，1533年的《禁止向罗马教廷上诉法令》（Act for the Restraint of Appeals to Rome）制订后，罗马教廷也不再作为上诉法庭审理来自坎特伯雷与约克两大主教区的上诉案。1534年的《教职界归顺法令》（Act for Submission of the Clergy）进一步规定，国王政府的中书法官法庭（Chancery Court）是英国教会的最高上诉法庭，国王最终掌握了教会的最高司法审判权。当"宗教改革议会"完成了上述努力之后，终于使英国教会脱离了罗马教廷的统治，实现了教会隶属关系的变更——从处于教皇权与王权二元权力体系之下，改变为单一的王权统治。1534年议会制订的《至尊法令》（Act of Supremacy）更是明确提出了"王权至尊"（royal supremacy）的概念，使主权国家的建设更趋完整。

中世纪天主教信仰的仪式化

中世纪的天主教会规定了统一的宗教礼拜仪式，亦即天主教的七件圣事：洗礼（baptism）、坚振礼（confirmation）、圣职授职礼（ordination）、忏悔礼（confession）、弥撒礼（eucharist）、婚礼（matrimony）、包括葬礼在内的终傅礼（extreme unction）。把礼拜仪式统一集中在这七件圣事上，经历了长时期的发展过程。中世纪早期的天主教会对于礼拜仪式的数量没有统一的规定，某些地区把国王加冕礼也作为一种礼拜仪式。12世纪时，彼得·隆巴德（Peter Lombard）撰写的一部神学手册（Sentences）列举了上述七种礼拜仪式，并且认为耶稣基督曾经对这七种礼拜仪式有过阐述。1215年的第四次拉特兰宗教会议（the Fourth Lateran Council）接受了隆巴德的主张。

一、宗教礼拜仪式的有效性

虽然七项礼拜仪式各有其不同的功能和作用，但是都与基督教的救赎理论有直接的关联，都被认为是接受上帝的"恩典"，从而得到上帝救赎的重要手段。中世纪的天主教神学认为，要想使礼拜仪式发生功效、真正达到救赎的目的，需要三项必不可少的前提条件。第一，正确的礼拜用品。所谓"正确"，是指在《圣经》中有据可查、不可随意替代的物品，例如：弥撒礼上之所以使用面饼和酒是出自《新约全书》对"最后的晚餐"的记载。[①] 天主教神学认为《新约全书》的记载是至高无上的，教会无权改变基督的教导。第二，正确的礼拜方式，尤其

---

① Matthew, 26:26-28. Bruce M. Metzger and Roland E. Murphy, eds., *The New Oxford Annotated Bible: Containing the Old and New Testaments*, New York: Oxford University Press, 1991, pp.40-41 NT.

是诵读教会规定的祈祷词，例如"四福音书"记载的基督的话语"我们在天上的父，愿尊你的名为圣，愿你的国降临，愿你的旨意行在地上，如同行在天上"①。第三，正确的礼拜动机，强调在礼拜仪式上按照教会的旨意行事。

宗教礼拜仪式一般是由教士主持的，但是教士也是"人"，也犯有原罪并且在尘世生活的过程中继续犯罪。针对这一问题，教会曾经讨论过"如果主礼神父本人犯有罪过，他所主持的礼拜仪式是否丧失功效"的问题，讨论的结果认为：由于只有耶稣基督是礼拜仪式的真正主持人，而主礼神父作为耶稣的代表无力阻止耶稣基督赐予信徒的恩典，因而即使是尚未洗清罪过的教士主持礼拜仪式，也不能抵消礼拜仪式的有效性；某一位主礼神父是否处于尚未洗清罪恶的状态，只有上帝可以分辨出来。这个结论实际上是不加区分、认为每一位主礼神父主持的礼拜仪式都是有效的。然而，是否能够通过礼拜仪式接收到上帝的恩典，与接受礼拜仪式的人有关。如果某位教徒在出席礼拜仪式时正处于尚未悔过的犯罪状态，教会认为他不能从礼拜仪式中得到上帝的恩典。这一结论依然是强调上述三项必不可少的前提条件，只要在举行礼拜仪式时，使用了正确的礼拜用品，采取了正确的礼拜仪式，有正确的礼拜动机，礼拜仪式就是有效的，礼拜仪式的有效性与主持人的状态关系不大。

除了必须遵循正确的礼拜程序，在一般情况下，礼拜仪式也必须由达到一定神品级别的教士主持。根据第四次拉特兰宗教会议关于礼拜仪式的规定，除了洗礼可以在紧急情况下由世俗人士主持，其他礼拜仪式都应当由具有"司祭"神品的教士主持（条款1）。② 坚振礼与圣职授职礼对主持者的神品等级有更高的要求，只有具备"主教"品级的教士有资格主持。

二、尘世生活的节奏：七项礼拜仪式

在天主教规定的七项礼拜仪式中，洗礼、坚振礼、忏悔礼、弥撒礼、终傅礼是僧俗两界天主教徒都必须接受的礼拜仪式，婚礼与圣职授职礼不是每一名教徒都经历的，婚礼限于俗界，圣职授职礼限于僧界。除此之外，七种礼拜仪

---

① Matthew, 6:9-13. Bruce M. Metzger and Roland E. Murphy, eds., *The New Oxford Annotated Bible: Containing the Old and New Testaments*, New York: Oxford University Press, 1991, pp.8-9 NT.

② Norman P. Tanner, ed., *Decrees of the Ecumenical Councils*, Volume One, London: Sheed & Ward, 1990, p.230.

式有些是不可重复的，一名基督徒在其一生中只可经历一次，如：洗礼、终傅礼；有些是重复进行的，如：弥撒礼、忏悔礼。

天主教徒一生中最先经历的宗教礼拜仪式是洗礼。施行洗礼在神学教义上意味着对人类原罪的排斥、对上帝救赎的接受，意味着接受洗礼的人与上帝立下终生的誓约。因为有誓约的订立，接受洗礼的人才有可能成为上帝的子民、在死后进入天堂。洗礼标志着被接纳入天主教会，实际上是天主教的入教仪式。

按照中世纪天主教的传统，婴儿在出生以后不久就接受洗礼，而且往往是在出生的当天，这是因为中世纪的生存条件很恶劣，婴儿的死亡率很高，父母都会尽快为刚出生的婴儿举行洗礼。当然，如果是人生中途改变信仰、皈依天主教，那又另当别论。

奥古斯丁曾经在《论自由意志》中提出过一个问题：既然婴儿屡屡在懂得受洗的任何意义之前死去，领受洗礼对他何益呢？之所以提出这个问题，是因为婴儿从未行正当，不属义人之列，也从未犯罪，不属恶人之列，人们不知道未来的审判将怎样对待他们。对于这样的问题，奥古斯丁的回答是："带婴儿来领圣洗的人的信，使婴儿获益了……我们自己的信是多么有益，甚至能帮助还没有信的人。"奥古斯丁还举了耶稣使拿因城一位寡妇的儿子起死回生的事例[①]，阐明尚未有任何过犯的婴孩能够从别人的信仰得到帮助[②]。婴儿施洗为的是洗去原罪，人们相信经过施洗的婴儿在去世之后可以直接进入天堂，因为这些婴儿一方面洗去了原罪，另一方面还没有来得及在尘世犯下新罪。

如果婴儿在出生以后、达到"懂事的年龄"之前未及施洗便去世了，就没有机会进入天堂，而是被安置在天堂与地狱之间的一个特殊的地方，称为婴儿界（Limbo）。这是一个特殊的归宿，是某些经院神学家设想出的一种灵魂状态。按照托马斯·阿奎那的理论，这种灵魂状态可以享受到完全的幸福，但是无颜见到上帝的尊容。[③] 这是因为，未及施洗的儿童虽然也有与生俱来的原罪，但是由于年幼无知，还没有犯下"导致灵魂死亡的罪"。

宗教律法还规定，人的一生只可接受一次洗礼，不可重复施洗。违背了上述传统和规定，无论是延误施洗，还是重复施洗，都有可能受到教会法庭的处罚。英国中世纪教会法庭负有监督施洗的职责，法庭档案中记载有这类案例。

---

① Luke, 7: 11-15. Bruce M. Metzger and Roland E. Murphy, eds., *The New Oxford Annotated Bible: Containing the Old and New Testaments*, pp. 89-90 NT.
② 奥古斯丁：《独语录》，成官泯译，上海：上海社会科学院出版社，1997年，第205页。
③ Bernard Hamilton, *Religion in the Medieval West*, London: Edward Arnold, 1986, p.47.

1485 年以前不久，伦敦主教区法庭审理过两宗有关洗礼的诉案。一宗诉案是指控一名教徒，他的孩子已出生两天尚未施洗。另一宗诉案是指控一名教士，他为一个已由接生婆施洗的婴儿再度施洗。①

在通常情况下，洗礼由具有司祭神品的教士施行，但是在特殊或紧急情况下（譬如一时找不到教职人士施洗，或婴儿出生后即濒临死亡，来不及送到教堂接受洗礼），也可以由世俗身份的教徒施洗。无论由何人施洗，重要的是必须严格遵行施洗的程序，尤其是正确诵读洗礼时的祈祷词——"以圣父、圣子、圣灵的名义"施洗②，不得有误或更改。经过世俗人士施洗的婴儿倘若日后健康状况好转，不能再由教职人士重复施洗，但是可以采取一些补救措施，譬如由教职人士涂圣油、画十字，但是不可以洒圣水。

主持洗礼是教职人士不容推卸的职责，如果某一教士拒绝为他人施洗，有可能受到教会法庭的惩治。1510 年，诺福克地区海因福德堂区住持就曾因疏于施洗而受到法庭指控。③

洗礼之后，天主教徒一生中经历的第二个重要的宗教仪式是坚振礼。坚振礼的重要性在于它涉及"圣灵的恩赐"。据《使徒行传》记载，耶稣门徒彼得与约翰曾经前往撒玛利亚，为那里的基督徒祈祷，使之接受圣灵的恩赐；在此之前，那里的基督徒仅仅接受过"以主耶稣的名义"施行的洗礼，圣灵尚未降临到他们身上。④ 经过历史的演变，这项仪式演变成在儿童/少年时期举行的坚振礼，其宗教含义在于"坚定"洗礼时立下的誓约。在举行坚振礼之前，各地教会通常对即将接受这一宗教礼拜仪式的儿童/少年进行教义问答教育，以期使他们对基本的宗教教义获得初步的了解。中世纪的天主教会要求 14 岁以上的教徒出席在教堂举行的宗教礼拜仪式，要求 16 岁以上的教徒每年至少领一次圣体。这项规定恐怕与坚振礼的施行有直接关联，举行过坚振礼就意味着正式出席天主教的礼拜仪式了。从这一意义上看，坚振礼实际上也是儿童少年的成年仪式。坚振礼同样具有不可重复性，如果一个儿童/少年不止一次接受坚振礼，就会造成人生的不正常，将来不可以担任圣职。

教会档案对坚振礼的记载非常少，威廉·林伍德在他的著述中也只是偶尔

---

① J. A. F. Thomson, *The Early Tudor Church and Society, 1485-1529*, London: Longman, 1993, p. 340.
② Norman P. Tanner, ed., *Decrees of the Ecumenical Councils*, Volume One, p. 230.
③ J. A. F. Thomson, *The Early Tudor Church and Society, 1485-1529*, London: Longman, 1993, p. 339.
④ Acts of the Apostles, 8: 14-17. Bruce M. Metzger and Roland E. Murphy, eds., *The New Oxford Annotated Bible: Containing the Old and New Testaments*, p. 174 NT.

提到坚振礼。有研究者认为这种现象表明，由于坚振礼仪式除"坚振"之外并未添加任何新的宗教意义，人们往往不重视这一宗教仪式，因此规避坚振礼的现象非常普遍。① 规避坚振礼的另一个可能的原因是，天主教会对坚振礼的主持人有神品资格限制，要求必须是达到主教品级的教士。英国中世纪的主教大多在俗界担当许多职责，没有更多的时间与精力出入辖区内的教堂履行宗教职责。英格兰各地教堂或者由代理主教（suffragan）主持坚振礼，或者借主教三年一次巡查教区的时机举行坚振礼，如果没有合适的主礼者，索性就规避了这项礼拜仪式，也造成相当多的教徒没有举行过坚振礼。

坚振礼的仪式非常简短，主礼者先是以手触摸行礼者的头，祈祷行礼者接受"圣灵的恩赐"，然后用圣油在行礼者的额头上画十字，最后再诵读结束仪式的祈祷词。坚振礼的仪式如此简单，以至于主礼者前往某个村庄主持这项仪式时甚至不必下马，骑在马背上即可以为行礼者完成仪式。

在宗教律法中，规定最为明确的礼拜仪式是忏悔礼和弥撒礼。洗礼意味着洗清原罪，如果在受洗后又犯下罪过，需要由忏悔礼来洗罪。第四次拉特兰宗教会议规定：每一位基督徒无论男女在"达到自主年龄"②之后，每年至少向堂区司祭行一次忏悔礼，竭尽全力履行规定的悔罪苦行。只有在履行忏悔礼之后，才有资格在复活节弥撒礼上领受圣餐（条款21）。③

宗教会议的这项规定之所以把忏悔礼与弥撒礼联系在一起，是因为天主教信仰认为：犯有罪过（尤其是犯有"导致灵魂死亡的罪"）的教徒只有经过忏悔，并且做出相当的"补偿"（苦行）之后，才能通过圣餐领受到上帝的恩典，否则便导致圣餐礼无效，不能领受到上帝的恩典。这种信念由来已久，在《新约全书》中，使徒保罗警告哥林多人："人应当省察自己，然后再吃这面饼，喝这酒。因为人若在吃喝之前没有分辨出主的身体，就是吃喝自身的罪了。"④

中世纪的宗教神学把人在洗礼之后犯下的罪（personal sin）分成两类，一类是"可宽恕的罪"（venial sins），另一类是"导致灵魂死亡的罪"（mortal sins）。"可宽恕的罪"是轻微的罪，是不经意间犯下的罪。犯下这种罪的人只

---

① R. N. Swanson, *Church and Society in Late Medieval England*, Oxford: Blackwell, 1993, p. 277.
② 这项规定并未指明何为"自主年龄"，依照中世纪西欧社会的习俗，男子15岁、女子12岁为成年。中世纪的基督教会要求14岁以上的基督徒出席在教堂举行的宗教礼拜仪式，16岁以上的基督徒每年至少忏悔一次、领一次圣体。
③ Norman P. Tanner, ed., *Decrees of the Ecumenical Councils*, Volume One, p. 245.
④ 1 Corinthians, 11:28-29. Bruce M. Metzger and Roland E. Murphy, eds., *The New Oxford Annotated Bible: Containing the Old and New Testaments*, pp. 241-242 NT.

要私下里直接向上帝坦白,不必经过教会,也不必实施苦行,就可以得到宽恕。"导致灵魂死亡的罪"是严重的罪,其严重之处在于,这是在十分清醒的情况下刻意犯下的罪过。这种罪过只有向教会坦白并且实施苦行,才能得到赦免。从理论上说,只有"导致灵魂死亡的罪"才影响到圣餐的效力,因而犯有"可宽恕的罪"的教徒可以自行向上帝忏悔,不必向教会坦白自己的罪过。然而第四次拉特兰宗教会议的规定并没有对这两种罪过做出区分,而是要求所有成年教徒在每年的复活节前向教会忏悔。

14世纪时,坎特伯雷大主教萨德伯里重申第四次拉特兰宗教会议的规定,并且强化了实施的手段,规定:每年的三个大节期——圣灵降临节(Pentecost)、圣诞节(Christmas)、复活节(Easter)是举行忏悔礼和弥撒礼的日子;如果某一教徒从一个复活节到另一个复活节期间没有忏悔过或没有参加过弥撒礼,就要受到教会法庭的惩处,情节严重者不得进入教堂,死后不得按照天主教仪式举行葬礼。由于这些规定,确保教区居民按时举行这两项礼拜仪式就成为英国各主教区教会法庭司法审判的一项重要内容。

在漫长的复活节期的季节里,听取忏悔(具体的步骤分为听取、询问、赦免)与主持弥撒礼是堂区住持(rector/vicar)的职责,堂区教职如果疏于履行这项职责,有可能受到法庭的指控。教会档案中保存有许多关于这类指控的记载,例如,1498年,韦尔斯主教区邓斯特堂区的5位教徒代表在当地的主教常设法庭(Consistory Court)控告他们所在堂区的住持没有依照当地传统,在大斋节(Lent)的第二个星期听取忏悔,也没有在复活节举行弥撒礼。[1] 但是法庭档案并没有记载下这名疏于职守的堂区住持受到何种处治。

除了堂区住持有责任听取忏悔,有的时候,主教也特派具有司祭神品级别的教士,特别是托钵僧,到各地堂区听取忏悔。遇有这种情况,主教往往向被派遣者发出一封准许暂离现职、前往听取忏悔的证明信。这类信函一般都在教会法庭登记备案,研究者借此可以了解这方面的情况。在1487年与1488年,方济各会(Franciscan Order)与加默尔会(Carmelite Order)托钵僧获准在约克主教区听取忏悔。1510年,赫里福德主教区批准一名加默尔会托钵僧与一名本笃会(Benedictine Order)莱明斯特修道院(Leominster)院长在当地听取忏悔。主教为何在堂区住持之外特派专门的忏悔神父前往某地听取忏悔?由于档案记载不全,现有研究对特派忏悔神父的使命尚不十分明了。有的研究者认为,这

---

[1] J. A. F. Thomson, *The Early Tudor Church and Society, 1485-1529*, London: Longman, 1993, p.341.

些特派者前往某一教区并不是为了取代当地的忏悔神父听取堂区教徒的忏悔，而是专门听取某一地区悔罪苦修者经常性的忏悔，一般教徒仍需每年一度向当地神父忏悔。

堂区忏悔制度适用于人口流动不大、居住相对稳定的农业社会，但是实施起来也会遇到障碍，主要原因是有例外的情况发生。一方面，由于种种原因，有些教徒可能在大斋节或复活节期间远离家乡居住地，不能返回自己的堂区参加弥撒礼；另一方面，堂区神父也可能拒绝为外来的陌生人主持弥撒礼，因为不能确定陌生人是否已进行过一年一次的忏悔。1517年，累斯特郡大利德福德堂区教徒理查·沃克因未能出席弥撒礼而受到法庭惩处，恐怕就是出于这类原因。沃克自己申辩说，他确实在白金汉郡的提克福德修道院（Tickford Priory）向一名本笃会修士忏悔过，但是当地堂区的住持仍以他不是堂区教民为由阻止他出席弥撒礼。①

忏悔礼的规定为教徒提供了与堂区神父所代表的教会进行面对面精神交流的机会，这一特点是其他礼拜仪式所不具备的。约翰·莫克（John Mirk, c.1403—?）写于15世纪初的一部小册子《堂区司祭手册》（Instructions for Parish Priests）要求堂区住持在听取忏悔时不仅检查忏悔者是否已将宗教信条和宗教戒律熟记于心，还需教导忏悔者信奉"三位一体"，信奉耶稣基督"道成肉身""在十字架上遇难"又"死而复活"。②这样的记载表明，忏悔礼在要求基督徒进行内心道德反省的同时，也要向教会表白信仰，并且注重增进教徒的神学知识，普及神学教义。

中世纪晚期的天主教会更为强调在忏悔礼时检查教徒的道德行为，并不要求教徒掌握高深的神学教义。天主教徒在忏悔时主要是对照天主教的道德标准实现自省，坦白自己的罪过，期望得到上帝的赦免、达到灵魂得救的目标。这种方式的忏悔礼一方面要求教徒按照天主教的伦理道德标准约束自己的行为，另一方面也赋予具备一定神品资格的教士赦免罪恶的权力。

把忏悔礼限定在教徒居住地所在堂区的范围内进行，是因为忏悔礼本身具有一定的社会功能。一方面，借助忏悔礼可以使教徒定期进行道德上的反省，以达到约束其日常行为的目的。另一方面，忏悔礼又使触犯了道德规范的教徒有机会悔过自新以求得堂区居民的谅解，从而实现社区内的和解。如果说教会

---

① J. A. F. Thomson, *The Early Tudor Church and Society, 1485-1529*, London: Longman, 1993, p.342.
② John Mirk, *Instructions for Parish Priests*, London: Early English Text Society, 1868, pp.28-30.

法庭是通过"他律"的手段调解社区矛盾,那么忏悔礼则是借助自律的手段避免矛盾的产生。在这一方面,忏悔礼与教会法庭的司法行为是相辅相成的,其目的都是实现对堂区生活的管理。

在很多情况下,教徒忏悔的内容涉及个人隐私,因此,忏悔礼必须在教徒与忏悔神父之间一对一地单独进行。由于是私下里把自己犯下的罪过"说"给忏悔神父听,因而中世纪天主教的忏悔礼也称为"耳边忏悔"(auricular confession)。在16世纪以前,英国各地的教堂并未设置用于忏悔的包厢(confessional box)。

听取忏悔的神父有义务为忏悔者保守个人隐私的秘密。按照宗教律法的规定,泄漏忏悔内容是严重的过失,教会法庭审理泄漏忏悔内容的指控。诺里季主教区法庭档案中,记载了伊普斯维奇一位名叫威廉·法斯特林奇的教徒指控忏悔神父泄漏忏悔内容的诉案。案情的起因是法斯特林奇的妻子在忏悔时,告诉这位忏悔神父她与她的丈夫曾经在婚前同居。尽管法斯特林奇承认确有其事,法庭还是以泄漏忏悔内容的罪名传召这位忏悔神父出庭。[①]

另一方面,忏悔神父对泄漏忏悔内容的指控也很敏感,遇有不符合事实的指控,忏悔神父也会以诽谤罪反告指控者。法庭档案记载的诽谤诉案中,有些就属于这类性质。伦敦主教区的万圣堂区住持曾以诽谤罪反控他所在堂区的一位教徒,因为这位教徒指控他泄漏了忏悔内容。在诺里季主教区,一名受到泄漏忏悔内容指控的神父向法庭起诉,宣称对他的指控损害了他的名誉。[②]

弥撒礼是教会可以举行的最高规格的礼拜仪式,也是全体基督徒(死去的和活着的)可能举行的最高规格的祈祷仪式。弥撒礼的理论依据来自《新约全书》的记载,亦即耶稣基督在最后的晚餐上指着"面饼"和"酒"对他的门徒说的话:"这是我的身体","这是我的血"。[③]天主教神学认为《新约全书》记载的这一行动象征着耶稣基督以自己的身体拯救人类,并据此演绎成天主教的弥撒礼。弥撒礼的意义在于它所体现的"化体"(transubstantiation)教义:面饼和酒经过祝圣以后,分别化作基督的肉和血。但是这样一种解说太富于戏剧性,似乎面饼和酒在弥撒礼的演绎过程中发生了某种化学变化,然而从表面上看,面饼和酒在经过祝圣以后仍然保持着原来的样子。"化体"教义难以解释的一个

---

① J. A. F. Thomson, *The Early Tudor Church and Society, 1485-1529*, London: Longman, 1993, p. 341.
② J. A. F. Thomson, *The Early Tudor Church and Society, 1485-1529*, London: Longman, 1993, pp. 341-342.
③ Matthew, 26:26-28. Bruce M. Metzger and Roland E. Murphy, eds., *The New Oxford Annotated Bible: Containing the Old and New Testaments*, pp. 40-41 NT.

关键问题是：面饼和酒以何种方式变成了基督的身体和血？中世纪的神学家曾经对这一问题展开思辨。有一派神学家把变化的过程解释为"取代"，认为面饼和酒在祝圣的一瞬间由一种物质取代了另一种物质。另一派神学家否认取代说，认为是面饼和酒在祝圣时其自身改变了物质性质。更有神学家彻底否定"化体"说，认为面饼和酒只是作为纪念耶稣基督为救赎人类而牺牲的象征物。

为了平息教会内围绕着"化体"教义展开的争论，1215 年的第四次拉特兰宗教会议将"化体"教义正式写入拉丁基督教的宗教信条，具体阐述如下："确实存在着一个由虔诚的人组成的普世性教会；在这个教会之外，没有人能够得到拯救；在这个教会之内，耶稣基督既是司祭（priest）也是献身者（sacrifice）。耶稣的身体和血真实地包含在圣餐礼的面饼与酒之中，借上帝之力，这面饼化作身体，这酒化作血。为了与圣餐融合为一体，我们领受耶稣的身体和血，一如他领受我们的（条款1）"①。有了"化体"教义作为神学前提，圣餐礼就从"供给灵魂的物"演变成了"与上帝融为一体"的宗教体验。在圣餐礼上，"因上帝恩典之力，人得以融入基督并与基督合为一体。其结果是，上帝的恩典借助圣餐礼而得以在领受者中发扬光大"②。

拉特兰宗教会议在阐述"化体"教义时，是以"基督降临尘世"（incarnation）作为理论前提的：耶稣曾经在尘世从人类那里得到过人的身体，又在圣餐礼上将他的身体和血给予人类。上述引文中提到的"我们从上帝那里得到的，正是他从我们这里获取的"，即是对这一前提的表述。在方法上，上述引文采用的是亚里士多德的三段式论述法，理论前提是物质的外在形状与内在性质的区别，结论是：当圣餐礼献祭的物品保留着面饼和酒的外在形式时，其内在的性质已经发生了变化，基督降临在其中。上述引文还提到耶稣基督是教会的"献身者"，圣保罗曾经谈到过，圣餐礼的目的是"展示主耶稣之死"③，也就是借助耶稣受难十字架（crucifixion）来表现"耶稣被钉死在十字架上"。正是出于这个原因，中世纪的天主教会在习惯上也把弥撒称为"献祭"（sacrifice）。弥撒礼的目的就是献祭，向上帝献上面饼和酒，化成基督的身体和血，这是教会可以举行的最高形式的礼拜仪式，也是全体基督徒（死去的和活着的）可能举行的最高规格的祈祷仪式。

---

① Norman P. Tanner, ed., *Decrees of the Ecumenical Councils*, Volume One, pp. 230-231.
② Norman P. Tanner, ed., *Decrees of the Ecumenical Councils*, Volume One, p. 547.
③ 1 Corinthians, 11:26. Bruce M. Metzger and Roland E. Murphy, eds., *The New Oxford Annotated Bible: Containing the Old and New Testaments*, p. 241 NT.

中世纪的天主教会极为看重每年至少一次的忏悔礼与弥撒礼，认为这是天主教徒最基本的宗教义务。不按期履行这一义务，被认为是严重触犯宗教戒律的行为，情节严重者，甚至有可能被法庭解释为怀疑圣礼的效力，从而被作为宗教异端惩处。伦敦主教区法庭就审理过这样的异端案。1490 年，一位名叫大卫·彻克的教徒因为未出席复活节礼拜仪式而被怀疑为宗教异端。1498 年，另一位教徒伊登·沃尔特斯被指控为异端，原因是他在复活节前的封斋期没有行忏悔礼，在复活节当天没有出席弥撒礼。① 从这两宗案例可以看出天主教会对忏悔礼与复活节弥撒礼的重视程度，在天主教习俗中，复活节与圣诞节都被看作重要的宗教节期。

基督徒一生中经历的最后一项礼拜仪式是终傅礼。终傅礼的神学基础是《新约全书》的记载："你们中间有病人吗？他应当把教会的长老请来，以主的名义为他祈祷并且为他涂油。虔诚的祈祷能够挽救病人，主必使他起而复生。假如他犯下了罪，也必获得赦免。"② 虽然《新约全书》中记载的终傅礼有医治疾病、赦免罪恶两种功效，但是医治疾病的功效越来越淡化，赦免罪恶的功效越来越加强。大约在公元 10 世纪时，医治疾病的功能已经完全被剥离出去，终傅礼成为专为临终之人举行的忏悔仪式，其作用是赦免罪恶，以便死后尽快进入天堂。佛罗伦萨宗教会议明确规定：终傅礼不得为患有疾病的人举行，除非死亡已经临近了。③ 从另一个角度看，终傅礼所医治的已不是肉体的病痛，而是精神的创伤，精神的创伤医治好以后，上帝就使他起而复生，进入永恒的世界。

从神学理论上说，终傅礼赦免的是"导致灵魂死亡的罪"，因而在习惯上年龄不足 14 岁的濒危儿童不行终傅礼，因为年龄如此幼小的儿童恐怕尚未犯下如此严重的罪过。还有一种情况，就是猝死的人来不及做临终忏悔，他的罪恶如何得到赦免？教会对此的解释是：可以假设他已经与上帝达成了和解，除非有其他的迹象证明其不能与上帝达成和解。在这里，"其他的迹象"包括：开除教籍的人、自杀的人等。正是由于开除教籍对于灵魂的归宿可以造成如此重大的影响，因而开除教籍的人在濒死时刻大多可以得到教会的宽恕，得以恢复教籍。基督教禁止教徒自杀，认为"人"作为上帝的创造物，不应受到人为的毁灭，亦即人不得随意毁灭上帝的创造物。从这一神学基础出发，自杀的人注定受到

---

① J. A. F. Thomson, *The Early Tudor Church and Society, 1485-1529*, London: Longman, 1993, p. 260.
② James, 5: 14-15. Bruce M. Metzger and Roland E. Murphy, eds., *The New Oxford Annotated Bible: Containing the Old and New Testaments*, p. 336 NT.
③ Norman P. Tanner, ed., *Decrees of the Ecumenical Councils*, Volume One, p. 548.

诅咒。

终傅礼是基督徒在尘世举行的最后一次祈祷，也是最后一次坚定信仰的机会，直接关系到死后灵魂的归宿问题。对于如此至关重要的宗教仪式，《卜尼法斯法令》(Statuta Bonifacii)① 规定：对于那些濒临死亡之人，终傅礼应当及时举行不得贻误（条款 xxxi）。② 为了确保如此重要的礼拜仪式在受礼者临终时及时举行，避免出现因为钱的因素而贻误终傅仪式的情况出现，教会要求为教徒无偿举行终傅礼（条款 24）。③

终傅礼与洗礼两项礼拜仪式的时效性，也是教区居民要求堂区神父居于教区的原因之一。为了确保终傅礼万无一失，也有教徒在生前就指定下为自己举行终傅礼的神父。伦敦主教区档案中有一份有关举行终傅礼事宜的遗嘱，立遗嘱人尼古拉斯·阿尔温以 10 先令遗赠一名神父，要求这名神父在他临终时为他主持终傅仪式。④

教会档案对教徒去世之后的葬礼有比较详细的记载。葬礼必须由教职人士按照宗教方式举行，死者的棺木最终也必须埋葬在经过祝圣的墓地。如果一时难以找到经过祝圣的墓地，将来也必须移葬到这样的墓地。如果当事人不按规定行事便有可能受到惩处。伦敦主教区派出法庭（Commissary Court）在 1495 年审理过一宗葬礼案，案情涉及一起无神职人员在场、未按宗教仪式举行的葬礼，被告因此而被处以悔罪苦行的惩罚。⑤ 对这宗诉案的审理表明，中世纪的教会法庭确有一套运行机制以确保葬礼按宗教仪式举行，堂区居民也负有对葬礼实行监督的义务。

教会为教徒举行葬礼要收取额外的服务费。收费标准依葬礼的规格而定，葬礼的繁简程度不同，收费情况也不相同。仅以为死者敲丧钟为例：在希尔地区的圣玛丽教堂，在葬礼时为死者敲响教堂钟楼内最大的钟一下，收费 6 先令 8 便士；连续敲响次大的钟一小时，收费 12 便士；敲响半日，收费 3 先令 4 便士；如此递减，敲响最小的钟收费最少。在劳斯堂区，教堂敲钟人除了为去世的人敲丧钟，还提供其他有偿服务，例如为丧家运送棺木以备装殓，每次收费 1

---

① 《卜尼法斯法令》很可能是在 800—840 年期间举行的巴伐利亚宗教会议（Bavarian Synod）制订的。
② John T. McNeill and Helena M. Gamer, trans., *Medieval Handbooks of Penance*, New York: Columbia University Press, 1990, p.398.
③ Norman P. Tanner, ed., *Decrees of the Ecumenical Councils*, Volume One, p.202.
④ J. A. F. Thomson, *The Early Tudor Church and Society, 1485-1529*, London: Longman, 1993, p.345.
⑤ J. A. F. Thomson, *The Early Tudor Church and Society, 1485-1529*, London: Longman, 1993, p.346.

便士。① 除了葬礼上各种仪式的规格，墓地的位置也是决定费用多寡的重要因素。总的来说，葬在教堂之内的费用要高于葬在教堂之外。希尔地区的圣玛丽教堂在 15 世纪末时明文规定：教堂办事员向葬在教堂之内的丧家收取 2 先令，如果是葬在教堂庭院，成年人收取 8 便士，儿童收取 4 便士。这仅仅是向教堂办事员个人交纳的费用。除此之外，还需分别向教堂交纳 13 先令 4 便士（教堂内）和 2 先令（教堂庭院）。②

由此可见，举行何种规格的葬礼，墓地选在何处，首先取决于丧家财力的支持。富有的人在死后可以享用奢华的葬礼与理想的安息之地。伦敦主教区保存的一份遗嘱很明显地体现出这一点。这是一份由约翰·贝尼特与托马斯·戈德韦尔两个人共同订立的遗嘱，主要内容是他们分别为自己身后选定安葬之地，其中约翰·贝尼特希望将来葬在圣马格纳斯教堂的回廊里尽可能靠近主位十字架的地方，托马斯·戈德韦尔希望葬在圣玛格丽特教堂南部靠近圣克里斯托弗的圣像附近。③ 从这两个人对自己葬身之地的选择，可以看出他们各自对某一圣物或某一圣徒的挚爱与虔敬，以及他们各自的宗教理想。或许他们生前就是分别以圣十字架和圣徒克里斯托弗作为保护神，死后同样希望以此作为在天之灵的保护神。然而，宗教理想的实现在很多情况下是需要一定的物质条件作为支持的，可以设想，这两个人如果没有足够的财力交纳墓地费用，是不可能埋葬在理想的安息之所的。

葬礼的形式、墓地的位置，不仅具有一定的宗教内容，而且具有一定的社会内容，是一个人生前的身份、地位、经济状况的体现。如果说墓地的位置更多地反映出一个人的财力，那么葬礼的形式则更多地反映出一个人生前的身份和地位。这首先是因为，在很多情况下，葬礼不是个人的行为，而是家族的、社会集团的行为，在这方面，最明显的是行会对其会员、会员家属葬礼的参与。行会会员有义务出席他们中间某一成员的葬礼，这是行会对其会员的要求，如有拒绝出席者，行会有权要求他交纳罚金。有些行会免费向会员提供公用的葬礼用品，作为行会内的一种公共福利。例如，伦敦金匠行会备有棺椁，本行会会员及家属可以免费使用，行会以外的人使用需交纳租金，1525 年时的租金是 6 先令 8 便士。伦敦布商行会在 1516 年得到一笔 20 马克的捐赠，捐赠人指定这

---

① J. A. F. Thomson, *The Early Tudor Church and Society, 1485-1529*, London: Longman, 1993, p. 346.
② J. A. F. Thomson, *The Early Tudor Church and Society, 1485-1529*, London: Longman, 1993, p. 347.
③ J. A. F. Thomson, *The Early Tudor Church and Society, 1485-1529*, London: Longman, 1993, p. 348.

笔捐款用于购买一个新的棺椁。① 葬礼形式之所以可以表明一个人生前的身份和地位，也是由于人们习惯于借助葬礼表达人生最后的心愿，而这类心愿与生前的身份、地位有关，身份、地位不同，对葬礼的要求也有所不同。1488年去世的埃德蒙·沙爵士生前曾任伦敦市长，他在遗嘱中将遗产的一部分赠送给出席葬礼的伦敦城显要人物以及他所属的金匠行会同仁。② 做出这样的安排显然是为了吸引这两类人出席他的葬礼。这位市长大人之所以希望有显要人物出席葬礼，恐怕也是认为这样才与他生前的身份、地位相符。很难想象普通百姓会为自己的葬礼做出这种安排。

教会法庭也审理过涉及葬礼费用的诉讼。教堂监护人（church warden）作为堂区教产的管理者，有时也可能临时垫付葬礼的费用，事后再由丧家偿还。但是由此而引起的经济纠纷也时有发生，最常见的是死者亲属拖欠葬礼费用。遇有这种情况，就需要教会法庭强制丧家偿还。在肯特的林斯蒂德堂区，法庭曾经责令一位名叫伊丽莎白·米勒的妇人偿还14便士，这是教堂为她丈夫的葬礼垫付的蜡烛费用。③

圣职授职礼是为特定人群举行的宗教仪式，不仅女性居民不得接受圣职授职礼，即使男性居民也不是人人都可以接受圣职授职礼。圣职授职礼是为教职人士举行的任职仪式，因此，只有具备担任教职的条件④，而且自愿进入教职界的人士才有机会接受这一宗教仪式。此外，教职界神品晋升制度要求每晋升一次品级都需举行一次圣职授职礼，因此，不同神品级别的教职人士接受圣职授职礼的次数是不一样的，神品级别越高，参加的次数越多。

婚礼作为教会规定的七项礼拜仪式之一，经历了长期的发展进程。1215年第四次拉特兰宗教会议阐述了关于男女缔结婚姻的各项条件限制。佛罗伦萨宗教会议在1439年的决议中对婚姻的意义做出了阐述。特兰托宗教会议在1515年的决议中强调，借助婚礼接受上帝的恩典，是基督在福音书中做出的规定

---

① J. A. F. Thomson, *The Early Tudor Church and Society, 1485-1529*, London: Longman, 1993, p.348.
② J. A. F. Thomson, *The Early Tudor Church and Society, 1485-1529*, London: Longman, 1993, p.348.
③ J. A. F. Thomson, *The Early Tudor Church and Society, 1485-1529*, London: Longman, 1993, p.346.
④ 宗教法对担任教职者规定有一系列资格限制，其中最主要的资格限制是：（1）具有自由身份，不是"维兰"等人身依附者；（2）合法婚生，不是私生子；（3）身体健全无残疾；（4）没有诸如杀人之类的犯罪记录；（5）男性居民。除此之外，对晋升不同神品级别的教士还有某些特殊规定，例如：进入正级神品的教士禁止结婚，而初级神品者不受这一限制。此外，宗教法对进入不同等级神品的教士规定有不同的最低年龄限制：襄礼员14岁、副助祭17岁、助祭19岁、司祭24岁、主教30岁。

(session 24)。① 正是由于特兰托宗教会议的规定，婚礼才成为男女婚姻必须履行的一项仪式，只有举行过由教士主持的婚礼仪式的婚姻才是有效的合法婚姻。英国议会直到1753年才做出相应的规定。在此之前，虽然教会鼓励教徒在教堂举行由教士主持的婚礼，但并不强迫教徒这样做。由于缺少法律上的强制性，在现实生活中，婚姻的缔结并不一定经过先是订婚、后是婚礼仪式两个步骤，在很多情况下，只需向堂区教徒公告一桩婚姻就可以了。

中世纪的天主教会禁止教徒私下里秘密缔结婚约，第四次拉特兰宗教会议规定，当事人双方在缔结婚约之前，必须在教堂发布结婚公告（条款51）。② 做出这项规定的目的是使婚约公开化，由公众监督缔约双方是否符合结婚条件。然而在当时也有神学家认为，假若男女双方具备缔结婚约的条件，尽管他们是私下里交换的婚姻誓约，这样的婚约也应当视为有效。如果发现有这种婚约缔结，只需由教会为之举行一个祈福礼就可以了，不应当废除这样的婚约。但是如果允许私下里缔结婚约，会造成一系列的后果：年轻人可能违背父母的意愿秘密缔结婚约，在当时婚姻普遍是由家族或父母包办的情况下，这是"大逆不道"的；没有见证人在场的秘密婚约有可能造成婚姻的一方轻而易举地否定已有的婚约，造成婚姻的随意性。出于上述种种考虑，貌似"婚姻自由"的秘密婚约并没有得到教会的承认。虽然缔结婚姻无须经过婚礼仪式，但是对教徒的婚姻施加管理却是教会法庭的责任。在中世纪英国社会几种司法系统并存的情况下，教会法庭是审理婚姻案的唯一法庭，教会法庭对婚姻诉讼案的审理一直持续到近代社会的1857年。

教会法庭奉行宗教法关于婚姻关系的律条，这些律条体现了中世纪天主教会关于婚姻的基本观念。首先，天主教会排除近亲结婚。教会持有一种广义的近亲概念，第四次拉特兰宗教会议把"血亲""姻亲""教亲"都视为"近亲"，都是缔结合法婚姻的障碍（条款50）。③ "血亲"指从共同的祖先数起，兄妹及三代表兄妹，也就是五代血亲之内禁止结婚。"姻亲"包括缔结有婚约的双方家族的所有成员，也就是英文中所说的"in-laws"，此外还包括存在着"性"联系的亲族。"教亲"包括教父、教母、教子、教女，这些人之间也同样禁止缔结婚姻。其次，天主教会把合理缔结的婚姻视为由上帝缔结的婚姻，具有神圣的不

---

① Norman P. Tanner, ed., *Decrees of the Ecumenical Councils*, Volume Two, p. 754.
② Norman P. Tanner, ed., *Decrees of the Ecumenical Councils*, Volume One, p. 258.
③ Norman P. Tanner, ed., *Decrees of the Ecumenical Councils*, Volume One, pp. 257-258.

可解体性。婚约一旦缔结，便是一种终生的契约，除非缔约双方中有一方死亡，否则婚约是不可解除的。因此，在天主教的宗教律法中没有"离婚"的概念。教会法庭对婚姻事务的管理主要是为了维系婚姻关系的稳定，这恐怕与宗教法奉行的财产继承原则有关，因为婚姻关系的混乱，很容易导致财产继承关系的混乱。

三、结语：宗教信仰的仪式化

礼拜仪式是宗教信仰的外在表现，七项礼拜仪式将天主教的宗教信仰演绎成各种外在的程式化、视觉化的仪式。这种宗教信仰仪式化的发展倾向适应了当时社会文化水平低下、识字人口不多的现实。没有能力也没有机会阅读《圣经》及其他宗教典籍的天主教徒，唯有借助各种仪式化的祈祷方式了解并加深对宗教信条的理解。对于中世纪的天主教徒而言，出席宗教礼拜仪式是接受上帝的恩典、使灵魂得到救赎的重要途径。

七种礼拜仪式伴随着人生发展的重要阶段，与日常生活密切相关。定期出席宗教礼拜仪式，是中世纪天主教徒特有的生活方式。天主教会作为信仰的载体，负有"照看"宗教信仰、管理宗教活动的责任。这种照看和管理并不是只凭说教，而是有司法制度作为保障，教徒的宗教信仰与宗教活动受教会法庭监督。借助强制性地要求教徒出席宗教礼拜仪式的办法，中世纪的天主教会实现了对人们日常生活的规范。

然而伴随着宗教信仰的仪式化，具有"司祭"神品的教士作为礼拜仪式的操作者，成为上帝与信徒之间不可缺少的中介。由于"司祭"在宗教生活中发挥着至关重要的作用，天主教信仰最终演变成了以教职界精英为中心的宗教信仰。具有司祭神品的教士演绎礼拜仪式，对各种礼拜仪式中所包含的"微言大义"展开神学思辨。普通教徒只需定期出席礼拜仪式，掌握最简单的宗教信条，简单到只需背诵最基本的祈祷词。这种地位的差别，导致世俗身份的教徒在宗教信仰上对教会的依赖，他们只是被动地履行教会规定的宗教义务，接受教会灌输的宗教信条。加之以拉丁语作为礼拜仪式用语，普通的教徒会众在礼拜仪式上的参与程度并不高。

中世纪天主教的这种重礼仪、轻信仰的发展趋势，是引发16世纪欧洲范围内宗教改革的一个重要原因。这场改革同样发端于教职界精英，马丁·路德从保罗书信中寻找到"信仰得救"的思想，发现天主教经过一千多年的发展，在宗教信仰与组织制度方面已经严重偏离了使徒时代的许多原则，呼唤清除宗教信仰中的非本质因素，将基督教还原成普通民众的宗教信仰。正是马丁·路德的"唯信称义"思想，动摇了天主教礼拜仪式的重要性，并且进而动摇了为主持礼拜仪式而形成的教会组织。宗教改革期间产生的各派新教不仅对礼拜仪式的神学意义做出了新的解释，而且否认某些礼拜仪式对于信仰得救的作用，其结果是在16世纪结束了天主教信仰在欧洲的大一统局面，宗教礼拜仪式呈现出多样化的发展趋势。

英国中世纪教会法庭与国王法庭的权力关系

12—13世纪，在教会法与教会法庭司法审判权初步形成的同时，国王法庭的司法审判权也扩展到了英格兰各地，并且逐渐发展起普通法。在此之后，直至16世纪宗教改革，教会法与普通法两种法律、教会法庭与国王法庭两个司法审判系统并行存在于英格兰社会，由此而引发出两种法律与两类法庭如何在同一个社会中运行操作、如何划分双方之间的权力界限等一系列不可回避的问题。

国内学术界对中世纪西欧司法制度的研究尚属薄弱环节，相关的研究成果并不多见。本文试图以英国中世纪的教会法庭为基本线索，着重论述奉行教会法的教会法庭与奉行普通法的国王法庭如何划分各自的权限范围，借此对中世纪西欧的司法制度做一次初步探讨。

一、上帝的事务归上帝，凯撒的事务归凯撒

关于教会法庭与国王法庭各自的司法权限，中世纪的法学家很少从理论上进行系统而深入的阐述。历史文献中时而出现的涉及这一问题的言论，往往只是提出了划分权限的原则，详尽的叙述极为鲜见。

国王威廉一世在1072年发布的一件诏书（writ）中，要求将"上帝的事务"与"凯撒的事务"分开，上帝的事务由教会掌管，凯撒的事务由国王掌管。威廉一世为两类事务限定了各自的审理部门——上帝的事务由教会法庭审理，凯撒的事务由国王法庭审理：（1）禁止主教在百户区法庭审理司法案件，即使这些案件涉及主教区法律；禁止主教审理涉及世俗人士的司法案件，即使这些世俗人士触犯了涉及灵魂的规则。（2）任何人如若因触犯主教区法律而受到传召，应当在主教指定的地点接受审判，陈述案情；对他的审判不是依照百户区的法

律，而是依照教会法以及主教区法律接受上帝的审判。①

1421年的一件议会请愿书把人生事务分成三类——灵魂、肉体、世俗事务，请愿者认为应当对三者施行分门别类的管理：灵魂由上帝掌管，肉体由医生掌管，世俗事务由法律掌管。②

除此之外，还有其他一些划分原则，例如："灵魂犯罪"（sin）由教会处理，"行为过失"（wrong）由政府处理；国王政府掌管世俗事务（temporal），教会掌管宗教事务（spiritual）；"破坏国王和平"（breach of the peace）的过失归国王法庭审理，"亵渎神圣"（sacrilege）的过失归教会法庭审理。然而，诸如此类的划分显得既空泛又不严格，在许多方面都可以做出模棱两可的解释。

实际上，无论是教会法庭还是国王法庭，它们各自的司法权限在很大程度上并不是出自理论上的界定，而是司法实践的结果。

教会法即是对教会法庭司法实践的文字记载。被誉为"教会法学之父"的格拉先（Gratian）在12世纪编定过一部《教令集》（*Decretum*），对教会法进行学术上的分析与综合归纳。这部法学著述对基督教社会公众生活中有可能遇到的几乎每一个方面都有涉及，其中不仅列举了基督徒必须遵守的教规教俗、教会法庭对各类事务的管理，而且还提到了教职人士理应在俗界享有的免税特权、不受世俗法庭审判的特权、免受武力攻击的特权。继格拉先之后，教宗格利高里九世、卜尼法斯八世、克力门特五世、约翰十二世等不断地在《教令集》的基础上加以补充，形成了一系列"教宗政令补编"。所谓"教宗政令"（decretals），是教宗法庭对各类事务的裁决，具有更为浓厚的司法实践色彩。教宗政令对教廷审理的每一项重要事务都有涉及，以一种类似于"跑马圈地"的方式划定了教会法庭的权限。

从教会法的内容可以归纳出，教会法庭的司法审判活动大体包括两个方面的内容：一个是借助司法手段管理教会事务，其中包括对教会的财产权及税收权加以保护、对各级教士履行圣职加以监督、对教职人士的各类过失实行司法审判；另一个是对涉及宗教信仰与宗教道德的事务，以及由人性中的"罪恶"所引发的各类纠纷实行司法审判，无论这类事件发生在僧界还是发生在俗界。在上述司法活动的实践中，教会法庭不断强调的是基督教会的普世性与教会事

---

① David C. Douglas and George W. Greenaway, eds., *English Historical Documents*, Volume II (1042-1189), London: Routledge, 1981, Document 79.

② Robert E. Rodes, *Lay Authority and Reformation in the English Church: Edward I to the Civil War*, Indiana: University of Notre Dame Press, 1982, p.2.

务的独立性。所谓"普世性",它的真实含义是指教宗的权力至上,实际上是把包括王权在内的一切世俗权力纳入教会的权力体系。所谓"独立性",指的是教会事务与教职人士的特殊地位,意味着教会享有超越世俗权力的特权。

国王的统治以"保持和平、维护秩序"为目标,其实质内容是强调王权的统治以及对王权统治的臣服,历任国王的加冕敕书都表达了这样的内容。从这一前提出发,国王法庭主要从两个方面行使权力:一个方面是对涉及土地财产的纠纷实行仲裁,其中包括地产的封授和继承,以及与之相联系的权利的转移等等;另一个方面是对各类刑事犯罪行为实行审判和惩治,其中主要涉及的是杀人、放火、抢劫、偷盗等重罪(felony)以及叛逆罪(treason)。13 世纪以后,国王法庭也试图把教会法庭纳入王权的统治范围,这种意图表述在当时的一系列政府文件中。国王亨利三世在 1266 年发布的《凯尼沃思宣言》(Dictum of Kenilworth)中有这样的词句:"……王国内的每一位臣民,无论是等级尊贵还是卑微,都必须完全并且谦卑地服从国王以及国王依法颁布的诏书与令状。每一位臣民都应当将司法事务诉至国王法庭并且提请国王为此而发布令状,遵行国王法庭的司法程序……"① 国王爱德华一世在 1279 年的一项诏书中表达得更为明确:"……教职界与其他臣民一样,都处于国王的统治之下,教职界的世俗性地产以及大多数宗教性地产也受到国王的保卫与守护。"②

从教会法与普通法的两种不同观念乃至具体实践来看,教会法庭与国王法庭不仅是并行存在于同一个社会,而且权力的行使范围有交叉之处。如果用几何图形作一种形象的比喻,他们之间的关系就好比是两个互相切入的圆形的环,而不是两个彼此分离的圆。在这种环状的关系中,权力的交叉地带是两个司法体系之间最易发生冲突的地带。

二、关于"教士司法豁免权"的争执

教会法庭把对教职人士实行司法审判看作教会事务的一部分,教会法规定:教职人士免受世俗法庭管辖,涉及教职人士的事务只能由教会法庭审理。教会

---

① Harry Rothwell, ed., *English Historical Documents*, Volume III (1189-1327), London: Routledge, 1975, Document 43.
② R. N. Swanson, *Church and Society in Late Medieval England*, Oxford: Blackwell, 1993, p.89.

法学家把教会法的这项规定概括为"教士的司法豁免权"（benefit of clergy）。但是当教会法庭把它的这种观念付诸实行的时候，不可避免地遇到的一个问题是：一旦教职人士触犯了普通法，它能否排除国王法庭对刑事犯罪行为实行司法审判，也就是教会法庭能否独享对教职人士的司法审判权力。

12世纪时，亨利二世为了扩大国王法庭的权限，引起了与坎特伯雷大主教贝克特之间的冲突。当时，有一系列涉及教职人士的司法案件正在国王法庭审理，贝克特要求将这些教士移交给教会法庭。国王亨利二世一向对"教士的司法豁免权"持有异议。他认为，仅由教会法庭对犯罪教士做出处罚尚嫌不够，因为教会法庭在一般情况下只是对犯罪教士处以"免职"的处罚。亨利二世要求教会法庭在确认了教士所犯罪行并将犯罪教士免职以后，再将罪犯移交给国王法庭，进一步接受国王法庭的处治。但是贝克特认为，如果在犯罪教士接受教会法庭的免职处罚之后，再移交国王法庭处治，则属于一次过失受双重处罚，而且这样做有损于教会享有的独立的、不受世俗势力干预的司法审判权。

由于教俗双方都力图把各自的观念付诸实行，冲突的发展终于导致4名宫廷骑士在坎特伯雷主教座堂祭台前将贝克特暗杀，贝克特以他的生命换取了国王的退让。1176年，亨利二世写信给罗马教宗，表示国王法庭不再坚持对教职人士的司法审判权，除了犯有侵犯国王领地过失的教职人士，犯有其他过失的教士由教会法庭审理，实际上是承认了教职人士的"司法豁免权"。亨利二世以后，虽然国王政府对教会法庭审判犯罪教士的权力做出过一些调整，但是教职界在俗界享有的司法豁免权基本上得以保留。正是"司法豁免权"的存在，影响了国王法庭对刑事犯罪行为行使司法审判权的完整性，造成国王法庭只能对俗界的刑事犯罪行为行使司法审判权。

教会之所以顽强地捍卫"司法豁免权"，主要是由于这项权力关系到教会对教产及教职人员的保护能力。依照天主教的神学理论，上帝的创造物应当受到尊重，不得受到人为的毁灭。根据天主教神学原理制定的教会法禁止教会法庭以死刑作为惩治手段，教会法庭可以采取的最严厉的惩治手段是"开除教籍"，对于犯有严重过失的教职人士，除了开除教籍，还必须开除教职。但是上述严厉的惩治措施并不多见，教会法庭最经常采取的惩治手段是"赎罪苦行"，诸如当众受鞭挞、圣地朝觐，等等。严格说来，教会法庭认为诸如此类的手段属于对犯罪人的"医治"而不是"惩治"性质。相比之下，普通法所规定的司法惩治手段要严厉得多，对于重罪、叛逆罪等刑事犯罪行为，国王法庭可以视情节轻重实施罚金、放逐、剥夺财产、伤残肢体、处死等惩治。享有"司法豁免权"的教职人士不受世俗法庭审判，可以免受剥夺教产，以及伤残肢体与死刑的处罚。

"司法豁免权"是教职界这一特定群体所独享的一项"特权"（privilege）。这种特权的存在，造成了司法审判中的双重标准，亦即在犯有相同罪行的情况下，教职人士与世俗人士受到的处罚轻重不同。"司法豁免权"之所以经常引起俗界的不满，主要原因就在于此。

最初，享有"司法豁免权"的人员仅限于正级神品（Major Orders）的教职人士。[1] 随着教士任职制度的演进，这项特权也扩展到初级神品（Minor Orders）的教职人士。这样一来，享有司法特权的人就相当广泛了。尤其是那些进入初级神品的人，既可以不受教士戒律的限制，可以缔结合法婚约，可以接受世俗职业，又可以享受司法特权，不受世俗法庭审判。有研究者认为，中世纪英格兰社会中之所以有相当一部分人口加入教籍，正是出于这种考虑。

在中世纪，教职人士"司法豁免权"的适用范围处于不断变化之中。在变化的过程中，虽然有扩大适用范围的情况出现，但是总的变化趋势是适用范围越来越小。贝克特事件结束以后，根据当时达成的协议，世俗法庭不能因"重罪"对教职人士实施惩处，亦即只有犯下重罪的教职人士享有司法特权。议会在1352年制定的叛逆法将"司法豁免权"的适用范围略加扩大，除了重罪，"叛逆罪"也被纳入司法特权的范围。但是法令又规定，只有那些所犯罪行未伤及国王人身或其尊严的教职人士，才享有在俗界的司法特权。[2] 这一法令也意味着，犯有诸如非法侵入（trespass）、偷猎（poaching）等轻罪的教职人士依然要受国王法庭审判。亨利七世时，把"轻微叛逆罪"（petty treason）也划在教士司法特权之外。亨利八世时又进一步规定，犯有谋杀罪（murder）与偷盗教堂罪（theft from churches）的教士不享有司法豁免权。

为了确保"司法豁免权"的适用范围得到有效控制，国王法庭采取一系列的司法手段，其中最主要的是由国王法庭掌握对犯罪教士的预审权，以及甄别教职身份的权力。预审的目的是认定犯罪性质，以便决定所犯罪行是否属于"司法豁免权"的适用范围。甄别教职身份当然是为了确定犯罪人是否有资格享有司法特权。

从爱德华三世时代起，关于如何将犯罪的教士移交教会法庭，也形成了一

---

[1] 学术研究中存在另一种解读：在正级神品的三个类别"副助祭""助祭""司祭"中，只有"司祭"等级的教职人士享有司法豁免权。

[2] R. N. Swanson, *Church and Society in Late Medieval England*, p.149.

套较为固定的司法程序：当国王法庭对某一案件的审理进入陪审团认定罪行阶段，而陪审团做出的认定属于"司法豁免权"的适用范围，当事人如果是教职身份，即可以在此关头申明自己是教士。一旦出现这种局面，国王法庭即中断正常的司法程序，不再由法官宣判对犯罪人的处罚，改而进入甄别教职身份的议程。法庭之所以要求当事人在陪审团做出认定之后申明教职身份，恐怕也是为了避免当事人因其特殊的身份而干扰法庭的调查。

国王法庭在甄别教职身份时，有一系列的技术手段可供选择。其中最常见的，是确认犯罪人是否具备阅读能力，法庭往往要求被试者当场阅读一段拉丁语圣经。之所以采取这个办法，恐怕是由于在当时唯有教职人士才有能力阅读拉丁语。除此之外，法庭还可以从犯罪人的服饰装扮上判定教职身份。万般无奈之下，还可以由教会法庭出面，依据教会档案的记载（很可能是教士授职名录），证明当事人是否具有教职身份。如果犯罪人的教职身份得到确认，就将被移交给教会法庭，由教会法庭依照教会法实行审判。

教会法庭只是把从国王法庭领回的教士作为犯罪嫌疑人，而不是作为罪犯对待。这是由于教会法庭并不承认世俗法庭对教职人士的司法审判权，国王法庭的犯罪认定对教会法庭不起作用。教会法庭通常采取"洗罪"的办法来确定犯罪事实。如果犯罪的指控坐实，法庭就把当事人免去教职身份、贬为世俗人，并施以"忏悔苦行"的处罚，在某些情况下也处以监禁。如果"洗罪"的结果认定当事人是无辜的，案件的性质就发生了变化，当事人即刻成为"名誉伤害"案的受害人，他可以要求法庭为他洗刷名声。

"司法豁免权"涉及的另一个问题是：对领有世俗性地产（封土）的教职人士如何进行司法审判？问题的产生，是由于英国教会中很多具有主教神品的教职都领有国王封授的地产。作为国王的封臣，理应接受国王的审判，然而作为教职人士，他们又在俗界享有"司法豁免权"。很多主教具有的这种双重身份，使得国王法庭在对其教职身份的封臣进行司法审判时，经常引起教俗之间的争执。这种争执早在1089年威廉二世对达勒姆主教实行审判的时候就开始了。

经过若干个世纪的磨合，大约在14—15世纪时形成惯例：如果主教在世俗事务方面犯有过失，由国王法庭（在很多情况下是由议会上院）实行司法审判。每逢这种场合，受审判者是以国王封臣而不是以主教的身份接受审判，因而国王法庭在实行处罚时，只能剥夺主教的个人财产以及从俗界领有的封土，不能对主教的"人身"与"教职"有所触及，亦即不能对主教的人身施加处罚，不能剥夺主教的教职与教职收入。剥夺主教的教职与教职收入的权力是由教宗执掌的。

三、涉及圣俸所有权与收益权的司法审理

圣俸（benefice）是教会财产的重要组成部分，然而圣俸又是一个极其复杂的问题。问题的复杂性在于，僧俗两界围绕着圣俸形成了错综复杂的权力关系。首先，圣俸的使用权与所有权在很多情况下处于分离状态，使用权归属各级教职，所有权归属圣俸"赞助人"（patron）。在这种情况下，虽然教会可以享有圣俸带来的收入，但是不一定拥有它的所有权，因为相当多的圣俸赞助人是世俗身份。其次，每当需要确定由哪一位教职享有某一份圣俸带来的收益时，推荐权与任命权也常常是处于分离状态。通常的情况是，圣俸赞助人拥有圣职推荐权，各地主教拥有圣职任命权，也就是圣俸赞助人提出圣职候选人，各地主教从任职资格的角度做出审查，然后正式授予圣职。

正是僧俗两界对于圣俸的双重支配，在教会法庭与国王法庭之间制造了一个问题：涉及圣俸的纠纷，主要是因圣俸的所有权以及与之相关联的圣职推荐权引起的纠纷，由哪一种法庭审理？教会法庭认为，一旦将地产作为"圣俸"移交给了教会，俗界就不能向这块地产征税，因此发生在这块地产上的纠纷也不受俗界管辖。然而普通法把圣俸看作一种财产权，对于涉及土地财产的纠纷实行仲裁是国王法庭司法审判的重要内容。

起初，教会法庭与国王法庭都审理涉及圣俸的纠纷，但是每当国王法庭审理这类纠纷，主教往往成为被告一方，法庭追究主教为何不接受圣职推荐人提出的人选，这种情况对于教会十分不利。英国教会惧于国王的势力，并不敢加以反抗，只有教宗始终认为，唯有教会法庭有权对涉及圣俸的纠纷进行审理。14世纪以前，教宗与国王在这个问题上曾经有过激烈的冲突，英国议会为此而制定了《圣职授职法》（Statute of Provisors）与《王权侵害罪法》（Statute of Praemunire）。其结果是在国王法庭与教会法庭之间划出了明确的界限：涉及圣职推荐权以及圣俸收益的纠纷由国王法庭审理；圣职任命权，以及对于圣俸中的教堂建筑及周围经过祝圣的土地的管理权，由教会法庭执掌。现存教会档案中有关圣职推荐的诉讼记录非常之少，表明教会法庭实际上是默认了国王法庭对于圣俸纠纷的司法审判权。

什一税是圣俸收入的一部分。与对圣俸的司法审判权相关联的，是对于什一税的司法审判权。普通法同样把什一税收入看作一种财产，理由是什一税数量的多少也直接影响到圣俸的价值量。从这一立场出发，普通法也坚持把涉及什一税征收权的出让和承租而引起的纠纷划入国王法庭的权力范围。但是教会

法把什一税看作履行宗教职能带来的收入，认为审理宗教事务是教会法庭的司法权限。双方的争执持续了相当长的时期，直到14世纪才针对什一税个案的审判权划定了一个大致的界限：在圣俸总收入中，如果什一税收入超过四分之一，归国王法庭审理；不足四分之一，归教会法庭审理。

四、关于"圣殿庇护权"的争执

由于教堂及周围经过祝圣的土地是普通法行使权力的空白之处，因而触犯了普通法的罪犯可以在教堂寻求避难，暂时躲避普通法的惩治。所谓"圣殿庇护权"（sanctuary），亦即教堂保护罪犯的特权，正是由此派生而出。

除了少数拥有"特许权"的教堂（如威斯敏斯特教堂）可以无限期地庇护避难者，一般的教堂圣地只享有40天的庇护权。在这40天之内，教堂可以向避难者提供食品和饮水等帮助。40天期满之前，避难者必须做出抉择：要么承认所犯罪行，然后被递解出境；要么任凭世俗法庭审判和处治。除此之外，避难者有可能选择的第三条出路，就只能是继续待在断绝食品和饮水供应的教堂圣地等死。

"圣殿庇护权"也曾经几次受到国王政府的限制和挤压。1378年在威斯敏斯特修道院发生了一起国王政府侵犯圣殿庇护权的事件：约翰·沙克尔（John Shakell）与罗伯特·哈利（Robert Hawley）两人因人质（赎金）与国王产生纠纷，被关押在伦敦塔；几个月之后二人设法从伦敦塔脱逃，进入威斯敏斯特修道院寻求避难；伦敦塔值守官（constable）以武力闯入圣殿，将负隅抵抗的罗伯特·哈利杀害，将约翰·沙克尔劫持出教堂，强行中断了两个人在圣殿的避难；约翰·沙克尔被重新投入伦敦塔关押，直至1379年与国王达成协议。这次事件过后，国王以剥夺威斯敏斯特修道院长持有的世俗性地产相威胁，提出不得为债务人与叛逆者提供庇护。此后在格洛斯特召开的议会针对教堂庇护权问题展开讨论，最终接受了国王的动议，做出了不得为债务人与叛逆者提供永久性避难的规定。①

发生在15世纪末的"斯塔福德事件"又直接导致享有永久性圣殿庇护权的

---

① A. R. Myers, ed., *English Historical Documents*, Volume IV (1327-1485), London: Routledge, 1969, Document 49.

教堂数量大为减少。斯塔福德是约克党人，博斯沃斯战役中约克党人战败之后，斯塔福德先是躲入科尔切斯特教堂，以后又躲入享有永久庇护权的卡拉姆教堂避难。正是在这座教堂，斯塔福德被政府抓获。受他的牵连，卡拉姆教堂的永久庇护权受到国王政府的怀疑，因为卡拉姆教堂不能出具足以证明其享有永久庇护权的书面文件，它只是依照传统和惯例享有这项权力。斯塔福德事件平息以后，政府做出了"持有国王特许证书的教堂才享有永久庇护权"的规定，此前大多数享有永久庇护权的教堂因此而丧失了这项特权。

1530年的一项议会法令改变了过去把发誓弃国的避难者递解出境的做法，要求把这些人集中在为数有限的几个教堂。[1] 国王政府做出这项规定，是考虑到避难者出走国外有可能为域外的敌对势力提供人力资源。另一方面，国王政府也是有意保留几座享有永久庇护权的教堂，为的是有一个将罪犯永久羁押的场所。

圣殿庇护制度的实行，为罪犯逃脱国王法庭的制裁提供了一条出路，主要是为犯有重罪者提供了免于死刑的机会。与"司法豁免权"一样，"圣殿庇护权"也造成国王法庭不能对各类刑事犯罪行为行使完整的司法审判权，只不过"司法豁免权"造成国王法庭不能对特定的人群实行司法审判，"圣殿庇护权"造成国王法庭不能在特定的地理区域实行司法审判。

五、关于"不守约定"与"名誉伤害"审理权的争执

教会法庭也对"不守约定"(*Fidei Laesio*)的行为实行司法审判。各类约定涉及的内容是非常广泛的，大至转让地产、银钱借贷，小至买卖牲畜、递送物品、造屋修路、嫁奁置备等。严格地说，遗嘱执行也属于约定的范畴，可以看作是委托契约，因为遗嘱执行人有义务依照遗嘱的安排处理立遗嘱人的财产和债务。教会法把婚姻也视为一种契约，而且是一经缔结便不可变动的终生契约。从这一前提出发，天主教禁止合法婚姻的解体，认为凡是合法缔结的婚约都具有不可解体性。

然而在大量的违约行为中，哪些应由教会法庭审理，哪些应由世俗法庭审理，教俗双方之间存在着不同的解释。教会法庭认为，由于教会法规定了信守约定的原则，因而促成各类约定的实现是教会法庭的职责。普通法法学人士却

---

[1] R. N. Swanson, *Church and Society in Late Medieval England*, p. 157.

认为，只有涉及婚姻、遗嘱的契约纠纷才应由教会法庭审理，除此之外的其他契约纠纷均属于世俗事务，世俗契约只能由世俗法庭审理。由于教会法庭对自身权限的规定很宽泛，国王法庭却将教会法庭的权限规定在一个狭小的空间之内，因而双方之间的冲突是不可避免的。

冲突主要发生在对涉及银钱交易的违约纠纷，尤其是债务纠纷的司法审判权问题上。在中世纪的英格兰社会，除教会法庭外，国王法庭、庄园法庭、城市法庭也或多或少地审理债务纠纷。庄园法庭与城市法庭规模狭小，审理的债务纠纷数量有限，因而对债务纠纷案的争夺主要发生在教会法庭与国王法庭之间。亨利二世在1164年1月主持制定的《克拉伦登法律》（The Constitutions of Clarendon）禁止教会审理债务纠纷：涉及债务的诉案（有承诺约定在先，或者没有承诺约定），提交给国王法庭审理（条款15）。①

议会下院曾经在1306年的一次会议上有过议论，认为教会法庭对契约案的审理侵犯了国王法庭的司法权限；1363年的一项议会法令针对此项问题做出过相关的规定。然而上述种种努力并未能有效地阻止教会法庭审理涉及银钱交易的违约诉案，直到16世纪20年代，教会档案中记载的这类诉案才开始减少，到50—60年代，这类诉案在教会档案中就几近绝迹了。从此以后，直至19世纪中叶，在各类契约纠纷中，教会法庭只对婚姻契约与遗嘱契约实行管理。

在中世纪的英格兰，教会法庭是管理婚姻契约的唯一法庭。对婚姻契约的管理，主要是确保合法婚约的缔结以及与合法婚约有关的各种权利的实现。教会法庭看重婚约的合法性，是因为只有合法婚约的配偶与婚生子女才享有继承权。由于婚姻关系的混乱很容易导致财产继承关系的混乱，教会法庭也对各类不适当的非法的性关系实行司法审判。

教会法庭对遗嘱契约的管理涉及遗嘱认证、遗嘱执行、对涉及遗嘱的争讼实行仲裁三个方面，其核心内容是对遗产（包括财产和债务）的转移实行监督。按照英国中世纪的传统和习俗，遗嘱不能改变地产固有的继承顺序，也就是说，遗嘱不能就地产的继承或馈赠做出安排。这就意味着遗嘱执行人有权处置的财产限于地产之外的动产，教会法庭也无权对立遗嘱人的地产纠纷做出仲裁，涉及地产的事务（一部分位于城市的地产除外）由国王法庭管理。国王法庭还坚持对遗嘱中债务纠纷的司法审判权。早在13世纪，国王法庭就审理过遗嘱执行

---

① David C. Douglas and George W. Greenaway, eds., *English Historical Documents*, Volume II (1042-1189), London: Routledge, 1981, Document 126.

人状告债务人或债务人状告遗嘱执行人归还欠款的诉案。但是在很长一段历史时期内，国王法庭并不能完全阻止教会法庭审理这类善后债务纠纷，直至16世纪，涉及债务的遗产诉讼才完全由国王法庭审理。

"名誉伤害"（defamation）行为也是中世纪教会法庭的审判对象。教会法之所以规定有"名誉伤害"罪，是由于教会法庭在查访各类犯罪行为时，在很大程度上是以堂区内的各类传言为线索，根据公众舆论发现犯罪行为，把名声不好的人列为嫌疑犯。正是由于一个人在邻里中间名声的好坏关系重大，因而人们很看重自己的名声。

英国教会在审理"名誉伤害"诉讼时，依据的是1222年牛津宗教会议制订的《朗顿大主教法律》（Archbishop Langton's Constitutions）。牛津会议把"名誉伤害"限定在一个狭小的范围内，只有"以恶语中伤口碑不坏的他人有犯罪行为"才属于名誉伤害。由于教会法把偷盗、通奸、杀人、亵渎神圣、做伪证等行为视为"犯罪"行为，因而牛津会议规定的"名誉伤害"仅仅涉及造谣中伤他人这类宗教犯罪行为（条款1）。[①] 然而在实际生活中，就某人的信誉、经济活动等造谣中伤也可以造成名誉伤害，甚至可能使受害者蒙受经济损失。

1500年前后，围绕着"名誉伤害"案的审理，发生了两项重大变化。首先是扩大了"名誉伤害"的定义范围，除了关于某人犯有宗教罪行的传言，其他各类传言都被划入"名誉伤害"的司法审判范围。其次，国王法庭开始审理"名誉伤害"诉案，打破了此前基本上是教会法庭独家审理的局面。诸如此类的变化导致国王法庭与教会法庭之间形成新的分工，涉及普通法规定的刑事犯罪行为大多从教会法庭中划分出去，改而由国王法庭审理。

事实上，诸如名誉伤害、涉及银钱交易的契约纠纷、遗嘱执行中的债务纠纷之类处于两类法庭权力交叉地带的诉案到底由哪一类法庭审理，在很多情况下取决于诉讼当事人向哪一类法庭起诉。

在这里，起决定作用的是原告希望得到哪一类性质的补偿。教会法庭的司法惩治手段有限，对犯有过失一方主要是处以"忏悔苦行"（penance）、"开除教籍"（excommunication）之类的精神处罚。这种处罚对于受害者而言只是一种心理补偿，以名誉伤害案为例，如果原告胜诉，教会法庭最终不过是以对诽谤者实施精神处罚的方式为受害者恢复名誉。而国王法庭在审理名誉伤害案时，

[①] John Johnson, Trans., *A Collection of the Laws and Canons of the Church of England*, Volume II, Oxford: John Henry Parker, 1851, pp. 100-102.

如果受害者因名誉伤害而在经济上蒙受损失，法庭可以判处诽谤者向受害一方做出经济补偿。受利益原则驱使，大量因名誉伤害而遭受经济损失的原告趋向于向世俗法庭起诉。

此外，诉讼费用也是当事人必须加以考虑的因素。国王法庭向诉讼当事人收取数量不菲的诉讼费，因而当事人在向国王法庭起诉之前，自然会对诉讼费与可能得到的经济赔偿做出核算与权衡。如果诉讼费用高于可能得到的经济补偿，当事人就会认为不值得提交给国王法庭审理，而宁愿交由教会法庭仲裁，只求获得心理补偿。由于诉讼费用的差别，在双方法庭之间形成某种自然的分工：涉及银钱数额小的纠纷由教会法庭审理，银钱数额大的纠纷由国王法庭审理。以违约案为例，在一般情况下，银钱交易超过40先令的纠纷由国王法庭审理，40先令以下的纠纷由教会法庭审理。

六、国王法庭的强制力量：中止令状

从13世纪起，国王法庭采取了一种直接强硬的办法解决普通法与教会法两个司法系统之间的冲突。一旦国王法庭认为教会法庭在越权审理某一诉案，就发布一纸"中止令状"（writ of prohibition），阻止教会法庭对这一诉案的审理。"中止令状"的作用是阻止任何个人将"世俗事务"起诉到教会法庭，阻止教会法庭审理"世俗事务"，实际上是将普通法关于国王法庭与教会法庭司法权限的界定付诸实行。正是由于"中止令状"发挥的强制作用，为研究普通法关于两个司法系统的界定提供了重要的依据。如果说法学人士的言论是对这个问题的一种正面阐述，那么"中止令状"则是一种间接的论证。

"中止令状"由国王政府的中书法庭（Chancery Court）制作与发布，始动程序是当事人向王座法庭（King's Bench）或中书法庭提出请求。"中止令状"可以在诉案审理过程的任何一个阶段生效：从当事人第一次出庭，至法庭宣判之后。无论是处于哪一个阶段，"中止令状"都可以阻止法庭对某一诉案的审理。即使是在宣判之后，也可以导致宣判无效。一旦某一诉案经"中止令状"制停，当即自动转归国王法庭审理。诉讼当事人往往在权衡自身利弊得失之后，决定是否请求国王法庭发布"中止令状"。有些当事人是在教会法庭败诉之后不服判决，申请"中止令状"后可以获得由国王法庭重审的机会。有些当事人刻意避免由教会法庭审理某一诉案，在向国王法庭提出诉讼的同时即着手申请"中止令状"，当对方将纠纷起诉到教会法庭之前，就已经是一纸"中止令状"在手了。在这种情况下，除非对方再付出努力，否则这个诉案就只能由国王法庭审理了。

如果诉讼当事人中的原告一方对于"中止令状"持有异议，认为将诉案提交给教会法庭审理并无不当之处，也可以持"中止令状"前往中书法庭，出示原始诉状并且做出解释。如果国王法庭认为解释的理由成立，就向他颁发一纸令状，称为"核查令状"（writ of consultation），表示该项诉案可以继续由教会法庭审理。

教会法庭对于国王法庭的此种强力干预行为采取过抵制行动，教会法对于借用世俗权力阻止教会行使司法审判权的行为，规定有相应的制裁措施。1261年召开的兰贝思宗教议（Council of Lambeth）期间，英格兰教职界针对世俗权力侵犯教会司法权问题制订了一系列法律。但是在国王亨利三世的强烈要求与压力之下，罗马教宗没有批准这些法律。教会法学家威廉·林伍德对此评论说：这些法律"基本上没有得到执行"。[1] 大主教约翰·斯特拉福德也曾经在14世纪中叶主持制订过相关法律，但是在历史档案中并未出现关于法律实施情况的记载。教会法庭并不直接反对国王法庭的要求，一旦收到"中止令状"，通常采取服从的立场。

尽管如此，教会法庭也采取适当的行动捍卫自己的司法审判权，最常见的行动依然是"宗教惩治"。教会法庭实行的宗教惩治主要针对两类行为：一类是向王座法庭或中书法庭申请"中止令状"；另一类是将"理应由教会法庭审理的事务"起诉到世俗法庭。

涉及第一类行为的事例列举如下。1321年，在罗切斯特主教区，亨利·德埃拉姆被法庭传唤，起因是向一位教职人士施加暴力，然后又利用国王法庭的"中止令状"阻止教会法庭审理此项案件。法庭惩治的结果是：德埃拉姆在法庭宣誓承诺，不再以"中止令状"妨碍教会法庭的司法审理，并且向受害的教士支付4马克损失费。1399年，在坎特伯雷主教区，托马斯·费尔顿受到了"干扰教会法庭司法审判"的指控，理由是他利用国王法庭为堂区住持（vicar）制造了麻烦。费尔顿承认了法庭指控，表示不再干预法庭的司法审判，并且交付20先令罚金。[2]

涉及第二类行为的事例列举如下。在约克主教区，法庭指控一名被告"将

---

[1] R. H. Helmholz, *Canon Law and the Law of England*, London: Hambledon, 1987, p.88.
[2] R. H. Helmholz, *Canon Law and the Law of England*, London: Hambledon, 1987, p.90.

一宗涉及什一税的不守契约案起诉到国王法庭，致使一名教士成为国王法庭的被告"。1456年，坎特伯雷主教区法庭要求一位名叫吉尔诺特的人将一起向世俗法庭起诉的案件收回，否则将处以绝罚，法庭还要求他支付对方一笔损失费。①

以上所举事例大多是将教士作为被告起诉到国王法庭，教会法庭不能容忍国王法庭对教职人士实行司法审判。问题是教会法庭是通过何种渠道得悉这些诉案？可以设想，许多这类诉案是由作为当事人的教士向教会法庭报告。教会档案在记载1417年的一件案例时，特别指明这起诉案是由圣奥古斯丁修道院的修士提交给教会法庭，很可能这些修士在此前被起诉到世俗法庭。②

在国王法庭发布"中止令状"问题上，每当教会法庭对国王法庭的举措表示异议时，它只对诉讼当事人实行制裁，并不惩治国王法庭。教会法庭并不因国王法庭"越权"审理本应由教会审理的诉案而对国王法庭的法官实施制裁，教会法庭也并不因此而在国王领地上实行宗教禁令。大量诸如此类的事例表明，教会法庭极力避免与国王法庭发生正面冲突。教会法庭的档案记载表明，国王政府发布"中止令状"的全盛时期是在13—14世纪。在此之后，发布"中止令状"的案例就极为少见了。这种情况的出现，有多方面的历史原因。首先，《王权侵害罪法令》颁布之后，一些诉案有机会以"侵害王权"的名义向国王法庭起诉，不必以触犯教会法的名义向教会法庭申诉，致使一部分诉案合理合法地分流到国王法庭。其次，都铎王朝建立之后，随着国王法庭日益壮大，教会法庭与国王法庭形成新的司法分工。在不守约定诉案中，只有一部分特殊的债务纠纷，诸如遗嘱执行中的债务纠纷，仍然由教会法庭审理，其余大部分债务纠纷，尤其是以书面契约为据的债务纠纷，都划入国王法庭的审理范围。理应由国王法庭审理的债务纠纷中，凡是涉及数额在40先令以下的纠纷，由庄园法庭或城市法庭审理。

由于教会法庭审理的不守约定诉案大量流入世俗法庭，致使国王法庭对此类诉案的审理范围扩大。在名誉伤害案中，凡是涉及犯罪指控，尤其是涉及"重罪"指控，也几乎都由世俗法庭审理。国王法庭司法权限的扩大已经削弱了教会法庭的权力，在此种情况下，国王政府不必以"中止令状"阻止教会法庭的司法行动。

---

① R. H. Helmholz, *Canon Law and the Law of England*, London: Hambledon, 1987, p.94.
② R. H. Helmholz, *Canon Law and the Law of England*, London: Hambledon, 1987, p.94.

七、结语

本文通过对教会法庭与国王法庭两个司法审判系统如何在同一个社会并行存在以及它们之间的权力如何划分的考察，可以得出以下几点结论。

1. 无论是教会法庭还是国王法庭，它们各自的司法审判范围都不是完全依照各自的观念划定，而是在具体的运行过程中经过不断的较量、磨合与调整而形成。大体说来，两类法庭大约在13—14世纪形成了初步的分工，发生在16世纪的宗教改革对这种分工做出了进一步的修改。

2. 尽管教会法庭对其自身司法审判权限的界定很宽泛，然而在实际的操作中，教会法庭往往受到国王法庭的制约。在教会法庭与国王法庭的关系中，教会法庭处于被动地位，其司法权限在很大程度上受国王法庭的界定。这种状况也在一定程度上反映出王权与教会之间的统治与被统治关系。

3. 如果说，两个法庭系统在形成的初期表现出了冲突的一面，那么在双方之间的界限划定之后，由于两个司法体系都不能完全否定另一方的存在，他们之间甚至表现出了一定的互补性，教会法庭与国王法庭在司法审判内容上各有侧重点。由于这种互补性的存在，两种法律、两个法庭系统在同一个社会中运行基本上没有造成司法制度的混乱。

4. 教会法庭的司法审判功能在16世纪前后呈现出萎缩的趋势，到19世纪中叶，坎特伯雷省与约克教省的大多数法庭已不复存在。在19世纪的社会改革运动中，皇家宗教事务委员会（the Royal Commission）奉命对教会法庭的状况做出调查，并在1832年提交了一项报告。报告建议废除执事长法庭、主教常设法庭等教会法庭，理由是提交给这类法庭的司法案件非常之少，而且主持这类法庭的法官缺乏足够的职业训练，难以胜任其职。根据皇家宗教事务委员会的报告，政府在1846年8月27日宣布废除执事长法庭与主教常设法庭。在这之后，除了涉及婚姻与遗嘱认证的案件直接交由坎特伯雷教省法庭与约克教省法庭审理，教会法庭对其他事务的司法审判权不复存在。

"谏言书之争"与神权政治

16世纪70年代，在英格兰发生了一场被称为"谏言书之争"的争论。争论的双方，一方是清教长老派的始作俑者托马斯·卡特赖特（Thomas Cartwright, 1535—1603），另一方是英格兰教会的代言人、日后的坎特伯雷大主教约翰·惠特吉夫特（John Whitgift, 1530—1604）。这场争论为双方系统阐述各自的宗教立场提供了机会。然而，正如研究卡特赖特思想生平的权威人士皮尔逊所言："卡特赖特与英格兰教会的争论不是一场神学之争"[①]。这场"谏言书之争"以讨论教会的组织形式开始，逐渐深入到讨论教会与国家的关系、君权在教会中的地位乃至国家政体问题，争论涉及诸多在17世纪英国内战中提出和试图解决的问题。

这场争论使清教长老派与国教派关于教会组织形式的不同主张系统化、理论化，两个教派之间的阵线壁垒更加鲜明。但是，在有关君权与国家政体问题上，双方的不同主张最终未能造就出两种不同的政治理论。或许是由于这个原因，英美史学著述在论述"谏言书之争"时，往往注重评价双方宗教立场的异同，集中讨论卡特赖特如何要求改革国教会的组织和教职，对于这场争论涉及的政治理论缺少足够的关注。

一、"谏言书之争"的缘起与过程

卡特赖特与惠特吉夫特属于同时代人，都是在剑桥大学成长起来的神学家，二人都曾经受教于著名的新教派学者。1547年，卡特赖特十二岁时，进入

---

① A. F. Scott Pearson, *Thomas Cartwright and Elizabethan Puritanism, 1535-1603*, Gloucester: Peter Smith, 1966, p.407.

剑桥大学，三年以后，转入新教思想盛行的约翰学院。大约与此同时，惠特吉夫特也在剑桥大学注册，先是进入王后学院，不久又转入由著名新教领袖尼科洛·里德利与格林德尔任院长的彭布洛克学院，在这里，玛丽时代的新教殉道者贝德福德是他的导师。1553—1554学年度，这两位日后的论战对手在剑桥同期毕业，获得学士学位。

1556年正值玛丽女王恢复天主教、迫害新教徒期间，卡特赖特离开剑桥，师从一位法律顾问研习法律。1558年伊丽莎白女王即位后，卡特赖特重返剑桥约翰学院，在1560年获得硕士学位后，于1562年转入三一学院执教。在此之后，卡特赖特一度前往爱尔兰，服务于阿马大主教亚当·洛夫特斯。与卡特赖特不同，在玛丽女王统治期间，惠特吉夫特并未中断在剑桥的学业，因此他在剑桥的升迁比卡特赖特顺利得多：1557年，惠特吉夫特获得硕士学位；三年之后，他接受圣职，成为伊利主教考克斯的忏悔牧师；1563年，惠特吉夫特荣膺由亨利七世的母后玛格丽特创立的神学讲座讲师一职。当卡特赖特从爱尔兰返回剑桥时，惠特吉夫特已于1567年接受女王任命，担任三一学院院长与神学教授。

卡特赖特重返剑桥后，他的学术前景似乎也是一片光辉灿烂。在1567—1568学年度，卡特赖特被选任为剑桥大学的十二名布道师之一，履行这一圣职使卡特赖特得以在讲道坛上显露出雄辩的口才。1569年底，卡特赖特任职玛格丽特神学讲座教授。正是由于主持这个颇负盛名的玛格丽特神学讲座，引发了卡特赖特与惠特吉夫特之间的"谏言书之争"，从而改变了卡特赖特的人生道路。

1570年春天，卡特赖特作为玛格丽特神学讲座教授在三一学院讲授《使徒行传》。讲座涉及使徒时代的教会组织，也许卡特赖特并不是处心积虑地借讲授圣经之机宣传清教长老派主张，但是他在授课的过程中流露出了对使徒时代教会组织的向往。卡特赖特的讲座并无讲稿留存下来，根据卡特赖特事后应校方要求整理的授课要点（另一说是教会法庭整理，得到卡特赖特认可），他主要讲授了这样几点内容：使徒时代的教会组织形式应当成为万古不变的楷模，因此大主教与主教的名分和职权应当废除；教会还应当废除宗教法官及其他类似职务；牧师应当只照管一个教区而不是更多，并且应当居于教区；牧师应当由教徒选举产生，而不是由主教任命。[①]根据卡特赖特1570年7月9日写给塞西尔的一封信也可以看出，卡特赖特在讲座中确实提出：应当按照使徒时代的教会组织模式重建教会。他在信中澄清自己立场的时候，并不否认他在授课时讲过，

---

① H. C. Porter, *Reformation and Reaction in Tudor Cambridge*, Hamden: Archon Books, 1972, p.140.

现今的圣职已经背离了使徒时代的教会，他希望对之加以改革。①依照卡特赖特的阐释，如果以使徒时代的组织模式改革教会组织，将不可避免地导致废除主教制度，建立长老制教会。

卡特赖特在讲座中第一次提出了改革英格兰教会的圣职和教会组织问题，无论他当时是否刻意如此，"他的讲座标志着清教历史上的一个新的起点"②，亦即由此前的法衣之争转入了改革教会组织机构的论争。

卡特赖特的讲座内容涉及对1559年议会法令规定的国教会实行进一步改革这样一个敏感话题，因此在剑桥大学引起轩然大波。当时的一位编年史家约翰·斯特赖普记载，剑桥大学"此时在很大程度上分成两派，年轻的一派人数居多，他们赞成创新，是卡特赖特的追随者；而较为严肃的一派，尤其是首脑们，则极力加以压制"③。斯特赖普提到的"首脑"，主要是指剑桥大学校方与国教会主教，他们对卡特赖特的言论持严厉的批判态度。在卡特赖特之前任玛格丽特神学讲座教授的威廉·查德顿在1570年6月11日写信给首席国务大臣、剑桥大学荣誉校长威廉·塞西尔，向塞西尔报告：卡特赖特"在他每日的讲座上讲授一种邪恶的、在基督教世界不可容忍的学说，那就是，英格兰教会对牧师的选任不是合法的与正当的，当今之日，对牧师和主教的选任过于专断……"。查德顿提醒塞西尔对旨在"推翻现存教会与世俗政府、以组建一种新的制度"的企图引起注意。④新任约克大主教格林德尔在1570年6月25日写信给塞西尔，建议塞西尔采取措施，制止卡特赖特及其追随者的言论，并对他们施以处罚。鉴于卡特赖特的激进言论，格林德尔建议剑桥大学校方对即将授予卡特赖特神学博士学位一事做出否决。⑤格林德尔在稍后不久致塞西尔的另一封书信中（1570年7月27日），敦促将顽固不化的不奉国教分子清除出剑桥大学，他甚至认为，即使卡特赖特放弃了主张，也不得允许他继续在剑桥讲学。⑥卡特赖特也

---

① A. F. Scott Pearson, *Thomas Cartwright and Elizabethan Puritanism*, 1535-1603, Gloucester: Peter Smith, 1966, p. 32.
② A. F. Scott Pearson, *Thomas Cartwright and Elizabethan Puritanism*, 1535-1603, Gloucester: Peter Smith, 1966, p. 33.
③ Patrick Collinson, *The Elizabethan Puritan Movement*, London: Methuen, 1982, p. 122.
④ A. F. Scott Pearson, *Thomas Cartwright and Elizabethan Puritanism, 1535-1603*, Gloucester: Peter Smith, 1966, p. 28.
⑤ A. F. Scott Pearson, *Thomas Cartwright and Elizabethan Puritanism, 1535-1603*, Gloucester: Peter Smith, 1966, pp. 29-30.
⑥ A. F. Scott Pearson, *Thomas Cartwright and Elizabethan Puritanism, 1535-1603*, Gloucester: Peter Smith, 1966, p. 34.

在1570年7月9日写信给塞西尔，申明他的长老派立场。在卡特赖特的言论引起校方的非议之后，剑桥大学曾先后有三十三人分三次上书塞西尔，为卡特赖特辩护。

如此形势已迫使塞西尔采取措施。8月3日，塞西尔写信给剑桥大学校方，以他惯用的温和语气指出：卡特赖特只是"作为《圣经》的阐释人，以对比使徒时代的教士和国教会教士的方式"讨论学术，而不是蓄意制造混乱。实际上，塞西尔也深知卡特赖特如此公开宣讲他的主张，对于国教会构成极大伤害，因此要求卡特赖特停止宣讲他的主张。塞西尔委托剑桥大学校方全权处理这场争端，[①]实际上是把卡特赖特交由他的对手处置。

由于塞西尔的指示，身为剑桥大学校长与三一学院院长的惠特吉夫特被推到了直接面对卡特赖特的位置。他采取的第一项措施，便是修改校规。新的校规授予院长更大的权力，主要是罢免教授的权力。1570年12月11日，惠特吉夫特依仗这项权力罢免了卡特赖特担任的玛格丽特神学讲座教授职务。

1570年12月，卡特赖特被召到三一学院，在惠特吉夫特主持下的教会法庭受审。法庭审判的结果是：卡特赖特的言论违背了"由公众权力所确信并确定的宗教信仰"，根据新订校规的规定，法庭要求卡特赖特收回他的言论并公开承认错误。由于卡特赖特拒绝法庭的要求，校方禁止他在剑桥布道、讲学。直到1572年，卡特赖特在剑桥所保留的都仅是"三一学院会员（fellow）"的身份。

被免去在剑桥大学的布道师与教授职务以后，卡特赖特前往长老派教会的发源地——日内瓦。此时，加尔文在日内瓦的后继人、神学教授贝赞与曾经逃亡瑞士的约克大主教格林德尔在主教制度问题上发生分歧，贝赞在16世纪70年代初开始直接抨击主教制度。卡特赖特在日内瓦逗留不足一年，在此期间与贝赞交往密切，他们两人在关于教会组织制度问题上持有基本一致的主张。卡特赖特也曾经在日内瓦学院讲学，并参加了日内瓦的长老制教会的活动。这些经历，不仅使卡特赖特更加坚定与明确了他的长老派主张，而且对长老制教会取得了实践经验。

1572年4月，卡特赖特返回剑桥，此时正值1572年议会会议召开（5月8日）前夕。在1571年议会会议上，清教徒为修改、完善1559年涉及宗教与教会事务的法令，以便进一步地推进宗教改革付出了一系列努力：下院议员斯特克兰

[①] A. F. Scott Pearson, *Thomas Cartwright and Elizabethan Puritanism, 1535-1603*, Gloucester: Peter Smith, 1966, pp. 34-35.

与托马斯·诺顿要求议会批准新教领袖克兰默拟订的教会法,使之成为国教会奉行的法律;要求担任圣职者宣誓接受《三十九信条》,以此清除国教会内持天主教立场的教职人士;斯特克兰还提交了一项议案,要求修改公众祈祷书,清除其中的天主教礼仪。也是在这届议会上,下院在讨论《三十九信条》时,删除了其中关于主教授职的条款,表现出排斥主教制度的倾向。然而,清教徒的这一切努力并未获得成功,伊丽莎白女王以议会在宗教和教会事务上无创制权为由,阻止议会讨论宗教与教会事务,斯特克兰也一度被禁止出席议会。

女王与议会的冲突导致清教徒采取了进一步的行动。在上一届议会受挫之后,清教徒利用 1572 年议会会议召开之机,将他们的主张诉诸公众舆论。1572 年 6 月,伦敦的两位牧师约翰·菲尔德和托马斯·威尔科克斯秘密起草并匿名在民间印行了《致议会谏言书》。这部谏言书列举国教会内的种种弊端,以直率的言辞抨击国教会的礼拜仪式和"一人凌驾许多教堂甚至若干郡之上"的主教制度。《致议会谏言书》对改革教会组织制度提出初步设想,认为教会应由牧师、长老、执事共同管理。①

《致议会谏言书》虽然以向议会进言为名,但是它并不是正式向议会提交的文件。二十年以后,坎特伯雷大主教班克罗夫特在一个报告中回忆:发表这部《致议会谏言书》是吉尔比、利弗、菲尔德、威尔科克斯等新教领袖在伦敦秘密磋商之后做出的决定。史学家柯林森称《致议会谏言书》是"以向议会陈辞为掩饰的公开论战"②。菲尔德与威尔科克斯也因撰写这部谏言书,以触犯《统一法令》的罪名被处以监禁。

严格说来,《致议会谏言书》并不是一部系统论述长老派主张的文献,正如史学家柯林森所言:"《致议会谏言书》基本上是一部批判性文献,与其说它正面论述长老制,不如说它批判国教会,尽管它在诸如教会的性质问题上是以加尔文的某些理论为基础"③。然而,《致议会谏言书》却使卡特赖特与惠特吉夫特此前在剑桥大学的冲突演变成为一场公开的论战。

1572 年 10 月,惠特吉夫特写成《答致议会谏言书》。文章草拟成文后,惠特吉夫特交给坎特伯雷大主教帕克、伊利主教考克斯、林肯主教库帕及其他一

---

① G. R. Elton, ed., *The Tudor Constitution: Documents and Commentary*, Cambridge: Cambridge University Press, 1982, pp. 448-450.
② Patrick Collinson, *The Elizabethan Puritan Movement*, London: Methuen, 1982, p. 118.
③ Patrick Collinson, *Godly People: Essays on English Protestantism and Puritanism*, London: The Hambledon Press, 1983, p. 47.

些人传阅、修改，因此这篇《答致议会谏言书》也被认为是"代表官方的"文件。① 在 16 世纪 90 年代胡克的《英格兰教会政制》一书问世以前，惠特吉夫特的这篇政论文章始终被认为是对伊丽莎白时代国教会"最具真知灼见、最强有力的辩护"②。

在卡特赖特返回剑桥后不久，惠特吉夫特即以卡特赖特未履行任职宣誓为由免去了他"三一学院会士"的资格，此举无异于将卡特赖特逐出了剑桥，从而结束了卡特赖特的学术生涯，改变了他的生活道路。此后，在卡特赖特三十多年的余生中，他游居于各地，其中大约有十八年的时间在海外避难。在游居期间，为了支持《致议会谏言书》的立场，卡特赖特于 1572 年 11 月写成《再致议会谏言书》，文件在民间秘密印行。

惠特吉夫特的《答致议会谏言书》在 1573 年 2 月发表，此时卡特赖特的《再致议会谏言书》已经问世，所以惠特吉夫特在《答致议会谏言书》的末尾部分也论及卡特赖特的《再致议会谏言书》。惠特吉夫特的文章又引起卡特赖特的反击，双方由此而展开论辩，笔墨交锋，前后有多篇文章问世。1573 年 4 月底，卡特赖特写成《答致议会谏言书之答复》并在民间秘密印行。这篇文章促使惠特吉夫特着手写成《答致议会谏言书之辩》（1574 年 2 月或 3 月问世）。这一篇力作又引发出卡特赖特在 1575 年与 1577 年分两次发表的《答致议会谏言书之再答复》。争论发展到此时，惠特吉夫特接受朋友的建议不再作答，从而结束了这场论辩。

值得注意的是，女王政府在辩论之初就动用一切国家机器，采取措施剥夺了卡特赖特的发言权和人身自由。几乎就在卡特赖特的《答致议会谏言书之答复》印行第二版的同时（1573 年 6 月 11 日），伊丽莎白女王发布文告，谴责两部《致议会谏言书》"旨在制造冲突和纷争"，她下令在二十天内由伦敦主教和宗教事务委员会收缴《致议会谏言书》及卡特赖特的辩论文，禁止这类文章在民间流传。③ 伦敦主教桑兹接到女王指令后立即行动，他在 1573 年 8 月 28 日致塞西尔的信中提到：已经查获了一处秘密印刷所。④ 1573 年 11 月，印刷商约

---

① William Pierce, *Historical Introduction to the Marprelate Tracts: A Chapter in the Evolution of Religious and Civil Liberty in England*, New York: Burt Franklin, 1908, p. 47.

② C. R. N. Routh, *Who's Who in Tudor England*, London: Shepheard-Walwyn, 1990, p. 288.

③ W. H. Frere and C. E. Douglas, eds., *Puritan Manifestoes: A Study of the Origin of the Puritan Revolt*, London: Society for Promoting Christian Knowledge, 1907, pp. 153-154.

④ W. H. Frere and C. E. Douglas, eds., *Puritan Manifestoes, A Study of the Origin of the Puritan Revolt*, London: Society for Promoting Christian Knowledge, 1907, p. 155.

翰·斯特劳德也被伦敦主教及宗教事务委员会传讯。12月,最高宗教事务委员会又发布了对卡特赖特的逮捕状。

由于政府的这一系列措施,这场辩论从一开始就使双方失去了对等地位。惠特吉夫特不仅得到政府的支持,而且在撰写、印行论辩文时享有各种便利条件。相比之下,卡特赖特是处于政府的禁令之下秘密从事写作。在宗教事务委员会的逮捕令状发布之后,为了不致失去人身自由并使论辩得以继续进行,卡特赖特设法逃匿政府的追捕,一度避居德意志的海德堡。卡特赖特致惠特吉夫特的《答致议会谏言书之再答复》,即是于1575年和1577年在逃亡地分两次发表的。或许是由于这一原因,卡特赖特前期的几篇著述显得更为重要,他的《答致议会谏言书之答复》被时人称为"卡特赖特手册",这篇文章连同《再致议会谏言书》代表了卡特赖特的主要观点和基本立场。相比之下,他在流亡中写成的《答致议会谏言书之再答复》只是重申以前的观点,并没有提出新的主张。

二、思想的交锋:关于教会组织与君主制度的争论

如果说卡特赖特在剑桥的讲座以及《致议会谏言书》提出必须改革国教会的组织系统,那么《再致议会谏言书》则具体论述了如何实施这项改革,主要是提出了一套比较完整的长老制教会组织方案。两个文件表达的基本思想是:长老制教会的基层组织是会众团体,每一会众团体由牧师、执事、长老管理。牧师负责讲经布道,主持礼拜仪式。卡特赖特曾经论述过担当两种职责的牧师:一种牧师的职责是从精神上指导、劝诫教区内的教徒,以及主持礼拜仪式;另一种牧师的职责是讲解经文和布道。但是在论及这两种职责的牧师时,卡特赖特的主张并不明确,似乎他不能确定是否可以由同一个牧师担当这两种职责。[1]执事的职责是对会众团体实行管理,具体内容包括走访贫穷的人,募集、分发赈济;长老的职责是实施宗教戒律,维持会众团体的秩序。所有这三类职务都在会众团体中选举产生。每一会众团体设有一个宗教法庭,其职责是核查礼拜仪式的执行情况、制订规章、批准济贫事宜、实施绝罚,牧师、执事、长老是宗教法庭成员。每一会众团体之间地位平等。会众团体之上是省级宗教会议和

---

[1] W. H. Frere and C.E. Douglas, eds., *Puritan Manifestoes: A Study of the Origin of the Puritan Revolt*, London: Society for Promoting Christian Knowledge, 1907, p.98.

全国一级宗教会议，会众团体选派代表出席省级宗教会议，各省代表组成全国一级宗教会议。①

卡特赖特的批判矛头主要是指向主教制度，主张废除主教制，所有牧师的地位和职责平等。他的一整套长老制教会组织方案都是为了实现这个目标。约克大主教格林德尔在1573年7月31日致日内瓦新教领袖布林格的信中指出过卡特赖特的这一基本主张，他评述长老派"信奉牧师人人平等，其结果是抨击现存的教阶制度"②。

惠特吉夫特并不否认牧师人人平等，然而他认为牧师具有宣讲福音、主持礼拜仪式与管理教会组织的双重职责，牧师之间的平等地位指的是履行宣读福音与主持礼拜仪式的职责，而不是管理教会的职责。他提出，要想有效地管理教会，牧师当中也必不可免地有职位高低的区别。"论及牧师，不可否认所有福音牧师人人平等，因为他们拥有同样的职权去宣讲福音、主持礼拜仪式，换言之，这一位牧师或那一位牧师宣讲的福音或主持的礼拜仪式具有同等的效力。但是论及教职与教会组织，在他们中间一向存在着等级高低。因为基督教会不是乌合之众，必须在编制上保持有组织体系，一如在信仰上保持有上帝之言。"③惠特吉夫特虽然为国教会的主教制度辩护，但是他并未将主教制度看作亘古不变的，而是认为它的存在只是"权宜之计"。当班克罗夫特（1604年起任坎特伯雷大主教）借圣保罗大教堂讲道坛首倡"主教权神授"的时候，惠特吉夫特曾表示，他宁愿希望而不是相信"主教权神授"之说是为真理。他本人一再重申的观点是：教会并不一定受这种或那种组织形式的束缚，然而缺少《圣经》规定的任何外在组织形式都不可称之为"教会"。④

卡特赖特在主张牧师人人平等的同时，还赋予会众一种选举权，赋予会众团体一种自由权，目的在于抵制由教皇僭取的、由各级主教行使的"暴政和权势"。针对卡特赖特的长老派学说，时人指责他主张实行民治。桑兹主教就曾

---

① J. R. Tanner, ed., *Tudor Constitutional Documents A.D.1485-1603*, Cambridge: Cambridge University Press, 1951, pp.167-170.

② A. F. Scott Pearson, *Thomas Cartwright and Elizabethan Puritanism, 1535-1603*, Gloucester: Peter Smith, 1966, p.108.

③ A. F. Scott Pearson, *Thomas Cartwright and Elizabethan Puritanism, 1535-1603*, Gloucester: Peter Smith, 1966, p.117.

④ A. F. Scott Pearson, *Thomas Cartwright and Elizabethan Puritanism, 1535-1603*, Gloucester: Peter Smith, 1966, p.117.

指出：长老派学说"仅仅是实行民治"①。惠特吉夫特系统批驳了"民治"，他认为，英格兰民众大多既无知又缺少教育，因此不适于执掌统治权，民治政体在英格兰行不通。由于卡特赖特主张将选举教会管理人的权利交给上帝的选民，惠特吉夫特进一步批驳说，好人与坏人、上帝的选民与上帝的弃民实在难以区分，而即使是上帝的选民也不一定具有执政能力，卡特赖特寻求将权力植根于民众之中，其结果只能是混乱。惠特吉夫特对民治政体深恶痛绝，他断言：民治"可能是最恶劣的政体"。②

实际上，卡特赖特并不能把他的平等和自由的原则贯彻到底，在他的长老制教会组织方案中，会众享有的选举权非常有限。在卡特赖特看来，如果会众拥有的权利过多，将带来混乱和无秩序。为避免这种情况出现，他主张会众在行使选举权时，务必由牧师和有判断力的人给予指导。在其后与惠特吉夫特的论战中，他进一步提出，对会众团体管理人员的任命应当先由长老提名，然后征得会众的同意。③在卡特赖特的长老会组织中，长老享有更多的权力。虽然在名义上牧师、执事、长老均由会众选举产生，但是由于长老拥有对牧师、执事的提名权和实施宗教律法的权力，长老的实际地位在牧师与执事之上，是会众团体的核心人物与主持人。所有这一切表明，长老派的会众团体并不是彻底的民治团体，卡特赖特在赋予会众团体选举权的时候，并不是任由民众自由行使这种权利，而是对其加以种种约束。当时惠特吉夫特等人对卡特赖特的指责并不完全准确，在有关"民治"的问题上，他们对卡特赖特的主张有误解。实际上，卡特赖特与惠特吉夫特都认为，并不是所有的民众都有足够的能力行使政治权力，权力的享有与一定的教育水准相关联。不同的是，卡特赖特在准备把选举权交给民众的时候瞻前顾后，犹犹豫豫，惠特吉夫特则坚决反对一切由民众享有权力的动议。

惠特吉夫特在批判"民治"的同时，对英格兰现存的君主制度做出了系统阐述。他似乎认为存在着多种君主制，而英格兰的君主制是最好的，他说："本王国的政体代表着一种真正的君主制"。惠特吉夫特推崇英格兰的君主制，他推举出两个权威为英格兰的君主制辩护：其一是"君权神授"，英格兰君主对教会

---

① Christopher Morris, *Political Thought in England: Tyndale to Hooker*, London: Hyperion, 1980, p. 163.
② Peter Lake, *Anglicans and Puritans? Presbyterianism and English Conformist Thought from Whitgift to Hooker*, London: Unwin Hyman, 1988, pp. 60-62.
③ Peter Lake, *Anglicans and Puritans? Presbyterianism and English Conformist Thought from Whitgift to Hooker*, London: Unwin Hyman, 1988, p. 55.

和政府的权力直接源于上帝；其二是议会法令，英格兰君主在行使权力时依据的是议会法律的规定。他指责卡特赖特将君主制与暴政混为一谈，认为君主制并不一定导致暴政，君主制与暴政最主要的区分在于是遵从法律还是遵从个人意志。避免暴政的最佳办法不是使民众参与政治，而是以法律支配君主的意志。惠特吉夫特认为，英格兰的君主制与国教会的主教制度即是建立在议会法律的基础之上。他说，在英格兰，无论是君主的统治还是主教的管理，都不是随心所欲的，而是依据议会制订的制度。①

  在本质上，卡特赖特与惠特吉夫特的分歧在于如何防止暴政，他们提出了两种不同的办法。卡特赖特的理想是建立一种民选制度，从而保障施政者的人选符合民意，注重的是施政者人选，亦即由何人实施统治。惠特吉夫特则相信"君权神授"，挑选何人施政是上帝的意志，世人别无选择，防止暴政的有效办法是以法律约束施政者的行为，他所注重的是统治行为。惠特吉夫特表述的是一种传统的思路。自中世纪以来，英格兰人就或多或少地在观念中认为王权受法律的支配，只不过在不同的时期，"法律"具有不同的内容。诺曼征服以后最初的几个世纪，法律指各种习俗和惯例，《大宪章》的制定是这种观念的集中体现。随着议会立法权的形成，议会颁布的法律逐渐被认为高于其他法律，以至于惠特吉夫特在提出以法律约束君主的行为的时候，屡次提到议会法律。15世纪时充任兰加斯特王朝国王法庭首席法官的约翰·福蒂斯丘爵士在赞颂英格兰王权的时候，也提出过类似"王在法下"的思想，他认为英格兰王权的统治优于法国不是由于国王个人的才干，而是由于王权遵从法律。

  惠特吉夫特并没有具体论述王权与议会立法行为的关系。在都铎时期，君主不是被排除在议会立法权之外，相反，议会的立法行为有王权参与，并且在一定程度上受王权支配。王权是议会立法行为的重要组成部分，具体表现在：何时召集议会、解散议会、每次议会会议就何种议题立法，都是由国王决定；议会通过的议案只有经国王批准，才能成为法律。英国史学家称这种政体形式为"国王在议会中"。惠特吉夫特实际上是为都铎王朝的这种"国王在议会中"的君主政体辩护。

  卡特赖特不曾正面论述过政体问题，只是由于提出了一套长老制教会组织方案，就被他的论战对手引申为"民治"。他的论战对手唯恐这种组织一旦实

---

① Peter Lake, *Anglicans and Puritans? Presbyterianism and English Conformist Thought from Whitgift to Hooker*, London: Unwin Hyman, 1988, pp. 60-63.

行，有可能波及整个社会，由此而引发出惠特吉夫特对现存政体形式的辩护。这样的发展态势表明：卡特赖特的论战对手不是把长老制仅仅看作一种教会组织，而是看作一种社会组织或政体形式而加以反对；卡特赖特关于长老制教会组织的言论，引发的是对"民治"的恐惧和对君主制的推崇。

长老制教会并不是从英格兰本土发展起来的，而是移植自日内瓦的加尔文教会。当卡特赖特提出在英格兰实行长老制度时，他所面临的是不同的政治环境：日内瓦是一个自治城市，加尔文在创建长老制度时把日内瓦市议会纳入了他的神权政治体系；英格兰有强大的君主制传统，况且卡特赖特并不主张脱离国教，而是要把长老制度移植到由女王任"最高执政者"的国教会之中。因此，卡特赖特还必须从理论上论证长老制下的会众团体与以女王为首的世俗政府的关系问题。

问题的关键在于世俗君主在教会内的地位。自16世纪30年代开始的英格兰宗教改革，最主要的一项成果就是将英格兰教会置于王权的统治之下。亨利八世与爱德华六世都曾经是议会法令规定的英格兰教会最高首脑，1559年的《至尊法令》又同样规定伊丽莎白女王作为国教会的最高统治者。由于这些改革措施，都铎君主执掌的"王权"不仅是指对于王国世俗事务的统治，其中也包括对于王国内宗教事务的统治。伊丽莎白女王作为国教会最高统治者，拥有任命主教、决定教义与礼拜仪式等权力，她还将宗教事务视为君主独占的领域，多次阻止议会自行讨论宗教事务，认为对宗教事务的所谓"创制权"归"最高统治者"执掌。

卡特赖特的长老制度在许多方面与都铎君主的王权观念发生冲突。首先，卡特赖特不承认君主对教会的统治权。他认为，虽然世俗君主是国家的"首脑"，但是他（她）在教会内只是一名信徒，唯有上帝堪称教会的"首脑"。作为教会内的信徒，世俗君主也必须受宗教律法的约束。但是在另一方面，卡特赖特在某种程度上又希望世俗君主成为教会意志的执行人，借助世俗政府的力量实施宗教律法。他说，世俗君主有责任"尊崇教会并且保障上帝的律法得到实施"。①

卡特赖特的这一主张也涉及关于"教化"与"惩戒"的理论。从卡特赖特的一系列文章可以看出，长老制下的"会众团体"仅是上帝选民的组织，而宗

---

① A. F. Scott Pearson, *Thomas Cartwright and Elizabethan Puritanism, 1535-1603*, Gloucester: Peter Smith, 1966, p. 95.

教律法则是针对作为上帝弃民的罪人。教会对选民与弃民行使两种不同的职能：通过讲经布道对选民实行福音的"教化"，通过实施宗教律法对弃民加以"惩戒"。但是教会所能实施的最高惩罚是开除教籍，对于仅施以开除教籍尚嫌不足的"重罪"，卡特赖特希望借助世俗政府的力量加以惩治，因此他提出宗教律法的实施需要会众团体与世俗政府共同行动。

由此可见，卡特赖特赋予世俗君主的并非某种权力，而是一种职责——实施宗教律法的职责。在履行这一职责时，君主也必须服从上帝律法的约束，并不拥有君主的绝对权力："世俗政府应当依照上帝在福音书中规定的律法管理（教会），必须牢记，由于他们是教会的看护者，因而他们是教会的仆人，由于他们是管理者，因而他们不能忘记服从教会，在教会面前应当放弃他们的权杖，打翻他们的王冠……"①。

在关于教会与君主乃至世俗政府的关系问题上，卡特赖特一方面要求教会脱离世俗政府的统治而实行自治，另一方面又倾向于将世俗政权纳入教会体系，要求世俗政府服务于教会。卡特赖特曾经形象地阐述他的这一主张："因为建造房屋在设置幔帐之前，……所以，产生于教会之后的国家也必须依教会的变化而变化，以适应教会"。他批评国教会受制于女王政府是本末倒置："这就好比一个人以他的房屋匹配屋里的幔帐"。他主张："国家应当与教会取得一致，世俗政府应当与教会组织取得一致"。②卡特赖特的主张实际上是将教会与世俗政府视为两个实体——两个并非完全并行的实体。

卡特赖特的主张显然与女王在国教会内的现实地位背道而驰，作为国教会的辩护人，惠特吉夫特反驳说："在政府与教会之间不存在足以将它们视为两个实体、受制于不同的法律与不同的官吏的区别，除非与这个教会联系在一起的是一个异教的、崇拜偶像的政府。"③惠特吉夫特进而指出卡特赖特的主张实际上旨在"推翻君主在教会与世俗事务中的权力"。④对于君主在教会中的地位，惠特吉夫特作如此解释：君主作为"最高执政者"，对于国教会拥有仅次于耶稣基督的最高统治权，虽然君主不能行使诸如讲经布道、主持礼拜仪式、开除教籍之类的圣职，但是君主却拥有不依赖于教职人士而独立行使的校正、惩戒的职

---

① H. C. Porter, *Reformation and Reaction in Tudor Cambridge*, Hamden: Archon Books, 1972, p.116.
② Charles George and Catherine George, *The Protestant Mind of the English Reformation 1570-1640*, Newhaven: Princeton, 1961, pp.194-195.
③ Charles George and Catherine George, *The Protestant Mind of the English Reformation 1570-1640*, p.194.
④ H. C. Porter, *Reformation and Reaction in Tudor Cambridge*, Hamden: Archon Books, 1972, p.142.

权。因为君主是位居耶稣基督之下的教会统治者，尤其是执掌着教会福祉，因此推行统一的礼拜仪式与信条的责任便由世俗政府承担。①

依照卡特赖特为王权在长老制教会组织中安排的位置，他主张建立的实际上是一种全新的神权统治秩序。在这种神权政治中，君主变成了教会意志的执行人，王权名存实亡。这就无怪乎时人指责他企图谋反。剑桥大学神学教授查德顿认为，卡特赖特的主张意味着"推翻现存的一切宗教和世俗统治形式，以便规定和实施一种新创立的制度"②。伊丽莎白女王在1590年致苏格兰国王的一封信函中也指出长老派企图颠覆君主制，以长老会组织取代世俗政府："在你的王国和我的王国内兴起了一种只设长老会、不设国王这类邪恶结果的派别"③。由于卡特赖特主张的危险性，惠特吉夫特担心，清教徒也将如同再洗礼派那样制造动乱和纷争，以至于在他的论辩文章中力图指出清教与再洗礼派的相似之处。

卡特赖特与惠特吉夫特在以上关于教会组织制度与君主政治问题上的不同主张，是基于他们各自在关于人与社会、教会与国家这类基本问题上持有的不同的理论体系。

惠特吉夫特认为，人具有双重属性：精神的属性与世俗的属性。精神的属性与神相通，或者归于基督教会，或者归于魔鬼撒旦的王国；世俗的属性受外在教会的制约，以便在罪恶充斥、纷乱繁杂的现世保持社会与政治的秩序。由于人有双重属性，导致了两种形式教会的存在，"有两种教会组织，一种是无形的，另一种是有形的，一种是精神的，另一种是外在的。无形的与精神的教会受上帝的恩典与《圣经》统治，支配人的灵魂与信仰，指导人的灵魂得救，这种教会仅限于上帝的选民。有形的与外在的教会由人主持，它有外在的律法与具体的宗教礼拜仪式，其成员既有虔诚之人亦有邪恶之人，这种教会通常被称作有形的基督教会，基督将之比喻成一块'良莠混播'的土壤或'鱼龙混杂的网'"④。简而言之，在惠特吉夫特心目中，"无形的教会"指人的内心信仰，是信徒与上帝之间的一种纯精神的"神交"，这是由上帝掌管的属灵的世界，不需要教会组织作中介，而"有形的教会"既包括虔诚之人也包括邪恶之人。⑤

---

① Christopher Morris, *Political Thought in England: Tyndale to Hooker*, London: Hyperion, 1980, p. 122.
② H. C. Porter, *Reformation and Reaction in Tudor Cambridge*, Hamden: Archon Books, 1972, p. 142.
③ J. V. P. Thomson, *Supreme Governor: a Study of Elizabethan Ecclesiastical Policy and Circumstance*, London: Society for Promoting Christian Knowledge, 1940, p. 169.
④ Peter Lake, *Anglicans and Puritans? Presbyterianism and English Conformist Thought from Whitgift to Hooker*, London: Unwin Hyman, 1988, p. 32.
⑤ Peter Lake, *Anglicans and Puritans? Presbyterianism and English Conformist Thought from Whitgift to Hooker*, London: Unwin Hyman, 1988, p. 50.

在"谏言书之争"中，惠特吉夫特重点论述的是"作为现世组织的有形的教会"，他认为这种有形的教会几乎全然隶属于外在的、世俗的范畴，从而也就隶属于与此相关的世俗政府。既然如此，那么"教会的外在组织形式必须与世俗政府的组织形式保持一致"。英格兰女王君临英格兰王国便意味着允许她在各个部门采用同一种组织形式，如同她统治王国的世俗事务那样统治教会的宗教事务。① 惠特吉夫特苦心思辨的基本结论之一就是：人有双重属性，世有两种教会——无形的教会与有形的教会。无形的教会是人与神直接相通的信仰归宿，有形的教会掌管信仰的外在表现，其世俗性决定了它的组织系统与国家一体化。惠特吉夫特从人的双重属性出发，最终得出了现世教会与国家一体化、社会一元化的结论："我不认为在基督教国家与基督教之间有何种不同"。基于这一思想，惠特吉夫特批判卡特赖特"将王国一分为二，从而剥夺了君主二分之一的统治权与司法审判权"②。在惠特吉夫特看来，既然无论是有形教会还是国家都是虔诚之人与邪恶之人、上帝选民与上帝弃民混杂，加之在现世不可能将这两种人截然划分清楚，不仅把教会组织等同于上帝选民的会众团体是不可能的，而且实行民治也是不可能的。

与惠特吉夫特关于无形教会与有形教会的划分不同，卡特赖特将社会划分为教会与国家两个实体，他认为二者行使的权力不同：一个行使的是有关宗教信仰的神权，另一个行使的是有关外在行为的俗权。不同的划分方法产生了不同的"教会"概念。卡特赖特将教会等同于会众团体、会众团体等同于上帝的选民，在他看来，教会即是由上帝选民聚集而成的会众团体，上帝的弃民被排斥在教会之外而受宗教律法的惩罚。如果说惠特吉夫特之所以区分界定了有形教会与无形教会，是为了将有形教会纳入世俗社会的权力结构，那么卡特赖特的划分方式则是为了将教会与国家视为两个并行的团体，从而为他的会众团体在现世划出了一个生存空间。

卡特赖特与惠特吉夫特在有关教会组织制度与国家政治问题上持有不同立场，也是由于在如何对待教会的经典和理论权威——《圣经》的问题上存在着分歧。卡特赖特与惠特吉夫特都承认《圣经》的权威，他们双方在争论中都到《圣经》中寻找理论依据。问题是一旦他们以《圣经》为武器解释各自的立场时，

---

① Peter Lake, *Anglicans and Puritans? Presbyterianism and English Conformist Thought from Whitgift to Hooker*, London: Unwin Hyman, 1988, pp. 49-50.

② Peter Lake, *Anglicans and Puritans? Presbyterianism and English Conformist Thought from Whitgift to Hooker*, London: Unwin Hyman, 1988, p. 61.

就对《圣经》采取了不同的态度。首先是《圣经》是否对宗教信仰与教会事务的一切细节都做出了规定，其次是《圣经》中的规定是亘古不变的还是随着时代的变化而变化的。卡特赖特将《圣经》视为亘古不变的经典，主张恪守《圣经》。他认为《圣经》是绝对真理，其中规定了阐释精确的教义与不可变更的教会组织形式。卡特赖特曾经表达过"唯经书"立场，《圣经》中的上帝之言可以用来指导教会事务及个人生活的一切方面，他尤其强调应当按照《使徒行传》的记载重建国教会组织，强调《旧约全书》对渎神、谋杀、通奸、异端等行为规定的死刑处罚仍然有效并且应当付诸实行。当卡特赖特在《使徒行传》中为长老制度找到依据的时候，惠特吉夫特则无法以《圣经》说明王权在国教会内的"至尊"地位。因此，惠特吉夫特认为，《圣经》并未对教会事务的每一细节都做出具体规定，有关教会事务的某些问题需要根据时代和环境的变化而变化，在这方面《圣经》为教会决定自身的事务留有余地。① 正是基于这样的立场，惠特吉夫特反驳了卡特赖特关于实行长老制、奉行《圣经》规定的严刑酷法的主张。

卡特赖特与惠特吉夫特在如何对待经书理论权威的问题上的分歧，突出地反映出一个在当时具有一定代表性的问题，那就是在旧有的理论权威由于时代的发展而显得过时、适应新时代的理论尚未产生的时候出现的某种惶惑。卡特赖特之所以坚持《圣经》的真理，将长老制教会组织的根源追溯到使徒时代，其真实目的在于"托古改制"，在缺少新的理论权威作为改革主张依托的情况下，他也只能到旧有的理论权威中寻求支持。惠特吉夫特则对传统的理论权威采取了一种变通的态度，在奉行《圣经》权威的同时也顾及时代的发展变化。

三、余论

在这场谏言书之争中，惠特吉夫特作为英格兰教会的代言人，为伊丽莎白一世时代的政治秩序做出了有力的论证。自从16世纪30年代亨利八世宗教改革以来，不断有神学家、政论家为改革措施提供辩护，英格兰教会由此而形成了较为完整系统的理论。相比之下，清教是伊丽莎白一世时代兴起的新生力量，移植自日内瓦的加尔文派长老制教会，尚未与英格兰本土的国教会实现恰当的

---

① A. F. Scott Pearson, *Thomas Cartwright and Elizabethan Puritanism, 1535-1603*, Gloucester: Peter Smith, 1966, pp. 89-90.

对接。卡特赖特在论战中阐述的思想理论尚未发展成熟。他所秉持的长老制教会理论原则与具体的实施细则之间存在脱节现象：理论的阐述相当完整并且在逻辑上自洽，然而一旦触及具体的实施细节，他所阐述的长老制理论原则就发生变形。尽管如此，时人以及后世研究者都高度评价了卡特赖特对英格兰清教运动发挥的巨大影响力。伦敦主教桑兹在1573年8月5日写给帕立勋爵的信中提到，"卡特赖特的著述为真诚的使徒派教会提供了坚实的基础"①。研究者皮尔逊认为，清教运动在日后的发展建立在卡特赖特提出的理论之上："卡特赖特在伊丽莎白时代的历史留下了不可磨灭的印记，尤其是在清教主义的发展史上占据着至为重要的地位"②。

这场"谏言书之争"发生在自上而下的英国宗教改革接近尾声、自下而上的宗教纷争日趋激烈的伊丽莎白时代，随着宗教改革的步步深入，有远见的思想家已开始无意识地甚至有意识地借宗教问题讨论意义更为重大的国家政治问题。尽管在这种讨论中尚未形成某种完整的思想体系，仅仅是表述了对于国家政体的思考，但是这种思考具有一种承前启后、继往开来的特点，为后代思想家继续对这一问题展开思辨奠定了基础。继卡特赖特与惠特吉夫特之后，伊丽莎白时代的国教派代表人物班克罗夫特、胡克，詹姆士一世时代的神学家如奥弗拉尔、劳德等人继续就"谏言书之争"提出的问题展开论辩。不仅如此，《致议会谏言书》的两次重印（一次是在詹姆士一世统治时期的1617年，另一次是在查理一世与议会斗争期间的1644年），为下一个世纪的政治斗争提供了思想武器。

---

① W. H. Frere and C.E. Douglas, eds., *Puritan Manifestoes*, p.xviii.
② A. F. Scott Pearson, *Thomas Cartwright and Elizabethan Puritanism, 1535-1603*, Gloucester: Peter Smith, 1966, p.viii.

圣经研读会
——伊丽莎白一世时代英格兰国教会的一场冲突

圣经研读会在16世纪70年代盛行于英格兰坎特伯雷大主教区，与此同时，在如何对待圣经研读会的问题上国教会内发生了一场冲突。揭示圣经研读会的起因和发展以及冲突各方的立场和主张，不仅有助于研究清教运动，而且有助于揭示伊丽莎白时代英国国教会在经济、文化素质、思想等方面面临的问题与矛盾。

一、圣经研读会：达成信仰得救的组织方式

"圣经研读会"是清教派教职人士讲经布道的讨论会，活动方式大致是：几个邻近教堂的牧师定期聚在一起，在一名具有较高学识的牧师主持下，轮流就《圣经》某一段落讲经布道，然后就所讲内容讨论、辩驳。在很多情况下，圣经研读会还对与会牧师履行教职情况乃至个人的道德品行展开评判。圣经研读会的活动方式并非清教徒首创，它在16世纪20年代产生于苏黎世新教教会，以后又被瑞士其他地区和德意志南部的新教徒采用。

圣经研读会作为16世纪宗教改革运动的产物，它的出现在很大程度上是新教徒对于马丁·路德"唯信称义"思想主张的实践。与中世纪天主教会注重善功、礼拜仪式等宗教信仰的外在表现形式不同，新教更为强调通过研读《圣经》、宣讲教义来增进内心的信仰。自14世纪以来，新教改革家们致力于翻译、印行《圣经》和编写《教义问答手册》。如果说新教改革家的这些努力旨在为信仰得救提供思想源泉，那么圣经研读会则旨在为达到信仰得救提供一种组织形式。

清教徒之所以推崇圣经研读会的活动，也是由于清教强调讲经布道对于

信仰得救的作用。清教长老派首领卡特赖特认为聆听布道比参加礼拜仪式更有助于释罪得救，礼拜仪式仅仅是信仰的外在形式，只有赋予它思想内容才有意义。他提出：举行宗教礼拜仪式同样是为了教化与训诲，因此在举行礼拜仪式时只有阐明它所象征的教义内容，才能增进信仰；"倘若在举行礼拜仪式之前未使参加者聆听布道，礼拜仪式便无助于得救"①。卡特赖特还认为讲经布道与阅读《圣经》对于信仰具有同等重要的作用，阅读《圣经》时还需对其加以阐释。"仅有阅读《圣经》而无讲经布道尚不足以将可怜的羊群从毁灭和狼群之中解救出来。"②

在清教不同派别的主张中，有一种将讲经布道对于信仰得救的作用绝对化的倾向。清教布道师爱德华·迪林将讲经布道视为牧师的全部职责，视为宗教活动的全部内容，认为基督教会就是"以布道者的宣述召集在一起的会众"，"没有这种对《圣经》的宣讲，我们不可能拥有信仰"。③ 清教分离派首领罗伯特·布朗认为，虽然可以通过阅读《圣经》孕育和增进信仰，但是最初的推动力却是聆听布道，他甚至认为没有布道者的帮助就不可能获救。④ 提交给1576年议会的一项宗教改革议案称布道是"灵魂得救的唯一寻常手段，是训导女王陛下臣民懂得忠实顺从的唯一有效手段"⑤。

翻译、印行《圣经》与讲经布道是清教活动的两项重要内容。新教徒惠廷厄姆在流亡日内瓦期间领导翻译了英文版《新旧约全书》，这部《圣经》在伊丽莎白时代广为流传，从1560年至1611年在英格兰印行了大约60版。许多城市社团出资延请布道师讲经布道，伦敦早在爱德华六世时代就出现了这种民间资助布道的情况，到1583年时，英格兰近乎三分之一的城市教堂都采取了这种做法。许多清教派首领，诸如汉弗莱、桑普森、菲尔德等人，自从失去国教会教职后就在英格兰各地从事这种民间布道活动。

除了思想理论上的根源，圣经研读会在伊丽莎白时代盛极一时也与这一时期教职界的状况有关。新教注重讲经布道的特点，要求教职人士具有更高的学识水平。只熟悉宗教礼拜仪式的程序而无能力讲经布道者，尚不足以胜任新教

---

① Christopher Hill, *Society and Puritanism in Pre-Revolutionary England*, London: Seeker and Warburg, 1964, p.32.
② Christopher Haigh, ed., *The Reign of Elizabeth I*, London: Macmillan 1984, p.183.
③ Paul S. Seaver, *The Puritan Lectureships: the Politics of Religious Dissent, 1560-1662*, Stanford: Stanford University Press, 1970, p.78.
④ Christopher Haigh, ed., *The Reign of Elizabeth I*, London: Macmillan 1984, p.182.
⑤ Christopher Haigh, *Elizabeth I*, Harlow: Longman, 1988, p.41.

的教职。但是伊丽莎白时代呈现的一个现实问题是：国教会面临的经济和财政困境难以吸引优秀人物担任教职。

造成国教会经济与财政困境的一个重要原因是：亨利八世宗教改革以后的一系列涉及教会地产的法令严重削弱了教会的经济实力。亨利八世开创了没收教会地产的先例。仅亨利八世解散修道院一项行动，就使年收入超过 136,000 英镑的教会地产流入世俗之手。[1] 到伊丽莎白女王即位时，君主有权将教会地产和税收移归己有似乎已达成公认。1559 年议会的一项法令，进一步授权女王在主教职位空缺时以划归俗界的教会税收交换该主教区地产。这项法令的实施使教会的经济利益受到损害，因为在当时价格革命的经济环境中，严重的通货膨胀造成货币税收的价值量减少，而地产如果经营得法，其收入可望迅速增加。据统计，伊丽莎白女王曾经在 11 个主教区实施过这种交换。[2]

关于这项法令的实施对教会经济收入的损害程度，史学界有不同的评价。西尔认为，这项法令的实施并未导致各主教区货币收入的大幅度下降。究其原因：（1）许多主教区地产在交换给女王之前已经以长期租约出租，收入已经固定化。（2）这些地产在交换给女王后也换取到一笔固定收入，因此在短时期内，这种交换并非十分不公平。（3）只是在租期届满之后，才显示出这种交换的不等价，"詹姆士一世时代的主教才有充分理由哀叹被交换地产潜在价值的丧失"[3]。西尔的结论固然有一定道理，但是忽略了这样一个事实，即在以税收交换地产时出现的税收量低于地产收入的情况。仅以伦敦主教区为例，在 1559 年 12 月交换给女王的 14 块地产的年收入大约是 491 英镑 16 先令，而伦敦主教在 1562 年换取到的货币收入只有 388 英镑 5 先令。[4] 仅此种形式的不等价交换，就已使教会蒙受经济上的损失。

1559 年交换主教区地产法令的一个附加条款，也同样损害到教会的经济利益。这项条款规定：主教区地产的租期不得超过 21 年，但是女王可以不受此项条款限制。条款赋予女王长期租用教会地产的特权。凭借这种特权，女王曾经与主教订立长期租约，然后将这些租约作为赏赐赠送给她的廷臣。据统计，在

---

[1] Christopher Hill, *Puritanism and Revolution: Studies in Interpretation of the English Revolution of the 17th Century*, London: Secker and Warburg, 1965, p. 33.

[2] Christopher Haigh, *Elizabeth I*, Harlow: Longman, 1988, p. 42.

[3] Felicity Heal and Rosemary O'Day, eds., *Church and Society in England: Henry VIII to James I*, London: Macmillan, 1977, pp. 112-113. Felicity Heal, *Of Prelates and Princes: A Study of the Economic and Social Position of the Tudor Episcopate*, Cambridge: Cambridge University Press, 1980, p. 268.

[4] Patrick Collinson, *Archbishop Grindal, 1519-1583*, London: Jonathan Cape, 1979, p. 93.

1559—1573年间，女王与教会订立过4份长期租约，在1574—1603年间，至少订立过57份长期租约，租期都在40年至120年之间。① 这种长期租约使地租额固定，不能随通货膨胀率及时调整，实际上是利用价格革命的经济环境间接侵夺教会的经济利益。对照同时期地租额的增长幅度，可以看出这种长期租约对教会经济利益的侵夺程度：1540—1600年间，彭布洛克伯爵位于威尔特郡地产的地租额大约提高了3倍；西摩家族将其地产的地租额提高了6倍；在约克郡的一些地区，地租额在1558—1642年间提高了8倍。②

随着教会经济实力的削弱，教职人士对俗界的依赖程度也逐步加深。在亨利八世与爱德华六世时代，大量修道院地产连同地产上的什一税收入流入世俗之手。依照惯例，修道院地产的世俗占有者应当为在该地区任职的牧师提供圣俸或薪俸，实际上是掌握了该地区牧师的圣职推荐权。据1603年的一项统计，在英格兰9250个教区中大约有3850个教区的圣职推荐权处于教产的世俗占有者控制之下。③ 不仅一般教职，甚至主教等高级教职的任命也大多靠世俗权势人物举荐。这就促使教职人士与举荐人之间形成一定的互利关系。为求得条件优越的教职，教职人士往往以优惠条件将教会地产出租、交换给举荐人。坎特伯雷大主教惠特吉夫特指出过这种现象的普遍性："在各个地区，最好的土地都以长期租约出租给了世俗人士。"④ 女王则利用对国教会主教的圣职推荐权直接获取教会的税收。她曾经使格洛斯特主教和索尔兹伯里主教的职位告缺5年，使奇切斯特主教职位告缺7年，使布里斯托尔主教职位告缺14年，使伊利主教职位告缺长达19年，而牛津主教职位先后在1568—1589年间和1592—1603年间告缺。在以上主教职位空缺期间，女王作为国教会的"最高执政者"，理所当然地获得这些主教区的税收。

除了以上种种超经济手段，单纯价格革命因素也造成了教职界经济状况恶化。在16世纪，什一税是牧师收入的一个重要来源，但是以现金支付的什一税，其税额的增长速度很难与物价的上涨速度持平。伦敦保留什一税收入的牧师，年俸在1535—1650年间大体从19英镑增加到84英镑，提高442%；大约

---

① Christopher Haigh, *Elizabeth I*, Harlow: Longman, 1988, p.43.
② David Michael Palliser, *Age of Elizabeth: England under the Later Tudors, 1547-1603*, London: Longman, 1983, p.154.
③ David Michael Palliser, *Age of Elizabeth: England under the Later Tudors, 1547-1603*, London: Longman, 1983, p.329.
④ Felicity Heal and Rosemary O'Day, eds., *Church and Society in England: Henry VIII to James I*, London: Macmillan, 1977, p.110.

与此同时，生活费用上涨650%，[①] 年俸的增长远及不上物价的上涨幅度。

教会经济状况恶化造成两个直接后果，一是难以吸引优秀人物担任教职，二是教职人士为维持一定的收入水平而兼领教区。

在伊丽莎白时代，具有硕士学位的牧师才能获得讲经布道的资格，不具备布道资格的牧师只能阅读《讲道书》。虽然国教会对布道师的资格提出了很高的要求，却没有强大的经济实力实现它的要求。史学家西尔根据当时牧师希望得到的年俸数量推算，英格兰大约只有四分之一至三分之一的教职可以延请有学位的人士担任。[②] 坎特伯雷大主教惠特吉夫特1584年估计的数字更为悲观，他认为只有7%的教区，亦即在大约9000个教区中只有600个教区的收入足以维持一名具有较高学识的人士担任教职。[③] 在伊丽莎白统治的大部分时期，接受过高等教育的教职人士数量比例很低，历史学家的统计数字是：坎特伯雷主教区在1571年时是18%，伍期特主教区在1560年时是19%，利奇菲尔德主教区在1584年时是14%。[④]

教职人士文化素质低下，使之难以担任讲经布道的职责。国教会主教朱厄尔指出过，国教会内有能力布道的牧师"严重而惊人地不足"[⑤]。伦敦的一位布道师认为，每20个教区之中，有能力布道的牧师不足1人。[⑥] 由于缺少布道师，很多教堂只能以宣读《讲道书》代替布道。坎特伯雷大主教惠特吉夫特在反驳清教徒对这种现象的指责时也不得不承认现实："我希望每一位牧师都是布道师，但是根据目前的情况，这是不可能的"[⑦]。

兼领教职是教士增加收入的一种手段。1593年时，诺里季主教区有23%的牧师兼领教职。根据清教徒1586年的一项调查，伦敦有46%的牧师兼领教职。[⑧]

---

① Paul S. Seaver, *The Puritan Lectureships: the Politics of Religious Dissent, 1560-1662*, Stanford: Stanford University Press, 1970, p. 147.

② Paul S. Seaver, *The Puritan Lectureships: the Politics of Religious Dissent, 1560-1662*, Stanford: Stanford University Press, 1970, p. 131.

③ Christopher Haigh, ed., *The Reign of Elizabeth I*, London: Macmillan 1984, p. 186.

④ David Michael Palliser, *Age of Elizabeth: England under the Later Tudors, 1547-1603*, London: Longman, 1983, p. 331.

⑤ Christopher Hill, *Society and Puritanism in Pre-Revolutionary England*, London: Seeker & Warburg, 1964, p. 52.

⑥ Christopher Hill, *Society and Puritanism in Pre-Revolutionary England*, London: Seeker & Warburg, 1964, p. 52.

⑦ Christopher Haigh, ed., *The Reign of Elizabeth I*, London: Macmillan 1984, p. 186.

⑧ Paul S. Seaver, *The Puritan Lectureships: the Politics of Religious Dissent, 1560-1662*, Stanford: Stanford University Press, 1970, p. 246.

由于兼领教职的严重情况，这一问题成为社会舆论长期以来关注的焦点。1529年议会曾制定法令，对兼领教职做出限制。伊丽莎白时期的议会也曾多次做出禁止兼领教职的努力，1571年的教会法将兼领教职的数量限制在两个以下。但是由于兼领教职与当时存在的经济原因密切关联，这一行为屡禁不止。坎特伯雷大主教惠特吉夫特甚至认为兼领教职有存在的合理性，不失为吸引有学识者担任教职的一种办法，因此不宜禁止兼领教职："革除兼领教职势必取消对学识的酬劳，使最优秀的牧师感觉沮丧"[1]。

无论对兼领教职持何种态度，这一弊端带来的直接后果是：牧师不居教区，致使大量教区无人管理。国教会主教朱厄尔抨击这种现象："可怜的羊群被交付给豺狼，可怜的儿童呼叫面包，呼叫救生的面包，可是无人将面包投给他们"[2]。此种现象造成了严重的后果——兼领教职有损于国教会发挥宗教职能，尤其是不能发挥牧师讲经布道的职能。

一方面是新教注重讲经布道的特点对教职人士的文化素质提出了更高的要求，另一方面是教会经济状况的恶化难以吸引优秀人物担任教职。在这种情况下，圣经研读会应运而生。

二、圣经研读会的组织方式与活动内容

在英格兰，圣经研读会的存在可以追溯到伊丽莎白女王统治的初年。考文垂、埃塞克斯、诺里季是最早出现圣经研读会组织的地区。由于在教会档案中关于圣经研读会的记载很少，因此难以断定这类组织在英格兰出现的确切日期。根据已经掌握的材料，现在可以肯定的是，圣经研读会在16世纪70年代盛行于英格兰的大部分地区，尤其是坎特伯雷大主教辖区内的林肯、埃塞克斯、东盎格里亚、苏塞克斯、肯特、诺里季、北安普敦、中部平原地区。

圣经研读会活动的宗旨是研读《圣经》以提高布道水平。哈里森在写于16世纪的《英格兰概况》一文中说，圣经研读会的建立"仅仅是为了检查、审验

---

[1] Paul S. Seaver, *The Puritan Lectureships: the Politics of Religious Dissent, 1560-1662*, Stanford: Stanford University Press, 1970, p.246.

[2] William Pierce, *An Historical Introduction to the Marprelate Tracts: A Chapter in the Evolution of Religious and Civil Liberty in England*, New York: Burt Franklin, 1908, p.104.

牧师研读《圣经》是否勤勉"①。贝德福德地区一个圣经研读会组织的章程规定，该组织活动的目的是，"阐述《圣经》，昭示圣灵的意志，并选其简要易解之处奉行之，以便日后在宣讲教义和为人之道时应用之"。② 由于圣经研读会对于提高教职人士的学识水平和布道能力确有促进作用，因而当时人称之为"无力布道者的大学"，是"塑造、训练布道者的最佳方式"。③

除了讲经布道，圣经研读会活动的另一项功能是实施道德管理以及强化教职人员自律。在彼得伯罗主教区，每逢礼拜四的讲道会之后，教职人士与乡绅一起处理当地诸如亵渎神灵、酗酒淫乱之类的事件。教职人士每季度一次，在讲经布道之后评判自身的道德言行，对屡教不改者，交由主教法庭加以约束。

由于圣经研读会有助于提高教职人士的学识和道德水平，因而得到许多主教的认可和扶持。阿什比教区的一位牧师曾经申明，他所在地区的圣经研读会活动得到过几位主教的批准。林肯主教库帕直接参与对圣经研读会的组织，他掌握着参加各个圣经研读会的牧师人数，并且为圣经研读会指定主持人。他甚至强迫属下的牧师出席圣经研读会，如有拒绝参加者，便借助宗教法庭对其做出处罚。彼得伯罗主教曾要求持天主教立场的教士在圣经研读会上公开表示收回自己的天主教言论。诺丁汉郡的执事长经常要求触犯宗教戒律的教职人士在圣经研读会上接受训诲。苏塞克斯主教在1570年倡议组建了本地区的圣经研读会。有确切数字揭示各地主教对圣经研读会所持立场：当坎特伯雷大主教格林德尔在1576年向15名主教征询对圣经研读会的态度时，有4名主教公开表示敌视，8名主教表示赞成。④

圣经研读会也得到了世俗人士尤其是地方权势人物的支持。沃里克郡著名的索瑟姆圣经研读会不仅得到女王宠臣累斯特伯爵财政上的资助，当地治安法官也经常出席它的活动。在靠近威尔士的什鲁斯伯里，边区委员会在举行会议期间经常出席当地的圣经研读会。

由于圣经研读会大多是自发兴起，缺少统一管理，因此各地圣经研读会的发展很不相同。在16世纪70年代，北安普敦郡及相邻的沃里克郡、累斯特郡、

---

① G. W. Prothero, ed., *Select Statutes and Other Constitutional Documents, Illustrative of the Reigns of Elizabeth and James I*, Oxford: Clarendon Press, 1954, p.207.

② Patrick Collinson, *Godly People: Essays on English Protestantism and Puritanism*, London: The Hambledon Press, 1983, p.176.

③ Christopher Hill, *Society and Puritanism in Pre-Revolutionary England*, London: Seeker & Warburg, 1964, p.17.

④ Patrick Collinson, *Archbishop Grindal, 1519-1583*, London: Jonathan Cape, 1979, p.237.

牛津郡是清教活动极为活跃的地区。在拉特兰，塞西尔家族与哈林顿家族握有14个牧师职位的圣职推荐权，他们凭借这种权力任命温和派清教徒担任教职。亨廷顿伯爵在累斯特郡至少拥有8个牧师职位的圣职推荐权，使他得以任命清教派牧师，"在一代人的时期内改变了这个郡的宗教气氛"①。正是由于世俗权势人物的庇护，一些在伦敦等地被免职的牧师在这些地区重新任职，并且在很大程度上控制了这些地区的圣经研读会。沃里克郡著名的索瑟姆圣经研读会被激进派清教徒伍德称为"本王国内最佳圣经研读会"②。索瑟姆圣经研读会在当地享有盛名，是相邻地区圣经研读会之间的联系人。当时的一封信件记载，索瑟姆圣经研读会的主持人"在清教派乡绅的陪伴、赞助和支持下，从一个郡来到另一个郡，从一个圣经研读会来到另一个圣经研读会"③。

在16世纪，教堂仍是社会生活的中心，布道坛是一种重要的社会传播媒介。作为圣经研读会基本活动内容的讲经布道，也不可避免地被清教徒用作宣传主张的讲坛。考文垂主教在1576年批评一位圣经研读会的主持人"过于固执地论及教士的服饰"，他认为圣经研读会的发言人"不应反对关于圣餐礼和法衣的规定"。④正是由于清教徒的这些活动，圣经研读会的发展逐渐偏离了最初的研读圣经以提高布道水平的宗旨，日益发展成为清教徒进行派别活动的组织。

三、冲突的焦点：女王政府控制讲经布道的政策

圣经研读会的活动第一次引起女王关注是在1574年。从这一年起，女王陆续收到关于被停职或者免职的清教派布道师在各地圣经研读会活动的报告，她相继要求伦敦主教、诺里季主教、林肯主教、利奇菲尔德主教处理他们各自所在教区的圣经研读会活动。由于这些举措并不是十分奏效，女王在1576年开始了大规模的翦灭行动。1576年6月，伊丽莎白召见新任坎特伯雷大主教格林德尔，要求他剪除圣经研读会，并减少坎特伯雷大主教区内的布道师人数，每一

---

① David Michael Palliser, *Age of Elizabeth: England under the Later Tudors, 1547-1603*, London: Longman, 1983, p.330.
② Patrick Collinson, *Archbishop Grindal, 1519-1583*, London: Jonathan Cape, 1979, p.236.
③ Patrick Collinson, *Godly People: Essays on English Protestantism and Puritanism*, London: The Hambledon Press, 1983, p.59.
④ Patrick Collinson, *Elizabethan Puritan Movement*, London: Methuen, 1982, p.176.

主教区的布道师限制在 3 至 4 人。在此之后，格林德尔又先后两次收到女王类似的口谕。

格林德尔没有立即执行女王命令，而是首先就圣经研读会一事向各地主教展开调查。调查结果表明：圣经研读会的活动在坎特伯雷大主教区内普遍存在。在格林德尔收到的 15 个主教区的报告中，除索尔兹伯里主教外，14 个主教都承认在辖区内存在圣经研读会。各地圣经研读会几乎都有世俗人士出席，在很多地区，世俗人士为圣经研读会提供经济资助。埃克塞特主教在报告中说："许多绅士和其他热诚之人希望（圣经研讨会）继续下去。我本人也认为，参加者可以从中获得很多教益。因为我看到，人们乐于前往聆听布道并喜欢这种方式，牧师们练习讲道能力并且熟悉圣经。"①

在做出调查之后，格林德尔拟定了《改革圣经研读会弊端之规章》。规章试图将圣经研读会置于各地主教的严密监督之下，对圣经研读会活动的时间、地点、研读经文的内容、主持人和发言人的资格等做出了具体规定。规定特别强调不得在圣经研读会上发表批评国教会的言论，任何已被停职、免职的牧师不得出席圣经研读会。②通过规章的内容不难看出格林德尔对待圣经研读会的立场和态度：他不赞成剪除圣经研读会，只是准备对其加以管理；管理的宗旨是将清教派布道师摒弃在圣经研读会之外，使之成为提高国教会牧师的学识和布道能力的场所，避免成为清教徒的派别组织。

格林德尔的措施与女王的旨意相去甚远，分歧的根源在于对布道活动的不同态度。格林德尔推崇讲经布道，在论及讲经布道对于信仰得救的作用时，他的观点与清教徒颇为相似：布道是"救赎人类的唯一方式和手段"。③ 在 16 世纪 80 年代，随着国教会日益走向保守，类似极端推崇布道的言论被女王政府视为异端。温彻斯特主教 1587 年在最高宗教法庭指控清教徒彭里犯有异端罪时，列举的一大罪名就是彭里说过，布道是"灵魂获救的唯一寻常方式"。④

控制布道活动则是女王宗教政策的一贯宗旨。伊丽莎白即位伊始，在她尚未着手解决宗教问题时，就在 1558 年 12 月 27 日的文告中规定，教士在布道时

---

① Patrick Collinson, *Archbishop Grindal, 1519-1583*, London: Jonathan Cape, 1979, pp.237-238.
② Patrick Collinson, *Archbishop Grindal, 1519-1583*, London: Jonathan Cape, 1979, p.239.
③ Christopher Hill, *Society and Puritanism in Pre-Revolutionary England*, London: Seeker & Warburg, 1964, pp.30-31.
④ Christopher Hill, *Society and Puritanism in Pre-Revolutionary England*, London: Seeker & Warburg, 1964, p.31.

只能阅读福音书、使徒行传、摩西十诫，不得对其加以讲解。[①]1559 年的宗教措施实施以后，国教会实行布道许可制度，只有经过主教批准的教职人士才能成为布道师。女王要求剪除圣经研读会是出于将讲经布道活动视为"非法集会"的考虑，认为圣经研读会的布道活动"触犯了为礼拜全能的上帝、为行圣礼而制定的法律"，对王国的秩序构成威胁。[②]由此可见，女王控制布道活动的目的是控制舆论、稳定秩序。

由于格林德尔与女王所持立场不同，在有关圣经研读会的问题上，一场冲突已不可避免。1576 年 12 月，格林德尔致信女王，公开表明了他的态度。格林德尔表示：圣经研读会"对教会有益，因此宜使之继续下去"。格林德尔拒绝剪除圣经研读会，宁愿放弃教职也不妥协："我不能……同意剪除圣经研读会，我更不能发布指令，彻底而全面地倾覆圣经研读会，如果出于这种或那种原因，陛下意欲将我免职，我将谦从地放弃这一职务，把我一度接受的职务交还给陛下。……与其触犯天国的上帝，我宁愿触犯世上的陛下。"[③]格林德尔的态度和做法确实触犯了女王，女王意欲将他免职，但是由于不存在将坎特伯雷大主教免职的先例，加之宫廷大臣和部分主教从中斡旋，格林德尔从 1577 年 5 月起被停职并处于软禁之中，直至 1583 年 7 月去世。

格林德尔被停职以后，伊丽莎白行使国教会"最高统治者"职权，直接出面剪除圣经研读会。值得注意的是，伊丽莎白在实施具体措施时做出了让步，她没有坚持最初提出的削减各主教区布道师人数的要求，只是责成各地主教严格实行布道审批制度，"除了那些法律认可是有学识的人、是适宜主持英格兰国教会礼拜仪式的人外，任何人都不得在你们的教区内传教、布道、读经，不得主持任何礼拜仪式，不得担任任何教职"。在剪除圣经研读会的具体措施上，伊丽莎白将"试图恢复、继续"圣经研读会活动的人视为"骚乱者"而不是宗教异端，要求各地主教将这些人关押，并将"他们及他们的庇护人、唆使人的名字、身份告知朕或枢密院"。[④]

由于圣经研读会拥有广泛的社会基础，完全根除以这种方式展开的讲经布

[①] Frederic A. Youngs, *The Proclamations of the Tudor Queens*, Cambridge: Cambridge University Press, 1976, p. 188.

[②] G. R. Elton, ed., *The Tudor Constitution: Documents and Commentary*, Cambridge: Cambridge University Press, 1960, pp. 453-455.

[③] Patrick Collinson, *Elizabethan Puritan Movement*, London: Methuen, 1982, pp. 195-196.

[④] G. R. Elton, ed., *The Tudor Constitution: Documents and Commentary*, Cambridge: Cambridge University Press, 1960, pp. 453-455.

道活动是不可能的。1577 年女王下令剪除圣经研读会之后,坎特伯雷大主教区内的圣经研读会依然大量存在,只是活动方式更为隐秘。另外,由于女王禁令的实施范围不包括北方的约克大主教区,1577 年以后,圣经研读会向北方的兰加斯特、约克郡西区、诺丁汉一带发展。议会也试图使圣经研读会的活动合法化,下院在 1584 年提出的一部请愿书中表示,为增进担任教职者的学识,应允许每一主教区的牧师在主教控制下举行公共研讨会。[①] 到 17 世纪英国内战前夕,清教的这种讲经布道的聚会日益发展成为清教徒的民间组织。

16 世纪 70 年代国教会围绕着圣经研读会而发生的这场冲突,以圣经研读会被女王禁止、坎特伯雷大主教格林德尔被停职而告结束。在这场冲突中,以格林德尔为代表的一部分国教会主教试图借助圣经研读会的方式在国教会内实施一种温和的改革,以提高教职人士的文化素质和道德水平,清教徒则以圣经研读会作为讲经布道、宣传清教主张的场所,女王反对圣经研读会的活动是因为这类活动聚集了"众多的民众,尤其是平民百姓"[②]。不同的态度代表了不同的派别主张,这场冲突实际上是国教会内不同派别之间的冲突。

[①] J. R. Tanner, ed., *Tudor Constitutional Documents A.D.1485-1603*, Cambridge: Cambridge University Press, 1951, pp.191-194.

[②] G. R. Elton, ed., *The Tudor Constitution: Documents and Commentary*, Cambridge: Cambridge University Press, 1960, pp.453-455.

修正史学对英格兰宗教改革历史的"修正"

修正史学最初所要修正的,是辉格史学对17世纪"英国内战"起因的解释。辉格史学注重论述导致17世纪内战爆发的思想和宗教因素,常常从伊丽莎白时代教会中寻找内战的起因。因此,对伊丽莎白时代的教会史乃至英格兰宗教改革的历史重新加以考察,就成为修正史学研究的一项重要内容。

受辉格史学的影响,多年来史学著述对英格兰宗教改革历史的解释陷入一种固定的模式:中世纪天主教会衰落了,社会上普遍存在的"敌视教士情绪"及劳拉德异端的复兴为路德派新教的传播创造了条件,而这一切又成为亨利八世宗教改革的社会基础;亨利八世宗教改革以后,天主教习俗受到冲击,在经过玛丽朝短暂的倒行逆施以后,新教最终得到1559年议会立法的确认。经过历史学家多年的探讨,这种固定的模式在今天已显得支离破碎,修正史学对英格兰宗教改革的历史做出了全新的解释。

一、关于宗教改革起因的研究

修正史学对所谓"劳拉德异端的复兴"提出怀疑。史学研究中借以证明劳拉德分子活动的依据,主要是教会法庭审判异端的记录,这些法庭记录大部分收集在约翰·福克斯于16世纪撰写的《殉教者传》一书中。修正史学并不否认教会法庭记录的真实性,《殉教者传》一书的学术价值也已被史学界所肯定,但是修正史学认为,教会法庭审判异端的记录仅仅可以表明教会惩治异端活动的强化,并不足以表明劳拉德异端的复兴。埃尔顿指出,教会档案的记载证明了16世纪20—30年代大量的宗教迫害行动,但是仅根据这些材料尚难以断定遭到迫害的是旧有的劳拉德分子还是新兴的路德派教徒。①

为了说明亨利八世宗教改革的社会基础，传统的宗教改革史学几乎都要述及"敌视教士情绪"，认为"敌视教士情绪"在亨利八世统治初期普遍存在于英格兰社会中。传统史学在论述这一问题时主要以三个方面的材料为依据：其一是杰罗姆·巴洛、西蒙·菲什等人抨击教权的文字言论；其二是1512—1515年间因理查德·亨尼事件②引发的关于教士豁免权的争论；其三是1529年议会制定的一系列"反教权立法"③。传统史学认为，这些事件表现出俗界对教会日益扩大权力的不满。修正史学在对上述三个方面的材料做出具体分析之后，指出了传统史学结论中不足以令人信服之处。

克里斯托弗·黑格在《敌视教士情绪与英格兰宗教改革》④一文中对"敌视教士情绪"的产生和存在做出了全面的分析。他指出，传统史学惯于引用的种种抨击教权的言论，有些是路德派教徒出于宗派利益的宣传（如西蒙·菲什与杰罗姆·巴洛的文论），有些是对亨利八世权臣沃尔西本人而非全体教职界的抨击（如约翰·斯克尔顿的诗作）。所谓"反教权立法"，则旨在削弱沃尔西的势力，主要体现了伦敦商人与民法律师的诉求。伦敦商人与沃尔西在战争税与经商权等问题上有过争执，而民法律师对教会法庭侵犯民事法庭的司法审判权心怀不满。黑格认为，1529年的"反教权立法"并不说明"敌视教士情绪"的普遍存在，它所反映的是特定社会集团的特定利益。黑格并不否认"敌视教士情绪"的存在，但是他认为，"敌视教士情绪"在很多情况下并不意味着要求削弱教会的力量、要求英格兰教会与罗马教廷决裂，而是要求教士充当福音的教化者，要求教会自身的完善。

近年来的研究还表明，亨尼事件确使教会的声誉蒙受损害。教会在涉及其经济利益的案件中可以既是原告又是仲裁人的司法审判方式，也越来越多地受到民法律师的抨击。但是教会并不总是如此不公正，教会法庭为各地居民规范道德行为以及解决财产纠纷提供了近便而又收费较为低廉的场所。⑤

过去的研究将"敌视教士情绪"的产生归因于教职人士的不学无术、不

---

① G. R. Elton, *Reform and Reformation: England 1509-1558*, London: Edward Arnold, 1977, pp. 128-129.
② 伦敦商人理查德·亨尼拒绝为去世的儿子交纳埋葬费，被教会法庭判定为异端并且监禁，最终死于狱中。教会法庭以"教士豁免权"为由，驳回了其对教会犯有谋杀罪的指控。
③ "反教权立法"的主要内容是：对教会征收埋葬费和遗嘱认证费做出规定，对教士兼职做出限制。
④ Christopher Haigh, "Anticlericalism and the English Reformation", in Christopher Haigh, ed. *The English Reformation Revised*, Cambridge University Press, 1988, pp. 56-74.
⑤ W. J. Sheils, *The English Reformation 1530-1570*, London: Longman, 1989, p. 6.

履圣职、品行不端，归因于教会法庭强大的司法审判权。修正史学在对"敌视教士情绪"的普遍存在提出疑问的同时，对宗教改革前的教职界也做出了重新评价。

分别由 P. 希思与 M. 鲍克撰写的《宗教改革前夕英格兰的教区僧侣》与《林肯主教区的教区僧侣 1495—1520》是研究宗教改革前教职界状况的两部代表作。这两部著述的研究表明：买卖圣职、耽于声色在教职界并不是普遍现象，以教职人士中获得大学学位的人数衡量，教职人士的素质自 15 世纪末以来一直在改善。埃尔顿评价希思与鲍克的研究："使宗教改革前的教职界得以从毁谤中解救出来"①。鲍克在另一部专著《亨利八世宗教改革：约翰·朗兰主持下的林肯主教区 1521—1547》中进一步阐述：履行诸如主持弥撒、倾听忏悔、访问疾苦之类的圣职并未使教士力不胜任，林肯主教区无能力主持礼拜仪式或管理教区的教士人数极少。②

黑格还对宗教改革前天主教会在居民中的影响力做出了评价。通过对宗教改革前后新任圣职者人数、教徒向教会的捐赠、有关丧葬与什一税的诉讼做出统计，黑格揭示出这样一种发展趋势：新任教职者人数和向教会的捐赠在宗教改革前增多，在宗教改革期间减少，有关丧葬与什一税的诉讼在宗教改革前很少发生，在宗教改革后增多。黑格据此得出结论：在宗教改革前僧俗两界之间的合作多于冲突。③

修正史学并不认为英格兰宗教改革的发生具备深刻的社会基础。与以往的研究不同，修正史学注重从亨利八世时期的宫廷政治中寻找宗教改革的起因，将宗教改革解释成宫廷内派别斗争的结果。修正史学以 16 世纪 30 年代以后政府宗教政策的几度变化说明：在亨利八世离婚案引发的与罗马教廷的争执中，英格兰教会的前途在很大程度上取决于宫廷中的哪一派可以得到国王的重用。在与罗马教廷的争执开始以后的很长一段时间里，亨利八世并无既定的宗教方针，只是由于保守的一派迟迟不能使亨利八世离婚案得以在英格兰裁决，才促使亨利八世起用改革派克伦威尔。16 世纪 30 年代宗教改革的一系列措施实际上是出自克伦威尔的主张。然而在 1539—1540 年间，保守派利用亨利八世对新教信仰的憎恶，打破了改革派的支配地位，使国王的宗教政策逆转。在 16 世纪 40

---

① G. R. Elton, *Reform and Reformation: England 1509-1558*, London: Edward Arnold, 1977, p. 404.
② W. J. Sheils, *The English Reformation 1530-1570*, London: Longman, 1989, p. 6.
③ Christopher Haigh, "Anticlericalism and the English Reformation", in Christopher Haigh, ed. *The English Reformation Revised*, Cambridge University Press, 1988, pp. 56-74.

年代，两派之间经历了几个回合的斗争，保守派在 1546 年以前一度处于优势，但是到 1547 年亨利八世去世时，改革派最终得以控制局面。①

由于这种"自上而下"的改革缺乏广泛的社会基础，改革措施的推行遇到了强大阻力。斯卡里斯布里克指出："英格兰民众并不需要宗教改革，因此当它到来的时候，他们中间的多数人迟迟不能接受。"②

修正史学并不满足于讨论宗教改革政策的制订过程，还注重研究改革措施的实施。埃尔顿的《治术与警察》一书从研究政府机构的运行入手，揭示出改革措施的推行情况。埃尔顿认为，1534 年修订的《叛逆法》增添了保证改革措施向各地推行的条款，为政府惩治抵制改革措施的言行提供了法律依据。过去的研究指责克伦威尔实行恐怖统治，认为他创立了由中央政府控制的谍报系统，以便发现触犯法律的言行。埃尔顿借助对大量案例的研究否定了这种谍报系统的存在：克伦威尔只是利用了原有的社会组织机制，依靠各地贵族和乡绅举报触犯法律的言行，这种举报完全是个人行为而非有组织的行动，政府并不付给举报人报酬。③

尤因斯撰写的《解散修道院》一书对政府处置修道院地产做出了全新的研究，他提出：亨利八世并未廉价出售原属于修道院的地产，除了向一些大臣赐赠部分地产，修道院的地产基本上是以合理价格出售的；到 1547 年为止，亨利八世因出售地产而获得 80 万英镑的收入。④

二、关于玛丽一世女王振兴天主教计划的研究

受约翰·福克斯《殉教者传》一书的影响，史学家在评说玛丽时代教会史时，往往将目光集中于天主教会对新教徒的迫害活动，强调天主教与新教之间的冲突。之所以造成这种状况，修正史学认为与研究方法上的错误有关。历史学家常常从玛丽统治的失败结局出发评价玛丽时代的历史，因此而形成种种偏

---

① G. R. Elton, "King or Minister? The Man behind the Henrician Reformation", in G.R. Elton, *Studies in Tudor and Stuart Politics and Government*, Volume II, Cambridge: Cambridge University Press, 1974, pp.173-188. Christopher Haigh, ed., *The English Reformation Revised*, Cambridge University Press, 1988, p.10.
② J. J. Scarisbrick, *The Reformation and the English People*, Oxford: Basil Blackwell, 1986, p.1.
③ G. R. Elton, *Policy and Police: Enforcement of the Reformation in the Age of Thomas Cromwell*, Cambridge: Cambridge University Press, 1985, pp.263-362.
④ W. J. Sheils, *The English Reformation 1530-1570*, London: Longman, 1989, p.28.

见：首先是忽略统治者本人的意向，其次是不能从玛丽时代特定的历史环境中考察她的统治。修正史学并不否认玛丽统治的失败，但同时也认为玛丽的统治并非毫无建树，玛丽女王曾着手实施一项广泛的振兴天主教计划。如果说以往的研究强调玛丽时代强烈的冲突，那么修正史学则强调和平的改革。

雷克斯·H. 波格森对玛丽女王与枢机主教波尔的教会改革计划做出了系统研究。他在阐述研究动机时曾经说过："我们的责任不仅是将最终的胜利者载入史册，而且也应揭示失败者的追求。"①

波格森在《分裂之后果：玛丽时代教职界的混乱、延续与变革》一文中指出，1555年伦敦宗教会议制定的教会改革方案，中心内容是纠正教职界弊端，一系列具体措施包括限制兼领教区，要求教士居于任职的教区，规定教职人士的道德行为规范，提高教士的学术水平。波格森认为，波尔的改革方案旨在整顿教职界秩序而不是煽动宗教狂热，史学研究中将波尔描述成以火刑迫害异端的形象是夸大了福克斯的记载。②

在《玛丽·都铎教会的复兴与改革：财政问题》③一文中，波格森分析了导致波尔改革计划失败的经济方面的原因。亨利八世宗教改革的措施之一是剥夺大量教产，使玛丽时代的教会面临巨大的财政困难。虽然玛丽对波尔的改革计划给予财政支持，将十分之一税与首年金重新划归教会，但是由于教会的税收系统难以在短时间内恢复，加之波尔不善理财，致使税收流失很多，而波尔的改革也因缺少足够的财力支持而归于失败。

波格森并不认为玛丽与波尔振兴天主教努力的失败是不可避免的，他认为，波尔任职时间的短暂妨碍了他的计划的实现。斯卡里斯布里克也认为，如果玛丽统治时间长久，她极有可能在英格兰恢复天主教信仰。④ 波格森与斯卡里斯布里克的论述实际上所要说明的是，在亨利八世实行宗教改革20多年以后，英格兰国教会与天主教会之间依然胜负未决。这样的结论代表了修正史学对英格兰宗教改革进程的总体评价。

---

① Jennifer Loach and Robert Tittler, eds., *The Mid-Tudor Policy c.1540-1560*, London: Macmillan, 1980, p.117.
② Jennifer Loach and Robert Tittler, eds., *The Mid-Tudor Policy c.1540-1560*, London: Macmillan, 1980, pp.116-135.
③ Christopher Haigh, ed. *The English Reformation Revised*, Cambridge: Cambridge University Press, 1988, pp.139-156.
④ J. J. Scarisbrick, *The Reformation and the English People*, Oxford: Basil Blackwell, 1986, pp.136-137.

三、研究视域的变化：从"政府的强制"到"民众的皈依"

传统的宗教改革史学以研究政府的宗教改革立法为中心，许多史学著述将1559年《王权至尊法令》与《信仰统一法令》的制定视为英格兰宗教改革结束的标志。在旧的史学体系中，1559年以后的历史并不属于宗教改革范畴，对1559年以后历史的研究旨在说明17世纪内战的起源，探讨诸如清教的兴起、乡绅力量的壮大、下院争取创制权的斗争等对内战爆发具有重大影响的问题。

修正史学试图打破这种旧的史学体系。在修正史学看来：英格兰宗教改革不是一个可以划定确切日期的特定历史事件，而是一个长期复杂的过程；宗教改革所涉及的是一个总体运动中的一系列细小变革，其中包括与罗马教廷决裂、申明世俗王权对教会的统治地位、解散诸如修道院之类的天主教组织、禁止天主教礼拜仪式并使礼拜仪式与教俗两界新教化。[①] 修正史学认为这一系列变革经历了双重的发展过程——政府的宗教改革措施与民众对新教的认同和接受，所谓"政府的强制"与"民众的皈依"。到1559年宗教措施制定时，虽然"政府的强制"已接近完成，但是"民众的皈依"远未结束。修正史学正是以揭示"民众的皈依"过程作为研究的重点。

修正史学对"民众的皈依"过程的研究，是以大量深入的地方史研究为基础的。可以说，修正史学对英格兰宗教改革发展进程的修正，在很大程度上是史学界近年来提倡"自下而上的历史"的结果。历史学家狄肯斯是进行这方面研究的先行者，早在20世纪50年代，他就对约克主教区民众的宗教信仰做出了论述。[②] 在狄肯斯之后，大量涉及宗教改革问题的地方史研究著述问世，从地方政治、文化习俗、教派活动等诸多方面对宗教改革在英格兰各地的进展情况做出了说明。

基思·托马斯以他对民间宗教活动的研究表明，宗教改革试图清除传统宗教活动中的巫术与迷信成分，但是这种努力在下层民众中并不是十分奏效，因为在当时的社会生活条件下，传统的宗教活动对于满足人民的精神需求仍然是必不可少的。托马斯还指出，许多地区的下层民众并非热衷于宗教活动；在伊丽莎白时代，许多穷人并不是经常去教堂做礼拜；在诺森伯兰、威尔士等边远

---

① Christopher Haigh, "The Recent Historiography of the English Reformation", in Christopher Haigh, ed. *The English Reformation Revised*, Cambridge: Cambridge University Press, 1988, p. 19.

② A. G. Dickens, *Lollards and Protestants in the Diocese of York, 1509-1558*, London: Oxford University Press, 1959.

地区，许多人甚至对基督教教义一无所知。①

以往的研究注重地理因素与经济发展因素对宗教改革进程的影响，认为靠近欧洲大陆、商业发达的英格兰东南部是新教地区，而地处边远、经济不发达的北部和西部是天主教势力范围。传统史学做出这种划分的主要依据是，在玛丽女王统治时期，40%的新教逃亡者与75%的殉教者出自肯特、苏塞克斯等东南六郡，而诸如"圣恩巡礼"之类的天主教起义大多发生在北部与西部。修正史学虽然没有完全否定对英格兰新教徒与天主教徒分布地区的传统划分，但是认为传统的划分过于简单化。玛丽一朝的逃亡者与殉教者代表的是激进的新教徒，在人口总数中所占比例很小，他们的宗教立场并不代表这一地区的普遍状况。直到16世纪70年代，英格兰东南部也没有完全新教化，在一向被认为是新教地区的苏塞克斯·诺福克郡，也仍然有许多天主教势力强大的教区。

修正史学并不否认地理因素与经济发展因素对宗教改革进程的影响，但是认为地方政治以及个人的宗教立场似乎更为重要。像肯特、布里斯托尔等新教发展迅速的地区，固然是由于地处沿海，欧陆的新教思想首先经由这里传向英国各地，然而更重要的是，这些地区一度处于新教领袖的主持之下。坎特伯雷大主教克兰默对肯特地区的新教发展做出过努力，拉蒂默在任布里斯托尔主教期间组织过大规模的布道活动，胡珀在爱德华六世时代担任过格洛斯特主教。相比之下，同为南部港口城市的南安普敦，由于长期处于持天主教立场的主教主持下，天主教势力一直十分强大。

赫顿根据教堂执事记录研究宗教改革引发的英格兰各地教堂礼拜仪式和礼拜用品的变化。赫顿认为：在宗教改革的各项措施推行到各地教堂之前，天主教信仰在各地仍然具有很大的活力；在经历过亨利八世与爱德华六世的宗教改革之后，玛丽女王恢复天主教的政策并未遇到很大阻力。赫顿试图以此说明：亨利八世、爱德华六世与伊丽莎白时代的新教改革并不是大多数英格兰人和威尔士人所需要的，英格兰各地教堂礼拜仪式与礼拜用品的新教化是都铎政府强制推行改革措施的结果；玛丽恢复天主教的措施也同样是经由政府推行到各地，这种自上而下的措施造成玛丽时代的天主教不同于宗教改革前的天主教——更少的个人色彩和地方色彩。②

---

① Keith Thomas, *Religion and the Decline of Magic*, Middlesex: Penguin Books, 1973, pp. 58-89, 195-196.

② Ronald Hutton, "The Local Impact of the Tudor Reformation", in Christopher Haigh, ed., *The English Reformation Revised*, Cambridge: Cambridge University Press, 1988, pp. 114-138.

修正史学在研究了宗教改革措施的制定与实施两个方面的演进过程之后，对英格兰宗教改革的进程做出了与传统史学不同的评价。目前，史学界比较一致的看法是，英格兰宗教改革完成于16世纪70年代。此时，由于伊丽莎白任命返国的新教逃亡者主持各个主教区，加之大批毕业于剑桥大学的新教派教士改变了各地教职人士的成分，致使1559年的宗教措施大体推行到各地，新教体制得以确立。清教史学家柯林森以宗教改革对传统文化的冲击作为衡量标准，认为宗教改革主要发生在伊丽莎白时代和詹姆斯一世时代，因为在清教运动兴起之后，新教信仰才伴随着清教徒的布道活动传播到各地，从而形成对传统文化的冲击。[1]

宗教改革到底在多大程度上改变了英格兰人的信仰？修正史学认为，宗教改革在促成英格兰社会新教化方面的成果非常有限。伊丽莎白时代确立的国教会并没有完全接受新教的教义和礼仪，仍然保留有许多天主教因素，修正史学称之为"部分新教化"的教会。即使是这种"部分新教化"的教会也未能普及到所有居民，在16世纪70年代以后，英格兰仍有许多拒绝国教的天主教徒。从这一意义上说，宗教改革并未造就出一个新教化的英格兰，而是造成英格兰人宗教信仰的分裂。

四、修正史学的思想特征

修正史学发展到今天，虽然以它多层次、多角度的研究改变了以往对英格兰宗教改革历史的解释，但严格说来，修正史学并不足以构成一个史学流派。修正史学并没有提出某种新的史学理论与史学方法，甚至对前人解释的历史做出"修正"也不是修正史学首创。诚如历史学家克拉克所言，他很不情愿使用"修正史学家"和"修正史学"的"标签"，因为"每一代人都修正其前人的观点，而后代修正史学家及其后继者很快便会强调前人论述之不足"。[2] 可以说，修正史学是运用传统的史学研究方法"修正"传统的结论。然而，修正史学毕竟表现出了共同的思想和方法上的特征。

修正史学最主要的思想特征是怀疑历史事件产生的必然性，认为这种必然

---

[1] Patrick Collinson, *The Birthpangs of Protestant England*, London: Macmillan, 1988, pp.ix-xii.

[2] J. C. D. Clark, *Revolution and Rebellion: State and Society in England in the Seventeenth and Eighteenth Centuries*, Cambridge: Cambridge University Press, 1985, p.2.

性通常是历史学家主观分析的结果。埃尔顿在《通向内战的大道》一文中就阐述过这一思想。埃尔顿指出，以往对17世纪内战爆发原因的解释很多是基于理论上的推理而不是基于史实的研究，而这种理论上的推理有一个明显的逻辑错误，就是从结局出发分析原因，由于内战爆发就认定其必然发生，并从这一结局出发寻找导致内战爆发的深层根源。埃尔顿说：''谁也不会否认英格兰社会、经济、教会和政府承受着压力（压力总是存在的），甚至是利益和信念的冲突，这种冲突因内战的爆发而公开化，并进而促成1642年以后的阵线分野和事态发展。问题是这种冲突是否一定导致这样的结果。''①

修正史学对英格兰宗教改革历史的研究试图表明，宗教改革的发生并不表明它必然发生。修正史学注重个人和偶然事件对历史发展的影响，将宗教改革解释成很大的机遇性。黑格曾经评论说：''在宗教改革的一些关键时刻，只要力量的平衡稍微倾斜，事件的发展方向就会有很大不同。''②

修正史学强调保守成分的持续力量，认为过去的研究夸大了宗教改革期间英格兰社会的冲突和危机，所谓乡绅、议会、清教之类的新兴力量并不是十分强大，旧贵族与天主教徒仍然是重要的社会力量。修正史学的思想观点一经形成，便在史学界引起了非议。斯通批评修正史学：''除了偶然突发的机遇和个人的作用，否认历史发展的深层含义。''③

修正史学的另一个显著特点是注重对史料的发掘和研究。黑格指出：''事实上，对英格兰宗教改革的修正仅有很小一部分是刻意修正的结果，更多的是发掘出被忽略的史料和进行地方史研究的结果。''④ 以往的宗教改革史学采用大量的文字宣传材料，诸如文论、议会发言、私人信件等，修正史学认为这类史料具有一定的主观局限性。修正史学注意使用更为客观的材料，如教会档案、政府文件、遗嘱等。仅就宗教改革研究而言，修正史学对史料的发掘和研究做出了两个方面的贡献。

首先是埃尔顿对亨利八世政府档案文献，尤其是克伦威尔任职期间的首席国务大臣官署信函和官报的研究。凭借这类档案文书，埃尔顿得以揭示过去难

---

① G. R. Elton, "Sir Thomas More and the Opposition to Henry VIII", in G.R. Elton, *Studies in Tudor and Stuart Politics and Government*, Volume II, Cambridg: Cambridge University Press, 1974, pp.166-167.

② Christopher Haigh, ed., *The English Reformation Revised*, Cambridge: Cambridge University Press, 1988, p.31.

③ Lawrence Stone, "The Revival of Narrative: Reflections on a New Old History", in Lawrence Stone, *The Past and the Present*, Boston: Routledge and Kegan Paul, 1981, p.93.

④ Christopher Haigh, ed., *The English Reformation Revised*, Cambridge: Cambridge University Press, 1988, p.3.

以揭示的政策的形成和推行过程，揭示政府机构的运行机制。

其次是对遗嘱的研究。16世纪的遗嘱中有许多内容涉及教徒向教会的捐赠，是某种宗教情感与宗教习俗的表露。借助这类材料，修正史学揭示出普通民众的宗教信仰，尤其是新教信仰在普通民众中的影响。以往的这类研究主要依据新教徒的言论和新教徒遭受迫害的记载，这些材料使研究局限在新教杰出人物和宗教迫害时期的新教信仰的狭小范围内，难以揭示普通人的宗教信仰以及新教的普及情况。史学界对遗嘱的研究只是刚刚起步，由于遗嘱数量浩繁且分散，目前尚未对其做出全面的解读，与此相关联，关于新教徒与天主教徒的人数与分布等问题的研究也有待进一步深入。此外，历史学家对借助遗嘱研究宗教信仰的科学性也提出了疑问。柯林森认为，在当时只有很小一部分人留下了遗嘱，且很多遗嘱有固定的格式，较少具有个人色彩。[1] 因此，如何科学地研究这类材料也是需要加以注意的问题。

---

[1] Patrick Collinson, *The Religion of Protestants: the Church in English Society 1559-1625*, Oxford: Clarendon Press, 1988, p.197.

伊丽莎白一世 1559 年的宗教措施
——兼评历史学家尼尔的论述

英格兰女王伊丽莎白一世 1559 年的宗教措施具有非常深远的历史影响。1559 年的《王权至尊法令》恢复了亨利八世宗教改革的基本原则,这一原则至今仍然是英国国教会最重要的组织原则。1559 年《信仰统一法令》规定的公众祈祷书,经过 1662 年议会的修改,一直是英国国教会唯一的法定祈祷书。

1559 年的宗教措施对于伊丽莎白女王的统治具有十分重要的现实意义。宗教事务是伊丽莎白一世朝代政治秩序的重要组成部分,伊丽莎白女王对此做过十分明确的简述:"有一件事是如此紧密地牵系着我,以致我不能忽略,这便是宗教,这是一块所有其他事务都扎根其上的土壤;如果这块土壤被侵蚀,便会毁坏所有的树。"[①]1559 年的宗教措施固然受到伊丽莎白本人宗教信仰的影响,但是并非是完全基于个人宗教信仰做出的选择,而是根据英格兰当时面临的国际国内形势做出的选择。

一、1559 年宗教措施制订的历史背景

伊丽莎白即位伊始,她的宗教政策就引起公众普遍的关注。国内外观察家从新任女王在公开场合的举动中捕捉她在宗教问题上的意向,从女王的言谈话语中揣测她即将采取的宗教措施。国际社会中,最为关注新王朝宗教政策的,当属曾经与玛丽一世女王联姻进而与英格兰结盟的西班牙国王菲利二世。西班牙驻伦敦使节甚至在玛丽女王行将去世时,就根据以往对伊丽莎白的印象向国

---

① George P. Rice, *The Public Speaking of Queen Elizabeth*, New York: Columbia University Press, 1951, p.84.

王报告:"我极为担忧,在宗教问题上,她将步入歧途"。① 西班牙关注新女王的宗教政策,目的在于从中窥探新王朝的外交方针。为了与欧洲的另一强国法兰西抗衡,西班牙国王需要维系与英格兰的特殊关系,他希望与伊丽莎白女王联姻,唯恐英格兰再度变成新教国家。

女王的臣民更是与新王朝的宗教政策利害相关。自亨利八世开始,英格兰教会的几度变迁都直接影响到新教徒与天主教徒的荣辱进退乃至身家性命。亨利八世宗教改革使大批朝臣、贵族和乡绅因获得教产而受益。玛丽女王在英格兰恢复天主教使一批新教领袖在火刑柱上殉难,更多的新教徒远走他乡,逃亡在欧洲大陆。鉴于此前几朝的经历,新教徒与天主教徒在展望新女王的宗教政策时,对未来既满怀希望又充满恐惧。

此前,玛丽一世女王的统治破坏了天主教的形象。她在恢复天主教的同时,不仅以残酷的火刑处死新教领袖,而且与西班牙国王缔结婚姻,将英格兰置于西班牙的控制之下,损害了英格兰的国家利益。在这种情形下,对玛丽遗留下的天主教会做出改变势在必行。实际上,早在玛丽女王去世之前,伊丽莎白就表示过不能继续奉行玛丽的天主教政策。当玛丽在去世之前请求伊丽莎白维持英格兰关于天主教的宗教政策时,伊丽莎白答复说:"我仅做出如下允诺,我不改变宗教信仰的唯一前提是,这一宗教能被上帝的福音所验证,上帝的福音是我的宗教唯一的依据和准则。"②

然而,对玛丽时代的教会做出改变又将承担种种风险。都铎老臣阿马格尔·瓦德提醒伊丽莎白:在解决宗教问题时要考虑到"国内的安宁、正在与外国君主接洽的事务,以及教皇的尊位",他还告诫伊丽莎白女王,"在宗教事务上做出变动是何等危险,尤其是在一位君主统治的初年"。③ 瓦德的提醒不无道理,伊丽莎白在着手解决宗教问题时,确实应当考虑到她所面临的国际国内环境。

首先是伊丽莎白作为英格兰女王的合法身份迟迟未能得到国际社会的承认。在卡托·康布雷和谈中,法兰西代表甚至提出了谁是英格兰王位合法所有人的问题。罗马教皇保罗四世在一封给伊丽莎白的复信中,更是将伊丽莎白作为英格兰女王的合法身份问题与英格兰教会的隶属关系问题相提并论,言外之意是

---

① Winthrop S. Hudson, *The Cambridge Connection and The Elizabethan Settlement of 1559*, North Carolina: Duke University Press, 1980, p.90.

② F. G. Llewellin, *The Tudor Sovereigns and the Reformation*, London: Protestant Truth Society, 1938, p.103.

③ J. E. Neale, *Elizabeth I and Her Parliaments 1559-1581*, London: Jonathan Cape, 1953, p.37.

警告伊丽莎白,她作为英格兰女王的身份是否得到教皇的承认将取决于她所奉行的宗教政策。

伊丽莎白面对的最强有力的王位竞争对手是苏格兰女王玛丽·斯图亚特。玛丽作为都铎王朝第一代国王亨利七世长女的后裔,对于英格兰王位的继承要求并非不合法,更何况玛丽拥有强大的法兰西作后盾。法兰西与苏格兰王族两代人之间的联姻(法兰西吉斯家族的玛丽嫁与苏格兰国王,苏格兰女王玛丽嫁与法兰西王太子),使两国之间建立了一种王朝联合。伊丽莎白即位时,吉斯家族的玛丽作为苏格兰王太后,为她的既是苏格兰女王又是法兰西王太子后的幼女玛丽摄政,苏格兰实际上处于法兰西的控制之下。时人这样形容这种局面:法兰西国王"横跨于他的国土之上,一只脚踏在加来,另一只脚踏在苏格兰"[①]。法兰西国王支持玛丽对英格兰的王位继承要求,为的是假手玛丽进而控制英格兰,以增加与西班牙抗衡的实力。在这种形势下,伊丽莎白如若改行新教,必定为玛丽夺取英格兰王位增添口实,也有可能引起国际天主教势力对玛丽的支持。

此时,为结束意大利战争而进行的卡托·康布雷和谈尚未达成最后结果,英格兰与法兰西仍未正式结束战争状态。为了减轻因玛丽觊觎英格兰王位而造成的威胁,当务之急是尽快与法兰西媾和,结束与法兰西的战争状态。因此,缔结卡托·康布雷和约是伊丽莎白解决宗教问题的一个先决条件。

16世纪30年代的宗教改革震荡起来的政治冲击波仍在猛烈地冲击着英格兰,并且有愈演愈烈之势。玛丽一世去世的消息一经传开,逃亡海外的新教徒纷纷返回国内。他们在不同程度上接受了加尔文派新教,期待着"将耶路撒冷之墙重建于英格兰",期待着"一场全面的宗教改革"。新教徒的主张与国内的天主教势力形成尖锐的对立,温彻斯特主教在玛丽女王的葬礼上抨击返国的新教徒,其言辞之激烈反映出两大教派之间对立的尖锐程度:"来自日内瓦及德意志其他地区的豺狼正在到来,在此之前,他们已经送来了充满有害说教和亵渎言词的著述"[②]。在这种情形之下,如何避免因宗教纷争而导致的国内臣民的分裂,是伊丽莎白在解决宗教问题时必须加以考虑的又一个问题。

正是由于看出了解决宗教问题的棘手之处,英格兰不乏有识之士为伊丽莎白出谋划策,有些人更是提出了相当具体的实施方案。

---

① J. E. Neale, *Elizabeth I and Her Parliaments 1559-1581*, London: Jonathan Cape, 1953, p. 37.
② J. E. Neale, *Elizabeth I and Her Parliaments 1559-1581*, London: Jonathan Cape, 1953, p. 57.

律师理查德·古德里奇上书女王，认为过于迅速地从天主教转变为新教将承担巨大的风险，因此在做出这种变动时，需要采取循序渐进的方针。从这一认识出发，他制订了一个解决宗教问题的时间表：在1559年夏季之前，要继续保留派驻罗马教廷的英格兰代表，并向罗马教廷做出派遣大使节团的允诺；如果议会在3月之前或3月举行会议，在这届议会上不要实行宗教改革，应继续保留罗马教皇对于英格兰教会的至上权，保留天主教礼拜仪式；在此期间，唯一可以采取的措施是废除15世纪时制定的"惩治异端法令"。① 古德里奇的方案实际上是一种从天主教逐渐过渡到新教的方案，建议女王在解决宗教问题时注意选择适当的时机，而国际环境对英格兰的威胁是首先应当考虑的因素。作为一种过渡，他建议废除"惩治异端法规"，目的在于不再强迫新教徒接受议会法令规定的天主教，允许臣民奉行新教，以缓和国内尖锐对立的宗教情绪。

如果说古德里奇建议女王采取谨慎、保守的方针，那么一部匿名文件——《变更宗教方案》则提出了相当大胆的建议，建议女王一俟议会召开，便彻底变更英格兰现行的宗教。作者之所以提出这样的方案，并非没有意识到在解决宗教问题时面临的危险，而是对危险的来源与古德里奇有不同的认识。作者深知这样一个方案的实施所引起的不良后果，"天主教主教们将因此而愤怒……法兰西国王也将因此刺激而更加倾向于战争"，但是作者认为最主要的危险来自国内的新教徒，因为新教徒的不满将"危及王国的统一和平静"。② 正是基于这样的认识，作者拟订了一个迎合新教徒要求的方案。

虽然伊丽莎白在制定具体的宗教措施之前从未公开阐述过她的宗教政策，甚至避免明确谈论宗教问题，但是仍然可以根据她的言谈举止及有意做出的种种暗示推测：伊丽莎白在即位以后竭力以一名新教君主的面目出现在她的臣民面前，至少可以说，刻意显示她接受某种形式的新教。1558年的圣诞弥撒礼上，伊丽莎白曾经下令主持者停止依天主教礼仪祝圣圣饼，遭到拒绝后，伊丽莎白退出了弥撒礼。女王加冕礼上，伊丽莎白领受英文版《圣经》。1559年议会开幕式上，伊丽莎白没有参加传统的弥撒仪式，并且申饬手持烛火迎候在议会大厦的教士们，令他们熄灭烛火。比以上姿态都更加明确显示出新教倾向的，是她在一封致德意志新教诸侯的书信中表示："肯定无意于违背各基督教会之间达

---

① J. E. Neale, *Elizabeth I and Her Parliaments 1559-1581*, London: Jonathan Cape, 1953, p. 36.
② Winthrop S. Hudson, *The Cambridge Connection and The Elizabethan Settlement of 1559*, North Carolina: Duke University Press, 1980, p. 113.

成的协议，其中《奥格斯堡告白》是最为重要的。"① 尼尔在引述伊丽莎白的这封信时，认为这个表白出于一种外交手段。然而，联系到伊丽莎白在 1559 年的宗教措施制定以后也曾经对信奉天主教的西班牙使节如是表示，这封书信确实表明伊丽莎白决定奉行某种形式的新教，不仅仅是一种外交姿态的表露。

伊丽莎白在 1558 年 12 月 27 日就宗教问题发布的一篇文告，也显示出她的宗教政策的新教倾向。文告规定：教士在布道时只能阅读福音书、使徒行传和摩西十诫，不得加以讲解。② 做出这项规定显然是为了平息舆论并且稳定局势，禁止公众对悬而未决的宗教问题发表评论。但是在做出这项规定的同时，文告还允许教徒用英语诵读祈祷文。这项规定无疑是对新教徒的鼓舞，使新教徒从中看到了某种希望。

二、《王权至尊法令》与《信仰统一法令》的制定过程与基本内容

1559 年的宗教措施的核心内容是议会制定的两项法律——《王权至尊法令》与《信仰统一法令》，史学著述中对 1559 年的宗教措施的研究也以揭示这两项法令的制定过程为基本内容。然而阐述这一问题又具有相当的难度，一方面是由于伊丽莎白从未明确表述过解决宗教问题的意图，另一方面是由于在措施制定过程的一些关键性环节上缺少材料。史学界涉及这一问题的种种争议，在很大程度上都是发端于此。

英国著名议会史专家尼尔爵士在这方面做出了开创性研究，他写于 1950 年代的论文《伊丽莎白时代的〈王权至尊法令〉与〈信仰统一法令〉》和专著《伊丽莎白一世与她的议会，1558—1581》，通过再现《王权至尊法令》与《信仰统一法令》的制定过程揭示出伊丽莎白女王的宗教政策与新教徒的宗教改革要求。尼尔提出，在 1559 年议会上，伊丽莎白最初并不打算建立一个完全属于新教的教会，而希望重建亨利八世创立的那种"脱离罗马教皇的天主教会"，但是伊丽莎白保守的宗教方案遭到了议会内新教党派的反对，在种种压力之下，伊丽莎

---

① J. E. Neale, "The Elizabethan Acts of Supremacy and Uniformity", in *English Historical Review*, 65 (1950), p.318.
② Frederic A. Youngs, *The Proclamations of the Tudor Queens*, Cambridge: Cambridge University Press, 1976, p.188.

白做出让步，制定了进一步的新教措施。

历史学家对尼尔所揭示的《王权至尊法令》与《信仰统一法令》的制定过程给予了高度评价。麦卡弗里赞扬说："其成果对后世具有持久性重大影响的这一届议会的实际情形在此前始终模糊不清，近年来约翰·尼尔爵士天才而令人信服的论述对其做出了全面的说明。"① 迪肯斯也评论说："约翰·尼尔爵士以极大的才智澄清了几乎所有的难解之处。"②

但是，尼尔的某些观点也受到了历史学家的抨击。研究者普遍认为尼尔夸大了议会内新教党派的力量：尼尔力图说明新教党派在议会下院展开了有组织的活动，但是并没有提出足够的依据。柯林森在近年来的著述中，批评尼尔抹杀了1559年的宗教措施之所以产生的内在逻辑：尼尔没有把《王权至尊法令》与《信仰统一法令》体现的折中方案看作在两个极端教派之间刻意选择的道路，而是将它解释成议会内热衷于古老习俗的伊丽莎白女王与求新的议会下院之间斗争的结果，解释成偶然性的政治事件。③

如果说尼尔将1559年的宗教措施解释成女王与下院斗争的结果，那么，柯林森着眼于教派之间的斗争，对伊丽莎白女王对于教派冲突的控制作用也同样没有给予足够的注意。迄今没有确凿的依据可以说明1559年的宗教措施是依照伊丽莎白女王的既定方针制定的，甚至难以说明是否制定过解决宗教问题的全盘计划。但是综观1559年议会前后女王的一系列措施和决定，仍然可以看出：在1559年的宗教措施的制定过程中，伊丽莎白女王始终掌握着决策的主动权，掌握着对于议会议程的控制权；伊丽莎白在制定1559年的宗教措施时并非完全从某一种宗教立场出发，她的新教措施也顾及了国内广大天主教徒的宗教感情。

无论如何，伊丽莎白女王在1559年制定的是一种新教措施。伊丽莎白不仅在即位伊始就表现出她的新教倾向，而且解决宗教问题的最初方案也具有强烈的新教色彩。在这一点上，尼尔的解释有失偏颇。尼尔认为，伊丽莎白最初只想重建亨利八世时代的那种国教会，即只规定王权至尊而不规定新教礼拜仪式。尼尔提出这一观点的主要依据是：第一，伊丽莎白曾经向西班牙使节费里吐露，

---

① W. MacCaffray, *The Shaping of the Elizabethan Regime*, New Jersey: Princeton University Press, 1968, pp. 56-57.

② A. G. Dickens, *The English Reformation*, New York: Schocken Books, 1964, p. 298.

③ Patrick Collinson, *Godly People: Essays on English Protestantism and Puritanism*, London: The Hambledon Press, 1983, p. 136. Patrick Collinson, *The Religion of Protestants: the Church in English Society 1559-1625*, Oxford: Clarendon Press, 1988, p. 9.

她"决意恢复她父亲遗下的那种宗教";第二,《王权至尊法案》第一稿中有"在圣餐礼上兼领两种圣物"的条款。尼尔认为,在《王权至尊法案》中做出涉及宗教礼拜仪式的规定表明伊丽莎白最初并不打算在1559年议会上制定新的祈祷书。

根据1559年议会的议程——首先讨论并且制定《王权至尊法令》,确实可以断定,伊丽莎白宗教政策的首要目标是重建亨利八世时代的国教会,确立王权对于英格兰教会的最高统治地位。伊丽莎白本人有着极为强烈的王权意识,她唯独承认上帝和上帝律法的权威,认为根据上帝律法的规定,君主在他的王国内拥有仅次于上帝的最高权位。女王曾经十分明确地表述过她的王权思想:"在女王的王国及领地内,女王权位是仅次于上帝的最高权位;依上帝之律法,这一王国及领地内的所有臣民必须对女王极为忠诚、极为顺从。"①《王权至尊法令》排斥一切外国势力对英格兰教会事务的干涉,继亨利八世之后,再度使英格兰教会脱离罗马教廷的统治而隶属于本国君主。《王权至尊法令》的条款内容正是体现了伊丽莎白的王权思想,其措辞甚至比伊丽莎白的表述更明确:"女王陛下是本王国及女王陛下所属一切领地内的唯一最高统治者,不仅在世俗事务中,而且在宗教及教会事务中均如此。"②

伊丽莎白使英格兰教会脱离罗马教廷的统治也是出于实际的经济利益。据西班牙使节报告,伊丽莎白女王曾经向他表露:"每年有如此众多的钱财被罗马教皇攫取,她必须结束这种状况。"③自亨利八世开始,英格兰宗教改革的一项重要内容是将一向由罗马教廷向英格兰教会征收的税金转归国王所有,其中主要是首年金与十分之一税。1559年议会上,政府采取的第一项措施就是向上院提交一项"将首年金与十分之一税收归女王"的议案。这项议案得到上院中所有世俗贵族的赞成,议会支持这项议案是由于这一措施有助于扩大女王的财政来源又无须增加对俗界的税收。在这一点上,女王与臣民的利益是一致的。

然而,即使是政府拟订的《王权至尊法案》第一稿,也没有完全停留在亨利八世时代国教会的局限之内。亨利八世宗教改革的目标,在于改变英格兰教

---

① G. W. Prothero, ed., *Select Statutes and Other Constitutional Documents, Illustrative of the Reigns of Elizabeth and James I*, Oxford: Clarendon Press, 1954, p.184.
② G. R. Elton, ed., *The Tudor Constitution: Documents and Commentary*, Cambridge: Cambridge University Press, 1960, p.376.
③ Winthrop S. Hudson, *The Cambridge Connection and The Elizabethan Settlement of 1559*, North Carolina: Duke University Press, 1980, p.92.

会的隶属关系，并不涉及教义与宗教仪式的改革。《王权至尊法案》第一稿规定了具有新教色彩的圣餐礼，允许教徒在圣餐礼上兼领面饼和酒，而不是像天主教弥撒的传统做法，只有神职人员才可以领酒。允许教徒在领圣餐礼时兼领面饼和酒，是爱德华六世时代改革宗教礼仪的第一个步骤。伊丽莎白的宗教措施在一开始就超越了亨利八世时代国教会的局限。进一步的考察还可以发现：伊丽莎白向西班牙使节透露"决意恢复她父亲遗下的那种宗教"，是在获悉《卡托·康布雷和约》缔结之后。此时，不仅《王权至尊法案》已在议会讨论就绪，而且伊丽莎白已决定采取下一个步骤，着手制定《信仰统一法令》了。

正如尼尔所述，伊丽莎白女王与议会下院之间确实存有分歧，从《王权至尊法案》在议会下院的讨论情况可以清楚地看到这一点。女王政府极为保守的新教方案没有博得议会下院的赞同。《议会下院日志》提到了下院的一个以返国的新教徒安东尼·库克爵士和弗朗西斯·诺利斯爵士为首的法案修改委员会。根据卡莱尔主教在议会上院的一篇发言[①]可以推测，下院对《王权至尊法案》第一稿做出了两项重大修改：第一，规定将拒绝宣誓承认至尊王权者定为叛国罪；第二，依照爱德华时代第二部祈祷书的内容规定了新教礼拜仪式。下院的修改集中表明了下院与女王之间的分歧，他们不仅要求规定王权至尊，而且要求规定新教礼拜仪式。

尼尔在论述议会下院与女王之间分歧的同时，忽略了新教徒与女王之间根本立场的一致。伊丽莎白即位伊始就展露出她的新教倾向，在天主教与新教两条道路面前选择了新教。伊丽莎白加冕前夕，伦敦人也把伊丽莎白视为有别于玛丽女王的新教徒。时人记载了伦敦人欢迎伊丽莎白女王的场面："……街道两旁唯有欣喜，唯有祝福，唯有宽慰。"[②] 伊丽莎白在重建国教会时也必须借助新教徒的力量，因为玛丽时代留任的主教在1559年议会上投票反对每一项有关宗教问题的立法，而新教徒的主张无论多么激进，至少支持王权在英格兰教会内的统治地位。伊丽莎白与下院的分歧主要表现在奉行新教的程度上：新教徒要求实行"全面的宗教改革"，而伊丽莎白囿于形势，不准备在新教道路上走得太远。分歧的形成也是由于女王与新教徒解决宗教问题的着眼点不同，女王着眼于国家政治，新教徒着眼于宗教信仰。

[①] J. E. Neale, "The Elizabethan Acts of Supremacy and Uniformity", in *English Historical Review*, 65 (1950), pp. 314-315.

[②] Christopher Haigh, ed., *The Reign of Elizabeth I*, London: Macmillan, 1984, p. 176.

尼尔的论述也忽略了女王政府及其议会上院的重要作用。《王权至尊法案》几易其稿的过程足以表明，1559年议会处于女王及女王政府的控制之下，女王通过控制议会上院进而控制着1559年议会的议程。由下院做出较大改动的《王权至尊法案》没有得到上院的赞同，上院由13名世俗贵族与2名主教组成的修改委员会删除了下院添加的内容，将《王权至尊法案》恢复成为政府拟订的第一稿内容。在这种情况下，下院并没有对上院的修正案再次做出修改，而是另行讨论并且拟订了一项"任何人不得因奉行国王爱德华统治末年的宗教信仰而受到惩处"的议案。下院此举表明：此时此刻1559年议会宗教立法的大局已定，在无力左右大局的情况下，下院力图为奉行新教礼拜仪式留下一条出路。

在1559年议会期间，真正对伊丽莎白构成压力的，主要是英格兰面临的国际环境，因为在《卡托·康布雷和约》缔结前后，女王的宗教政策发生了明显的变化。

伊丽莎白在3月22日发布的文告中，表现出了批准《王权至尊法案》并且结束本届议会的意向。文告说：复活节已经临进（3月26日），王国内"众多的臣民，不仅是贵族和乡绅，还包括平民百姓"都表示，"唯愿在礼拜仪式上兼领两种圣物"；由于《王权至尊法案》篇幅冗长，难以及时印制刊行，女王陛下"经与近期召集的议会内众多的上下两院议员商议"特在文告中宣布，《王权至尊法令》恢复了爱德华时代1547年法令的效力，臣民可以在圣餐礼上兼领两种圣物。[①] 文告的内容和措辞都表明，女王似乎已经批准《王权至尊法案》为议会法令，本届议会行将闭幕了。但是在文告发布的两天之后，伊丽莎白改变了计划。她没有批准《王权至尊法案》，也没有解散这届议会，而是在3月24日前往议会，宣布议会休会至4月3日。

女王宗教政策的另一个明显变化是对待玛丽时代留任主教的态度。伊丽莎白即位以后，在很长一段时期内没有对持天主教立场的主教采取行动，所有玛丽朝的主教都继续留任。这种局面直到《卡托·康布雷和约》缔结之后才发生变化。议会休会期间，玛丽朝的几名主教与新教徒在威斯敏斯特宫举行辩论会。主教们在辩论会上发表了反对王权至尊的言论，这就为伊丽莎白对主教采取行动提供了借口。辩论结束以后，温彻斯特主教与林肯主教被送入伦敦塔囚禁，

[①] Frederic A. Youngs, *The Proclamations of the Tudor Queens*, Cambridge: Cambridge University Press, 1976, p.190. J. E. Neale, "The Elizabethan Acts of Supremacy and Uniformity", in *English Historical Review*, 65 (1950), p.323.

另外 5 名参加辩论的天主教僧侣及卡莱尔主教也受到行动约束。伊丽莎白的这一举动使议会上院中原本就实力不强的天主教阵营失去 2 票表决权，从而为进一步制定新教措施创造了有利条件。

《卡托·康布雷和约》的签订改善了英格兰面临的国际环境：一方面证实了西欧各天主教强国对伊丽莎白作为英格兰女王合法身份的承认，另一方面结束了英格兰与法兰西的交战状态，减少了来自外部世界的威胁。伊丽莎白在 3 月 19 日获悉和约签订的消息后，关于宗教政策的阐述也开始明朗化。在与西班牙使节的一次谈话中，她明确地告诉西班牙使节：因为她是"异端"，所以不能与西班牙国王结婚，她"决意恢复她父亲遗下的那种宗教"。①女王的谈话预示着将采取进一步的新教措施。事实上，在议会休会期间，女王政府就开始酝酿新的祈祷书。

4 月 3 日复会以后，议会以多数票通过了政府拟订的《王权至尊法案》第三稿。这一稿做出的一项改动，是将亨利八世首创的世俗事务与宗教事务最高首脑的头衔改为最高统治者。做出这项改动是为了博得反对女性君主作教会首脑的人的认可。时人普遍认为，只有耶稣基督才可以作为教会的最高首脑，只有男性君主才可以作为基督的代理人。这项改动在很大程度上是基于神学理论的争议，并无实质性的政治意义，因为"最高统治者"头衔并不影响女王对英格兰教会行使至尊的王权。

议会复会以后的主要议程是制定《信仰统一法令》，这是伊丽莎白在获悉《康布雷和约》缔结后采取的又一项新教措施。《信仰统一法令》的基本内容是批准英格兰教会奉行的公众祈祷书，对各项礼拜仪式做出规定。宗教礼仪作为信仰的外在表现形式，是一定宗教教义的体现，因此，具体分析《信仰统一法令》对宗教礼仪的规定，可以展示伊丽莎白重建国教会的性质所在。

首先是关于圣餐礼的规定。1559 年的祈祷书这样解释这一仪式："将我主耶稣基督的圣体赐予你们，使你们的灵魂和肉体得以永生；领受并吃下基督的圣体，以铭记基督为你们而死，以虔诚的感恩之心使上帝留在你心中。"②可以看出，祈祷书避免以明确的语言对圣餐礼的性质做出严格的规定：一方面接受了加尔文派新教的"纪念"说，另一方面又为"基督降临在圣餐"说以及"化体"

---

① Winthrop S. Hudson, *The Cambridge Connection and The Elizabethan Settlement of 1559*, North Carolina: Duke University Press, 1980, p. 92.

② J. R. Tanner, ed., *Tudor Constitutional Documents A.D.1485-1603*, Cambridge: Cambridge University Press, 1951, p. 136.

说留有充分的解释余地,这是新教理论与天主教教义的融合。需要指出的是,伊丽莎白本人并不信奉"化体"说,她在即位之初曾经两次公开退出弥撒礼即表明了这一点。祈祷书如此解释圣餐礼,虽然不能令新教徒与天主教徒完全满意,却是双方都可以接受的。

其次是关于教职人员服饰的规定。《信仰统一法令》规定沿用爱德华六世统治时期1549年的旧制[①],国教会的教职人士必须身穿传统的天主教法衣。法令没有采用为新教徒所推崇的加尔文派教会的黑色法衣,祈祷书的这项规定使重建后的国教会在视觉形象上依旧形同于天主教会。

《王权至尊法令》与《信仰统一法令》的制定标志着具有新教色彩的英格兰教会确立。重建后的国教会汇集了亨利八世与爱德华六世宗教改革的基本成果,但是新教色彩远不如1552年确定的国教会。重建后的国教会的基本特点是:在教义上倾向于新教,在宗教礼仪上基本沿袭天主教传统,在组织形式上保留天主教的教阶制度,设有隶属于"最高统治者"的各级主教和教会法庭。时人如此概括英格兰国教会的组织形式:"在那个国度里,罗马教皇的职位从未废除,只是移给了君主"。[②]

三、结语

1559年的宗教措施制定以后,伊丽莎白有意掩饰这一措施的新教性质,目的依然是避免国际上天主教势力的围攻。据西班牙使节报告,《信仰统一法令》在上院通过的当天,伊丽莎白女王做出这样的表白:"因为她信奉上帝降临在圣餐之中,所以她与我们相去不多。"[③]1559年的宗教措施在内在教义与外在礼仪上的双重特点在当时也确实具有很大的迷惑力。英格兰驻巴黎使节思罗克莫顿报告说:法兰西吉斯家族根据英格兰皇家小教堂的银制十字架和烛火判断,伊丽莎白尚未决定奉行何种宗教。[④]清教徒利弗在一封书信中也谈道:"国教会保留的外在的天主教习俗与内在的天主教情调迷惑住了大众的视听,以至于他们只

---

① G. R. Elton, ed., *The Tudor Constitution: Documents and Commentary*, Cambridge: Cambridge University Press, 1960, p.413.
② Patrick Collinson, *Elizabethan Puritan Movement*, London: Methuen, 1982, p.43.
③ J. E. Neale, *Elizabeth I and Her Parliaments 1559-1581*, London: Jonathan Cape, 1953, p.79.
④ Patrick Collinson, *Elizabethan Puritan Movement*, London: Methuen, 1982, p.35.

能相信,或者仍然保留着天主教教义,或者至少天主教教义将在短期内恢复。"①相比之下,威尼斯使节的判断更为准确,他指出:"女王依然希望在一定范围内佯称信奉天主教,但是她不可能长久掩饰。"②

  依照 1559 年的宗教措施而确立的英格兰国教会是极为保守的新教会,它既具有一定的新教色彩,又保留了大量天主教因素。这种兼容并蓄的特点体现出伊丽莎白女王现实主义的宗教政策。奉行这样一种宗教政策,并非出于真正的宗教宽容精神,伊丽莎白并不认为她的臣民拥有自由选择宗教信仰的权利。与此相反,1559 年的宗教措施对英格兰臣民信奉国教做出了严格的规定,信奉国教是臣民必须遵行的法律。伊丽莎白女王现实主义的宗教政策是出于确立王朝政治秩序、加强王权统治的需要。《王权至尊法令》将英格兰国教会置于女王的统治之下,女王拥有任命教职、决定宗教教义的权力,国教会成为王权统治的工具。《信仰统一法令》吸收了新教与天主教中能够被英格兰社会接受的因素,从而将新教教徒与天主教徒的冲突限制在对立派别中少数极端分子之间,使王国免于陷入普遍的宗教纷争。1559 年的宗教措施也确立了伊丽莎白一世朝代宗教政策的基调,即依靠温和派新教徒,同时争取广大天主教徒对国教会的支持,使英格兰国教会能够获得最广泛的接受。

---

① Philip Hughes, *The Reformation in England*, Volume III, London: Hollis and Carter, 1954, p. 151.
② Winthrop S. Hudson, *The Cambridge Connection and The Elizabethan Settlement of 1559*, North Carolina: Duke University Press, 1980, p. 91.

学习《资本论》第一卷关于宗教的论述

《资本论》是马克思的一部伟大的经济学著作，它在详细论述资本主义生产关系及其运动规律的同时，对这一经济制度的上层建筑——政治、法律、科学、文艺、宗教和道德等也作了大量的精辟论述。《资本论》第一卷对宗教的论述涉及自然宗教、民间宗教、印度教、天主教、基督教……这些论述虽然大多是用以论证经济问题，但是也阐明了宗教的一些根本性问题，如：宗教的本质、宗教存在的根源、宗教消失的条件、宗教的社会功能等。学习马克思的这些论述，有助于我们正确地认识宗教问题。

一、宗教的本质：宗教的天国形式植根于现实世界的土壤之中

宗教的天国形式对现实社会的依存关系是《资本论》第一卷涉及宗教问题时论述最多的一个问题。

宗教把人们引向"天国"，引向"来世"。但是，宗教的天国形式深深地植根于现实世界的土壤之中。宗教信仰有其世俗根源，有客观的物质基础。"物质生活的生产方式制约着整个社会生活、政治生活和精神生活的过程"，这是马克思主义的一个基本思想。这一思想，马克思在《政治经济学批判》一书中就已明确提出。美国的一家报纸曾经指责马克思的这一论述，认为它不适用于天主教占统治地位的中世纪，也不适用于政治占统治地位的雅典和罗马。对此，马克思回答："很明白，中世纪不能靠天主教生活，古代世界不能靠政治生活。相反，这两个时代谋生的方式和方法表明，为什么在古代世界政治起着主要作用，而在中世纪天主教起着主要作用。"① 在这里，马克思明确提出，要从"谋生的方

---

① 马克思：《资本论》第一卷，中央编译局译，北京：人民出版社，1975年，第99页注33。

式和方法"中寻找宗教存在的根源。

既然宗教的"天国"形式受现实社会的制约，那么，我们在研究这一"天国"形式时就要研究它所依赖的现实社会。马克思在《资本论》第一卷中为我们正确地认识宗教问题提供了方法论。马克思指出了研究宗教的两种方法，一种是以宗教为出发点，"通过分析来寻找宗教幻象的世俗核心"，一种是从现实的生活关系出发，"从当时的现实生活关系中引出它的天国形式"。马克思指出："后面这种方法是唯一的唯物主义的方法，因而也是唯一科学的方法。"[1] 马克思在《资本论》第一卷中论述宗教问题时，始终坚持这一科学的唯物主义方法。

马克思在《资本论》第一卷中对宗教的论述涉及人类社会不同发展阶段上的不同宗教。各种宗教思想、宗教形式都有深刻的社会内容，随着社会历史进程的发展而发展。古亚细亚、古希腊罗马时代的宗教不同于中世纪的宗教，中世纪的宗教不同于资本主义时代的宗教，这从另一个方面说明了宗教与现实社会的依存关系。

人类最初信奉的神是自然神和部落神。马克思把崇拜自然神和部落神的宗教称为"自然宗教"和"民间宗教"，并把这种原始宗教的产生归结为古代社会人与自然、人与人之间的狭隘性。马克思指出：这些古老的社会生产机体，"或者以个人尚未成熟，尚未脱离同其他人的自然血缘联系的脐带为基础，或者以直接的统治和服从的关系为基础。它们存在的条件是：劳动生产力处于低级发展阶段，与此相应，人们在物质生活生产过程内部的关系，即他们彼此之间以及他们同自然之间的关系是很狭隘的。这种实际的狭隘性，观念地反映在古代的自然宗教和民间宗教中"[2]。对自然神和部落神的崇拜反映出古代人对人和物的认识水平。存在决定意识。古代人支配自然力的能力很低，人们之间的社会交往大多限于血缘部落之内，他们的认识是直观的、具体的，他们所崇拜的神是与生产、生活密切相关的事物。

在中世纪，天主教会不仅有它的天国形式，而且在俗界占有广大的领地。随着封建土地所有制的确立，教会经济同封建社会经济结构融为一体。在西欧，三分之一的土地归教会所有，天主教会成为西欧最大的封建领主。马克思指出，"在宗教改革的时候，天主教是英国相当大一部分土地的封建所有者"[3]。"教会所

---

[1] 马克思：《资本论》第一卷，中央编译局译，北京：人民出版社，1975年，第410页注89。
[2] 马克思：《资本论》第一卷，中央编译局译，北京：人民出版社，1975年，第96页。
[3] 马克思：《资本论》第一卷，中央编译局译，北京：人民出版社，1975年，第789页。

有权是古老的土地所有权关系的宗教堡垒"①。

商品经济的发展，使货币成为物质财富的一般代表。"一切东西，不论是不是商品，都可以变成货币。一切东西都可以买卖。流通成了巨大的社会蒸馏器，一切东西抛到里面去，再出来时都成为货币的结晶。"②商品货币经济也渗入到教会。当人们都在崇拜"金的圣杯"的时候，宗教信仰也染上了铜钱的气味，中世纪的天主教会为获取货币甚至不惜亵渎圣物，出售赎罪券和圣徒遗物、遗骨。马克思把这种做法比喻成"炼金术"，"连圣徒的遗骨也不能抗拒这种炼金术，更不用说那些人间交易范围之外的不那么粗陋的圣物了"③。马克思还列举了"法国笃信基督教的国王亨利三世，抢劫了修道院等地的圣物，以便把它们变成银"④。

社会经济制度的变革引起人们宗教观念的变革。16世纪到17世纪，随着资本主义经济的发展和壮大，西欧天主教各国普遍发生了宗教改革运动，出现了各种新的宗教思想和宗教形式。资本主义社会使人与人的关系物化，资本主义生产关系越来越神秘莫测。与此相应，宗教信仰也越来越复杂、抽象，神秘性减少而理性增多。马克思指出，"在商品生产者的社会里，一般的社会生产关系是这样的：生产者把他们的产品当作商品，从而当作价值来对待，而且通过这种物的形式，把他们的私人劳动当作等同的人类劳动来互相发生关系。对于这种社会来说，崇拜抽象的基督教，特别是资产阶级发展阶段的基督教，如新教、自然神教等等，是最适当的宗教形式"⑤。

社会经济制度的变革也引起了宗教道德观念的变化。在资本主义经济制度下，基督教的道德屈从于资本的道德，屈从于资本的价值增值。在信守"安息日"的国家里，"新教几乎把所有传统的假日都变成了工作日，光是这一点它在资本的产生上就起了重要作用"⑥。只要对资本有利，宗教就鼓励对于"安息日"的亵渎。马克思列举了19世纪英格兰农村的情况，"在英格兰农村，有的地区直到目前为止，工人还常常因为在安息日在自己房前的园圃里干点活，亵渎了安息日，而受到拘禁的处分。但是同一个工人如果在星期日不去金属厂、造纸

---

① 马克思：《资本论》第一卷，中央编译局译，北京：人民出版社，1975年，第790页。
② 马克思：《资本论》第一卷，中央编译局译，北京：人民出版社，1975年，第151—152页。
③ 马克思：《资本论》第一卷，中央编译局译，北京：人民出版社，1975年，第152页。
④ 马克思：《资本论》第一卷，中央编译局译，北京：人民出版社，1975年，第152页注90。
⑤ 马克思：《资本论》第一卷，中央编译局译，北京：人民出版社，1975年，第96页。
⑥ 马克思：《资本论》第一卷，中央编译局译，北京：人民出版社，1975年，第305页注124。

厂或玻璃厂干活，那么即使是出于宗教的癖性，也要按违反契约论处。如果对于安息日的亵渎是发生在资本的'价值增值过程'内，正统教徒的议会就充耳不闻了"①。

在宗教世界里，人们不仅崇拜人，而且崇拜物。在资本主义生产方式占统治地位的社会里，社会财富表现为"庞大的商品堆积"。商品是人手的产物，人们按照价值互相交换商品，实际上是互相交换劳动。但是这种交换一旦借助商品来实现，就使商品具有了谜一般的性质，"充满形而上学的微妙和神学的怪诞"②。它使人与人之间的关系表现为物与物的关系，它使物的运动规律支配人的生产活动，从而使人们无休止地追求商品，人们像崇拜"人脑的产物"一样，崇拜"人手的产物"。马克思称这种崇拜为"商品拜物教"，并指出："劳动产品一旦作为商品来生产，就带上拜物教性质"③。商品拜物教是商品生产高度发达的产物。

二、宗教观念具有相对独立性

宗教的根源不是在天上，而是在人间。宗教的根源存在于现实的物质世界中。这是马克思在宗教问题上的一个基本思想。然而，各种宗教观念毕竟是人脑创造出来的，属于意识形态领域。马克思在《资本论》第一卷中多次提到宗教是"人脑的产物"。④ 宗教是人脑对现成的物质世界的反映，但是宗教不是对物质世界的正确的反映，而是对物质世界的歪曲的反映，马克思认为宗教世界是一种"幻境"。

马克思强调宗教对现实世界的依存关系，但并不否认宗教观念作为一种意识形态，具有相对的独立性。宗教观念曲折地反映社会的经济基础，在宗教观念与经济基础之间，有许多中间环节，使得它似乎更加远离物质基础。宗教观念与同属于上层建筑领域的政治制度不同，在社会经济基础变化以后，各种旧的宗教观念还能够保留相当长的一段时间。马克思指出，在宗教世界里，"人脑

---

① 马克思：《资本论》第一卷，中央编译局译，北京：人民出版社，1975年，第294页注104。
② 马克思：《资本论》第一卷，中央编译局译，北京：人民出版社，1975年，第87页。
③ 马克思：《资本论》第一卷，中央编译局译，北京：人民出版社，1975年，第89页。
④ 马克思：《资本论》第一卷，中央编译局译，北京：人民出版社，1975年，第89页。

的产物表现为赋有生命的、彼此发生关系并同人发生关系的独立存在的东西"①。

各种宗教观念也有其自身的继承性。资产阶级政治经济学把资本主义生产方式看作社会生产的永恒的自然形式,而把资产阶级以前的社会生产机制看作人为制造,不承认经济制度之间的继承性。马克思批判这种政治经济学"对待资产阶级以前的社会生产机体形式,就像教父对待基督教以前的宗教一样"②。早期基督教是在犹太教的基础上发展起来的,《圣经》中的《旧约全书》就是犹太教的经典。然而,早期基督教的教父却认为唯有基督教是正统的神启宗教,而其他宗教都是人们臆造的异端邪说,不承认历史,不承认其他宗教对基督教的影响。马克思说:"在这方面,经济学家很像那些把宗教也分为两类的神学家。一切异教都是人们臆造的,而他们自己的教则是神的启示。于是,以前是有历史的,现在再也没有历史了。"③

三、宗教走向消亡的条件

既然宗教是现成的物质世界的反映,那么,宗教的消失也需要一定的社会物质基础或一系列物质生存条件。在《资本论》第一卷中,马克思指出了导致宗教消失的社会物质基础,即人对自然、对社会的物质生产过程的控制。"只有当实际日常生活的关系,在人们面前表现为人与人之间和人与自然之间极明白而合理的关系的时候,现实世界的宗教反映才会消失。只有当社会生活过程即物质生产过程的形态,作为自由结合的人的产物,处于人的有意识有计划的控制之下的时候,它才会把自己的神秘的纱幕揭掉。"④

人类从必然王国走向自由王国是一个长期的历史发展进程。随着人类一步步走向自由,人类也趋向于从迷信走向科学,宗教在人类社会生活中的地位也逐步减弱、消灭,这是人类社会进步的一个标志。在中世纪的天主教世界,政治斗争通常采取宗教斗争的形式,17世纪的英国资产阶级革命还有着浓厚的宗教色彩,而18世纪的法国大革命则抛开了宗教外衣,直接以"自由、平等、博爱"的口号相号召。

---

① 马克思:《资本论》第一卷,中央编译局译,北京:人民出版社,1975年,第89页。
② 马克思:《资本论》第一卷,中央编译局译,北京:人民出版社,1975年,第98页。
③ 马克思:《资本论》第一卷,中央编译局译,北京:人民出版社,1975年,第98页注33。
④ 马克思:《资本论》第一卷,中央编译局译,北京:人民出版社,1975年,第96—97页。

四、宗教的社会功能

宗教世界不仅是现实社会的反映,而且在现实社会中发挥一定的功能。《资本论》第一卷有许多论述涉及宗教的社会功能。宗教首先是一种信仰。但是,宗教又不是一种纯粹的信仰,它也是一种思想工具。马克思认为,由于社会愈益为直接管理者所控制,宗教愈益为僧侣所控制。在宗教信仰中,上帝受僧侣操纵,上帝退居后位,而管理教会的牧师成为头等角色。马克思指出:"在社会生活的各方面,有很大的一部分落入了中间人的手里……在宗教方面,上帝被'中介人'挤到次要地位,而后者又被牧师挤到次要地位,牧师又是善良的牧羊人和他的羊群之间的必然的中间人。"①

宗教是维持统治的工具,这一点,资产阶级进步的思想家早已经认识到了。英国19世纪哲学家耶利米·边沁,就认为宗教是法律的补充。马克思在论述耶利米·边沁的"效用原则"时,援引了他的观点:"基督是'有用的',因为它对刑法从法律方面所宣判的罪行,从宗教方面严加禁止"②。宗教信徒不仅受法律的约束,而且受各种宗教道德规范的制约,对他们来说,宗教禁令具有法律一般的效力。

宗教信仰服从于物质利益。马克思揭露,德国的封建领主为了追求物质利益,丝毫不顾及基督教的道德说教。"埃及的摩西说:'牛在打谷的时候,不可笼住它的嘴。'但是德国的基督教慈善家们,在把农奴当作推磨的动力来使用时,却在农奴的脖子上套一块大木板,使农奴不能伸手把面粉放到嘴里。"③历史上多次进行的宗教改革、宗教战争也并不全是出于宗教动机,大多数是为了争夺政治、经济利益。马克思在阐述资本原始积累的理论时,多次提到16世纪英国宗教改革运动。马克思认为,16世纪英国宗教改革的重大意义不在于宗教上的争端,而在于对教会地产的剥夺,在于这一剥夺推动了英国资本原始积累的过程。"宗教改革的这些直接的影响并不是它的最持久的影响。教会所有权是古老的土地所有权关系的宗教堡垒。随着这一堡垒的倾覆,这些关系也就不能维持了。"④"在16世纪,宗教改革和随之而来的对教会地产的大规模的盗窃,使暴

---

① 马克思:《资本论》第一卷,中央编译局译,北京:人民出版社,1975年,第813页注229。
② 马克思:《资本论》第一卷,中央编译局译,北京:人民出版社,1975年,第669页注63。
③ 马克思:《资本论》第一卷,中央编译局译,北京:人民出版社,1975年,第412页注92。
④ 马克思:《资本论》第一卷,中央编译局译,北京:人民出版社,1975年,第790页。

力剥夺人民群众的过程得到新的惊人的推动。"①

在资本主义时代，基督教为资本主义制度唱赞歌，为资本主义的饥饿政策辩护。马克思举例"18世纪的一位大经济学著作家、威尼斯的修道士奥特斯，把资本主义生产的对抗性理解为社会财富的普遍的自然规律"②。"在奥特斯之后大约过了10年，高教会新教牧师唐森，曾十分露骨地颂扬贫困是财富的必要条件。"③

马克思还指出，资本主义社会有一种特殊的"基督教器官"，即"鼓吹群众受奴役，以便使少数粗野的或者没有多少教养的暴发户成为'卓越的纺纱业主'、'了不起的香肠制造业主'和'有势力的鞋油商人'"④。

宗教也是殖民征服的工具。殖民征服者打着上帝的旗号，标榜他们的行为是受命于"上帝"，以使他们的殖民运动神圣化。马克思举例新英格兰的清教徒鼓励在北美杀戮印第安人，剥印第安人的头盖皮，"英国议会曾宣布，杀戮和剥头盖皮是'上帝和自然赋予它的手段'"⑤。马克思称这种殖民征服为"原始积累的基督教性质"⑥。

从《资本论》对宗教问题的仅有的论述中，也可以看出马克思对宗教问题的深刻研究。马克思从历史唯物主义的观点出发，不仅阐明了宗教的一些根本性问题，而且为我们研究宗教问题提供了立场、观点、方法，对我们正确地认识宗教很有助益。

---

① 马克思：《资本论》第一卷，中央编译局译，北京：人民出版社，1975年，第789页。
② 马克思：《资本论》第一卷，中央编译局译，北京：人民出版社，1975年，第708—709页。
③ 马克思：《资本论》第一卷，中央编译局译，北京：人民出版社，1975年，第709页。
④ 马克思：《资本论》第一卷，中央编译局译，北京：人民出版社，1975年，第448页。
⑤ 马克思：《资本论》第一卷，中央编译局译，北京：人民出版社，1975年，第822页。
⑥ 马克思：《资本论》第一卷，中央编译局译，北京：人民出版社，1975年，第821页。

《乌托邦》：一个哲学的国度

托马斯·莫尔（Thomas More，约 1478—1535）一生中最为杰出的著作——《乌托邦》于 1516 年 12 月在鲁汶印制第一版，次年在巴黎印制第二版。这部著作的成功，确立了莫尔作为人文主义著作家的地位，他也因此被称为"政治哲学家"。

"乌托邦"（Utopia）是莫尔创造的一个词语，意为"乌有之地"。《乌托邦》[①] 一书的全称"关于一个最好的国度，关于新发现的乌托邦岛屿"，表达了"乌托邦"作为"幸福与幸运之地"的寓意。莫尔将乌托邦的地理位置设定在"新世界"的一个岛屿，这是大航海行动衍生的概念。莫尔还塑造了一位大航海时代的传奇人物拉斐尔·希斯洛德——乌托邦的信息来源与讲述者。拉斐尔出生在大航海行动的发起之地葡萄牙，"为了前往遥远的国度增长见识，跟随亚美利哥·韦斯普奇三次航海远游"，访问过乌托邦所在岛屿。（第 12 页）虽然拉斐尔·希斯洛德是虚构的人物，《乌托邦》表达的思想却是莫尔的政治意向与治国理念的真实呈现。

一、广义的哲学理念与普遍的哲学教育

乌托邦是一个经历过民智开启的文明之地：征服阿布拉克萨岛并且将之更名为"乌托邦"的国王乌托帕斯，将岛上"粗暴、野蛮的居民改变成为具有良好教养、懂人文学术、待人彬彬有礼的优秀完美之人"。（第 50 页）开启民智的

[①] 本文中的引文均出自 Susan Bruce, ed., *Oxford World's Classics: Thomas More Utopia, Francis Bacon New Atlantis, Henry Neville the Isle of Pines*, Oxford: Oxford University Press, 1999。

手段是实施全民教育，把读书学习纳入乌托邦人的生活方式。

乌托邦的共有经济为全民教育提供了物质基础。乌托邦人"并非像累死累活的牲畜那样，从早至晚忙于持续不断的劳作"，而是每日有充裕的时间用于智识开拓。乌托邦设定了全民统一奉行的、类似修道生活的时间节奏：一昼夜划分为24小时，其中6个小时用于劳作，8个小时用于睡眠；在劳动、休息、娱乐之余的时间，乌托邦人"依从个人兴趣用于学习"。（第58页）乌托邦社会保持有"一个庄严的习俗，每日凌晨举行公共演讲"。这是一个学术研讨的场合，由"专职从事学术之人"主讲，普通民众虽然未做强制要求，但是从事各种行业的男女"成群结队，依照各人的爱好选择听取这个或者那个演讲"。（第58页）

乌托邦的教育分为两个层级：全民教育与精英教育。每一位社会成员接受的教育内容基本相同，但是在密度与深度上有区别。普通民众接受普及型的知识教育，精英阶层接受研究型的学术教育，由此形成体力劳作者与智识精英两个社会等级。

智识精英经历过"选士养士"制度的筛选与修炼，是智力超群、学养深厚之人。一部分"专注力强、才智超群、天资适宜学术之人"，在孩童时期被甄选出来，作为有潜力的智识精英施以学术教育。成年男女中的优秀者，经过荐举之后亦有机会增补进入智识精英的行列。乌托邦对于智识精英在学术与道德方面有强制要求，未达到预期标准的候选人，淘汰之后退回到体力劳作者行列。在智识与道德方面始终表现优秀之人，"免除一切体力劳动，专注于学术"，传承乌托邦的价值观与学术水准，并且承担起为公众服务的责任。（第114页）

乌托邦人对传统学术存有浓厚兴趣，学习"音乐、逻辑、算术、几何，在这些领域的造诣几乎赶得上古代哲学家"。（第75页）乌托邦人"对于星辰的轨迹、天体的运行极为熟悉。他们巧于设计各式仪器，用于精确地观测太阳和月亮，以及目力所及一切星相的运行与位置"。乌托邦人学会了观测气象，"预知降雨、刮风之类的暴风雨动向"。关于"潮涨潮落，大海的含盐量，天体与世界的起源和性质"，乌托邦人的某些观点与古代哲学家相同，但是也提出了全新的解释。（第75页）

乌托邦人"收藏有普鲁塔克的作品，也欣赏琉善的快乐诙谐"。乌托邦人吟诵诗词歌赋，阿里斯多芬、荷马、欧里庇德斯、索福克勒斯的作品，都保存有"阿尔都斯小字印刷文本"。乌托邦人阅读历史，包括修昔底德、希罗多德撰写的史学著作都在其中。乌托邦人学习医学，希波克拉底、伽伦的著作都在他们的阅读范围之内。拉斐尔在第四次航海远行时，为乌托邦人带去了柏拉图、亚

里士多德的著作,还有泰奥弗拉斯托斯的植物学著作、赫利奥斯与斯科里德斯编写的辞典。(第86—88页)

莫尔推崇古典希腊哲学,认为优秀的哲学存在于柏拉图与亚里士多德的著述之中。对于希腊哲学的热爱,也传导给了《乌托邦》塑造的人物。拉斐尔并非仅仅是"帕利努鲁斯式的水手",也是《荷马史诗》中"英勇善战、足智多谋的奥德修斯国王",也是"哲学家柏拉图这位古代智慧的化身"。希腊语是学习古典哲学的必备语言,拉斐尔"虽然学会了拉丁语言,但是在希腊语言的造诣方面更加渊博精深,比学习拉丁语言投入的精力更多,因为他全身心地投入到哲学的学习之中"。(第12页)乌托邦人"轻而易举学会了希腊字母,词语发音清晰,背诵记忆迅速,并且能够准确无误地复述"。"在不到三年的时间里,他们掌握了希腊语言,可以流畅地阅读名家作品"。(第86页)莫尔并不否定罗马文明的价值,成就于罗马时代的历史学家与诗人也得到了他的赞许。然而在莫尔心目中,希腊著述的重要性占据第一位,拉丁著述的重要性位列第二。

莫尔奉行广义的"哲学"理念,将一切学术都纳入"哲学"的范畴,不同学术之间只有自然哲学、政治哲学、伦理哲学之类的区分。依照莫尔的理念,乌托邦是一个哲学的国度,乌托邦的成员都是哲学家。乌托帕斯这位"声名远播、永垂千古"的国王,在"乌托邦"创建伊始将一个"没有哲学"的蛮荒之地,发展成为一个"哲学之城"。(第127页)哲学不仅用来提升乌托邦人的智识与道德水准,塑造正直善良的人格,而且提供治国之道。莫尔持有"哲学治国"的理念:如果哲学家成为国王,或者国王致力于哲学研习,"由此可以带来完美的幸福快乐"。(第34页)

二、乌托邦价值体系的核心:理性

在乌托邦社会运行规则的纵深之处,是以"理性"为核心的价值体系。"理性"的思想动力来自古典希腊哲学,尤其是柏拉图的《理想国》。乌托邦是人工设计的社会,"接受什么、拒绝什么,都是遵循理性的尺度,理性极大地点燃了人们内心对于神的热爱与崇拜"。(第77页)莫尔在哲学的理性之中加入了从宗教中提取的原则,堪称"哲学宗教"。哲学宗教是理性的加强版,"没有这些原则,……理性既软弱又不完善"。宗教原则的基本内容是"灵魂不死":如果在尘世生活中践行美德与善行,就可以在未来获得"用理性加以验证"的酬报。

（第76页）

　　私有财产作为传统社会赖以存在的基本支撑，是乌托邦首先拒绝的因素。"在无岛之地创建了一个岛屿"的乌托帕斯国王，"极为厌恶世间的财富"，因而"任何地方都没有一样东西是私产，他们每隔十年用抽签方式调换居家房屋"。（第54页）乌托邦实行财产共有制度，一切物质与设施在居民中间按需分配。与私有财产一起拒绝的是门阀世族的社会地位，乌托邦不存在财富与门第的世袭继承。

　　消灭了私有财产之后，法律对于社会的规范作用微乎其微。罗马人发展起完备的法律，用于保护私有财产。莫尔对于罗马人的治国之道秉持批评的立场："每天制订许多新法律，依然不足以使每一个人伸张并且捍卫自己的财产免于他人的侵犯"，大量涉及财产的"法律纠纷每日出现，从未止息"。（第44页）在乌托邦，"一切物质由公共享有，每个人都获得充裕的生活所需"，"贤明并且以圣洁自律的乌托邦人，无须法律就可以使一切充足有序，唯有美德是无价之宝"。莫尔明确提出，"对于那些享有同等数量财富与日用品的人们，无须为他们制订法律，而且他们也拒绝法律"。（第44页）

　　当法律的强制作用失去效力以后，人的行为依靠理性加以规范。乌托邦人的生活完美地诠释了莫尔的理念，相信美好的生活由理性主导。人与人之间的交往以友谊、和平之类的美德作为行动准则，人们之间互利互惠互爱，构建起密切和谐的家庭关系与社会关系，管理者无须采取法律的强制手段即可以使各类组织形成有机体。

　　与全新的经济制度共生共存的，是乌托邦人的价值观。当生存所需得到保障之后，物质的追求就失去了动力，乌托邦人将精神的快乐视为第一追求。智识的成就与正直诚实的美德，是决定一个人政治地位与社会地位的唯一评价标准。在乌托邦人看来，身体的快乐并非真正的快乐，掷骰游戏、鹰犬狩猎，都是"愚蠢的快乐"。"在桌子上长时间投掷骰子"不仅浪费时间，而且"令人厌烦"。"聆听猎犬狂吠咆哮"，"最为低级、最为恶劣"。"当你满怀欣喜地期待一场屠杀、期待着将野兽撕成碎片的时候，你本应当由于目睹单纯无辜的野兔被猎犬杀害而策动怜悯之心，因为这是弱小者面对强大者，胆小者面对残暴者，无辜者面对残酷无情者"。（第80—81页）

三、理想与现实之间：关于"圈地"的批判

莫尔关于理想社会的建构并非凭空设想，而是以现实的关怀为前提。《乌托邦》对圈地引发的社会弊端展开激烈批判：贪婪的土地所有者渴望从羊毛产业中获取超额收入，通过圈占土地而实现从粮食种植向牧羊业的转换，形成了对于农民生计的剥夺。"贵族、乡绅、圣洁的修道院长们，不再满足于一年一次的岁入，……也不再满足于无利可图的闲散生活"。他们"把土地全都圈占成为牧场，推倒房屋、拆毁村镇，除了用作羊圈的教堂之外没有留下任何站立的建筑"。失去衣食来源的农民由此而陷入赤贫状态，除却乞讨与盗窃之外别无生路。"你们的羊不再是温顺的小型食兽，……而是变成了大型的吞食者。它们是如此狂野，吃光吞尽种田人。它们消耗、摧毁、侵占成片的田地、房屋、村镇"。世代耕种土地的农民"被驱赶出熟悉的祖屋，难以找到歇息的地方，……只能以偷盗为生，却因此而被处死"。（第 22 页）马克思在《资本论》中，将发生在英格兰的"圈地"界定为资本原始积累的方式之一，莫尔也因为《资本论》关于"羊吃人"言论的引用而成为资本原始积累最初的批判者。不过，莫尔作为人文主义学者，其批判停留在悲天悯人的现象层面，并未达到关于资本主义生产的理论高度。

面对圈地引发的流离失所的人口，莫尔认为政府的举措不仅于事无补，反而造成更大的伤害：法庭以绞刑惩治偷盗者，"超越了法律的公正性，对共同体造成了伤害"。"如此恐怖的死刑惩治，难以阻止那些无以为食之人从事偷盗"。"如若拥有其他的谋生办法，没有人无奈之下铤而走险，先是偷盗然后赴死"。莫尔提出：应对圈地弊端的有效办法不是严刑峻法，而是根除私有财产制度。"只要私有财产制度存续，大多数人就难以避免陷入赤贫的悲惨境地"。（第 18—19 页）正是在批判私有财产制度的基础之上，莫尔为乌托邦设计出"共同劳动，共同享有劳动产品"的经济制度，借此实现哲学治国的理想。然而莫尔关于共有经济只是提出了简单的设想，缺少系统的理论构建。马克思的科学社会主义理论产生之后，研究者回望历史，将莫尔的设想定义为"乌托邦社会主义"，以此作为科学社会主义的历史渊源之一。

莫尔在《乌托邦》中表达的哲学治国理念，借鉴了柏拉图"公民教育的理性目标"，更是 16 世纪新时代的产物。大航海行动的探险精神，造就了远离旧制度的新世界——乌托邦岛屿。文艺复兴的人文环境，促成了将广义的哲学理念用于社会运行的规划。资本原始积累引发的社会弊端，成就了以共有经济作

为哲学国度物质基础的思考。莫尔以新时代的思想风貌尝试"托古改制",对于乌托邦的构建"极大地超越了"古典学者。一封以安特卫普人文学者彼得·贾尔斯的名义书写的信件,论及《乌托邦》一书的价值:对于社会结构与日常生活"有细致入微的描述,有巧妙的构图呈现,阅读者对此有亲临其境、眼见为实的感觉"。(第124页)

圣奥尔本斯修道院绽放的"历史之花朵"

13—14世纪被认为是"中世纪文化之花朵最为绚烂并且臻于完美的时期",产生自圣奥尔本斯修道院的编年史被认为代表了中世纪教会修史的最高水平,堪称中世纪文化发展高峰时期的代表作品。

圣奥尔本斯编年史由多位修道士接力完成,最初的开创者是温德欧弗的罗杰。罗杰出生于英格兰白金汉郡的温德欧弗村镇,他的人生大部分时间在圣奥尔本斯修道院度过,1236年或1237年终老于这座修道院。在此期间,只有一段短暂的日子在一所分院担任院长。中世纪的修道制度鼓励修道士恪守同一座修道院的修道生活,罗杰几乎将全部修道生活奉献给圣奥尔本斯,堪称修道生活的典范。

中世纪的编年体史书起源于基督教会,早期的编年史家大多是生活在修道院的修士。编年体史书的出现,源于教会历法对于宗教节日的推算。为了确定一年一度的复活节日期,需要记录并且计算太阳和月亮的运行周期,各地修道院为此而制作"复活节年表"。教会的历法书吏有时也在"复活节年表"空白处加注当下发生的大事件(诸如国王去世、新王即位、自然灾害与星象异常、宗教活动……),由此而产生了"复活节年表记事"。

公元4世纪,凯撒里亚主教尤西比乌撰写的编年史已经脱离了复活节年表而以独立形态存世了。尤西比乌记载的事件开始于以色列人部落首领亚伯拉罕诞生,结束于324年。尤西比乌编年史用希腊语写成,问世不久即由基督教学者杰罗姆译成拉丁语,并且续编至380年。杰罗姆的译本和续编促成了尤西比乌编年史在拉丁基督教世界的流传,罗杰编年史借鉴并且模仿了这部编年史的体例和内容。

罗杰开始著书立说的时候,正值英格兰国王理查一世统治时期(1189—1199年)。罗杰编年史以上帝创造世间万物开篇,结束于1235年的记事。经历过国王约翰的统治，1235年已经是国王亨利三世在位的第19年。在将近半个世纪的时间里，罗杰记录了三代国王统治的历史。理查一世在位9年有余，其中大约4年时间在海外的十字军征战中度过。在罗杰的笔下，理查一世"勇武善战"，承载着"骑士风范的尊严与荣耀"。罗杰赞誉理查一世是"无往而不胜"的骑士，是"世界上最为伟大的国王"。国王约翰的统治引发了国内诸多臣民的不满，最终演变成为大规模的反叛行动。罗杰编年史详细记录了反叛行动的发起、策划、实施、后果，并且对约翰的所作所为做出评判。国王约翰在历史上留下的贪婪、无能、刚愎自用的负面形象，在很大程度上出于罗杰编年史的塑造。

在"神创历史"的理念之下，罗杰编年史关注的重点是"人"。全书自始至终"记录人之生死，以及降临于人的各种机遇，奋力书写天堂、尘世各种因素造就的奇人"，借此评判尘世间"各类行为，是善还是恶"。出于"教化后人并且向勤奋之人提供帮助"的目的，罗杰关于人生事务的记载堪称丰富多彩。过往发生的重大事件、王国的演变与历代统治者的继承嬗递、教会的财产权利以及其他世俗利益、罗马教宗写给坎特伯雷大主教以及圣奥尔本斯修道院的书信、国王发布给各地郡守的诏令、国王与各地贵族之间的来往书信、国王的军事远征行动、发生在英格兰乃至欧洲大陆的政治事件、教会杰出人物的生平事迹，都在编年史中留有详细记载。

中世纪早期的编年史家注重记载并且排列事件，作者往往置身事外，很少对记载的事件以及记事的文本依据与消息来源做出分析与评论。后世读者从编年史家使用的词汇与语句中，或许可以窥见书写者本人的立场和态度、喜恶与褒贬。例如《盎格鲁-撒克逊编年史》在记录北欧海盗洗劫不列颠的活动时，经常将作者的评判隐藏在"野蛮""异教""敌对"之类的贬义词之中。罗杰编年史与此不同，他经常在行文中把自己摆放在历史事件之中，从个人的政治立场与宗教立场出发加以评论。譬如，当贵族武装反叛发生之后，国王约翰举起了十字架，宣布参加教宗组织的十字军行动，并且组织人力到各地宣讲十字军。罗杰对此评论说，国王此举"更多地是出自（对贵族反叛行动的）恐惧，而不是出自宗教虔诚"。罗杰的评论指出了国王约翰参加十字军的意图：以"圣战"的名义获取教宗的支持与保护，以此对抗贵族的武装行动。

中世纪教会修史往往追求完整，将历史的起点追溯到人类的初始阶段。罗杰编年史从上帝创造世间万物写起，开篇简要叙述《旧约全书》与《新约全书》罗列的历史，显示出撰写一部世界史的意图。从447年盎格鲁-撒克逊人第一次见于英格兰历史开始，罗杰将记事的目光聚焦于英格兰，行文也论及欧洲大陆的事务，诸如罗马教宗、帝国与皇帝、国王与贵族诸侯。对于一位偏居于修道院一隅的编年史家而言，这就是目力所及的世界格局了。

研究者对罗杰编年史做出分析考订，辨认出全书各个部分的内容来源。（1）447 年以前的历史叙述，除了《旧约全书》与《新约全书》的文字，也抄录或者改写了罗马时期的作品，包括尤西比乌与杰罗姆的编年史文本。（2）447 年至 1189 年的历史叙述，大量借鉴了各地修道士编纂的史书，其中包括伯里·圣埃德蒙编年史、尊敬的比德撰写的编年史。（3）关于 1189 年至 1235 年将近 50 年历史事件的记载，出自罗杰本人的耳闻目睹，堪称全书最有价值的原创内容。抄录前人的文字内容，以此为起点续写编年史，在中世纪早期是一种通行的书写方式，产生于各地修道院的编年史大多以这种方式成书。罗杰在撰写编年史的过程中，受益于前人的著作。他在编年史前言中做出了这样的表白：书中的某些内容"取自值得信赖的天主教作家的书写，一如色彩斑斓的花朵采集自不同的园地，因色彩不同而形成了差异"。这样的书写方式并非全无益处，对于那些原件业已散佚失传的著述，罗杰的抄录与改写也起到了保存文献典籍的作用。

在罗杰之后，修史的传统在圣奥尔本斯又延续了 200 余年。修道士们年复一年，把罗杰开创的编年史续写到 1440 年。从罗杰开始至 1440 年，在圣奥尔本斯修道院形成了一个编年史家群体，称为"圣奥尔本斯学派"。历代编年史家中，最为杰出的是罗杰以及紧随其后的马修·帕瑞斯。罗杰将编年史撰写到 1235 年，马修·帕瑞斯续写至 1259 年。他们二人撰写的编年史以史实丰富、评判公允而著称，也因此而被誉为"中世纪最为杰出的编年史家"。

如此众多的修道士，在如此漫长的时间里，连续不断地接力修史，在西欧中世纪历史上十分罕见。研究者推测，罗杰及其后续者从事的是有组织的群体行为，他们接受了圣奥尔本斯的指派，代表修道院书写编年史。这样的推测合情合理，但是并未获得文献史料的支持。现存史料证明了另外一个事实：圣奥尔本斯的编年史家也是国王的御用文人。亨利三世曾经向马修·帕瑞斯下达指令："准确并且完整地书写当下发生的事件，将其记录于书册的显要位置，从而将关于这些事件的记忆永久留存于子孙后代的记忆之中"。国王关注史书的修订，显然是出于"资治通鉴"的目的。当爱德华一世在 1291 年提出对苏格兰王位的继承权利时，不仅在修道院编年史的相关记载中寻求支持，而且要求各地修道院将爱德华一世对苏格兰王位的继承权利"记录于编年史中，作为永久的记忆"。

圣奥尔本斯编年史堪称一部鸿篇巨著，其中承载着非常厚重的文献史料。然而，修道士们何以获取如此广泛而丰富的信息用于历史著述？首先，本笃会修道院素有修史的传统，圣奥尔本斯修道院不仅珍藏文献典籍用于修史，而且有机会与同属本笃会的其他修道院分享传抄著史成果、交换智识信息。其次，圣奥尔本斯修道院毗邻伦敦，得以分享伦敦作为经济、政治、社会中心带来的各种便利。在圣奥尔本斯过往、停留的旅客带来英格兰乃至欧洲大陆的各种消息以及他们自身的经历，为修道士们记录历史提供了素材。再次，圣奥尔本斯是英格兰最为显要的修道院之一，在英格兰的政治、经济、社会生活中占据举足轻重的地位。在这里生活的修道士经常被国王委以重任，有机会进入政治生活的中心地带，直接从国王政府获取档案文献。

罗杰在编年史的行文笔墨中经常采用"花朵"一词形容美好的事物，他撰写的编年史以《历史之花朵》（*Flores Historiarum*）为题而被今人知晓。研究者评论说，"《历史之花朵》由罗杰·温德欧弗根植在圣奥尔本斯修道院绚丽的历史园林之中"，并且经由罗杰编年史的传播，"花朵之香气亦漫延到其他园林之中"。

职业分工与中世纪西欧社会的发展

依照古典学者亚里士多德的城邦理论，个体劳动固然可以满足自身在某一方面的生存需要，但是个体的生存只有在社会共同体中才能获得长期的、全面的支持，因而个体劳动只有纳入社会群体之中才有意义。这样的理论把劳动分工以及分工固化以后形成的职业，与共同体的需求乃至社会的发展变化联系在一起。

一、劳作的人、祈祷的人、作战的人

生活在10—11世纪英格兰的修道士艾尔弗里克列举过三个职业人群：劳作的人、祈祷的人、作战的人（bellatores）。劳作的人是"为我们提供生存所需之人"，"是为我们供应食物的农夫"。祈祷的人是"为我们求助上帝之人"，"作为上帝的仆人日夜不停地为我们祈祷，在精神上与不可见的敌人战斗"。作战的人是"为我们护卫城镇及家园之人"，"作为尘世的武士与敌人战斗，使我们免受外敌的入侵"。大约同时代的约克主教乌尔夫斯坦进一步论述了三个职业人群与王权统治的关系，认为完美而合法的王位，必须建立在由劳作的人、祈祷的人、作战的人构成的三根基柱之上。

这样的职业人群划分关注社会成员承担的社会职责，从社会分工的角度构建理想社会，强调一个理想的和谐社会依赖于社会群体之间相互提供生存所必需的服务。如何构建理想的和谐社会，是亚里士多德在《政治学》中提出的论题。从人的自然本性出发，亚里士多德论述了城邦居民聚群而居的必要性。人类多方面的生存需求决定了"人"是社会性动物，只有聚群而居才有可能实现生存需求的满足。城邦存在的合理性在于使聚群而居的人口数量达到了一定规模，唯此方能从各个方面并且长时段地满足城邦居民的生存需求。亚里士多德构建城邦理论是为了规范统治者的行为，使之承担起维护共同体利益的责任。国王固然应当以谋求共同体的利益为己任，然而城邦居民之间实现社会分工、以便相互提供生存所必需的服务，也是理想的和谐社会不可缺少的内容。

劳作的人是种田的人，以个体的农业劳动为社会的运作提供物质基础。作战的人与祈祷的人是持有土地的领主，劳作的人是土地上的耕种者。领主因为持有土地资源而处于职业分工的强势地位，规定耕种土地的代价和条件。农民因为不持有土地而处于劣势，只能依从领主制定的规则进入生产领域。作战的人与祈祷的人是王权统治依靠的政治力量，种田的人在政治上处于无权地位，在国家政治结构中没有种田人的位置。

祈祷的人是基督教会的教职人士，掌管涉及人类灵魂的事务。依照拉丁基督教会的组织系统，教职人士分为两类：在教区任职并且为教区基督徒提供宗教服务的"居于俗界的教士"；在修道院矢志修道生活并且依照修道条例规范行为举止的"居于僧界的教士"。基督教会奉行另一种划分人群的方法，坎特伯雷大主教托马斯·贝克特在12世纪的一封书信中阐述："上帝的教会由两个等级组成——教职人士与世俗人士。教职人士包括使徒、秉承使徒传统的人、主教以及其他教会神学家。他们负有照看和管理教会之责，除了教会事务，也促进灵魂的救赎。……世俗人士包括国王、亲王、公爵、伯爵，以及其他操控世俗事务的权势之人，他们为教会提供和平与统一"。"宗教等级"与"世俗等级"的划分着眼于僧俗两界对于教会承担的责任，同时也表达了两类人群不同的生活方式。16世纪宗教改革家马丁·路德对此提出过批评，认为这样的等级划分将宗教权力置于世俗权力之上，将教职人士视为特殊的社会等级。

作战的人享有骑马作战的特权，也称为"骑士"。装备和维持一名骑士需要高昂的物质代价，法兰克王国在征集骑士作战的时候，以"采邑"作为骑士的物质支持。骑士与采邑，构成封君封臣制度的核心因素。采邑以"骑士领地"为基本单位，一个骑士领地的收入用于供应一个骑士及其家庭的生活所需，以及履行军事义务的花费。作为领受骑士领地的代价，受封者需要提供骑兵兵役和其他封建义务。

中世纪早期通行的一个原则是——每个人必须有主人，没有主人的人处于社会的基本结构之外，除非他本人是主人。这样的原则将主从关系置于亲族关系之上，对主人的依附多于对亲族的依附。对主人的依附采取两种方式：自由身份的依附（封臣对于封君的依附）；不自由身份的依附（农奴对于领主的依附）。由此而形成了划分人群的另一种方法——自由的人与不自由的人。

二、手工业者与商人

城市兴起之初，手工业和商业活动十分微弱，因而产生于10—11世纪的职业人群划分并未将手工业者与商人包括在内，忽略了城市以及城市居民的存在。随着城市的发展和繁荣，手工业者和商人成为具有独立经济地位和社会地位的人群，也被纳入到社会的结构体系之中。

手工业者的人口，可以按照行业种类划分。英国14世纪的诗歌《农夫皮尔斯的梦境》历数了当时存在的手工业者种类：烤面包匠、屠夫肉贩、啤酒酿造者、羊毛纺织者、亚麻纺织者、裁缝、锡匠、泥瓦工、矿工。这部诗歌的作者，研究者推测是威廉·朗格兰。借助梦境和对于梦境的解读，朗格兰描述了手工业人口的分工与生活状况。然而朗格兰的列举并不全面，当时已经存在的皮革业、制铜业、玻璃制造业、造船业，没有出现在诗歌的描述之中。

城市经济兴起之初，商业并未完全与手工业分离。手工业作坊实行自产自销，手工业者同时也是商人。这样的商业模式经营商品的种类有限，经济发展的内在动力促使商业与手工业分离，专业的商人破茧而出。13世纪时，英格兰商人已经拥有强大的经济与政治力量，《大宪章》中设有条款保护商人的利益。商人是一个有可能在短时期内暴富的职业，易于招致社会的嫉妒与愤恨。《农夫皮尔斯的梦境》提到了"发放高利贷的钱商"与"唯利是图的商人"，批评他们"追逐尘世的短暂收益而不是寻求天国的永生"，奉劝他们把商业利润"捐赠给公共事业与慈善事业"。

三、医生、法学人士、神学家

一位英格兰医生在1421年向议会提交请愿书，请求对不持有执业证书的非法行医者加以制裁。请愿书把人生事务分成三类——灵魂事务、身体事务、世俗事务，认为应当对这三类事务实行分类管理：灵魂事务由神学家掌管，身体事务由医生掌管，世俗事务由法律掌管。这种分类方法把"人"分解成三重身份，面对人生的三类事务：作为"上帝的人"，接受教会的管理；作为"自然的人"，接受医生的管理；作为"社会的人"，接受法律的管理。

医生、法学人士、神学家为社会提供服务，成为不可缺少的职业人群，受益于中世纪学校提供的教育。从公元6世纪开始，主教座堂或修道院陆续开办学校。"祈祷的人"作为知识精英，承担并且推动了教育的发展。教会学校以培养讲经布道的学者为己任，在追求学术的过程中重新发现了古典著作的学术价值，促使基督教学术向着理性思辨的方向发展。最早的大学——波伦亚大学（1088年）、巴黎大学（1150年）、牛津大学（1167年）——从教会学校发展而来，课程设置也沿袭教会学校的"七艺"学科：文法、修辞、逻辑是初级学科；算术、几何、天文、音乐是高级学科。除此之外，大学还设置了神学、法律、医学之类的新学科。

新学科的设置体现了中世纪的学术积累，包括对于古典学术的汲取与深化。祈祷的人把神学视为学术追求的最高境界，把神学置于一切理论科学的首位。巴黎大学将亚里士多德的哲学思想与方法论应用于神学思辨，由此而促成了学院派神学的繁荣，多明我会修道士托马斯·阿奎那是其中最为杰出的代表。1070年，在比萨重新发现了作为罗马法核心内容的《法律汇编》文本，波伦亚大学借此推力而崛起成为法学研究中心。学者们对法律文本做出阐释与分析，构建了波伦亚学派的法学成就。福音书关于耶稣以宗教奇迹医治疾病的叙事，使基督教会一度怀疑医疗诊治的有效性，甚至禁止祈祷的人学习医学知识。然而，萨莱诺大学作为欧洲最早的医学中心，起源于本笃会修道院的医疗实践，以及对于希腊医学著作与阿拉伯医学著作的研读。新学科的设置也是为了适应政治与经济发展的需要，仅以大学开设的罗马法与教会法课程为例：城市经济的繁荣发展涉及对于工商业纠纷的裁决以及产权的保护，王权的日益壮大需要为其定义并且为公共权力的建构提供理论支持，罗马法律体系中有大量关于王权与经济产权的内容，能够有效地为社会现实服务；教会法在12世纪时已经发展得相当完善，主教区法庭也开始行使司法审判权力，教会法课程的开设有助于为教会法庭培养宗教法学家。研习法律在当时具有良好的职业前景，路德的父亲与加尔文的父亲都曾经送他们的孩子研读法律，希望他们有朝一日成为法官或诉讼代理人。他们二人却都违背了父命，改而研习钟情已久的宗教神学。

四、余论

职业人群之间实现社会分工，为的是相互提供生存所必需的服务。然而，现实的世界并非总是如此和谐与美好。在职业分工日益细化使社会生活日益完善的同时，职业群体内部与职业群体之间也存在权力和利益的冲突。英格兰国王约翰身为"作战的人"的最高封君,向身为"作战的人"的直属封臣超额征收封建义务,致使封臣以武力断绝了与封君的忠诚关系。冲突的结果是在1215年产生了《大宪章》,对于封君与封臣双方之间的权利和义务做出了确认和约定。公元10—11世纪发生的"封建革命",以超经济强制的方式确定了领主与农民之间的关系。种田的人虽然在政治上处于无权的地位,发生在1381年的起义却以暴力行动向作战的人与祈祷的人发起挑战,试图打破封建主义的社会秩序,对当时的法律制度与政治制度构成了威胁。

古代罗马文明与中世纪西欧的纪年

纪年是以"年"作为时间区段的标记与排列，涉及三个方面的内容：纪元、岁首、长度。中世纪西欧的纪年承袭自古代罗马，并且在承袭的基础之上加以规范和发展。

一、纪元：年代的起点与标记

古代罗马的执政官曾经一年一任，以执政官的名字作为纪年符号是简便易行的办法。共和国时代的某些文书必须标注当年执政官的名字，需要引用此前的文书或法律时亦需追溯前任执政官的名字。屋大维独裁导致罗马的政体发生了变化，帝国时代的罗马以新王即位作为纪年的开始，王位纪元成为主体纪年方法。中世纪西欧是日耳曼人构建民族国家的初始时期，国王是权力的核心，王位纪元亦成为普遍流行的纪年方法。

王位纪元的弊端是形成年代标记的多元局面，不同的王国采用不同的纪年，为王国之间的交往带来不便。盎格鲁-撒克逊人入主英格兰以后，七个王国各自为政并且依照各自的王统世系纪年。基督教会作为超越王国的国际组织，首先面临着构建统一纪年的问题。每逢英格兰教会召开宗教会议，来自不同王国的主教分别采用本国的王位纪元签署会议决议，同一个文件出现了多种纪年，难以形成统一的记忆。

"基督纪元"以传说中的基督"道成肉身"作为纪年的开始。525年，谦卑者狄奥尼西乌斯计算出基督降临尘世发生在罗马建城之后的第753年。狄奥尼西乌斯将罗马建城之后的第753年确定为元年，并且将这种纪元用于"复活节年表"的编纂。狄奥尼西乌斯是修道士，大约从500年起以精深的学术造诣为教宗服务，不仅将早期教会发布的教令从希腊语译成拉丁语，而且将4—5世纪的教宗书信汇编成册。狄奥尼西乌斯构建了一种全新的纪元，因此而获得"基督纪年发明者"的美誉。他本人并未预见到基督纪元与儒略历法、格里高利历法相融合之后形成的巨大影响力，只是因为对罗马皇帝戴克里先迫害基督徒的行动表示愤怒，才弃用当时颇为流行的王位纪元而以基督纪元取代之。

英格兰教会开风气之先，率先将基督纪元作为统一的纪年方法。664年召开的惠特比宗教会议旨在解决罗马教会与爱尔兰教会之间的分歧，目的是"在正确的时间庆祝复活节"。由于里彭修道院长威尔弗瑞德的推动，会议接受狄奥尼西乌斯的复活节年表及其基督纪元，来自不同王国的教会代表采用统一的纪年签署了这次宗教会议的文件。

尊敬的比德将基督纪元用于历史著述，他撰写的编年史和《英吉利教会史》以基督降临尘世作为元年。比德之后，不仅《盎格鲁-撒克逊编年史》采用基督纪元，新的纪年方法也推广到世俗社会，英格兰与欧洲大陆的国王文书与政府文件采用基督纪元。

王位纪元依照国王在位的期限，把年代切割成相对独立的小周期。每一位国王的统治结束后，年代的标记重新开始。基督纪元是无限延伸的年代标记，借助于"前"与"后"的表达，以"降临尘世"为元点形成无始无终的时间排列。比德深谙两种纪元方法各自的优势，《英格兰教会史》将王位纪元镶嵌在基督纪元的时间轨道上，将时间的阶段性与连续性相结合，一代又一代君主的统治借助基督纪元排列成了完整而连续的时间链条。

在国王理政的范围内，依然采用王位纪年。英格兰在形成"国王在议会中"的政体形式之后，国王借助上院贵族的建言对下院平民的请愿做出回应，由此而形成议会法令。议会是国王治下的政府机构，议会档案最初由国王的中书法庭整理保存。中书法庭保存至今的8个议会法令案卷，以王位纪元作为法令编号的元素：国王在位序年的标记在前，议会会期与法令序号标记在后。以1381年起义善后的议会法令为例，编号"6 Richard II, Statute 1, C.13"依次表达的含义是：国王理查二世在位第6年、议会第1次会期、第13项法令。

十五年历以15年作为一个周期，标记某一特定年份在十五年周期中的位置。这种纪年的计算起点是312年，正值罗马帝国时代。古代罗马曾经每15年进行一次财产评估并且据此确定纳税数额，十五年历从古代罗马的税法发展而来。罗马教廷与日耳曼人国家在起草司法文书时采用过十五年历，然而这种纪年与日耳曼人的制度并非十分契合，到13世纪时被普遍弃用，只有司法公证员继续使用至 16 世纪。

二、岁首：年度起点的标记

编年体史书在中世纪西欧的出现和演进，与确定基督教的节庆日期相关联。由于一年一度的复活节日期不固定，需要根据太阳和月亮的运动周期加以推算，由此而产生了"复活节年表"。在"复活节年表"的页边记下当时发生的大事（诸如旧王去世与新王即位、星象与气候、自然灾害、教堂祝圣与教职按立），形成了"复活节年表纪事"。编年体史书理应有精确的时间记载，然而由于采用的岁首前后不一致，也可能出现时间表达混乱的情况。

"岁首"作为纪年的重要内容，在中世纪西欧呈现多元存在的局面：不同的王国采用不同的岁首，即使同一个王国之内也可能采用不同的岁首。以《盎格鲁-撒克逊编年史》为例，这部编年史从阿尔弗列德时代开始编纂，在不同的修道院传抄、续编，最终呈现的是以多种岁首纪年：（1）在 9 世纪后半期，每年的纪事通常开始于秋季的事件，这是以罗马时代的"课税日"（9 月 24 日）作为岁首。据推测，比德把"课税日"岁首引入英格兰，《英格兰教会史》采用了大量以"课税日"作为岁首的文献。（2）从 891 年或 10 世纪初年开始，每年的纪事开始于冬季的事件，这是以"圣诞节"（12 月 25 日）或 1 月 1 日作为岁首。（3）11 世纪中叶的编年史开始于春季发生的事件，这是以"天使报喜节"（3 月 25 日）作为岁首。受希腊正教的影响，西欧社会对圣母玛丽亚的崇敬日益流行。"天使报喜节"突显了玛丽亚在"道成肉身"计划中的作用，因而成为重要的宗教节日乃至纪年的岁首。

基督降临尘世的计划开始于玛丽亚因为圣灵而受孕，因而"天使报喜节"在时间顺序上理应先于圣诞节。这种概念的岁首在 9 世纪后期起源于阿尔勒，流行于勃艮第与意大利北部，又被教宗的中书法庭采用。然而，将"天使报喜节"置于圣诞节之后这种不符合时间逻辑的岁首，却得到更为广泛的流传。位于法兰西的弗罗瑞修道院在 1030 年最早采用这种概念的岁首，又借助本笃会与克吕尼会的修道网络，将这种概念的岁首传播到法兰西各地以及罗马教廷。

《盎格鲁-撒克逊编年史》采用的岁首前后不一致，造成在年代的排列上出现混乱。按照现今通行的格里高利历，有些纪事的时间应当溯前一年或者顺后一年。例如，标注为 890 年的纪事是以罗马课税日作为岁首，如果换算成以 1

月1日作为岁首的格里高利历日期，应当是889年。

在基督教文化的影响之下，以宗教节庆作为岁首的纪年方法通行于中世纪的西欧社会。英格兰王国、罗马教廷、法兰西王国、神圣罗马帝国都在几个世纪的时期内以"圣诞节""天使报喜节"作为岁首。法兰西国王菲利二世统治时期（1180—1223），中书法庭曾经以复活节作为岁首。因为商业联系与家庭姻亲的关系，复活节岁首一度流传到尼德兰与科隆。但由于复活节日期计算复杂且不便于记忆，这种岁首未能在广大地区推广。

与王位纪元相配合的，是以国王即位日作为岁首。例如：亨利二世在1154年12月19日加冕成为金雀花王朝第一代国王，是日即为亨利二世王位纪年的岁首。直至1189年7月6日去世，亨利二世在位35年始终以12月19日为岁首。由于每一代国王的即位日期不相同，王位纪年的岁首也不固定。理查一世在1189年7月6日继承王位（9月3日举行加冕礼），理查一世的王位纪年以7月6日为岁首。

在中世纪西欧多元化社会结构中，国王宫廷、政府机构、教会组织奉行不同的纪元和岁首，同一个日期呈现多元的记录和表达方式。以1190年12月28日为例：中书法庭记录为"理查一世在位第二年"，财务署案卷记录为"理查一世在位第三年"，本笃会修道院的编年史将这一天发生的事件纳入"基督纪年的1191年"。只有对历史档案采用的纪元和岁首加以仔细辨认，方能准确地换算成当今的格里高利纪年。

三、"年"的长度：儒略历与格里高利历

根据《牛津英语辞典》的释义，历法有"旧"与"新"之分："旧历法"指儒略历；"新历法"指格里高利历。儒略历由罗马独裁官儒略·凯撒于公元前45年颁布，格里高利历由教宗格里高利十三世于1582年颁布。中世纪的西欧延续古代罗马的传统，普遍采用儒略历。

儒略历将平年设定为365天，每4年多1天为闰年。这样设置闰年是根据当时星象术士的计算：太阳年周期的长度是365.25天。儒略历在初始运行时，一度出现过闰年设置错误：理应每4年多设置一天，误算为每3年多设置一天。这个错误导致历法的天数超出了太阳年的长度。罗马皇帝奥古斯都统治时期发现了这个错误，采取的纠正办法是：连续12年取消闰年；从公元4年开始，每

4年设定一个闰年。

伴随着天文观测技术的发展，中世纪的学者发现：儒略历把每一年设定为365.25天，这一数值高估了太阳年的实际长度。到16世纪时，历法与太阳年之间的误差累计有10天之多。1582年2月24日，教宗格里高利十三世颁布教令，对儒略历做出修订，由此而产生了格里高利历。新历法的修订有两项：（1）将旧历法中多余的10天删除，1582年10月4日之后是10月15日；（2）以400年作为一个周期设置闰年，每400年一个周期的最后一年为闰年；其他世纪之年即使符合每4年一个闰年的节奏，也不设为闰年。新历法减少了闰年的数量，使历法与太阳年最大限度地保持一致。

1582年教令采取的另外一个重要举措是：规定1月1日为岁首。罗马时代曾经以1月1日作为岁首，但是基督教会视之为"异教传统"而加以抵制。基督纪元产生之后，在一段时期内以1月1日作为岁首，但是并未得到广泛的接受。

奉行何种历法是群体而非个人行为，有政治权威与身份认同等一系列社会内容加载其中。16世纪正值宗教改革时代，1582年教令发布时，中世纪拉丁基督教世界的一统天下已经呈现分裂之势。出于教派的偏见或政治的敌意，宗教改革期间成长起来的新教国度不再承认教宗的权威，也不接受教宗颁布的新历法。格里高利历在颁布以后的1—2个世纪内，实施范围仅限于承认教宗权威的天主教国家。

年代计算的误差，加之不同的纪元与岁首之间的换算，为近代以后日益扩大的商业贸易与国际交往带来不便。现实生活迫切需要采用准确、统一的纪年方法，为格里高利历的普及提供了强大动力。从18世纪开始，格里高利历穿越政治、宗教、民族等诸多藩篱，最终得以普惠于世。英国议会在乔治二世在位第24年（1751年3月）制订《规范岁首与校正现行历法之法令》，从1752年开始对历法做出修订：（1）"以3月25日作为岁首带来诸多不便"，1751年12月之后以1月1日作为一年之始；（2）"国王陛下统治的不列颠采用儒略历，其中亦存在秕谬"，需要删除11天，1752年9月2日之后为9月14日；（3）从2000年起，世纪之年中只有400年的倍数设置为闰年（366天），其他世纪之年为平年（365天）。

"中世纪学"的新发展

2013年10月,英国伯明翰大学教授斯旺森(Robert Norman Swanson)来中国访问,在首都师范大学以"中世纪学的新发展"为主题举办了学术讲座。讲座从"中世纪学"的定义开始,在设定了中世纪学的性质与内容范围之后,从性别研究、宗教异端研究、民族研究、物质文化研究、全球化中世纪5个方面做了具体阐述。

一、"中世纪学"定义

中世纪学是十分宽泛的学术领域,涉及众多的学科与研究课题,却不存在一个通行的定义。根据常识判断,一切关于中世纪的研究都可以纳入"中世纪学"。看似显而易见的定义实际上存在着模糊之处:是否可以将涉及中世纪的任何研究都合并成为一个研究领域?或者"中世纪学"只是提供了一个虽然便利却毫无意义的伞,许多研究领域都可以收容在内,而这些研究领域并非一个有机的整体?长久以来,诸如此类的问题始终困扰着学者们。

1992年在北美召开过一次中世纪学研讨会,在1994年出版的会议论文集《中世纪学的过去与未来》[①]中,有两篇文章论及"中世纪学"的定义。

从事14—15世纪英语文学研究的学者德里克·皮尔索尔(Derek Pearsall)提出了一种直截了当的定义:中世纪学是"从事中世纪年代(公元500—1500年)范围之内关于西欧的跨学科教学与研究"。这样的措辞用语直指中世纪学的核心内容,然而这个过于简单的定义不仅未能澄清上述模糊之处,反而因为做

---

① John van Engen, ed., *The Past and Future of Medieval Studies*, Indiana: University of Notre Dame Press, 1994.

出了时间与地域的限定而使问题更加复杂化了。

研究中世纪晚期宗教史的美国学者约翰（John van Engen，从1992年起担任圣母大学中世纪研究所主任）提出了一种稍显具体的"中世纪学"定义："中世纪学研究的是欧洲在公元500—1500年的一切人群、社会、语言、文化、实体物品。作为一个完整的概念，……中世纪学也研究人类思想、经历，以及用文字表达的一切内容"。这个定义明确指出了"中世纪学"涉及的众多领域，但是设定的学术目标过于广泛，不仅难以造就名副其实的中世纪学研究者，而且也不可能为中世纪学专业的本科生与研究生制订几乎是覆盖一切领域的教学大纲。

将中世纪学的地域范围限定在欧洲或"西欧"并不准确。地理学意义的"欧洲"包括从大西洋到乌拉尔山的广大地域，中世纪学是否可以将这些地域都纳入其中？实际上，不确定的因素是拜占庭帝国。如果将希腊文化与东正教传统的拜占庭排除在外，剩下的就是西欧。中世纪学者在论及"欧洲"或"西欧"的时候，通常的指向是拉丁基督教覆盖的地区，因而也应当把创造了"拉丁化东方"的十字军圣战以及在圣地创建的十字军国家纳入其中。

时间分期把历史切割成互相分离的板块，这种做法是否合理也存在着争议。然而为了使关于历史的研究便于操作，学者们又不得不这样做。"中世纪"是文艺复兴时期的人文学者创造的概念，他们充满复兴古典文明的期望，因而把介于古典文明与文艺复兴之间荒废的"中世纪"忽略不计了。当历史主要被视为民族史、欧洲历史主要被视为民族国家兴起的历史的时候，这种人为划分的"中世纪"尚可以接受。当历史研究演变成为跨越时间与空间的宏大主题时，就需要突破中世纪欧洲的时间与空间局限。从事中世纪之前与之后几个世纪欧洲研究的学者已经确立了自己的时间分期：以地中海为中心的"古代晚期"大约从公元300年持续到800年，此外还有"近代早期"的概念。诸如此类的时间分期，使介于两者之间的"中世纪"飘忽不定，游离于两个时间段之间的缝隙之中。

"中世纪学"定义未能指出"跨学科"的确切含义。约翰认为：跨学科研究或许标志着一个新学科的开始，因而难以用单一的定义为之概括；从事跨学科研究的学者不应以某个单一学科的模式、应当切实地以若干个学科的模式展开研究。这样的定位可以实现真正的跨学科，然而却是难以实现的目标。现实的状态是——"中世纪学"没有公认的核心学科，缺少关于学科容量的设定；学者们在特定的领域内从事研究，不同领域的学者基本处于相互隔绝的状态。某些学者有可能借用其他学科的思想和内容，融入并且充实到自己的研究之中，然而研究者并非置身于多个学科之间，而是以一个学科为主并兼顾其他。这样的研究不是"跨学科"，确切的含义应当是"多学科"。

讨论中世纪学的性质与内容不仅重要而且具有紧迫性，因为西方大学的学科内部以及学科之间存在着持续不断的竞争。每个学科都必须论证自己的价值，以便在规划中继续占有位置。但是中世纪各个学科正面临着日益扩大的文化差异的威胁，中古世界似乎更加遥不可及，并且因此而使大量学生失去了学习兴趣。与此同时出现的一个自相矛盾的现象是，中古世界更具娱乐色彩，大众之喜闻乐见与日俱增。当真正的中世纪研究日显艰难的时候，所谓的"中世纪主义"兴起了，其中包括人为虚构多种多样的中世纪作为娱乐，并且研究中古以后的世界如何对其做出回应与理解。这种现象并非新近出现，在19世纪时就已形成强大的文化力量，时至今日已经占领了电视、电影、电脑游戏、旅游观光、主题公园。这种现象也引起了学者的关注，甚至成为学术研究的论题。面对这样的挑战，学者们应当在坚持各自学科特点的专业化研究的同时，加强"中世纪学"各个学科领域之间的合作与融合。历史学家更容易做到这一点，因为历史学是综合性学科，采用综合性路径走进中世纪，可以创建全方位的场景。

二、性别研究

性别研究涉及的内容是男人与女人如何表达彼此之间的相同与不同，以及此种相同与不同对中世纪思想、社会、文化的影响。作为中世纪学研究的一个组成部分，性别研究已经发展成为最强大的研究课题之一，具有鲜明的特色和定位。

性别研究之所以强大，源自课题自身的发展演进。性别虽然是中世纪学研究的一个课题，关于性别的研究却体现出历史学研究中日益增长的张力：以年代分期为导向的横向研究和以专题视点为导向的纵向研究，两者之间如同平衡与协调？这样的张力不仅日益增长，而且因为专题导向在整个历史学研究领域愈显突出，专题研究几乎发展成为独立的学科了。

性别研究起源于20世纪60年代的女权运动，最初的性别研究视野狭窄，专注于妇女史研究。从"妇女"扩大到"性别"并非总是受到欢迎，有一种观点认为，性别研究充其量是在另一个名称之下的妇女研究。

从妇女研究转向性别研究的一个重要结果是，男人作为生物学意义上的男人，成为研究的对象。关于男性特征的研究引发了越来越多中世纪学者的兴趣，发表的著作与论文数量也日益增多。尽管如此，这一领域的研究依然规模不大并且发展不足，主要关注的是教职人士的男性特征研究。①

大多数基于性别的研究依然聚焦于妇女，把妇女从一个被认为是男人居支配地位、实行父权家长制统治的社会中提取出来，列为一个类别加以研究。这样的性别研究，不可能产生一种将男人与女人放在一起的均衡研究。究其原因，在于现存历史文献的性质与历史发展的制度性特点，在于中古世界在很大程度上是由男人为男人记录的，内容也是关于男人的。

性别研究的要点之一是，由于性别并非孤立存在，因而关于性别的研究应当是跨学科或多学科研究：将性别问题置于一种语境之中，在特定的语境之中展开性别研究。性别不仅可以作为研究的主题，在很多其他领域的研究中也可以作为次主题。有大量的出版物可以冠名为"妇女与……"，诸如：妇女与宗教、妇女与经济活动、妇女与政治权力。此类研究的一项重要成果是，关于妇女参与书籍的制作与阅读的研究。②

三、宗教异端研究

最近几十年，关于中世纪宗教异端（尤其是存在于 1050—1500 年的宗教异端）的研究吸引了包括广义历史学，以及作为历史学分支的教会史、思想与宗教史等学科的广泛兴趣。研究者分析异端对不同性别人群的吸引力、解读存世的异端文字与文本，从而使异端研究呈现多角度发展的局面，成为中世纪宗教研究中一个充满活力的领域。③

天主教信仰中的异端主要出现在 1050 年之后，在此后的几个世纪传播到欧

---

① Jennifer D. Thibodeaux, ed., *Negotiating Clerical Identities: Priests, Monks and Masculinity in the Middle Ages*, Basingstoke, 2010; Robert N. Swanson, "Angels Incarnate: Clergy and Masculinity from Gregorian Reform to Reformation", in Dawn M. Hadley, ed., *Masculinity in Medieval Europe*, Harlow, 1999, pp. 160-177.

② Mary C. Erler, *Women, Reading, and Piety in Late Medieval England,* Cambridge, 2002; Lesley Smith and Jane H.M. Taylor, eds., *Women and the Book: Assessing the Visual Evidence*, London, 1996.

③ Shannon McSheffrey, *Gender and Heresy: Women and Men in Lollard Communities, 1420-1530,* Philadelphia, 1995; John H. Arnold, *Inquisition and Power: Catharism and the Confessing Subject in Medieval Languedoc*, Philadelphia, 2001.

洲各地,然而无论在时间上还是空间上,宗教异端都没有发展成为统一的运动。据历史文献记载,异端在中世纪呈现出地域性分布的特点,而且是间断出现的。学者们关于中世纪宗教异端的研究,是将注意力集中于某一个异端派别,诸如:12—14世纪早期出现在法兰西南部与意大利的卡塔尔异端,14—15世纪晚期出现在英格兰的劳拉德异端,15世纪出现在波希米亚的胡斯异端。然而,现有的研究没有对不同的异端派别展开对比研究,也没有做出理论构建。

即使是关于单一派别的研究也存在不足之处,对正统教会形成更严重挑战的华尔多异端是一个例子。华尔多从12世纪晚期一直存在到16世纪,最终融入了宗教改革并且成为一个新教派教会。在地域分布上,华尔多从南部法兰西发展到北部德意志,再到波希米亚。有重要的证据表明,华尔多在15世纪发展到了现今的瑞士。如此长时间的存在与地域广泛的分布表明,如果把华尔多作为一个拥有众多分支的单一异端运动加以研究,现有的分析就不够均衡。德意志与波希米亚的相关文献没有受到英语学者的足够重视,尽管德语学者与捷克学者据此做出了研究。

异端在欧洲呈现地域性分布的特点,促使不同地域的学者采用地方语言展开研究,从而阻碍了对于异端进行广泛的分析。这种情形在胡斯研究中表现得最为明显,英语学术界几乎完全忽略了关于胡斯异端的研究。之所以造成这种现象,原因是多方面的:(1)胡斯运动发生在英语学者极少关注的地区,主要的研究者是用捷克语写作的历史学家。(2)胡斯运动与发生在波希米亚的内战和政治动荡相关联,关于胡斯的研究融入了政治史研究,没有发展成为跨学科研究。(3)波希米亚作为苏联阵营的成员长达40年之久,在此期间,当地学者以马克思主义为指导研究分析胡斯主义,并未将胡斯视为一场宗教运动。虽然在1989年以后发生了变化,但是胡斯研究的重要著作依然是用捷克语写成的,其中有些译成了德语,译成英语的著作并不多。诸如此类的欠缺正在逐渐得到弥补,尤其是出现了关于英格兰劳拉德异端与波希米亚胡斯异端的比较研究,对出自两派异端的手稿文本与书籍展开了解读。①

关于中世纪晚期劳拉德的研究则更加坚固地整合成为中世纪学,成为跨学科研究领域。最近几十年,在这一领域居支配地位的是语言文本学者。在英国

---

① Michael Van Dussen, *From England to Bohemia: Heresy and Communication in the Later Middle Ages*, Cambridge, 2012; Anne Hudson, "Opera Omnia: Collecting Wyclif's Works in England and Bohemia", in Michael van Dussen and Pavel Soukup, eds., *Religious Controversy in Europe, 1378-1536: Textual Transmission and Networks of Readership*, Turnhout, 2013, pp. 31-43.

与美国的大学中,劳拉德研究通常是英语文学的一个分支,而不是历史学的组成部分。由于研究的路径存在差异,不同学科领域的研究有可能导致不同的研究结论。历史学家以政府、教会的管理文件作为依据,研究的结果表明劳拉德的影响力有限,进而对劳拉德的规模是否足以构成一场真正的运动提出质疑。语言文字学者以文本和文字材料为依据,认为劳拉德具有连贯一致的思想主张,在中世纪晚期英格兰的宗教与社会生活中形成了一股强大的洪流。历史学阵营中最为激烈的表达者是研究16世纪以及英国宗教改革早期历史的学者,他们否认劳拉德异端在导致亨利八世与罗马教会决裂的年代里发挥了任何重要的作用。[①]语言文字学者对此加以反驳,认为这样的解释没有赋予劳拉德应有的显著地位,对宗教改革前英格兰的宗教信仰给出了错误的评论。[②]

正当诸如此类的偏见之争持续不绝的时候,有迹象表明,一种跨学科研究改变了劳拉德研究的范式,这是中世纪研究者采用的一种更为平衡的研究范式。解读文本的历史学家辨认出一个广泛存在于正统与异端之间的"灰色地带",从而使劳拉德更加难以识别和定义。单纯以政府档案为依据,并不能将正统与异端严格区分开。仔细的文本分析辅之以档案记载研究,发现了劳拉德异端的发展变化。对某些异端案例特定的环境背景加以研究,中世纪晚期英格兰社会史的研究者构建出一种更为复杂的评估方法,借以判断宗教信仰的分歧以及疑似异端的认知。[③]

四、民族研究

民族国家的兴起(主要发生在法兰西与英格兰)与民族国家的缺失(出现在意大利与德意志),对这些问题的研究一向是政治史的传统。然而在政治史的研究中,对国家的关注多于对民族的关注。历史学家很久以前就认识到,这样的历史开始于一个错误的起点。民族史主要是存续至今的民族或国家的历史,

---

① George W. Bernard, *The Late Medieval English Church: Vitality and Vulnerability before the Break with Rome*, New Haven CT and London, 2012, Chapter 9.

② David Aers, "Altars of Power: Reflections on Eamon Duffy's *The Stripping of the Altars: Traditional Religion in England 1400-1580*", in *Literature and History*, ser. 3, 3 (1994), pp. 90-105.

③ Ian Forrest, *The Detection of Heresy in Late Medieval England*, Oxford, 2005; Patrick J.Hornbeck II, *What Is a Lollard? Dissent and Belief in Late Medieval England*, Oxford, 2010.

因而民族史试图解释的是现今存在的世界。中世纪学研究的是一个迥然不同的世界，虽然中世纪学研究者也讨论民族问题，但是民族不是一个容易对付的概念。什么是中古世界的"民族"？如何对中世纪的民族做出辨认？

关于民族的起点，在中世纪学研究者与近代学研究者之间存在着争议。从20世纪50年代开始，近代学研究者（历史学家与政治理论家）连篇累牍地书写19世纪晚期以来的民族与民族主义运动。研究者一致认为，形成定义的民族只出现在近代世界。近代学的思想主张以及关于民族的定义，被用来否认民族在中世纪的存在。他们用"部族"一词指称"前民族"状态，也包括近代世界的一些"前民族"。这样的路径将问题的论证锁定在一个循环之中：不可能在10世纪或15世纪欧洲找到19世纪的民族；如果没有找到，就表明民族不存在于10世纪或15世纪。[1]

中世纪学研究者面临的真正挑战是，颠覆近代学研究者对于民族定义的控制，创造出一个适合中世纪语境的民族定义。这项研究目前仍然处于幼年时代（至少在以英语写作的学者当中是如此），如何发展成熟尚不得而知，甚至这项研究能否真正完成，也处于未定之中。迄今为止，讨论民族形成理论的主要成果是用英语写成的，却是以德意志作为核心论题。这项成果寻求一种广义的民族同一性，认为在15世纪的德意志出现了真正的民族主义者，民族构建的进程已经开启。[2]

五、物质文化研究

物质文化是对物品实体的研究。物品实体是什么不重要，重要的是物品实体传达并且诠释了它们存在并且被使用的社会。物质文化是一个广泛的研究领域，涵盖众多潜在的课题与实在的研究，包括艺术史、语言文字研究（尤其是书籍、手稿研究及其连带的社会史）、文物考古、建筑，以及任何其他实体物品。

---

[1] Anthony D. Smith, *The Ethnic Origins of Nations,* Oxford, 1986; John Breuilly, "Changes in the Political Uses of the Nation: Continuity or Discontinuity?", in Len Scales and Oliver Zimmer, eds, *Power and the Nation in European History*, Cambridge, 2005, pp. 67-101.

[2] Len Scales, *The Shaping of German Identity: Authority and Crisis, 1245-1414*, Cambridge, 2012; Caspar Hirschi, *The Origins of Nationalism: an Alternative History from Ancient Rome to Early Modern Germany*, Cambridge, 2012.

物质文化研究既涉及实体物质是什么，也涉及实体物质的用途与象征意义。作为研究对象的物品不一定精美，可以是农民家庭的日常生活用品，也可以是贵族之家的物品。这些实体物品可以将物质文化研究转换成人类学与社会学研究，例如：西妥会修士房屋建筑的意义；意大利文艺复兴时期的艺术品需求所体现的社会环境以及消费主义的兴起；[1] 追踪某一本书的流转易手，借以分析当时人对待文化的态度或者书籍持有人的社会与文化阅历；[2] 借助实体物品考察中世纪晚期天主教信仰的物质载体以及严重的物质化现象。[3]

物质文化研究并非全新的研究领域，只是研究视野的拓展：将世界各地博物馆对于中世纪收藏品的研究，拓展到对于物品背后的精神世界的探寻。尽管如此，物质文化研究还是开启了全新的解读与欣赏角度，必将对中世纪学其他领域的研究产生影响。物质文化研究增进了学生以及非专业人士对于中世纪的兴趣，借助对中世纪物质遗存的触及，中世纪并非如想象中那么遥不可及。

六、"全球化中世纪"研究

"全球化中世纪"提出了一种全新的接近中世纪的路径，这一路径是如此激进，甚至有可能颠覆西方学界对于中世纪学的理解。"全球化中世纪"尚处于初始阶段，因为崭新而令人兴奋激动，也因为崭新而潜伏着风险甚至是危险的。"全球化中世纪"研究实际上并非中世纪学的组成部分，而是可望单独发展成为一个重要的学术领域。

"全球化中世纪"思考[4] 的出现是出于多种原因：（1）为了响应日益重要的全球史与全球化研究，从事这项研究的主要是近代史学家与社会学家，或许文学家也将参与其中；（2）为了表明中世纪学者从事的研究与现今社会关切的问题之间"存在关联"，以此证明其研究工作的合理存在；（3）为了用全球化中世

---

[1] Megan Cassidy-Welch, *Monastic Spaces and Their Meanings: Thirteenth-Century English Cistercian Monasteries,* Turnhout, 2001; Richard A. Goldthwaite, *Wealth and the Demand for Art in Italy, 1300-1600,* Baltimore, MD, 1993.

[2] Cathleen A. Fleck, *The Clement Bible at the Medieval Courts of Naples and Avignon: a Story of Papal Power, Royal Prestige, and Patronage,* Franham and Burlington, VT, 2010.

[3] Caroline Walker Bynum, *Christian Materiality: an Essay on Religion in Late Medieval Europe,* New York, 2011.

[4] http://global.history.ox.ac.uk/?page_id=663.

纪课程吸引新生代学生，教导他们用另一种眼光观察中世纪，否则的话，新生代学生不仅对中世纪缺少认知而且经常做出负面评价。

"全球化中世纪"的创建者，是研究欧洲以外地区历史的学者。这些学者在西方大学任教，从事非洲、亚洲或者拜占庭、中东研究。更常感受到隔绝与孤立，需要与群体更为庞大的中世纪学者建立联系并寻找共同语言，采取的办法就是用自己研究的时段比附中世纪，扩大中世纪学的容量，进而将他们的研究纳入其中。除了实用主义，还有学术的动机。与欧洲中心论的传统视野不同，他们可以把欧洲引入他们的研究，但是欧洲并非在其中居于主导位置。在这些学者看来，欧洲并非一个自成一统、与世隔绝的地域，而是位于世界的边缘，与其他地域之间存在着某种关联。在将中世纪的欧洲重新定位之后，"全球化中世纪"把关注点聚焦于不同事物、人群、思想之间的关联与流动。

当前，"全球化中世纪"主要致力于构建商业联系与经济交流。这样的研究有可能为中世纪创建一种"全球化"经济体系，其中居支配地位的是印度洋商路与横跨亚洲的丝绸之路。在这个经济体系中，欧洲只是一个小角色，因为欧洲距离这个体系的中心是如此之遥远。对于经济与商业联系的关注，贯穿于"全球化中世纪"研究的初始阶段。这一选题的明智之处，不仅在于降低了研究的难度，因为经济与商业的交往是最易追溯的，而且可以规避一个核心问题，即中世纪的人们在多大程度上了解世界之广大？涉及长途贸易的一个关键问题是：即使货物的贩运贯穿了商路全程（这种情况很少见），商人也只是阶段性而不是全程参与；商品货物的最终消费者也可能并不了解货物的来源地，因为货物长途贩运的两端之间并不存在直接的联系。这种版本的中世纪全球化研究无须"全球主义"参与其中，无须对于已知的陆地与海路以外的世界有真正了解。全球化中世纪研究的另一个缺陷是，它所构建的商业与经济联系中不包括美洲与澳洲，因而不是真正的全球化。

斯旺森教授在讲座中讨论了中世纪学的最新发展动态，大量的内容涉及学者们关注的焦点问题，具有引领未来学术发展方向的意义。中世纪学的基本特征是合作与跨界研究，因而中世纪学的发展需要超越传统的学科领域界限，突破地理划分与时间分期的局限，采用综合性路径走进中世纪，这是斯旺森教授在讲座中反复强调的主题。

Building a Preaching Ministry in the English Church during the Reformation

Among the many changes which occurred within the English Church during the course of the Reformation in the sixteenth century, one of the most fundamentals was a shift in clerical functions and the status of clergy. This shift might be conveniently summarised as a transformation from sacramental and sacramentalised priesthood of the pre-Reformation church to the ministerial office of the Elizabethan church, an office focused on the ministry of the Word, and for which preaching and teaching were perhaps the clerical core function. This transformation was part of the overall process of Reformation, derived in a large part from the thought of Martin Luther, and a corollary of his concept of "priesthood of all believers". This paper offers an outline of that transformation, details will be given to how the English Protestants accept Luther's concept and try to build a preaching ministry in the English Church during the Reformation.

The Priesthood of the Medieval Church

While the English Reformation involved rupture with the doctrines and practices of the medieval church, the hybrid nature of the Reformation also maintained major continuities. Among them were the continued existence of an ordained ministry, and a regime of priests and bishops. The outward appearance of continuity masked fundamental changes in the basic functions and status of these clerics, which can only be properly understood and appreciated by looking first at the nature of the medieval priesthood—which was, in essence, the form of priesthood which continued unchanged in the Roman Catholic tradition.

As it had evolved over earlier centuries, medieval priesthood was a special status which embraced a range of functions. Of these, the most important was his ability and duty to carry out a series of sacramental functions. His own status, what might be considered as his authority to perform the sacraments, itself derived from a sacrament, that of ordination. It is thus possible to speak of priesthood as both "sacramentalised" by the reception of grace through ordination, and "sacramental" because of the significance of the priest in providing a channel for the operation of sacraments which were essential for the catholic progression from birth to death. While the priest had a wide range of duties and responsibilities, from the twelfth century his sacramental powers were the central feature of his status. With this in mind, Robert Swanson has written that "The ideal medieval priest was a construction. Fundamental was his sacramental duty of celebrating mass and thereby confecting the body and blood of Christ".[①] Similarly, Peter Marshall wrote that "the quiddity of the priest was his inherent capacity to mediate grace via the sacraments, in particular those of the Eucharist and Penance." [②]

The emphasis on the sacramental powers of the priest put the priest in a strange position, for sacraments were not actually effected by the priest: he was merely a channel of grace. Writing of sacraments, St Augustine had argued that the most important thing is not who performs or who receives, but what was actually performed, the process itself. Commenting on baptism—but in terms which can be extended to other sacraments—he wrote that "We have to consider not who he is that gives it, but what it is that he gives; not who he is that receives, but what it is that he receives".[③] This led to the later identification of three elements as necessary to ensure the validity of a sacrament. These were codified, for example, at the Council of Florence in 1439, which declared that "All these sacraments are made up of three elements: namely,

---

① R. N. Swanson, "Before the Protestant Clergy: The Construction and Deconstruction of Medieval Priesthood", in C. Scott Dixon and Luise Schorn-Schütte, eds., *The Protestant Clergy of Early Modern Europe*, Basingstoke: Palgrave Macmillan, 2003, p. 41.

② Peter Marshall, *The Catholic Priesthood and the English Reformation*, Oxford: Clarendon Press, 1994, p. 2.

③ Henry Bettenson, ed., *Documents of the Christian Church*, Oxford: Oxford University Press, 1967, p. 78.

things as the matter, words as the form, and the person of the minister who confers the sacrament with the intention of doing what the church does. If any of these is lacking, the sacrament is not effected."[1] The centrality of the priests to the sacramental system of the late medieval church meant that their character and suitability was always a matter of concern to the church authorities. Since "to guide souls is a supreme art", canon 27 of the Fourth Lateran Council had earlier obliged the bishops to instruct those who are to be promoted to the priesthood "in the divine services and the sacraments of the church, so that they may be able to celebrate them correctly".[2]

The history of the church in the centuries before the Reformation immediately shows the increasing importance of the sacraments to catholic religion and devotion, especially on one hand with the emphasis on the mass and its miracle of transubstantiation, and on the other importance of confession and absolution to the process of salvation, especially with the growing importance of Purgatory in the catholic system. Priests were not merely guides for souls; they were also, through their sacramental activity, essential to the process of salvation both in this life, and in the next.

Nevertheless, while the sacramental activity was highly important, it is essential not to overlook another strand in the functions of the medieval priest. Among the functions of the post-Reformation English clergy that of preaching was, as we can see, central. The Protestant tradition is often identified as one which emphasises the Word. That emphasis is derived from a biblical understanding, but it is important to recognise that preaching was also a part of the function of the medieval priests, although it is generally considered as less important than their sacramental activity.

The preaching tradition and obligation was itself biblical in origin, being created by Jesus Christ and apostles. Christ declared the necessity of preaching, with his comment that "One does not live by bread alone, but by every word that comes from the mouth of God",[3] and provided the exemplar of preaching in his Sermon on the Mount. In his Epistle to the Romans, St Paul wrote about the importance of preaching as a way of inspiring faith even in those early days of the church: "But how are they

---

[1] Norman P. Tanner, ed., *Decrees of the Ecumenical Councils*, Volume One, London: Sheed & Ward, 1990, p. 542.
[2] Norman P. Tanner, ed., *Decrees of the Ecumenical Councils*, Volume One, London: Sheed & Ward, 1990, p. 248.
[3] Matthew, 4:4. Bruce M. Metzger and Roland E. Murphy, eds., *The New Oxford Annotated Bible*, New York: Oxford University Press, 1991, p. 5 NT.

to call on one in whom they have not believed? And how are they to believe in one of whom they have never heard? And how are they to hear without someone to proclaim him? … So faith comes from what is heard, and what is heard comes through the word of Christ".①

The obligation of preaching became part of the catholic tradition, which also meant that the church needed to act to assure the quality and suitability of the clergy who would provide the preaching as part of their duty of the cure of souls. This is especially characterized of the reform activities of the twelfth and thirteenth centuries, peaking in the decrees of the Fourth Lateran Council of 1215. When that Council decreed that bishops should send preachers throughout their dioceses, it confirmed a decree made by the Third Lateran Council (of 1179) for providing training for priests: every cathedral church should appoint "a suitable master … to teach grammar and other branches of study"; and the metropolitan church was to appoint "a theologian to teach scripture to priests and others and especially to instruct them in matters which are recognized as pertaining to the cure of souls" (Article 11).② The overall effectiveness of these provisions was not clear; but a concern with the educational qualifications of the clergy can certainly be seen in the following centuries of the pre-Reformation church.

The Fourth Lateran Council had also criticized the Bishops as "not sufficient to minister the word of God to the people". Therefore, it had required the bishops "to appoint suitable men to carry out with profit this duty of sacred preaching" (Article 10).③

Contrary to what Peter Marshall said "the Catholic Church had shamefully neglected the office of preaching. …under its tutelage preaching had been undervalued and intermittent",④ as a matter of fact, Catholicism had not "neglected" and "undervalued" preaching but rather tried hard to push preaching incorporated into the "pastoral revolution" of the thirteenth century, and continued in the later middle ages,

---

① Romans, 10:14, 10:17. Bruce M. Metzger and Roland E. Murphy, eds., *The New Oxford Annotated Bible*, p. 221 NT.
② Norman P. Tanner, ed., *Decrees of the Ecumenical Councils*, Volume One, London: Sheed & Ward, 1990, p.240.
③ Norman P. Tanner, ed., *Decrees of the Ecumenical Councils*, Volume One, London: Sheed & Ward, 1990, p. 239.
④ Peter Marshall, *The Catholic Priesthood and the English Reformation*, Oxford: Clarendon Press, 1994, p. 87.

notably as a task for the Franciscan and Dominican friars. The evidence of the content and regularity of preaching in the parishes of medieval England is difficult to interpret properly, for the most part, because of little direct evidence for such activity at the parish level. The evidence which is available suggested that the majority of parish sermons, the sermons delivered by parish clergy, would have been concerned with pastoral care and teaching the basic elements of Catholicism as a practical religion, as set out in the books of pastoral care which were common in the period.[1]

Most medieval preaching concentrated on the practical concern with living a Christian life. Formal instruction in the details of doctrine was limited, due to the lack of qualified preachers at parish level—that is, preachers who were actually trained as theologians; but also perhaps due to the fact that medieval Catholicism, as a practical religion concerned with the demands of a Christian life and a Christian death, was not really a religion in which detailed doctrinal instruction was a central concern.

Martin Luther's Concept of "Priesthood of All Believers"

This situation changed with the implementation of the Reformation. The outcome of the Reformation was a fundamental change in the understanding of the role of the clergy within the English church; but it is important that the Reformation in some ways began with a transformation in the understanding of the role of laity, a transformation which necessarily undermined the old Catholic view of priesthood. In his treatise *An Open Letter to the Christian Nobility of the German Nation*, published in August 1520, Martin Luther announced his concept of the "priesthood of all believers". Everyone who has been baptized not only becomes a Christian, but also becomes a consecrated priest; for, as Luther said, "Through baptism all of us are consecrated to the priesthood".[2]

There is room for a logical extension of Luther's idea of "priesthood of all

---

[1] R. N. Swanson, *Religion and Devotion in Europe, c.1215-c.1515*, Cambridge: Cambridge University Press, 1995, pp. 54-70.

[2] Martin Luther, "An Open Letter to the Christian Nobility of the German Nation", trans. by C. M. Jacobs, in *Works of Martin Luther with Introductions and Notes*, Volume II, Philadelphia: A. J. Holman Company, 1916, p. 66.

believers". If every Christian is a consecrated priest and has the right to administer the sacraments for himself, is there any necessity to retain a professional priesthood for the Church? Put more precisely, if everyone is a priest, is there any need for a separate category of "priesthood" identified by its separateness from the laity, and set apart by its own sacramental ordination, and by its monopoly of the essential sacramental role within the church? If baptism confers priesthood without distinction, without the need for a separate "order of priesthood", Luther's idea can easily lead to the conclusion that no professional priesthood was needed for the Church, since every Christian has the right to undertake the office of priesthood.

However, such arguments do not seem to reflect the reasoning of Martin Luther himself, but those of historians contemplating the implications of his thought. Accordingly, James L. Ainslie asserted in the 1940s that "There was, indeed, a belief which was very strongly held by the Reformers which might have negated a ministerial order entirely. This was the belief in the priesthood of all believers." Ainslie then implied some back-tracking by Luther as he came to appreciate the implications of his ideas, and the authoritative vacuum created by the lack of a clear ministerial order was filled by a theological free-for-all. Thus, according to Ainslie again, "It may be that Luther at first did not lay so much stress on the absolute need of a distinctive office, nor on the view that there were duties to be performed in the Church which could only be fulfilled through the order of the ministry. But later, when he saw disorders arising because all kinds of people were taking it upon themselves to preach, his views regarding duties belonging to a ministerial order became stricter." [1]

Arguably, however, those and similar analyses reflect a misreading of what Martin Luther actually intended. A careful reading of Luther's works demonstrates that he never denied the office of priesthood. It was never his intention totally to undermine the office of priesthood as a distinct and separate status within the Church. Indeed, even in his *Open Letter to the Christian Nobility of the German Nation*, Luther qualified the nature of the universal priesthood, and insisted that there should be restrictions on who should actually undertake the office: "For whoever comes out of

---

[1] James L. Ainslie, *The Doctrines of Ministerial Order in the Reformed Churches of the 16th and 17th Centuries*, Edinburgh: T. & T. Clark, 1940, pp. 5, 6-7.

the water of baptism can boast that he is already consecrated priest, bishop and pope, though it is not seemly that every one should exercise the office." [1]

Accordingly, Luther insisted that only those Christians who met certain standards of character and conducted should be chosen by the Christian community to exercise the office of priesthood, and should do so only after receiving appropriate training. "…Just because we are all in like manner priests, no one must put himself forward and undertake, without our consent and election, to do what is in the power of all of us. For what is common to all, no one dare take upon himself without the will and the command of the community; and should it happen that one chosen for such an office were deposed for malfeasance, he would then be just what he was before he held office. Therefore a priest in Christendom is nothing else than an office-holder. While he is in office, he has precedence; when deposed, he is a peasant or a townsman like the rest. Beyond all doubt, then, a priest is no longer a priest when he is deposed." [2]

What Luther denied was the division between "spiritual estate" and "temporal estate", which he identifies as the first of the "three walls" built by the pope. Critically, his view of the priest as "nothing else than an office-holder" undermined the separation between clergy and laity based on the idea that ordination, as itself a sacrament, gave priests a monopoly of sacramental powers within the church because their ordination gave them a special character. The denial of the status of ordination as a specific sacrament was a body-blow to the pre-Reformation concept of the sacramental priesthood, for those who wished to reject it. By administering the sacraments, and particularly the eucharist as a sacrificial mass, medieval ordained priests had acquired an intercessory and intermediary role between God and Christians, which made the priests a privileged caste in medieval society.

In the First Epistle of St Peter, Christians are identified as "… a chosen race, a royal priesthood, a holy nation, God's own people".[3] The Book of Revelation offers the same teaching, that through his death Christ has made Christians "to be a kingdom

---

[1] Martin Luther, "An Open Letter to the Christian Nobility of the German Nation", trans. by C. M. Jacobs, in *Works of Martin Luther with Introductions and Notes*, Volume II, p. 68.

[2] Martin Luther, "An Open Letter to the Christian Nobility of the German Nation", trans. by C. M. Jacobs, in *Works of Martin Luther with Introductions and Notes*, Volume II, p. 68.

[3] I Peter, 2:9. Bruce M. Metzger and Roland E. Murphy, eds., *The New Oxford Annotated Bible*, p. 339 NT.

and priests serving our God".① Basing himself on the authority of the New Testament, Luther argues that all baptized people belong to the same spiritual estate. "...there is really no difference between laymen and priests, princes and bishops, 'spirituals' and 'temporals', as they call them, except that of office and work, but not of 'estate'; for they are all of the same estate — true priests, bishops and popes — though they are not all engaged in the same work, just as all priests and monks have not the same work".②

In Luther's view, priesthood should be treated as an office or responsibility rather than an estate or status, for "... those who are now called 'spiritual' — priests, bishops or popes — are neither different from other Christians nor superior to them, except that they are charged with the administration of the Word of God and the sacraments, which is their work and office".③

Luther's understanding of the office of priesthood had developed over time. At first, he defined the office of priesthood as having two core elements: the administration of the Word of God and the administration of the sacraments.④ Later, in another treatise published in October 1520, he refined the concept by introducing the term "minister", and referring to "the ministry of the Word". Drawing on the Bible, he asserted that "Holy Scripture ... gives the name 'ministers' ... to those who are now proudly called popes, bishops, and lords and who should by the ministry of the Word serve others and teach them the faith of Christ and the liberty of believers. For although we are all equally priests, yet we cannot all publicly minister and teach".⑤ Such a definition established a distinction between "priesthood" and "ministry". Every Christian could be a priest, but not everyone could be a minister. This of course raised issues about the nature of the difference between "priesthood" and "ministry" in this new order, and how "ministry", with its emphasis now on "the Word", would shape the evolution of a clerical order in

---

① Revelation, 5:10. Bruce M. Metzger and Roland E. Murphy, eds., *The New Oxford Annotated Bible*, p.370 NT.
② Martin Luther, "An Open Letter to the Christian Nobility of the German Nation", trans. by C.M. Jacobs, in *Works of Martin Luther with Introductions and Notes*, Volume II, p.69.
③ Martin Luther, "An Open Letter to the Christian Nobility of the German Nation", trans. by C.M. Jacobs, in *Works of Martin Luther with Introductions and Notes*, Volume II, p.69.
④ Martin Luther, "An Open Letter to the Christian Nobility of the German Nation", trans. by C.M. Jacobs, in *Works of Martin Luther with Introductions and Notes*, Volume II, p.69.
⑤ Martin Luther, "A Treatise on Christian Liberty", trans. by W.A. Lambert, in *Works of Martin Luther with Introductions and Notes*, Volume II, pp.325-326.

the newly established Protestant churches.

Although the idea of the priesthood of all believers did not result in the abolition of the office, in a church reshaped according to Reformation ideas the basic functions of the priesthood would have to change. This would entail a major shift from a sacramental priesthood to a preaching ministry, as occurred within the evolving Protestant Churches. The ministers provided, or were meant to provide, the authoritative interpretation of the Holy Scripture to the laity, which was to give them both intellectual stimulus and theological education. This emphasis on preaching—which was also a new emphasis on teaching—marked a significant breach with the practices of the pre-Reformation church.

The rupture can be illustrated by citing one of the articles alleged against John Hus in his condemnation at the Council of Constance in 1416. According to the article, Hus claimed that "Whoever enters the priesthood receives a binding duty to preach; and this mandate ought to be carried out, notwithstanding a pretended excommunication." ① While the resistance to ecclesiastical authority in the rejection of the power of excommunication is clearly an important element in this accusation, the sense that preaching was one of the main obligations of the clerical ministry was something which the Reformation reformers and their successors shared with pre-Reformation reformers such as Hus and, before him, John Wycliffe.

The Building of Preaching Ministry in the English Church during the Reformation

The unavoidable challenge to the medieval sacramental priesthood was one which the English church had to face in the course of its own Reformation. The transition in the functions of priesthood and the building of a preaching ministry began to be implemented within the English Church following the establishment of Henry VIII's Royal Supremacy in 1534. The *King's Book* of 1543 (also called *The Necessary Doctrine and Erudition for any Christian Man*) included the statement that, "… as

---

① Norman P. Tanner, ed., *Decrees of the Ecumenical Councils*, Volume One, London: Sheed & Ward, 1990, p. 430.

concerning the office and duty of the said ecclesiastical ministers, the same consists in true preaching and teaching the word of God unto the people, in dispensing and ministering the sacraments of Christ".① While trying to build a preaching ministry, this regulation did not abandon the sacramental priesthood. The priests of the Anglican Church were asked to perform the dual functions of preaching the word and administering the sacraments. Priesthood at this point still had its medieval character, and Henry VIII's own insistence on the validity of the doctrine of transubstantiation meant that the sacramental powers of the priests in the consecration of the mass were still formally central to their function, but the explicit reference to "preaching and teaching the word of God unto the people" indicated some shift in the overall balance of functions.

In the more radically reformed Church of Henry VIII's son, King Edward VI, the *Ordinal* of 1549 (also called *The Form and Manner Making and Consecrating Archbishops, Bishops, Priests and Deacons*) adopted the Protestant ranking of ministers. It eliminated the minor orders of the Catholic structure, those of the rank of subdeacon and below, but retained three major orders of bishops, priests and deacons, to divide the ministers into three degrees.②

After the brief catholic revival of the reign of Mary I, all the reform measures on church orders mentioned above were reinstated by the Elizabethan Church. An *Act to Reform Certain Disorders Touching Minister of the Church*, passed by Parliament in 1571, legalized the Thirty-nine Articles and enacted that the ministers of the Church held the two functions of "preaching and administrating the sacraments".③ Article 19 of the Thirty-nine Articles established the same duties for the ministers within the greater church: "The visible Church of Christ is a congregation of faithful men in which the pure Word of God is preached and the sacraments be duly administered, according to Christ's ordinance in all those things that of necessity are requisite to the

---

① Charles Lloyd, ed., *Formularies of Faith Put Forth by Authority during the Reign of Henry VIII*, Oxford: Clarendon Press, 1825, pp. 223, 278.
② Joseph Ketley, ed., *The Two Liturgies: A. D. 1549 and A.D. 1552*, Cambridge: Cambridge University Press, 1844, p. 161.
③ 13 Elizabeth, c.12. *The Statutes of the Realm*, Volume IV, Part I, p. 547.

same."①

Although the role of the ministers was defined in terms of the two functions, the emphasis was placed on the function of preaching which is treated as a more important channel of salvation than that of the sacraments. This shift was shown in three changes which helped to redefine the role of the priest.

Firstly, in line with Protestant thinking, the number of sacraments was reduced from seven to two, leaving just Baptism and the Eucharist. This reduction had both practical and theological consequences, but primarily affected the ministers' theological position. Fundamentally, by removing ordination from the list of sacraments, the theological and doctrinal status of the priests was changed: their powers were now the powers of their ministerial office, not of the "character" they had received at ordination—although how fully this change was appreciated at the time, and particularly among the parishioners, is unclear. Ordination of priests by bishops remained as a rite within the Church of England, but it was no longer a sacramental rite. The tasks of the ministers were not necessarily greatly reduced (they still had to officiate at marriages, for instance); but the theological significance of their actions was reduced because fewer of their actions now had sacramental importance.

Secondly, ministers were obliged to do more preaching and instructing in the Word. Luther's theory of "justification by faith alone" changed the attitude to the sacraments. Sacraments—and particularly the Eucharist, as the only sacrament now left to be regularly experienced—were now to be used to excite faith and receive God's grace for, as Luther said, "… in the Sacrament [that is, the Eucharist] thou wilt receive from Christ's mouth forgiveness of sin, which includes and brings with it God's Grace, His Spirit, and all His gifts, protection, refuge, and strength against death, the devil, and all misfortunes".② With the new definition, ministers were asked to preach the Word of God at the sacraments in order to help Christians to enhance their abilities for getting God's Grace.

Thirdly, there was to be regular preaching and instruction in parish Churches:

---

① Gerald Bray, ed., *Documents of the English Reformation*, Cambridge: James Clarke & Co Ltd., 1994, p. 296.
② Martin Luther, "The Greater Catechism", in Henry Wace and Karl Adolf Buchheim, eds., *Luther's Primary Works: Together with His Shorter and Larger Catechisms*, London: Hodder and Stoughton, 1896, p. 153.

one sermon every quarter of the year at least, or a homily reading every Sunday. Early signs of this change to a scriptural emphasis in preaching appear in the Royal Injunctions of 1538, which in their sixth article demanded both preaching of the Gospel, and preaching against the non-scriptural (or even anti-scriptural) religious and devotional practices associated with the abandoned papal Church.[1] The change was confirmed in the Elizabethan Injunctions of 1559, Article 3 of which required that "all ecclesiastical persons, having cure of soul ... shall preach in their own persons once in every quarter of the year at the least, one sermon, ... or else shall read some homily prescribed to be used by the Queen's authority every Sunday at the least".[2]

As for the skills used for preaching, Canon 10 of the Fourth Lateran Council speaks generally about the requirement to be "powerful in word and deed".[3] When the Elizabethan parliament enacted the reform of Church orders in its statute in 1571, it listed the qualifications needed for ministers in general, such as being of "sound religion", and having "a testimonial" both that the intending minister was of honest life and that he professed the doctrine expressed in the Thirty-nine Articles, with "an account of faith in Latin" according to the Thirty-nine Articles. The statute also listed the "special gifts and habilitations (abilities)" required as qualifications for a preacher (Article IV),[4] requirements which made the preachers to be an intellectual elite among the ministers. Besides good knowledge of the Bible and an honest life, a preacher should also have good command of Latin in both reading and writing, a right and full understanding of the Thirty-nine Article, and even a good training in theology.

For the Anglican Church in the sixteenth century, how the building of preaching ministers actually worked out on the ground would depend on how the ministers met the intellectual requirements and demands of the above mentioned redefining. Clerics of the pre-Reformation order, who for centuries had been trained primarily to administer the sacraments, would not necessarily have the intellectual ability to preach and instruct the people through the Word of God. The widespread and effective shift of functions from a sacramental priesthood to a preaching ministry could only occur with

---

[1] Gerald Bray, ed., *Documents of the English Reformation*, Cambridge: James Clarke, 1994, p. 180.
[2] Gerald Bray, ed., *Documents of the English Reformation*, Cambridge: James Clarke, 1994, p. 336.
[3] Norman P. Tanner, ed., *Decrees of the Ecumenical Councils*, Volume One, p. 239.
[4] 13 Elizabeth, c.12. *The Statutes of the Realm*, Volume IV, Part I, p. 547.

the promotion of intellectual clerics.

When Queen Elizabeth instructed the parish clergy to provide quarterly preaching, her Church also faced a problem of maintaining the quality of its ministers. In the different situation of late sixteenth-century England, the universities would now take the place of the cathedral school for the training of ministers. The privileged status of university graduates wishing to enter the ministry appears in the instructions issued by Matthew Parker, the Archbishop of Canterbury, in 1566, about the procedure for approving prospective candidates for ordination. In the third of his articles he instructed that "the bishop shall ... give notice that none shall sue for orders but within their own diocese where they were born or had their long time of dwelling, except such as shall be of degree in the Universities" (Article III).[1] This meant that university graduates were not necessarily to be examined with regard to their qualifications for the ministry by the bishops of the diocese where they had born, or in which they had lived for a long time when they applied to enter holy orders: their possession of a university degree was considered to be a guarantee that they were of the right character to enter the church's ministry. Under Queen Elizabeth, it has been said that the role of the universities at Oxford and Cambridge as training bases for future priests "was being emphasized and encouraged as never before",[2] with the aim of turning the priesthood into a graduate profession.

For the nongraduate priests or unlearned sort of ministers, evidences show that measures were taken at the diocese level to provide them support or help for improving their office. In some cases, as in orders issued in the diocese of Lincoln in 1585 "for the increase of learning in the unlearned sort of ministers," this would involve a strict and intense regime of supervised Bible study, with written assignments. These were to be prepared in Latin; those who were ignorant of Latin were temporarily allowed to work in English, until they had developed their skill in Latin enough to work in that

---

[1] G. W. Prothero, ed., *Selected Statutes and Other Constitutional Documents: Illustrative of the Reign of Elizabeth and James I*, Oxford: Clarendon Press, 1954, p. 193.

[2] Rosemary O'Day, "The Reformation of the Ministry, 1558-1642", in Rosemary O'Day and Felicity Heal, eds., *Continuity and Change: Personnel and Administration of the Church in England, 1500-1642*, Leicester: Leicester University Press, 1976, p. 62.

language.①

Less demanding, but perhaps more realistic, were regulations included among the orders agreed upon by the archbishops and bishops at the Parliament in 1588. These barred any further appointments of inadequately unqualified clergy to posts in the parishes: "That no minister unlearned and not able to catechise [i.e., give basic instruction in the faith] shall be hereafter admitted to serve any cure." Action was also taken to ensure that unqualified priests who already occupied such parish posts were given suitably educated paid assistants who could provide instruction to the laity (and perhaps to the priest as well): "And if any such (unlearned) be incumbent of any benefice already, the bishop shall, and by the law may appointed unto him a coadjutor with a convenient stipend according to the value of the benefice." ② This arrangement acted as provisional since time will clean these unlearned priests out and the university graduates would finally take their place.

The achievement of this goal would be a slow process, extending well into the seventeenth century, as surveyed and discussed by British historian Rosemary O'Day.③ This process cannot be considered in any detail here; once the balance had been tipped, it moved inexorably forward. Even if the process did take time, with more and more theologically trained university graduates entering the ministerial ranks of the church, the problem of the promotion of clerics capable of meeting the intellectual demands of the revised functions of the reformed priesthood would eventually have a real solution.

---

① Ian W. Archer and F. Douglas Price, eds., English Historical Documents Online, 1558-1603, London: Routledge, 2011, Document 303.
② Ian W. Archer and F. Douglas Price, eds., English Historical Documents Online, 1558-1603, Document 304.
③ Rosemary O'Day, "The Reformation of the Ministry, 1558-1642", in Rosemary O'Day and Felicity Heal, eds., *Continuity and Change: Personnel and Administration of the Church in England, 1500-1642*, pp. 55-75. Rosemary O'Day, *The English Clergy: the Emergence and Consolidation of a Profession, 1558-1642*, Leicester: Leicester University Press, 1979.